U0113408

云南文化史丛书

# 编辑委员会

云南文化史丛书

范建华 主编

# 元明清云南文化史

周智生 周琼 李晓斌 著

GUANGXI NORMAL UNIVERSITY PRESS

广西师范大学出版社

·桂林·

YUANMINGQING YUNNAN WENHUASHI

图书在版编目（CIP）数据

元明清云南文化史 / 周智生，周琼，李晓斌著. —
桂林：广西师范大学出版社，2019.12
（云南文化史丛书 / 范建华主编）
ISBN 978-7-5598-2417-2

Ⅰ．①元… Ⅱ．①周…②周…③李… Ⅲ．①文化史—
云南—元代②文化史—云南—明清时代 Ⅳ．①K297.4

中国版本图书馆 CIP 数据核字（2019）第 250797 号

广西师范大学出版社出版发行

（广西桂林市五里店路 9 号　邮政编码：541004）
（网址：http://www.bbtpress.com）
出版人：张艺兵
全国新华书店经销
广西广大印务有限责任公司印刷
（桂林市临桂区秧塘工业园西城大道北侧广西师范大学出版社
集团有限公司创意产业园内　邮政编码：541199）
开本：787 mm × 1 092 mm　1/16
印张：31.75　　字数：466 千字
2019 年 12 月第 1 版　　2019 年 12 月第 1 次印刷
定价：128.00 元

如发现印装质量问题，影响阅读，请与出版社发行部门联系调换。

# 目 录

# 第五章　元明清时期云南的民族文化

# 第六章　元明清时期云南的宗教信仰文化

# 第七章　元明清时期云南的文化教育

## 第八章　元明清时期云南的文化交流与交融

# 绪　论

元明清时期是云南文化发展的重要时期。这一时期，随着中央王朝对云南统治的进一步加强，中原文化在云南以前所未有的广度和深度传播，云南各民族文化与中原文化深入交流交融，云南与内地的文化联系得到空前发展，云南作为中国统一多民族国家组成部分的整体性进一步增强。同时，云南文化的形貌进一步丰富，地域特点进一步沉淀，云南文化发展到一个新阶段。夏光南先生曾用人成长的过程来比喻云南文化史的发展历程，他称魏晋南北朝至隋唐时期的云南文化是"婴儿之由乳哺而学步"，元明以后则是云南文化"婴儿之始入学校肄业"，"自今以往，其所学愈大，所获必愈丰"[①]。

民国以来，不少学者开始致力于元明清时期云南文化史的研究，取得了丰硕的研究成果。袁丕钧的《滇南文化论》是目前可见较早尝试系统研究元明清时期云南文化的成果。该文1917年发表于《尚志》杂志第一期[②]，1924年整理为一个小册子公开出版[③]，是中国"较早进行区域文化研究的著作"[④]。文章虽题名为《滇南文化论》，但内容主要是讨论"自庄蹻开滇以迄于清之治乱、人物、著作、金石等关系于文化者"[⑤]，实际上就是一份云南文化史的研究成果。元明清

---

① 当然，夏先生此论的观察视角，是纯粹以云南文化受中原文化影响之递进为标准的。参见夏光南：《云南文化史》，《民国丛书》第五编"文化·教育·体育类"条，上海书店，1996，第1页。

② 龚自知：《五四运动在云南报刊的反应和对文体的影响》，中国人民政治协商会议云南省委员会文史资料研究委员会编：《云南文史资料选辑》第7辑，1965，第176页。

③ 袁丕钧：《滇南文化论》，云南开智公司，1924。

④ 白兴发：《二十世纪前半期的云南民族学》，民族出版社，2011，第184页。

⑤ 民国云南通志馆编纂：《续云南通志长编》下，卷七十七"艺文一·滇人著述之书"，云南省志编纂委员会办公室，1986，第653页。

时期的云南文化是文章论述的主要内容，作者按时间先后顺序对此期有关云南学术和教育发展的重要事件、关键人物和著作进行了线条式梳理。但由于文章篇幅单薄（全文仅有 22 页），相关讨论往往是点到即止，内容非常简单。同时，对于作为元明清云南文化史重要组成部分的民族文化，也基本没有涉及。

相较之下，1923 年出版的夏光南的《云南文化史》，对元明清时期云南文化史的论述要详细得多。该书"取前人所编之《备征志》《滇绎》及关于云南掌故之书十数种，删繁就简"编成，有学者将其视为中国"最早完成的文化史著作"①。该书有关元明清时期云南文化的内容，集中在第四篇第三章"近代文化史"和第五篇第七章"近世文化史"。值得特别指出的是，该书已经开始关注"种族之迁移同化"②等云南文化史研究中不容忽视的有关民族文化的内容。此外，作者将文化史细分为制度、产业、学术、宗教、技艺、风俗等方面进行论述，彰显出浓厚的文化史研究意识。学者对此给予了充分肯定："考虑到 1923 年前后的五四运动时期学者们对于文化史研究的认识正处于酝酿之中，显然，作者（夏光南）的文化史研究的意识已经是非常成熟的。"③可以说，夏光南《云南文化史》问世，将元明清时期云南文化史的研究切实推进了一大步。不过，该书也存在一些不足之处：一是相较内涵丰富的元明清云南文化史而言，内容陈述不够丰厚；二是虽然名为云南文化史，但"编辑大纲分文化史、政治史二部"④，并且"政治史的内容过重，而影响了文化史，甚至有喧宾夺主之势"⑤；三是部分观点现在看来有待商榷，如认为"元明以还，中原之人以谪戍、流寓、仕宦、农、商、工、兵而至滇省者不可胜计，与欧人之垦殖于世界各大洲何

---

① 郑先兴：《20 世纪的文化史研究》，电子科技大学出版社，2014，第 439 页。严格说来，称夏书为中国"最早完成的文化史著作"并不妥当，袁丕钧的《滇南文化论》早在 1917 年就已公开发表，该文实际上就是一份尝试系统研究云南文化史的成果，只是题名未标明"文化史"字样。夏书出版时，还明确将袁文列为"参考用书"。

② 夏光南：《云南文化史》，第 3 页。

③ 郑先兴：《20 世纪的文化史研究》，电子科技大学出版社，2014，第 438 页。

④ 夏光南：《云南文化史》，第 1 页。

⑤ 郑先兴：《20 世纪的文化史研究》，第 439 页。事实上，袁丕钧的《滇南文化论》要早于夏光南《云南文化史》完成，所以夏书在"参考用书"一栏还将袁书列入。

异？……云南者，又汉族西南之一殖民地"[①]。

　　1940 年，作为元明清时期云南文化史研究重要专题的佛教史研究，取得了重大的突破性进展。是年，陈垣的《明季滇黔佛教考》作为《辅仁大学丛书》第六种正式出版。该书分为六卷十八篇，附一篇，十五万余言。前三卷主要论述明以前滇黔佛教的状况、明朝滇黔佛教致盛的原因和相关发展情况；第四卷讨论僧徒发展佛教势力的能力，以及宗教与文化的关系；第五、六两卷主要讨论明末清初遗民逃禅与滇黔佛教的兴盛。[②]《新纂云南通志·卷五·宗教考》指出该书在云南佛教史研究中的地位和独特价值："滇之佛教……明清志书有《寺观志》与《方外传》，又于山川、古迹、杂异诸门，亦往往载佛教事迹……晚近则石屏袁树五嘉谷撰《滇南释教论》，……惟亦概说，而未详稽故实；会泽夏嗣尧光南之《滇南佛法源流》，亦颇简略。新会陈援菴垣撰《明季滇黔佛教考》，征引极博，识断至精，云南佛教史事，乃有完善之本。"[③] 将《明季滇黔佛教考》视为云南佛教史的"完善之本"，并直接摘录《明季滇黔佛教考》有关云南部分，作为《宗教考》的内容。

　　1942 年，云南大学成立西南文化研究室，方国瑜担任主任，汇集省内外名家共同研究西南历史和文化，"成为西南民族历史文化研究中心"[④]。西南文化研究室出版"西南研究丛书"十种，其中涉及元明清时期云南文化史的有以下三种。一是李拂一先生搜集和编译的《泐史》，载叭真至刀正综共 32 世（任）（即1180—1864 年）之史事。二是李拂一《车里宣慰世系考订》，该书包括其所著《车里宣慰世系考订》和翻译的《歹仍文车里宣慰世系》两部分。《歹仍文车里宣慰世系》载叭真至刀栋梁共 36 任（28 世）（即 1180—1943 年）史事，"颇有足补史传之阙略者"，但"错误百出"。李先生对该书认真考订，是为《车里宣慰

①　夏光南：《云南文化史》，第 1~2 页。
②　陈垣：《明季滇黔佛教考》，中华书局，1962，第 2~3 页。
③　龙云等修，周钟岳等纂，刘景毛等点校：《新纂云南通志》卷五，第 476 页。
④　傅于尧：《学问道德　风范永存——记方国瑜对熊庆来的深切怀念》，载《思想战线》，1993（2），第 16 页。

世系考订》①。对于李拂一先生的以上三种成果，著名傣族史专家朱德普先生曾评价说："不仅是对研究西双版纳傣族历史，而且对研究与之相邻地区的傣（佬、泰）族历史，以及周边民族关系史，都具有十分重大的意义。"②三是方树梅《明清滇人著述书目》。该书是方树梅先生为《新纂云南通志》所作《艺文考》的滇人著述部分，按经部、史部、子部、集部的顺序编排，对明清时期滇人著述进行提要介绍，"滇南文献，于斯略可考见焉"③。

1949年，元明清时期云南文化史研究又取得了一项重大成果——《新纂云南通志》④。该书从1931年9月开始编撰，至1944年3月完成审订工作，1949年8月公开出版，前后历时18载。全书分记、图、表、考、传五大纲目，共266卷，648万余字。其中，《大事记》《方言考》《艺文考》《金石考》《宗教考》《军制考》《学制考》《商业考》《族姓考》《土司考》等，无一不是元明清时期云南文化史研究的重要资料、开山之作或经典成果。林超民先生曾评价该书"是20世纪云南学术发展的重要里程碑"⑤，我们认为，该书也是元明清云南文化史研究的重要里程碑，代表着民国时期元明清云南文化史研究的最高水平。

中华人民共和国成立后，元明清时期的云南文化史研究进入了一个新的发展时期。此期的研究可以改革开放为标志大体划分为两个阶段：

改革开放前，一方面，因受极左路线的影响，包括元明清时期云南文化在内的云南文化研究走向低潮。对此，学者研究指出，1952年云南大学撤销"西南文化研究室"，"正像西南文化研究室成立标志着云南文化研究的兴起一样，西南文化研究室被取消也是云南文化研究被迫中断的信号。随着西南文化研究室的关闭，云南文化的研究也极少有人问津"⑥。另一方面，元明清时期云南的民族文化研究，却随着民族访问、民族识别、民族社会历史调查、民族民间文

---

① 李拂一：《车里宣慰世系考订·序》，国立云南大学西南文化研究室印行，文建书局，1947，第1页。

② 朱德普：《泐史研究·前言》，云南人民出版社，1993，第2页。

③ 方树梅：《明清滇人著述书目》，国立云南大学西南文化研究室印行，1944，第1页。

④ 龙云等修，周钟岳等纂，李斌等点校：《新纂云南通志》十，云南人民出版社，2007。

⑤ 龙云等修，周钟岳等纂，李春龙等点校：《新纂云南通志》一，第7页。

⑥ 林超民主编：《滇云文化》，内蒙古教育出版社，2006，第9页。

学调查等工作的开展，取得了前所未有的发展。

先是 1950~1951 年中央访问团第二分团到云南访问，对所到民族地区的社会历史状况进行调查，并于 1951 年 7 月编印成《云南民族情况汇集草稿》①。其后，1953 年全国人大民族委员会和中央民族事务委员会②组织进行全国性的民族识别调查，1956 年又开始少数民族语言、少数民族社会历史调查。在三次大规模调查的基础上，国家民委从 1958 年开始组织编写《中国少数民族简史丛书》《中国少数民族语言简志丛书》《中国少数民族自治地方概况丛书》三种丛书（此项工作在"文革"期间被迫中断，1979 年国家民委继续编写三种丛书以及《中国少数民族》《中国少数民族社会历史调查资料丛刊》）。③ 这批成果后世学者多有批评指摘，却是有史以来第一次对中国少数民族及其历史文化进行系统调查研究的重大工程。其中有关云南少数民族的各分册，多涉及元明清时期各少数民族的文化，是当前研究元明清时期云南少数民族文化史不可或缺的重要成果和参考资料。

此外，1958 年，在云南省委宣传部的领导下，中国作家协会昆明分会与云南大学共同组织了云南省民族民间文学丽江调查队和大理调查队。丽江调查队在丽江县、宁蒗县、维西县、中甸县等地调查和搜集资料，于 1959 年编写出版了《纳西族文学史（初稿）》④。大理调查队在大理、剑川、洱源、邓川、鹤庆、云龙、宾川等地调查，1960 年编写出版了《白族文学史（初稿）》⑤。《纳西族文

① 《中央访问团第二分团云南民族情况汇集（上）·后记》，国家民委《民族问题五种丛书》编辑委员会，《中国民族问题资料·档案集成》编辑委员会编：《中国民族问题资料·档案集成》第 5 辑《中国少数民族社会历史调查资料丛刊》第 104 卷：《民族问题五种丛书，及其档案汇编》，中央民族大学出版社，2005，第 284 页。

② 国家民族事务委员会是中华人民共和国最早成立的中央部委之一。1949 年 10 月 22 日，中央人民政府民族事务委员会成立，简称中央民委，1954 年全国人大一次会议上，改称中华人民共和国民族事务委员会，1970 年 6 月 22 日被撤销。1978 年，全国人大五届一次会议决定恢复国家民族事务委员会，简称国家民委，此后一直作为国务院组成部门。

③ 《国家民委〈民族问题五种丛书〉修订再版总序》，云南省编辑组，《中国少数民族社会历史调查资料丛刊》修订编辑委员会编：《云南少数民族社会历史调查资料汇编1》，民族出版社，2009，第 1 页。

④ 云南省民族民间文学丽江调查队编写：《纳西族文学史（初稿）》，云南人民出版社，1959，第 430 页。

⑤ 云南省民族民间文学大理调查队编写：《白族文学史（初稿）》，云南人民出版社，1960，第 504 页。

学史（初稿）》第二编论述了元明清时期的纳西族文学，《白族文学史（初稿）》第三编对元明清时代的白族文学进行了专门研究，堪称元明清时期纳西族文学史和白族文学史研究的开山之作。

改革开放以来，元明清时期云南文化史相关研究开始复苏，并逐渐发展繁荣。虽然对元明清时期云南文化史作整体专门考察的成果尚付阙如，但一些通史性和通论性的著作对元明清时期的云南文化有较为集中的论述，相关专题研究和史料整理等方面也有大量著作问世。

首先，是对元明清时期云南文化史有较集中讨论的通史性和通论性著作，先后出版的有以下几种：刘小兵《滇文化史》①、马继孔与陆复初《云南文化史》②，以及林超民主编的《云南民族文化知识丛书》《云南乡土文化丛书》《滇云文化》和《中国地域文化通览·云南卷》等。

刘小兵《滇文化史》出版于 1991 年，是中华人民共和国建立后第一部云南文化通史。本书第五章涉及元明清时期的云南文化，但仅分四节分别讨论"元代儒学的重建""禅、密之兴替""明代云南汉族移民与文化发展""明清云南社会生活与文人风尚"四个问题，相对于内涵丰富的元明清云南文化史而言，内容稍显单薄。

马继孔和陆复初的《云南文化史》于 1992 年问世，该书主要在第二编"云南明清实学的发展历程"和第三编"云南文化的第一次飞跃"涉及明清时期的云南文化。关于该书存在的问题，已有学者撰文指出，兹不赘述。仅就一部自题为《云南文化史》的通史性著作而言，其元明清部分的内容着力不多，对多样态文化存续与交流交融的呈现不够。

林超民主编的《云南民族文化知识丛书》和《云南乡土文化丛书》，先后于 2000 年和 2003 年出版。《云南民族文化知识丛书》将云南民族文化细分为渔猎、农耕、商贸、交通、历史、文物、古籍、宗教、文学、教育等 28 种，每种

---

① 刘小兵：《滇文化史》，云南人民出版社，1991。
② 马继孔、陆复初：《云南文化史》，云南民族出版社，1992。

编写 1 册，内容涵盖了云南民族物质文化、制度文化和精神文化的各个方面，"可以看作为云南民族文化知识百科全书①"。《云南乡土文化丛书》的体例与《云南民族文化知识丛书》不同，是以云南 16 个市（州）为单位编写，每个市（州）编一本，共 16 本。其内容包括各市（州）的地理、历史、民族、文化、经济、风景名胜等。这两套丛书是中华人民共和国建立后首次全面系统研究云南文化的重要成果。前者可视为云南文化的专题研究，后者则是云南文化的区域研究，通过专题研究和区域研究两种路径，整体推进了云南文化的研究水平。丛书中的不少分册，对元明清时期的云南文化都有涉及，但由于体例所限，不是对元明清时期云南文化整体研究的专门成果，因此有关内容相对分散。

　　林超民先生主编的另外两种成果，对元明清时期的云南文化有较集中的论述。一种是《滇云文化》②。该书是"中华地域文化大系"丛书中的一部，有多个章节涉及元明清时期的云南文化，主要讨论的内容有："元明清时期汉文化在云南的流布与发展""明清时期著名的白族哲学思想家""元明清滇云教育的大发展"及元明清时期云南的史学、文学等。另外一种是《中国地域文化通览·云南卷》③。该书分上、下两编，主要在上编第四章"元明清：民族融合与'中边同风'"和第五章"反皇权建民国"涉及元明清时期的云南文化。两种成果有关元明清时期云南文化的部分，都是云南文化史研究不可或缺的重要内容。但由于体例所限，对于元明清时期云南文化史的特殊形貌及特殊性问题的研究，还有进一步拓展的专题研究空间。

　　此外，还有一些通史性和通论性的著作对元明清时期云南文化有所涉及，如 2011 年出版的何耀华主编的《云南通史》。该书第四卷"元明清时期"④不仅列专章分别考察元朝、明朝和清朝的云南文化，内容涉及儒学与教育、建筑、文学、艺术、史籍与方志、宗教、科学技术等内容，而且还在第四编专章分别

① 贾春峰：《文化力启动经济力——21 世纪企业战略新思维》，中国经济出版社，2001，第 288 页。
② 林超民主编：《中国地域文化大系·滇云文化》，内蒙古教育出版社，2006。
③ 林超民主编：《中国地域文化通览·云南卷》，中华书局，2014。
④ 何耀华主编：《云南通史》第四卷，中国社会科学出版社，2011。

讨论了元明清时期云南本土民族的社会制度和民族文化，是近年对元明清时期云南文化研究的最新成果。李晓斌的《历史上云南文化交流现象研究》<sup>①</sup>和辉国政主编的《滇云文化》<sup>②</sup>，对元明清时期的云南文化也有所涉及。

其次，是对元明清时期云南文化史各专题的研究成果，由于数量较多，兹略分为民族文化史、宗教文化史、政治文化史、经济文化史等类，分别概述于下：

一是民族文化史专题，是改革开放以来元明清时期云南文化史研究中取得成果最多的专题之一，其中成系列的研究成果有以下三种：

1994 年出版的李德洙主编的《中国少数民族文化史》。该书"第一次对今天中国境内 55 个少数民族文化做了亘古贯今的系统、全面的描述"<sup>③</sup>。其中包括云南 25 个世居少数民族的文化史，尤其是对云南特有的 15 个少数民族进行了重点论述。该项成果对于云南文化史的重要意义在于：是除白族和纳西族之外的云南特有少数民族的第一份民族文化通史，甚至是迄今为止傈僳、普米等族的唯一一份民族文化通史。其中对元明清时期云南各少数民族的文化有零星涉及，但由于编写体例是按照文化通常包括的诸项内容（语言文字、文学艺术、宗教信仰等）分别论述，未对元明清时期各民族文化做断代考察。由于每个民族的文化史篇幅总共仅有三四十页，涉及元明清时期各民族文化的内容极为简略。

1997 年开始先后推出的《云南少数民族文化史丛书》。该套丛书由云南省民族研究所和云南民族出版社共同组织编写，原计划为云南 4000 人以上的 25 个少数民族分别编写文化史，共 25 卷，后来未见傈僳族、布依族、普米族等民族分册出版。与李德洙主编的《中国少数民族文化史》相比，该套丛书对各少数民族文化史的考察内容更细、篇幅更大。特别是对壮族、苗族、回族、瑶族、蒙古族等非云南特有民族的文化史，《中国少数民族文化史》往往将论述重点放在各民族聚居的省区，相比之下，《云南少数民族文化史丛书》的论述更具针对

① 李晓斌：《历史上云南文化交流现象研究》，民族出版社，2005。
② 辉国政主编：《滇云文化》，中央广播电视大学出版社，2015。
③ 李德洙主编：《中国少数民族文化史·序言》，辽宁人民出版社，1994。

性，更能凸显各民族文化的云南特点。但由于该套丛书的编写体例是以文化通常包括的内容（婚姻家庭、语言文字、宗教信仰、文学艺术、风俗习惯、教育科技等）分章进行论述，有关元明清时期各民族文化的内容，分散在各章节之中，没有相对完整的断代考察。即便如此，该套丛书仍为元明清时期云南少数民族文化史研究奠定了坚实的基础，堪称元明清时期云南少数民族文化史研究的奠基性成果。

《云南少数民族文学史系列》丛书。该套丛书是《中国少数民族文学史丛书》的组成部分。原定编写计划包括彝、白、哈尼、傣、纳西 5 个民族的文学史，以及傈僳、拉祜、佤、景颇、布朗、普米等 11 个民族的文学简史，但后来未见《白族文学史》和《景颇族文学简史》出版。该套丛书"为除白族、彝族和纳西族外的其他 13 个民族提供了第一部文学史著作"①。每部文学史按照各族文学史发展的特点划分时段进行研究，元明清时期各民族文学是考察的重要内容。所以，该套丛书可视为系统研究元明清时期云南各少数民族文学的开创性成果。

除上述三种成系列的研究成果外，改革开放以来学界有关元明清时期云南少数民族文化的研究还呈现出一个特点：有关元明清时期白族文化和纳西族文化的研究成果，较其他民族的研究成果要更为丰富一些。有关元明清时期白族文化的研究成果还有：张文勋主编《白族文学史（修订版）》第三编②，李缵绪《白族文学史略》第三编③，龚友德《白族哲学思想史》第四、五章④，李晓岑《白族的科学与文明》第六章⑤，侯冲《白族心史——〈白古通记〉研究》⑥，

① 云南省社科院民族文学研究所，岩峰等：《傣族文学史》，云南民族出版社，1995，第 1~2 页。
② 张文勋主编：《白族文学史（修订版）》，云南人民出版社，1983，第 171~479 页。张文勋主编《白族文学史（修订版）》，为 1960 年出版的云南省民族民间文学大理调查队编写的《白族文学史（初稿）》的修订版，修订出版时与原参与编写者产生著作权纠纷，详见《最高人民法院关于〈白族文学史〉著作权纠纷案的批复》（全国人大常委会法制工作委员会民事法律卷编辑组编：《中华人民共和国法律分类总览·民事法律卷》，法律出版社，1994，第 400 页）。
③ 李缵绪：《白族文学史略》，中国民间文艺出版社，1984，第 137~336 页。
④ 龚友德：《白族哲学思想史》，云南人民出版社，1991，第 120~202 页。
⑤ 李晓岑：《白族的科学与文明》，云南人民出版社，1997，第 256~368 页。
⑥ 侯冲：《白族心史——〈白古通记〉研究》，云南民族出版社，2002。

杨郁生《白族美术史》第五章[①]，张泉《白族建筑艺术》"元朝时期""明朝时期"和"清朝时期"[②]，张福孙编著《大理白族教育史稿》第四、五、六章[③]等。有关元明清时期纳西族文化的研究成果主要有：和云峰《纳西族音乐史》第四、五章[④]，郭大烈、和志武《纳西族史》第六、七章[⑤]，以及杨福泉《多元文化与纳西社会》[⑥]和《纳西族与藏族历史关系研究》[⑦]，赵心愚《纳西族与藏族关系史》第四、五章[⑧]等著作的相关内容。

其他涉及元明清时期云南少数民族文化的研究成果还有：张实《云南藏医历史与文化》[⑨]，龚友德《儒学与云南少数民族文化》[⑩]，苍铭《云南民族迁徙文化研究》[⑪]，施惟达、段炳昌等编著《云南民族文化概说》第二章第五节[⑫]，王文光等编著《云南民族的历史与文化概要》第五章[⑬]等。此外，重新整理出版的多部民族史经典著作，也涉及了元明清时期云南的民族文化，如江应樑《傣族史》[⑭]、方国瑜《彝族史稿》[⑮]、尤中《云南民族史》[⑯]、方国瑜《云南民族史讲义》[⑰]等。

二是宗教文化史专题，改革开放以来也取得了不少研究成果，主要是以下几种：

---

① 杨郁生：《白族美术史》，云南民族出版社，2005，第308~444页。
② 张泉：《白族建筑艺术》，云南民族出版社，2005，第191~371页。
③ 张福孙编著：《大理白族教育史稿》，云南民族出版社，2008，第88~351页。
④ 和云峰：《纳西族音乐史》，中央音乐学院出版社，2004，第79~170页。
⑤ 郭大烈、和志武：《纳西族史》，四川民族出版社，1994，第271~414页。
⑥ 杨福泉：《多元文化与纳西社会》，云南人民出版社，1998。
⑦ 杨福泉：《纳西族与藏族历史关系研究》，民族出版社，2005。
⑧ 赵心愚：《纳西族与藏族关系史》，四川人民出版社，2004，第224~337页。
⑨ 张实：《云南藏医历史与文化》，云南大学出版社，2007。
⑩ 龚友德：《儒学与云南少数民族文化》，云南人民出版社，1993。
⑪ 苍铭：《云南民族迁徙文化研究》，云南民族出版社，1997。
⑫ 施惟达、段炳昌等编著：《云南民族文化概说》，云南大学出版社，2004。
⑬ 王文光等编著：《云南民族的历史与文化概要》，云南大学出版社，2014，第82~142页。
⑭ 江应樑：《傣族史》，四川民族出版社，1983。
⑮ 方国瑜：《彝族史稿》，四川民族出版社，1984。
⑯ 尤中：《云南民族史》，云南大学出版社，1994。
⑰ 方国瑜：《云南民族史讲义》，云南人民出版社，2013。

　　杨学政主编、云南省社科院宗教研究所著《云南宗教史》①。书中涉及元明清时期云南宗教的内容主要是：元明清时期的阿吒力密教、元明清时期的汉传佛教、元明清时期的南传上座部佛教、元明清时期云南的藏传佛教、天主教在云南的传播、清末基督教传入云南、元明清时期云南的伊斯兰教、元明清时期云南的道教等。林超民先生曾评价《云南宗教文化研究丛书》说："(《云南宗教文化研究丛书》)打破了（云南宗教文化研究）几十年的沉寂，点燃了云南宗教文化研究的星火。"②《云南宗教史》是《云南宗教文化研究丛书》中的一本，其对云南宗教史研究的独特价值和意义，正在于林超民先生所说的"打破沉寂"和"点燃星火"。在该书出版后数年杨学政又主编推出的《云南宗教系列专史》丛书，即是该书"点燃"的"星火"。

　　《云南宗教系列专史》丛书包括姚继德等的《云南伊斯兰教史》③、刘鼎寅等的《云南天主教史》④、萧霁虹等的《云南道教史》⑤和肖耀辉等的《云南基督教史》⑥，号称"是迄今为止国内第一套地域宗教系列专史"⑦。丛书各册有关元明清时期云南宗教文化的内容分别是：姚继德等《云南伊斯兰教史》第二、三、四章，论述了元明清时期云南伊斯兰教的有关情况；刘鼎寅等《云南天主教史》第三、四章，讨论了元明清时期天主教在云南的传播状况；萧霁虹等《云南道教史》第三、四章，系统考察了元明清时期云南道教的发展状况；肖耀辉等《云南基督教史》第一章，梳理了清代基督教在云南传播的情况。这套丛书将元明清时期云南宗教文化史的研究推向了一个新的高度。此外，郭武《道教与云南文化——道教在云南的传播、演变及影响》⑧、王海涛《云南佛教史》⑨、李东红

① 杨学政主编，云南省社会科学院宗教研究所著：《云南宗教史》，云南人民出版社，1999。
② 林超民主编：《中国地域文化大系·滇云文化》，第 11 页。
③ 姚继德等：《云南伊斯兰教史》，云南大学出版社，2005。
④ 刘鼎寅、韩军学：《云南天主教史》，云南大学出版社，2005。
⑤ 萧霁虹、董允：《云南道教史》，云南大学出版社，2007。
⑥ 肖耀辉、刘鼎寅：《云南基督教史》，云南大学出版社，2007。
⑦ 刘鼎寅、韩军学：《云南天主教史》，第 1 页。
⑧ 郭武：《道教与云南文化——道教在云南的传播、演变及影响》，云南大学出版社，2000。
⑨ 王海涛：《云南佛教史》，云南美术出版社，2001。

的《白族佛教密宗阿叱力教派研究》①等著作,对元明清时期云南宗教文化也有涉及。这些成果,继《云南宗教史》之后,将元明清时期云南宗教文化研究推进到了一个新的高度。

三是其他专题史的研究,由于相关成果相对较少,合并概述于此。政治文化史专题研究的相关成果主要有:方国瑜主编《云南郡县两千年》第三章②,谢本书等《云南民族政治制度史》第二编③等;经济文化史专题研究的相关成果主要有:王明达、张锡禄《马帮文化》④,木丽春《丽江茶马古道史话》⑤,管彦波《云南稻作源流史》第二章⑥,周智生《商人与近代中国西南边疆社会》⑦等;文化教育史专题研究的相关成果主要有:海淞主编《云南考试史》⑧上卷,蔡寿福主编《云南教育史》⑨第四章,红帆《云南近现代艺术教育探源:1823—1930年》⑩,刘光智《云南教育简史》⑪第二、三、四、六、七章。其他相关研究成果还有:李晓岑《云南科学技术简史》⑫第七至十章,田敬国主编《云南医药卫生简史》第二章⑬,李昆声《云南艺术史》⑭第五、六章等。

以上对民国以来元明清时期云南文化史研究的学术史梳理,未免挂一漏万,但基本反映出元明清云南文化史研究的学术面貌和发展脉络。通过梳理可以看出:学界对元明清时期云南文化史现代意义上的学术研究,兴起于民国时期,取得了以夏光南《云南文化史》、陈垣《明季滇黔佛教考》和《新纂云南通志》

① 李东红:《白族佛教密宗阿叱力教派研究》,云南民族出版社,2000。
② 方国瑜主编:《云南郡县两千年》,云南广播电视大学,1984,第 131~210 页。
③ 谢本书等:《云南民族政治制度史》,云南人民出版社,1996,第 128~222 页。
④ 王明达、张锡禄:《马帮文化》,云南人民出版社,1993。
⑤ 木丽春:《丽江茶马古道史话》,德宏民族出版社,2003。
⑥ 管彦波:《云南稻作源流史》,民族出版社,2005,第 114~133 页。
⑦ 周智生:《商人与近代中国西南边疆社会》,中国社会科学出版社,2006。
⑧ 海淞主编:《云南考试史》,云南人民出版社,2012。
⑨ 蔡寿福主编:《云南教育史》,云南教育出版社,2001。
⑩ 红帆:《云南近现代艺术教育探源:1823—1930 年》,云南大学出版社,2009。
⑪ 刘光智:《云南教育简史》,贵州人民出版社,1993。
⑫ 李晓岑:《云南科学技术简史》,科学出版社,2015。
⑬ 田敬国主编:《云南医药卫生简史》,云南科学技术出版社,1987。
⑭ 李昆声:《云南艺术史》,云南教育出版社,1995。

等为代表的经典研究成果，为元明清时期云南文化史的研究奠定了坚实的基础。中华人民共和国建立后至改革开放前，元明清时期云南文化史的研究步入低谷；但随着民族访问、民族识别、民族社会历史调查、民族民间文学调查等工作的开展，以往较少受学界关注的民族文化史却在研究成果和田野调查资料收集整理等方面，取得了前所未有的突破性进展。改革开放以来，元明清时期云南文化史相关研究开始复苏和发展繁荣，呈现出"百花齐放"的多元化研究态势，在通史性梳理、专题研究和史料搜集整理研究等方面，都取得了较为丰富的研究成果。前辈学人的上述研究，为元明清时期云南文化史研究做出了重要贡献，也为我们的整体考察元明清时期的云南文化奠定了坚实基础。

不过，在学术史梳理中我们也发现，目前学界对元明清时期云南文化史的相关研究，分散于各种通史性、通论性和相关专题性的研究著作之中，系统研究和整体考察的成果尚付阙如。这种对元明清时期云南文化史长时段和整体性考察的长期缺失，造成了元明清时期云南文化史研究"只见树木，不见森林"的支离样貌，难以整体把握和探寻元明清时期云南文化发展的历史脉络和内在机理，使元明清时期云南文化史研究成为云南文化史和地方史研究中的一个薄弱环节。

我们认为，元明清时期是云南文化史发展的重要阶段，对于近现代乃至当代云南文化的形塑影响深远。将元明清时期云南文化史作为一个整体、分专题进行长时段考察，有利于把握元明清时期云南文化史发展的历史脉络，厘清各文化事项发展的基本面貌和内在机理，弥补和丰实云南文化史和地方史的研究。

本研究旨在突破以往学界相关研究有所分散和细碎的局限，在总结借鉴前人相关研究成果的基础上进一步挖掘和解析相关史料，对元明清时期云南文化史进行长时段的整体考察。通过分专题细致梳理元明清时期云南政治文化、经济文化、军事国防文化、民族文化、宗教文化、文化教育以及多元文化交流交融的发展状况，力求忠实复原和多维展现元明清时期云南文化的历史图景和发展轨迹，揭示元明清时期云南文化发展的基本脉络、内在机理和多元文化的互动过程。在力求学术上有所创新的同时，在文中相应位置插入相关图片，以提高读物的形象性和通俗性。

　　当前，多元文化的相处之道成为全世界共同关注的热点问题。作为"世所罕见"[①]的多元文化汇聚区，云南多元文化和谐共生，民族关系和睦团结，边疆地区繁荣稳定，是多元文化和谐相处的典型区域，被视为中国"民族团结进步、边疆繁荣稳定"的示范区。我们认为，这一良好局面的形成，是历史发展的必然结果，而元明清时期正是云南多元文化深度磨合和互动发展的关键时期。系统梳理和深入研究元明清时期云南多元文化发展的历史，探寻云南多元文化和谐共生局面形成的历史渊源，不仅有助于弥补和丰富充实中国文化史和云南地方史之研究，对于中国甚至是世界探索多元文化相处之道，也具有重要的参考价值。

　　当然，这是元明清时期云南文化史整体研究的初次尝试，由于我们的能力和水平有限，研究中未免存在诸多不足，还请各位专家学者多多批评指正，促进我们进一步加强学习和研究。如前所述，元明清时期云南文化史不少专题，前贤已做了大量开拓性的研究工作，取得了很多扎实的研究成果。作为一本专题性的断代文化史研究成果，为保证研究内容的完整性，本书在撰写过程中参考诸多前辈学人的研究成果，在此谨致以崇高的敬意和衷心的感谢。

---

① 郭家骥：《云南民族关系的历史格局、特点及影响》，载《云南社会科学》，1997（4）。

第一章

元明清时期的政权更迭

公元 1206 年，元太祖成吉思汗铁木真建立大蒙古国。1271 年，元朝正式建立，地域异常辽阔，实行了行省制度。1368 年，朱元璋以应天府（南京）为京师，国号大明，年号洪武，后进行北伐和西征，结束元朝的统治，用 20 多年扫平各种割据势力，统一全国，君主专制空前加强。明朝是中国历史上继元之后又一个大一统的政权，也是中国传统的政治、经济、文化向近代化转型的开端。1644 年，明朝灭亡，清入主中原，经康雍乾三朝后，经济不断得到恢复和发展，君主专制发展到了顶峰。

元明清时期，我国各区域间、民族间经济文化交流日益紧密，人口增长，经济不断发展。这一时期，中央政府更加注重对边疆地区的经营和治理。总而言之，元明清时期是我国统一多民族国家形成和发展的重要时期，也是西南边疆与中央关系构建整合步入正常化轨道的重要战略期①。

元明清三代，对云南的统治自蒙古宪宗三年（1253）至清朝宣统三年（1911），共历 659 年。宪宗三年（1253），忽必烈率领蒙古大军南渡金沙江灭大理国。元朝至元十一年（1274），元世祖忽必烈任命赛典赤为平章政事，正式建立云南行省，而后改定路、府、州名号。明朝洪武十四年（1381），朱元璋任命傅友德为征南将军、蓝玉为左副将军、沐英为右副将军，大举兴兵征讨云南。洪武十六年（1383）三月，云南局势大抵平定，朱元璋传谕南征明军班师回朝，留义子沐英镇守云南。清朝顺治十五年（1658）十二月，清军分三路入滇，会师曲靖。顺治十六年（1659）正月，清军进驻昆明。不久，清廷命洪承畴等人班师回京，令吴三桂移驻云南，总管云南、贵州。鸦片战争后，英法等西方列

---

① 杨永福：《略论元明清时期中央与西南边疆政治关系的整合》，载《文山学院学报》，2012（1），第57 页。

图 1-1：元世祖平云南碑（邢毅　摄）

强不断借机入侵我国云南，中国西南边疆危机日益加深，云南各族人民为改变灾难深重的命运，进行了英勇顽强的反帝反封建斗争。

　　总的来看，元明清是云南历史发展中的一个重要时期，其政治、经济、文化等受到了深刻的影响，发生了巨大的社会变迁。尽管在政权更替过程中存在一定时期的分裂，但伴随中央政权的王朝更迭和国家大一统的历史进程，云南境内各民族实现了空前的民族大融合和文化大发展，为巩固我国统一多民族国家的形成和发展做出了重大贡献。"民族大融合促进了云南与祖国的大统一，与祖国的大统一又促进了各民族的大融合，二者互动，使民族融合与国家统一不断向纵深发展。"①

_____

① 何耀华、夏光辅主编：《云南通史》第四卷，第1页。

# 第一节　元朝对云南的统治

蒙古宪宗三年（1253）九月，忽必烈奉蒙哥汗之命率十万大军横渡金沙江进攻大理。十二月，蒙古军攻破大理。次年春，忽必烈遣大将兀良合台与大理段氏共同治理滇地。不久，兀良合台攻破鸭赤城（也作鸭池，今昆明），生俘大理国主段兴智。随后，兀良合台依次攻占大理五城、八府、四郡和乌、白等蛮三十七郡。宪宗七年（1257），云南全境平定。由此，蒙古对云南地区实行了近20年的军事统治。至元十一年（1274），云南行省正式设立，开始谱写云南政治、经济、社会、文化建设的新篇章。

## 一、忽必烈攻占大理及云南行省的设立

### （一）忽必烈占领大理

#### 1. 蒙古军对大理国的第一次进攻

1227 年，成吉思汗病逝于六盘山区，蒙古与南宋、大理国形成了三方鼎足之势。1229 年，窝阔台继承汗位，率军进攻南宋和大理国。1244 年，为配合四川战事，一支蒙古骑兵"行吐蕃界中，初不经四川地分"而直接攻入大理境内，"破三城，杀三节度"，"直至大理之九和镇（今云南丽江纳西县九河乡）"。[1] 时任南宋广西经略安抚使李曾伯称蒙古骑兵自吐蕃攻入大理之路为"九和熟路"。这次战役，蒙古骑兵从金沙江上游丽江地区攻打大理国，企图借此绕道云南到达川南，实现南北夹击夺取四川，但却因南宋王朝与大理国联合抵抗而失败撤军——大理国派相国高祥[2]之弟高禾[3]领兵驻守，后高禾战死，蒙古军北回，并

---

[1]（宋）李曾伯：《可斋杂稿》卷十七《帅广条陈五事奏》，四库全书本。

[2] 一作"高和"。

[3] 又作高泰祥或高太祥。

从四川撤军。此即为蒙古军对大理国的第一次进攻。"九和之战"①虽未完胜，但为后续忽必烈率军进攻大理、占领云南准备了条件。研究者认为："蒙军首次进入大理之役，似具有探路问道或试探大理军队战斗力的色彩……西路军自吐蕃进入大理境内的路线，很可能与1244年蒙军首次用兵大理路线的某一段相同。"②

2. 忽必烈亲征大理，攻占大理各部

窝阔台去世后，乃马真皇后称制五年，贵由继位后未及两年而亡。1251年，蒙哥继承汗位，号"宪宗"。针对蒙古军和南宋军队在四川—襄汉—江淮战线的军事对峙，蒙哥决定"采取先攻取大理国，再从西、北两面包抄南宋的战略"③，宪宗二年（1252），他一面命胞弟忽必烈率军进攻大理国，一面令汪田哥屯田利川（今四川广元），摆出再次攻取成都的阵势，以阻止南宋支援大理国。

宪宗三年（1253）九月，忽必烈率十万蒙古大军正式南下，以兀良合台为大将总督军事，从六盘山出发，集结于甘肃临洮，抵达四川松潘后兵分三路围攻大理。"九月壬寅，师次忒剌，分三道以进。大将兀良合台率西道兵，由晏当路；诸王抄合、也只烈帅东道兵，由白蛮；帝由中道。"④在东西两翼的有力策应下，忽必烈亲率中路军于十月"过大渡河，经今木里、宁蒗，行山谷两千余里，到达金沙江"⑤。随后，蒙古大军"乘革囊及筏以渡"，进入大理国地区（今丽江），"摩娑蛮（今纳西族）主迎降"。⑥此时，忽必烈接受姚枢建议，一面颁发止杀令"禁杀掠焚庐舍"，一面遣使至大理招降（但"道阻而还"）。⑦不久，忽必烈再次派使者到大理国都城劝降，但遭到拒绝，使者也被大理国相国高祥处死示众。

于是，忽必烈继续挥师南进，攻占今鹤庆、剑川、云龙等地，从上关进逼

① 亦称"九禾之战"。
② 石坚军：《兀良合台征大理路线考》，载《西藏研究》，2008（1）。
③ 何耀华、夏光辅主编：《云南通史》第四卷，第4页。
④《元史》卷四《世祖本纪一》。
⑤ 林超民主编：《中国地域文化通览·云南卷》，中华书局，2014，第140页。
⑥《元史》卷四《世祖本纪一》。
⑦ 方国瑜主编：《云南史料丛刊》第三卷，云南大学出版社，1998，第259页。

图 1-2：金沙江边民国时使用的革囊

资料来源：［美］约瑟夫·洛克（Joseph F. Rock）：《中国西南古纳西王国》，云南美术出版社，1999，第 87 页。

大理。十二月，蒙古大军攻破大理，生擒高祥于姚州并将之处死，大理国主段兴智则逃往善阐（今昆明）。据文载："十二月薄其都城，城倚苍山西洱河为固，国主段兴智及其炳臣高太祥背城出战，大败。又使招之，三返弗听，下令攻之。东西道兵亦至，乃登苍山临视，城中宵溃，兴智奔善阐，追及太祥于姚州，俘斩以殉。"① 大理城破后，蒙古大军"分兵略地，所向皆下，惟善阐未附"②。次年春，忽必烈班师北返，留兀良合台镇守云南，继续攻占大理国辖区。

宪宗四年（1254），"平定大理，继征白夷等蛮"③。兀良合台率军自大理出发，东进攻破鸭赤城，战事十分激烈。

宪宗五年（1255），兀良合台继续率军，在向东攻占今属贵州西部的大理国辖区（先后占领赤秃哥④、不花合因等城）后，又向西攻占罗罗斯（治今四川西昌）。至此，兀良合台经两年时间，"平大理五城、八府、四郡，泊乌、白蛮等三十七部"⑤，"攻占了大理国的所有属地：东起今贵州西部，西抵今缅甸北部和中部，北达大渡河，南至今西双版纳和越南"⑥。史载："进军平乌蛮

① 方国瑜主编：《云南史料丛刊》第三卷，第 259 页。
② 同上。
③《元史》卷六十一《地理四·云南诸路行中书省》。
④ 即今贵州水西。
⑤《元史》卷一百二十一《速不台传》附《兀良合台传》。
⑥ 何耀华、夏光辅主编：《云南通史》第四卷，第 12 页。

部落三十七，攻交趾，破其都，收特磨溪洞三十六，金齿、白彝、罗鬼、缅中诸蛮，相继纳款。"①

宪宗七年（1257），云南全境平定。兀良合台"以云南平，遣使献捷于朝，且请依汉故事，以西南夷悉为郡县"②，请求按照汉代治理云南的政策设立郡县。宪宗接奏后，采纳其建议，并授其大元帅、赐银印，还镇大理。"云南平，列为郡县，凡总府三十七，散府八，州六十，县五十，甸、部、寨六十一，见户百二十八万七千七百五十三，分隶诸道，立行中书省于中庆以统之。"③

平定云南后，忽必烈"以此为基地南下安南，再北上广西；东进贵州，再北上湖南，对南宋形成钳形包围，最终灭亡宋朝。元世祖在云南设置五国（后发展为七国），建立五总管府，统领 19 万户府"④。直到至元十一年（1274）正式设立云南行省，元在云南实行了近 20 年的军事统治。

忽必烈征服大理国、占领云南，结束了大理国 300 多年的地方独立政权，是云南统一历史发展的重大转折。

（二）云南行省的设立

1254 年，忽必烈基本上平定大理国后，还师北返，留大将兀良合台镇守云南，继续征服未降部落。在兀良合台管理云南的 20 余年间，由于统治方法不当，社会矛盾十分尖锐，反抗此起彼伏。⑤"自兀良合台镇云南，凡八籍民户，四籍民田，民以为病。"⑥"兀良吉歹（即兀良合台）回师之后，委任非人，政令屡变；天庭高远，不相闻知。边鄙之民往往复叛。"⑦

为了镇压云南各部的反抗，忽必烈于中统二年（1261）起用大理旧主段实（信直日），"赐以虎符，诏领大理、善阐、威楚（今楚雄）、统失（今姚安）、会

---

① 方国瑜主编：《云南史料丛刊》第三卷，第 259 页。
② 《元史》卷一百二十一《速不台传》附《兀良合台传》。
③ 方国瑜主编：《云南史料丛刊》第三卷，第 259 页。
④ 林超民主编：《中国地域文化通览·云南卷》，第 140 页。
⑤ 方铁：《忽必烈与云南》，载《文山学院学报》，2011（1），第 35 页。
⑥ 《元史》卷十二《世祖本纪九》。
⑦ 王叔武校注：《大理行记校注　云南志略辑校》，云南民族出版社，1986，第 83 页。《大理行记》，元郭松年撰；《云南志略》，元李京撰。

川（今会理）、建昌（今西昌）、腾越等城，自各万户以下皆受其节制"①。至元元年（1264），舍利畏领导起义，"众至三十万"②，攻杀所在地蒙古守将，并先后攻占善阐（又名鄯阐，今昆明）、统失（姚安）、威楚（楚雄）、新兴（玉溪）、石城（曲靖）、寻甸等城。尽管这次起义因遭到元朝政府和段氏地方武装的联合镇压而失败，但让忽必烈意识到"委任失宜，使远人不安"③的严重后果。忽必烈认为，面对"诸蛮变乱不常"的形势，自己"抚恤之心虽切，而下民之志未安"，因此"非重臣镇服不可"。④至元四年（1267），他一方面"（丁丑）封皇子忽哥赤为云南王"，镇中庆路，"（九月）庚戌，遣云南王忽哥赤镇大理、鄯阐、茶罕章、赤秃哥儿、金齿等处，诏抚谕吏民"⑤，另一方面又设大理等处行六部、大理等处宣慰司都元帅两机构。然而事与愿违，因"争夺政治权力和经济利益的尖锐矛盾"，都元帅宝合丁和行六部尚书阔阔带于至元八年（1271）合伙毒死云南王忽哥赤。⑥"时，宝合丁专制，有窃据之志，忌忽哥赤来为王，置酒毒之，立道闻之趋还，王已中毒，不能救。"⑦忽哥赤被害后，忽必烈"分滇东三十七部为南、北、中三路，路设达鲁花赤并总管，加强对云南的控制"⑧。

至元十年（1273），为改变云南长期得不到稳定的严重局面，忽必烈决定在云南建立行省。于是，他选派赛典赤主持云南行政，着手整顿云南事务："云南朕尝亲临，比因委任失宜，使远人不安，欲选谨厚者抚治之，无如卿者。"⑨赛典赤受命后，"即访求知云南地理者，画其山川城郭、驿舍军屯、夷险远近为图以进"⑩。忽必烈非常高兴。《元史·赛典赤》记载道："遂拜平章政事，行省云

---

① 《元史》卷一百六十六《信苴日传》。
② 方国瑜主编：《云南史料丛刊》第十一卷，云南大学出版社，1999，第31页。
③ 《元史》卷一百二十五《赛典赤·赡思丁传》。
④ 方国瑜主编：《云南史料丛刊》第十一卷，第31页。
⑤ 《元史》卷六《世祖本纪三》。
⑥ 方铁：《边疆民族史探究》，中国书籍出版社，2012，第268页。
⑦ 方国瑜主编：《云南史料丛刊》第十一卷，第31页。
⑧ 方铁：《边疆民族史探究》，中国书籍出版社，2012，第268页。
⑨ 《元史》卷一百二十五《赛典赤·赡思丁传》。
⑩ 《元史》卷一百二十五《赛典赤·赡思丁传》。

南，赐钞五十万缗，金宝无算"[1]，"统合剌章、鸭赤、赤科、金齿、茶罕章诸蛮，赐银贰万五千两、钞五百锭"[2]。至此，云南开始作为省级行政区划名称延续至今。正是从这一时期开始，"云南成为直隶于中央政府的边远行省，彻底改变了唐宋时期地方割据的状况"[3]。

## 二、赛典赤对云南的治理

至元十一年（1274），忽必烈在云南设行中书省，赛典赤任平章政事，是为云南第一位行省长官。

### （一）完善行政建制

为便于治理全省，摆脱都元帅、段氏等地方势力的影响，赛典赤于至元十三年（1276）将行省治所迁至中庆（今昆明），奏请朝廷将主管云南行政的宣慰司置于行省领导下，由此理顺了宣慰司与行省的隶属关系，同时还让"宣慰司兼行元帅府事，并听行省节制"，逐步集中军权。

同时，针对平定云南后"州县皆以万户、千户主之"的历史倒退，赛典赤上疏更定诸路名号，改万户、千户、百户为路、府、州、县，"改置令长"，"选贤能者任之"。另外，赛典赤还奏请忽必烈，以段实（信苴日）为大理总管，设立大理总管府，并先后奏准提拔宣敕官员二百余人（如擢升阿鲁、纳速剌丁为云南诸路宣慰使都元帅，杨珪为宣慰使副都元帅，月忽乃、忽你赤、阿合八失为招讨使，爱鲁为宣抚使，张立道为中庆总管等）。

另外，针对云南境内"山路险远，盗贼出没，为行者病"的情况，他又稳定基层乡镇秩序，"相地置镇，每镇设土酋吏一人，百夫长一人，往来者或值劫掠，则罪及之"。[4]至元十六年（1279），赛典赤死在任上。忽必烈接报后，谕

---

① 《元史》卷一百二十五《赛典赤·赡思丁传》。
② 《元史》卷八《世祖本纪五》。
③ 何耀华、夏光辅主编：《云南通史》第四卷，第 21 页。
④ 《元史》卷一百二十五《赛典赤·赡思丁传》。

图 1-3：昆明赛典赤墓（邢毅　摄）

令"云南省臣尽守赛典赤成规，不得辄改"①。然而，云南省臣依然"贪求财货"。于是，至元十七年（1280），忽必烈授赛典赤之子纳速剌丁为云南行中书省右丞，并于次年（1281）升为平章政事。纳速剌丁到达云南后，一面削减哈剌章冗官以省俸银，一面仿效其父进一步集中行省权力，力主"行省既兼领军民，则元帅府亦在所当罢"，进而废罢了原设于行省直辖区的云南诸路宣慰使司和都元帅府，同时又奏请设"云南诸路提刑按察司"，专门清查行省多年的积弊案件和纠查不法官员。

（二）安抚诸蛮，缓和矛盾

赛典赤在处理民族问题上，团结各民族，不断改善民族关系。

赛典赤率兵平定萝盘甸叛乱，兵临城下三日不降，遣使"理谕"，虽言"谨奉命，越三日又不降"。赛典赤疾言"天子命我安抚云南，未尝命以杀戮也"，严惩"无主将命而擅攻"者。萝盘甸酋长大为感动，"乃举国出降"。而后，和泥（今哈尼族）、白衣（今傣族）、罗罗（今彝族）等"西南诸夷翕然款附"。赛典赤则大排酒食，慰劳诸蛮酋长，又"制衣冠袜履，易其卉服草履"，诸蛮酋长"皆感悦"。对于"叛服不常"和"屡征不利"的交趾，赛典赤采取怀柔策略，"遣人谕以逆顺祸福，且约为兄弟"。交趾王欣喜不已，"亲至云南"，"乞永为藩臣"。②

---

① 《元史》卷一百二十五《赛典赤·赡思丁传》。
② 《元史》卷一百二十五《赛典赤·赡思丁传》。

于是，至元十五年（1278），云南行省即"招降临安、白衣、和泥分地城寨一百九所，威楚、金齿、落落分地城寨军民三万二千二百，秃老蛮、高州、筠连州等城寨十九所"[1]。翌年六月，都元帅爱鲁和纳速剌丁又率兵抚定亦乞不薛、金齿、蒲骠、曲蜡等，"招忙木、巨木秃等寨三百，籍户十一万二百"[2]。

### （三）屯田垦荒，兴修水利，发展农业

赛典赤在注重政治改革的同时，大力发展农业。一是减轻赋税，大力设立屯田，加强了对云南的开发。二是促进农业发展，"教民播种，为陂池以备水旱"，"设义仓以贷种子"，"广屯田以积谷"。[3] 三是兴修水利，治理滇池，疏通海口，获得大量良田。

### （四）创建孔庙，推广儒学

赛典赤大力提倡修建孔庙、兴儒学。[4] 元朝初年，云南奉祀王羲之为"先师"，子弟亦"不知读书"。为了改变这种现状，至元十一年（1274）冬，赛典赤和中庆路总管张立道首次在云南创建孔子庙于中庆路城北叉，不仅规定每年春秋两季祭祀孔子，而且购买经史典籍，建立儒学舍"收置儒籍"，"劝士人子弟以为学"，并拨田五顷作为学田，以供祭祀教养和教育经费之用。大力兴办学，"创建孔子庙、明伦堂，购经史，授学田，由是文风稍兴"，不遗余力地传播先进文化。

除中庆路、大理路外，云南其他各路也先后建立了孔庙。"在滇西诸路设置孔庙推广儒学的同时，滇东诸路也建置文庙推广儒学。"[5] 世祖朝末，云南行御史台中丞程思廉也对云南的儒学教育做出了贡献。[6] 直至成宗朝，右丞忽辛仍然督促所属诸路州"遍立庙学"，选拔饱学之士担任教官，于是"文风大兴"。[7]

---

① 《元史》卷十《世祖本纪七》。
② 《元史》卷十《世祖本纪七》。
③ 《元史》卷一百二十五《赛典赤·赡思丁传》。
④ 林超民主编：《中国地域文化通览·云南卷》，第143页。
⑤ 林超民主编：《中国地域文化通览·云南卷》，第144页。
⑥ 李治安：《元代行省制度（下）》，中华书局，2011，第540页。
⑦ 《元史》卷一百二十五《赛典赤·赡思丁传附忽辛传》。

图1-4：昆明文庙，始建于元代。（邢毅　摄）

　　正是赛典赤等人行省云南二十余年间，通过一系列措施稳定了战乱之后云南的政治局势，恢复了社会秩序，使云南出现社会稳定、经济繁荣、文化发展，一片欣欣向荣的局面。当然，需要指出的是，尽管以上措施可能未完全获得贯彻落实，但为进一步维护中央集权、巩固云南行省政权和打击地方势力，以及加强云南各地之间与全国的政治经济文化交流，仍发挥了重要作用。

### 三、红巾军和云南各族人民起义

　　忽必烈南攻大理、占领云南后，蒙古及元朝中央政府在云南的统治管理机构大致可分为省政、王政、藩政、土官四部，皆听命于中央，又相互牵制，可谓矛盾重重。由此造成统治者各派力量的明争暗斗，成为云南早期政局不稳定的重要因素 ①，如忽哥赤被害等争权事件不断上演。

　　再加上自兀良合台时期开始的近 20 年的军事统治，云南各族人民因主多

① 方铁：《论赛典赤治滇》，载《宁夏社会科学》，1984（3）。

役繁而倍受其害，"役重税繁，民苦无极"①。所以，从一开始，云南各族人民的武装起义斗争就与反抗元王朝和段氏的双重统治结合起来，直至元亡。在阶级矛盾和民族矛盾日益尖锐激化的背景下，滇中和滇东地区的白、彝等各族人民因不堪忍受云南蒙古贵族和段氏统治者的残酷统治和民族压迫，于至元元年（1264）举行了声势浩大的舍利畏起义。十年后，舍利畏再度起义，遭到大理旧主段氏的暗害。②这次起义虽然失败了，但大大动摇了蒙古贵族在云南的统治，掀起了云南各族人民起义的序幕。另外，这次起义还把云南地方的历史发展向前推进了一大步，为元朝统治者正式决定建立云南行省提供了深刻的现实教训。

至正十一年（1351），全国爆发白莲教大起义。起义军以红巾包头、红旗为号，人称"红巾军"。至正十七年（1357），红巾军明玉珍部攻占四川。至正二十二年（1362），明玉珍于重庆正式建立大夏政权，改元"天统"。至正二十三年（1363），明玉珍命万胜、邹兴、芝麻李率军分三路由界首、建昌、八番入滇。二月，万胜率先攻抵云南，梁王等逃至威楚（今楚雄）。红巾军一路势如破竹，很快攻下乌撒（今威宁）、马隆（今马龙），随后进驻昆明。入昆明后，万胜一面张贴布告，一面遣使四处，向云南各族人民申明率起义军入滇是为了推翻元朝的残暴统治。

尔后，在云南各族人民的积极响应下，起义军继续南下建水，进入滇东地区。正当起义军继续向滇西挺近、攻至楚雄以西之关滩时，互为仇雠的梁王和段氏联手共同镇压红巾军。③万胜以孤军不可深入回师重庆，主动撤出了云南。红巾军退出云南后，梁王和段氏之间再次重燃战火。于是，红巾军趁机再攻昆明，但旋遭梁王和段氏的联合镇压而失败。虽然红巾军未能在云南取得最终胜利，但云南各族人民在红巾军影响和推动下，反抗元朝和段氏统治者的斗争仍在继续。

---

① 《咸阳王抚滇功绩节略》，光绪三年（1877）重刻本。转引自方铁：《论赛典赤治滇》，载《宁夏社会科学》，1984（3）。
② 《元史》卷一百六十六《信苴日传》。
③ 何耀华、夏光辅主编：《云南通史》第四卷，第57页。

14 世纪中叶，元朝中央政府的政治权威日渐式微，随着元朝统治腐败加剧和统治集团内部的斗争分裂，各地武装割据势力拥兵自重。再加上自然灾害频仍，民不聊生，云南各族人民起义蜂起，掀起反抗元朝统治的浪潮，其中尤以红巾军起义最为猛烈，最终导致了元朝的崩溃和明朝的建立。[①]

## 第二节　明朝对云南的统治

元至正二十八年（1368）正月初四，朱元璋在南京正式称帝建国，国号大明，改元洪武。在控制和稳定全国政治局势后，面对云南旧元残余势力的拒不归附，朱元璋于洪武十四年（1381）九月任命傅友德为征南将军、蓝玉为左副将军、沐英为右副将军，大举兴兵征讨云南。洪武十六年（1383）三月，云南大抵平定，朱元璋传谕南征明军班师回朝，留义子沐英镇守云南。然而，随着麓川势力的再次崛起，西南边疆安全岌岌可危。于是，明朝先后多次征讨麓川，尤其是正统年间"三征麓川"，有效地维护了西南边疆地区的社会稳定和国家统一。明朝末期，农民起义浪潮席卷全国。崇祯十七年（1644）三月，李自成率军攻占北京，推翻了明王朝的统治。同年八月，清军入关问鼎中原，随后开始南下征服明朝属地和镇压各地农民起义军。于是，在滇黔活动的大西军从反明转向扶明反清。与此同时，在明朝文臣武将的拥护下，南明先后建立若干政权抵抗清军，以图恢复明朝，但最终均告失败。其中，永历政权坚持抗清时间最久，长达十余年，最强盛时名义上控制势力范围恢复到云南、贵州、广西三省全部和四川、湖南大部，以及广东、江西、福建、湖北四省一部，出现了南明时期的第二次抗清斗争高潮。清顺治十六年（1659）正月，清军进驻昆明。至此，明朝在云南的统治宣告结束。

---

① 何耀华、夏光辅主编：《云南通史》第四卷，第 91 页。

## 一、明军平滇

当明王朝于洪武元年（1368）在南京正式宣告建立时，云南仍然处在元朝梁王巴匝剌瓦尔密的控制之下，梁王仍然遣使经塞外，"顺帝北去，大都不守，中国无元尺寸地，而王守云南自若；岁遣使自塞外达元帝行在，执臣节如故"[①]。与此同时，大理段氏、麓川思氏和乌撒（今威宁）、乌蒙（今昭通）、东川、芒部（今镇雄）等白、彝、傣各族势力趁机割地称雄，牢牢掌控着各自的统辖区域[②]。

洪武元年至洪武八年间，太祖以"云南险远，不欲用兵"，遣使招谕云南达七次之多，然云南梁王先后杀明朝使臣，独隅西南。时中原已定，北元扩廓帖木儿、纳哈出等虽继续威胁中原，但其势力因明军的打击逐渐被削弱，蒙古内部已经开始发生分裂，北部边患暂时得到一定程度上的缓解；至正二十三年（1363），朱元璋鄱阳湖之战大败陈友谅，之后逐渐占据湖广；洪武四年，太祖平夏，占据四川；西番"自陕西历四川、云南西徼外皆是，其散处河、湟、洮、岷间者"[③]，洪武十二年（1379）邓愈成功招谕吐蕃，至此云南陷入了明军的重重包围之中。

面对云南的复杂局势，明朝并未在平定四川后立刻采取军事行动进军云南，而是在稳定新朝鼎建政治局面和巩固统治地位的大前提下，先后多次派遣使臣前往云南招谕，开展安抚招降活动。但是，梁王巴匝剌瓦尔密多次拒绝归附，并先后杀害使臣王祎、吴云。

洪武十四年（1381）八月，太祖决定准备进军云南，言："云南自昔为西南夷，至汉置吏，臣属中国。今元之遗孽巴匝剌瓦尔密等自恃险远，桀骜梗化，遣使招谕，辄为所害，负罪隐慝，在所必讨。"[④]将军事征讨云南的北元残余势力摆上政治议事议程。

---

① 《明史》卷一百二十四《巴匝剌瓦尔密传》。

② 何耀华、夏光辅主编：《云南通史》第四卷，第 91 页。

③ （清）张廷玉等撰：《明史》卷一百三十，中华书局，1974，第 8539 页。

④ 《明太祖实录》卷一百三十八，"洪武十四年八月癸丑"条。

是年九月，朱元璋命傅友德、蓝玉、沐英率军大举征讨云南，并对远征进行了周密部署。

明军出发后，傅友德即按照朱元璋之部署派都督胡海洋等率兵由永宁南下乌撒，三将军则亲率主力由辰（今沅陵）、沅（今芷江）入贵州，克普定、普安。十二月，明军至曲靖，于北郊白石江击败元兵，"生擒（元行省丞相）达里麻，俘其众万计，友德悉抚而纵之，使各归其业。夷人见归者皆喜慰，而军声益振，遂平曲靖"①。于是根据朱元璋的既定部署，傅友德"留兵镇其地"，"自率众数万捣乌撒，分遣左副将军蓝玉、右副将军沐英率师趋云南"②。梁王巴匝剌瓦尔密及其亲信驴儿达等出逃至梁王山后自杀，据说当地人因此名此山为梁王山，流传至今。明军至板桥，元行省右丞观音保（李观）等出降，"故梁王阉竖也先帖木儿以金宝来献，诸父老焚香迎拜，玉等整师入城，戒戢军士，秋毫无犯，吏民大悦"③。进驻昆明后，明军继续分兵挺进滇南临安、滇西威楚。

洪武十五年（1382）正月，明军平定威楚路，曲靖、中庆、武定各路纷纷迎降。二月，"置云南都指挥使司，命前军都督金事谢熊戈、预左军都督金事冯诚署司事。命都督府遴选致仕武官五十七员往守云南诸城"④。同月，正式设立云南布政使司。

云南布政使司设立后，"公布法令，安定全省秩序"⑤。不久，明军逼近大理。控制大理地区的段世（信苴世）见形势危急，遂派张元享持书至中庆大营，请求傅友德停止进兵："且兵久则变生，事苦则虑易，莫若班师罢戍，奉扬宽大；倘赐继绝举坠，庶副苍生霖雨之望，比备礼仪朝觐以来。"⑥傅友德接信后，以达理麻和乌撒右丞实卜等率部抵抗被击溃为例，希望段氏能明白当前局势主动投降。然而，段明（信苴明）仍想称霸大理，不愿对明朝俯首称臣，于是决定

①《明太祖实录》卷一百四十，"洪武十四年十二月戊辰"条。
②《明太祖实录》卷一百四十，"洪武十四年十二月戊辰"条。
③《明太祖实录》卷一百四十，"洪武十四年十二月癸酉"条。
④《明太祖实录》卷一百四十二，"洪武十五年二月癸丑"条。
⑤ 马曜主编：《云南简史》，云南人民出版社，2009，第 92 页。
⑥ 方国瑜主编：《云南史料丛刊》第四卷，云南大学出版社，1998，第 549~550 页。

率兵抵抗，打算利用云南的气候条件杀伤明军，并借述云南诸夷善战之情形劝傅友德退兵，早寻活路。

于是，蓝玉、沐英于闰二月进攻大理。攻占大理、生擒段明兄弟后，明军一鼓作气，挥师西进，"取鹤庆，略丽江，破石门关，下金齿，由是车里、平缅（今德宏一带）等处相继来降，诸夷悉平"①。"到洪武十五年（1382）三月前后，明军又收复了保山和腾越（今腾冲）等地，怒江以西的潞江、南甸、干崖、木邦、孟养等地的土官纷纷投降明军"②。至此，明军基本平定云南全省。

## 二、明政府在云南统治的确立

明朝平定云南，设立布政使司统治各地后，元朝残余势力和云南部分土官仍然不甘失败，纷纷在被迫纳土归降后不久又发动叛乱，企图割地称雄自立。洪武十五年（1382）七月，傅友德、沐英进兵乌撒，斩首三万余，土官余部溃散。九月，土官杨苴趁明军分赴各地招降未完全归附的土官势力之机，纠集二十余万围攻昆明。沐英闻讯后，迅速从乌撒前线领兵赶回以解昆明之围。③杨苴兵败后，继续在安宁、罗次、邵甸、晋宁、江川等地与明军对抗。④ 此外，其他叛乱还有元右丞实卜为首纠合乌撒、乌蒙、芒部、东川等地统治贵族的反抗，滇西元右丞普颜笃与土官高大惠叛据洱源，金齿土官与蒙古官吏也先忽都勾结麓川思氏焚掠永昌，普舍县（今玉溪）元右丞燕海雅、金齿土司段惠的叛乱等。这些叛乱都被明军迅速平定，但各地土官的反明活动并未完全停止，最典型者当是麓川思氏势力的崛起和持续扰边，最终致使明朝不断用兵西南边疆地区，直到正统年间"三征麓川"后，西南边疆地区的紧张局势才暂告一段落。

进一步控制和稳定云南局势后，朱元璋于洪武十六年（1383）三月派长兴

①《明太祖实录》卷一百四十三，"洪武十五年闰二月癸卯"条。
② 何耀华、夏光辅主编：《云南通史》第四卷，第94页。
③《明太祖实录》卷一百四十八，"洪武十五年九月"条。
④ 何耀华、夏光辅主编：《云南通史》第四卷，第94页。

图1-5：沐英画像
资料来源：杨德聪主编：《图说云南历史文化》，云南教育出版社，2008，第180页。

侯耿炳文向傅友德等三将军传达谕令，"卿等久劳于外，今蛮夷已平，可以班师。若迟速之期，宜自审度"①。同时，他又谕令义子沐英："云南虽平，而蛮夷之心尚怀疑贰，大军一回，恐彼相煽为患，尔其留镇之，扶绥平定，当招尔还。"②洪武二十二年（1389）十月，沐英进京朝觐，朱元璋高度肯定其在云南的功绩，"自汝在镇，吾无西南之忧"，不仅"宴于奉天门"，而且给予丰厚赏赐，"赐黄金二百两，白金五千两，钞五千锭，文绮一百疋。又赐钞一万锭，令起第于凤阳"③。洪武二十五年（1392）六月，沐英去世，朱元璋追封其为黔宁昭靖王，并命其子沐春袭封西平侯，继续坐镇云南。洪武三十一年（1398），沐春卒，无子，其弟沐晟奉旨承袭侯爵，再镇云南。永乐年间，沐晟因平定麓川和征讨安南屡立战功而被朝廷封为右柱国、黔国公，并特许子孙世世承袭。自此以后，沐氏家族子孙世世承袭黔国公、云南总兵官，挂征南将军印，驻云南府，直至明朝灭亡，为明王朝统一中国西南边疆地区发挥了重要作用。

除派沐氏家族镇守外，为进一步巩固在云南的统治，朱元璋还建立和完善了云南各级管理机构。洪武十五年（1382）正月，朱元璋遣使谕令傅友德等三将军："比得报知云南已克，然区画布置尚烦计虑。前已置贵州都指挥使司，然其地去云南尚远。今云南既克，必置都司于云南，以统率诸军。既有土民，又必置布政司及府州县治之。"④不久，设置云南都指挥使司和十四卫指挥使司，建立了完整的军事指挥体系和镇守体制。二月，再置云南布政使司，改元中庆

---

① 《明太祖实录》卷一百五十三，"洪武十六年三月甲辰"条。
② 《明太祖实录》卷一百五十三，"洪武十六年三月甲辰"条。
③ 《明太祖实录》卷一百九十七，"洪武二十二年丁巳"条。
④ 《明太祖实录》卷一百四十二，"洪武十五年正月甲午"条。

图 1-6：明代沐氏家族金镶红蓝宝石冠和金莲花冠，云南省博物馆藏。云南呈贡王家营沐氏家族墓之沐崧夫妇合葬墓出土。（周智生　摄）

府（今昆明）为云南府。闰二月，更置云南布政使司所属府、州、县，共设府52 个、州 63 个、县 54 个。洪武二十一年（1388）五月，编定云南官吏、军、民犯罪条例。至此，三司设立，分掌民政、军事、刑狱，凡有大事三司共同会商。此外，亦在云南设立巡按御史，以资监察。

通过以上一系列系统而严密的措施，明朝有力地维护了中央集权统治，稳定了云南地方局势，从而为巩固国家统一、防止地方势力割据自立发挥了重要作用。如洪武年间，沐英率兵在"定边之战"取胜后并未对麓川思氏乘胜追击，而是调用征讨麓川的十二万大军，与傅友德等部一道共同平定了东川、越州、罗雄等地的叛乱，并通过设置卫所切断了他们与麓川的联系，从而消除了云南腹地之患，扭转了进入云南以来的被动局面，稳定了云南的复杂局势，进一步巩固了明朝在云南的统治。

### 三、"百夷"思氏集团的兴起

#### （一）元朝时期白夷内附与兴起

在元朝，傣族被称为"金齿百夷"，简称为"金齿"或者"百夷"[1]。元宪宗

---

[1] 于秀情：《明朝经营百夷研究》，中央民族大学 2003 年博士学位论文，"中文摘要"第 1 页。

四年（1254），"平定大理，继征白夷等蛮"①。至元五年（1268），元大将爱鲁从云南王征讨金齿诸部，斩首千余级，诸部皆震。②随着战事的不断推进，元朝对金齿地区白夷部落实行招降政策。

中统二年（1261）八月，忽必烈"敕以贺天爵为金齿等国安抚使，忽林伯副之，仍招谕使安其民"③。至元四年（1267）九月，忽必烈"遣云南王忽哥赤镇大理、鄯阐、茶罕章、赤秃哥儿、金齿等处，诏抚谕吏民"④。在强大的军事压力和招降政策的作用下，各地纷纷内附。至元七年（1270），"征金齿、骠国五部之未降者，破其二部，余三百酋长阿愿福勒丁阿愿瓜降，献马象"⑤。史载：至元七年（1270）十二月，"金齿、骠国三部酋长阿匿福、勒丁、阿匿瓜来内附，献驯象三、马十九匹"⑥。至元十五年（1278）四月，"云南行省招降临安、白衣、和泥分地城寨一百九所，威楚、金齿、落落分地城寨军民三万二千二百所，秃老蛮、高州、筠连州等城寨十九所"⑦。

为了加强统治和管理，元朝逐渐建立起与当地各部落社会经济发展程度相适应的行政制度和军政合一的管理制度。中统二年（1261），设立安抚司。至元十五年（1278），改安抚为宣抚，设立六路总管府，下辖六路一睑。分别是：柔远路、茫施路、镇康路、镇西路、平缅路、麓川路六路和南睑。

可见元初在云南设立"金齿等处宣抚司"所辖六路一睑行政区，其基础是以该地区范围内所居住的部落来划分的。这种情况表明，这一时期的白夷内部各部落之间互不统属。

随着元朝对金齿白夷地区的招降和新设行政建置的有效管理，元朝西南版图不断向西推进，遂与正在向伊洛瓦底江上游扩张的缅甸蒲甘王朝产生军事冲

---

① 《元史》卷六十一《地理四·云南诸路行中书省》。
② 《元史》卷一百二十二《爱鲁传》。
③ 《元史》卷四《世祖本纪一》。
④ 《元史》卷六《世祖本纪三》。
⑤ 方国瑜主编：《云南史料丛刊》第二卷，云南大学出版社，1998，第 626 页。
⑥ 《元史》卷七《世祖本纪四》。
⑦ 《元史》卷十《世祖本纪七》。

突。至元十三年（1276），"缅国拥象骑数万，掠金齿南甸，欲袭大理"①。第二年，元朝征缅战争正式爆发，到至元二十四年（1287）元军攻占蒲甘，缅甸蒲甘王朝覆灭，战争持续了26年。

元朝征缅战争，产生了两个影响深远的结果。"第一个结果是，元朝将整个金齿地区，即怒江两岸和伊洛瓦底江上游两岸地区纳入版图，在这一区域建立相对完备的行政区划，设置站赤，建立邮传急递系统，进行全面的统治。"②"第二结果是，征缅战争为麓川势力的崛起创造了条件。"③正是这次战争，"解除了中缅边境'百夷'（傣族）发展的压力，造成了麓川思氏集团向外扩张的条件，出现了傣族各部统一集结的趋势"④。究其原因，元朝在征缅战争期间开通驿站、设立屯田，经济文化交流不断加强，促进了当地的经济文化发展。再加上元朝中期以后云南政治格局的变化（元段"分域构隙"），最终为麓川"百夷"思氏集团的不断兴起和壮大、威胁西南边疆稳定埋下了隐患。

征缅战争结束后，麓川势力逐渐强盛起来。有关元代麓川兴起发展的历史轨迹，可从《麓川思氏谱牒》和《元史》中清晰地勾勒出来，其中思可法稍具神话色彩。⑤方国瑜先生指出，从至元六年（1340）开始，麓川主称"法"，正是麓川兴起的时间。⑥思可法主政麓川后，在白夷诸部中势力渐强，开始向周边扩张，"陆续兼并周围的傣族各部落，并不断向北发展"，侵占诸路和各甸、寨，"将平缅路（此路和麓川路皆属大理金齿等处宣慰司都元帅府管辖）的一些地方划入自己的统治范围"⑦。面对麓川势力的日益崛起，元朝不断进行讨伐。至正六年（1246）六月，"诏以云南贼死可伐盗据一方，侵夺路甸，命亦秃浑为云南行省平章政事讨之"⑧。

---

① 《元史》卷一百六十六《信苴日传》。
② 陆韧：《元明时期的西南边疆与边疆军政管控》，社会科学文献出版社，2015，第18页。
③ 陆韧：《元明时期的西南边疆与边疆军政管控》，第19页。
④ 马曜主编：《云南简史》（第3版），云南人民出版社，2009，第96页。
⑤ 陆韧：《元明时期的西南边疆与边疆军政管控》，第24~25页。
⑥ 《方国瑜文集》第3辑，云南教育出版社，2003，第532~558页。
⑦ 何耀华、夏光辅主编：《云南通史》第四卷，第125页。
⑧ 《元史》卷四十一《顺帝纪四》。

经过不断征战，元朝最终获得胜利，维护了中央王朝在西南边疆的统治。至正十五年（1355）八月，"云南死可伐等降，令其子莽三以方物来贡，乃立平缅宣抚司"①。至此，麓川势力进入蛰伏期养精蓄锐，直到明军入滇后才重整旗鼓，侵扰边地。

### （二）明朝麓川势力的重新崛起和侵扰边疆

明朝时期傣族被称为"百夷"②。洪武十四年（1381），明军出兵云南，于次年基本平定云南全境，新设府、州、县治理广大区域。为加强对麓川地区的统治，洪武十五年（1382）初，朱元璋采取招抚政策，授思瓦发为平缅宣慰使。同年冬，麓川内讧，达鲁方杀害思瓦发，拥立满散之子思伦发。洪武十六年（1383），思伦发将也先忽都、旧元知府土官段惠和与思瓦发勾结作乱的明金齿指挥王贞送还明朝。于是，为了安抚思伦发，暂时稳定麓川局势，朱元璋将前一年的动乱归罪于也先忽都，而对麓川暂不追究。洪武十七年（1384）八月，为表感恩明朝的宽恕，思伦发向明廷上缴元朝所颁宣慰使印，以示归顺。

明朝为进一步笼络思伦发，"改平缅军民宣慰使司为麓川平缅宣慰使司，麓川与平缅连境，元时分置为两路，以统领其所部。至是以思伦发遣使来贡，乃命兼统麓川之地，故改之"③。于是，明朝和麓川进入了短暂的和平时期。

洪武十八年（1385），思伦发再次率十余万兵力攻占景东，击败土知府俄陶的傣族军队，明军千户王升战死。明朝为了避免发生更严峻的边疆危机，发动"景东之役"，将麓川军队击败。不久，思伦发不甘失败，再次发动"定边之战"，选择明军防线薄弱的中线进攻西南边疆地区。在这千钧一发之际，镇守云南的黔国公沐英率军从昆明昼夜兼行直奔定边，与思伦发展开决战，思伦发败退麓川。尔后，为防范麓川势力东山再起，明朝不断增兵云南，"通过重兵集结、屯种听征、坚壁固垒、设驿置堡等措施，将麓川势力遏制于其老巢麓川、平缅一

---

① 《元史》卷四十四《顺帝纪七》。
② 于秀情：《明朝经营百夷研究》，2003 年中央民族大学博士学位论文，"中文摘要"第 1 页。
③ 《明太祖实录》卷一百六十四，"洪武十七年八月甲午"条。

带（今云南陇川、瑞丽）"[1]。

洪武二十二年（1389），为了巩固自己的势力，思伦发将战争罪责归咎于部将刀斯养等人身上，并且派人向明廷"请罪""愿输贡赋"，同时以象、马、金银等方物进贡。于是，洪武二十七年（1394），明朝派人发给思伦发公服、幞头、金带和象笏，承认了麓川思氏对当地的统治。同年，思伦发率兵侵扰缅甸，缅甸遂因之请求明朝封为土司。于是，明廷授缅甸贵族卜剌浪为缅中宣慰使，并于洪武二十九年（1396）派钱古训、李思聪前往麓川，令思伦发停止对缅甸的侵扰，思伦发从之。[2]

洪武三十年（1397），思伦发部将刀干孟不仅发动兵变驱逐思伦发，而且率兵进攻腾冲。思伦发携家眷逃脱，求救于明朝。明朝遂一面派黔国公、西平侯沐春率云南、四川诸卫征讨刀干孟，一面令思伦发驻潞江招降部众。洪武三十一年（1398），明军直捣麓川，生擒刀干孟后，仍授思伦发为麓川平缅宣慰使，但其辖地仅限今之瑞丽、陇川二县，其余领地则分设土司宣慰司、宣抚司等，分而治之，西南边疆危机暂趋缓和。

建文元年（1399），思伦发卒，其子思行发继任宣慰使。到永乐前期，明朝和麓川势力一直发展良好关系，麓川地区社会经济发展也进入了一个相对繁荣的发展时期，从而为麓川势力的再次崛起准备了条件。

永乐十一年（1413），思任发继其兄思行发为麓川平缅宣慰使后，经多年韬光养晦，一面"以金银器皿象马来贡……阳为顺服"[3]；一面"得肆奸计"，出兵攻占大片土地。在思任发强大的军事攻势下，云南西部边地土司无力抵抗，纷纷投靠麓川，"助其凶暴，亲率蛮寇来侵金齿（今云南保山）"[4]。通过一系列扩展，麓川先后占据"孟定、南甸、干崖、腾冲、潞江、金齿等处"[5]，西南边境岌岌可危。

---

① 陆韧：《元明时期的西南边疆与边疆军政管控》，第 114 页。
② 何耀华、夏光辅主编：《云南通史》第四卷，第 128 页。
③《明英宗实录》卷四十三"正统三年七月庚子"条。
④《明英宗实录》卷四十三"正统三年六月乙亥"条。
⑤《明史》卷三百十四《云南土司二·麓川列传》。

面对麓川势力日炽，并不断侵扰云南腹地，云南总兵官沐晟上书"乞调大军剿之"[1]。于是，为击败思任发的扰边，解决西南边疆危机，明英宗于正统三年（1438）六月下令，"都督方政、佥事张荣同征南将军黔国公沐晟、右都督沐昂，讨麓川叛蛮思任发"[2]。然而，由于沐晟兄弟屡次按兵不动，方政孤军深入，最终导致此次征讨惨淡收场，"（方）政中伏死，官军败绩"[3]，云南总兵官黔国公沐晟先后败退至永昌、楚雄，后因军事失利暴病而亡[4]。正统五年（1440），云南总兵官沐昂率兵十万再次征讨麓川，结果又败。

此后，麓川愈益强盛，势力范围不断扩大，"兵愈横，犯景东，剽孟定，杀大侯知州刀奉汉等千余人，破孟赖诸寨，孟连长官司诸处皆降之"[5]。随着麓川平缅宣慰使再次崛起为云南地区一个新的割据势力，战火逐渐深入云南腹地。

更加危险的是，云南边地土司因受到麓川势力的胁迫而纷纷投靠，致使明朝对西南边疆地区的失控局面日益突显。因此，为解决麓川威胁出谋划策，明朝君臣展开了一场连续五天的集中廷议，群臣在战与抚之间争议不休，最后，英宗决定武力征讨麓川，任命王骥、蒋贵等带领大军镇压思任发的扩张。

## 四、王骥三征麓川

明朝前期，思氏是百夷土司中实力最强、野心最大的土司，它不断地向外扩张和掠夺，这影响了明朝在云南的统治，影响了明朝对百夷的统治。[6] 征讨麓川的策略获得英宗肯定后，明朝开始积极谋划征讨麓川。

### （一）王骥一征麓川

正统六年（1441）春，明朝正式征讨麓川，"以定西伯蒋贵为平蛮将军，都

---

① 《明英宗实录》卷四十三"正统三年六月乙亥"条。

② 《明史》卷十《英宗纪》。

③ 《明史》卷一百二十六《沐英列传附子晟列传》。

④ 《明英宗实录》卷五十三"正统四年三月丁卯"条。

⑤ 陆韧：《元明时期的西南边疆与边疆军政管控》，第116页。

⑥ 于秀情：《明朝经营百夷研究》，2003年中央民族大学博士学位论文，"中文摘要"第74页。

督李安、刘聚副之，以兵部尚书王骥总督云南军务，大会诸道兵十五万讨之"①。同年夏，明军抵达云南。

面对明军大兵压境，思任发一面派人向明朝请降，一面调兵盘踞大侯州（今云县），"时任发遣贼将刀令道等十二人，率众三万余，象八十只，抵大侯州，欲夺景东、威远（今景谷）"②。王骥等人识破其计，令都督马让抢先率领大理诸卫军六千驰援大侯，重挫麓川南路攻势。随后，王骥兵分三路夹击思任发：东路以右参将冉保为将、金齿指挥使胡志为先锋，进攻湾甸（今昌宁县南部），并由湾甸水寨入镇康、趋孟定（今耿马县）；西路以左参将宫聚为将，率兵自下江据夹象石，以作中路军之策应；中路军则由王骥与蒋贵亲率，主力强攻麓川上江（今泸水县南部怒江西岸），此时，思任发"所恃上江以为屏蔽，至是荡然矣"③。经过鏖战，思任发溃败，率残兵两万在杉木笼山（今德宏州梁河县、陇川县交界处）依地势高处建连环七寨继续抵抗。

正统七年（1442），王骥率兵再战，依次击破敌营，并与西路军宫聚汇合，兵锋直指麓川（今瑞丽）。闰十一月，东路军在沿路收复被麓川侵占的元江、大侯、车里等土司地区和攻占孟定后，与二路大军会师，围攻思任发。思任发又败，父子三人携妻女部将西奔孟养（今缅甸克钦邦）。不久，思任发被缅人擒获，明军班师回朝，明朝第一次征讨麓川结束。

需要指出的是，王骥第一次领兵征战虽然获胜并成功收复被麓川侵占的土司领地，但未能完成彻底消灭麓川势力的战略目标，给后续的西南边疆稳定埋下了重大隐患：一方面，因思任发为缅人所擒而给了缅人要挟明朝赐以麓川地的借口；另一方面，思任发的三个儿子及思氏家族核心成员均外逃孟养地区，为东山再起积蓄了力量。

思任发被缅人擒获后，其子思机发从孟养回到麓川故伎重演，仿效其父表面臣服明朝、暗地伺机攻伐掠边之术，一面派其弟向明朝认错请罪，一面派兵

①《明史》卷三百十四《云南土司传二·麓川传》。
②《明史》卷三百十四《云南土司传二·麓川传》。
③《明英宗实录》卷八十六"正统六年闰十一月辛巳"条。

攻占边境地区，"其子思机发穷困，乞来朝谢罪，先遣其弟招赛入贡，帝命遣还云南安置。机发窥大兵归，图恢复，据麓川出兵侵扰"[1]。

### （二）王骥二征麓川

王骥一征麓川，思任发逃跑。正统七年（1442），云南奏报朝廷，"今大军还"，"蛮夷不时窃发"，"思机发兄弟三人来居麓川者蓝地方"，"其情谲诈，俱难凭信"，"麓川贼酋尚未授首，比者其子思机发走乞来朝谢罪……事之虚实，难以遥度"。[2] 与此同时，明朝屡次遣使前往缅甸索要思任发，缅人均因图谋占取麓川而借故不予。

由此，明朝君臣深刻认识到麓川势力对西南边疆稳定的危害性，"先是骥奏数遣人往缅甸索思任发，不报，盖缅甸以此贼为饵，邀请土地。而贼子思机发复据麓川侵扰"。

正统八年（1443）五月，为避免重蹈洪武年间思氏叛乱扰边之覆辙，明英宗决定再征麓川，仍由王骥、蒋贵统领。当王骥率兵到达金齿（今云南保山）时，思机发遣其部将刀笼肘携书请降。对此，王骥未允，并派人前往缅甸宣慰司，要求缚思任发来献。随后，王骥进占腾冲，兵分两路夹击思机发：一路攻取思机发所据麓川，一路由陈仪率三千人越过南牙山（今云南盈江县西部边境一带），伺机截断思机发逃亡孟养的退路。战斗打响后，王骥率部攻克思机发盘踞的者蓝（今瑞丽市南部境外之姐兰），"捣机发巢，破之。机发脱走，俘其妻子部众，立陇川宣慰司而归。时思机发窃据孟养，负固不服，自如也"[3]。思机发败走孟养后，明朝命已归附的麓川大头目恭项镇守麓川。至此，第二次征讨麓川宣告结束。

然而，与第一次征讨麓川一样，尽管明朝通过设立陇川宣慰司重构了麓川地区的土司制度，完成了对麓川地区的控制，但仍然未能彻底剿灭麓川思氏势

---

① 《明史》卷三百十四《云南土司传二·麓川传》。
② 《明英宗实录》卷九十"正统七年三月乙亥"条、卷九十三"正统七年六月己巳"条、卷九十五"正统七年八月壬寅"条。
③ 《明史》卷三百十四《云南土司传二·麓川传》。

力及消除其在该地区的影响力。因此，麓川势力对云南西南边疆地区的威胁依然存在。①

（三）王骥三征麓川

王骥二征麓川攻破思机发大营，思机发逃跑之后，屡次向朝廷提出朝贡，为一探虚实，英宗派遣云南总兵官黔国公沐斌、参赞军务右侍郎杨宁等送刀克猛等人返回，同时面见思机发，观察思机发的真正意图，并希望思机发亲自来朝贡。

正统十二年（1447），沐斌出于个人目的（欲借活捉思机发之机，树立和巩固沐氏家族在云南的威信与统治），向朝廷提出率兵讨伐思机发的请求并获批准，但未能取胜。② 所以，英宗以沐斌"师出无功"③，于正统十三年（1448）三月仍以王骥为总督军务，率云南、湖广、四川、贵州官军十五万前往孟养征讨思机发。十月，大军抵达金齿，随后自腾冲沿南牙山、沙坝一路顺伊洛瓦底江而下，联合木邦、缅甸两宣慰司攻取思机发金沙江沿岸营寨，直至孟养土司原驻地（今缅甸克钦邦孟拱西南之莫宁）。途中，明军遭遇激烈抵抗，损失惨重，贵州都指挥同知骆宣战死。这次征战，使王骥意识到"贼终不可灭"，于是最终与思氏勒碑和谈后班师，明朝第三次征讨麓川宣告结束。

三征麓川，既是明朝维护中央集权的系列军事活动，更是明朝君臣对国家安危负责，维护边疆稳定、反对分裂的重大部署。明朝三征麓川虽然未能完全消灭思氏集团，但有效遏制了思氏集团向云南腹地扩张的强劲势头，从而稳定了西南边疆形势。同时，明军远征深入伊洛瓦底江流域作战，将麓川限制在伊洛瓦底江以西，消除了长期困扰明朝的西南边疆劲敌。另外，明朝的坚决态度，也极大地震慑了缅甸、木邦等势力。万历中期以后，随着缅甸南部洞吾王朝的兴起和不断向北扩张，西南边疆地区相对的和平安宁才告一段落。

---

① 陆韧：《元明时期的西南边疆与边疆军政管控》，第123页。
② 马曜主编：《云南简史》，第99页。
③《明史》卷三百十四《云南土司传二·麓川传》。

# 第三节　清朝对云南的统治

　　顺治十六年（1659），清廷派平西王吴三桂追捕南明永历帝，清军进入云南，随后开始控制全省，逐步确立了对云南的统治。康熙十二年（1673），康熙实施削藩，平西王吴三桂在昆明起兵反清，三藩之乱拉开序幕。康熙二十年（1681），清军攻破昆明，平定三藩之乱，云南秩序趋于稳定。雍正年间，清王朝在云南地区大规模推行改土归流，有效削弱了民族地方势力，进一步加强了对云南的控制。乾隆年间，清军反击缅甸王朝向云南的军事扩张，有力维护了西南边疆地区安全。嘉庆以后，随着社会矛盾与民族矛盾的加剧，云南各地陆续掀起反清起义浪潮。

　　鸦片战争后，西方列强对云南虎视眈眈，不断将侵略魔爪伸向云南各地。面对半殖民地半封建社会的沉沦和我国西南边疆危机四起的局势，云南各族人民和全国同胞一起，为拯救国家危亡和改变民族命运而进行英勇的反帝斗争，并取得了一些胜利。宣统三年（1911），辛亥革命爆发，云南光复，清王朝在云南的统治宣告终结。

## 一、清军入滇及清朝土流统治的建立

### （一）清军入滇

　　崇祯十七年（1644）三月十九日，李自成率大顺军攻占北京，崇祯皇帝自缢于煤山，明朝宣告灭亡。不久，时任明宁远总兵的吴三桂拒绝李自成招降，并投降清军。于是，清摄政王多尔衮领兵大举入关。五月二日，清军进占北京。八月，爱新觉罗·福临祭天登位，改元顺治。

　　清朝建立后，随即驱兵南下，一面陆续平定明朝故地、摧毁南明政权，一面先后镇压李自成领导的大顺农民军和张献忠领导的大西农民军等各地反清势力。在清军的强大攻势下，明朝旧地纷纷归降，南明永历帝的政权势力范围逐渐限于云南和贵州两省。

顺治三年（1646），清军由汉中攻入四川，张献忠起义军失利，余部由孙可望、李定国等率领退入贵州和云南。顺治十三年（1656），李定国等北伐失败，遂将南明永历帝迎入云南据守，云南成为清军与南明政权的最后争夺之地。

顺治十四年（1657）九月，南明永历政权发生内乱，孙可望率军从贵州进攻云南，后被李定国所败。孙可望兵败仓皇逃回贵州，旋即前往湖南向清朝投降，献滇、黔舆地图，并陈其进取状。清廷获得准确情报后，遂于十二月决定兵分三路攻取贵州：北路为吴三桂同墨尔根、李国翰，从四川进攻；南路为征南将军赵布泰，从广西进攻；中路为靖寇将军罗托同、大学士洪承畴，从湖南进攻。

顺治十五年（1658）正月，顺治帝对进攻滇、黔两省的各路统帅作了军事部署。二月，清军正式从湖南、四川、广西三路同时进军贵州。李定国派刘正国和杨武等守贵州三城坡、红关（均位于今贵州桐梓县境内），以马进忠等驻守贵阳。四月二十四日，刘文秀病死。同月，孙可望旧部多数降清，清兵攻陷遵义，直抵贵阳，马进忠等败回。五月，清军再从四川、广西进入贵州。七月，清军再分三路继续进军滇、黔。

面对清军的强大攻势，李定国派冯双鲤、白文选分守盘江要隘。十二月，吴三桂自遵义出发，由水西入乌撒，白文选败退。尔后，清军三路入滇，会师曲靖，形成三面包围昆明的危急形势。永历帝于十二月十三日召集群臣商讨对策，"或议进迤西出外国，或曰由交冈过交趾，又议从建昌出川，由武定、金沙江渡浮桥，俱无定矣"[①]。最终，永历帝西退入缅甸。

顺治十六年（1659）正月，清军进驻昆明，云南正式纳入清王朝的统一版图中。随后，清廷颁诏以云、贵、川、广、湖五省荡平宣示中外，顺治帝亦擢升贵州巡抚赵廷臣为云贵总督节制云南。"谕吏部。云贵地方初辟，节制弹压，

---

① （清）沧州渔隐（屈大均）辑：《安龙逸史》，谢本书主编：《清代云南稿本史料（上）》，上海辞书出版社，2011，第71页。

亟需总督重臣。贵州巡抚赵廷臣久历岩疆，堪胜此任。著即升云贵总督。其贵州巡抚员缺，著以山西按察使卞三元升补。应加职衔、尔部酌议具奏。"①至此，云南掀开了历史发展进程中的新一页。

（二）清朝土流统治的建立

顺治五年（1648）十一月，为减少阻力而尽快平定西南少数民族地区，顺治帝颁布谕旨，宣告采取招降政策："各处土司，原应世守地方，不得轻听叛逆招诱，自外王化。凡未经归顺，今来投诚者，开具原管地方部落，准与照旧袭封；有擒执叛逆来献者，仍厚加升赏；已归顺土司官，曾立功绩及未经授职者，该督抚按官通察具奏，论功升授。"②

因此，清军在进兵云南途中，对云南境内主动归附的各地土官均授以原职。次年平定云南后，清朝基本上沿袭明代旧制，改云南布政使司为云南省，同时因地制宜地采取不同方式进行统治：凡是明朝的一般道、府、州、县官吏，以流动性调动任免充之，是为"流官"；对大多数土官归顺者，则承袭明朝旧制委任原职，令其统治原地；对能够改流的地区，则利用各种时机着手进行。

通过一系列的"土流并设"和"改土归流"政策，清朝逐步强化了统一的中央集权，为平定吴三桂之乱和推动云南区域开发与经济社会发展提供了坚实的制度保障。

在云南，清代土官亦设有文职、武职之分。文职土官由清廷吏部任命并管辖，按人口、地域、势力大小，分别设土知府、土同知、土通判、土经历、土知州、土州同、土州判、土知县、土县丞、土主簿、土巡检等；武职土官由清廷兵部任命和管辖，按势力强弱、人口多少、地域大小，分别委任宣慰使、宣抚使、安抚使、长官司、副长官司、土游击、土守备、土千总、土把总等。在土官品级方面，土知府、土知州、土知县、土游击、土守备、土千总、土把总等，与流官的知府、知州、知县、游击、守备、千总、把总等相同；宣慰使为

---

① 《清世祖实录》卷一百二十三"顺治十六年正月癸丑"条。
② 《清世祖实录》卷四十一"顺治五年十一月辛未"条。

从三品，宣抚使为从四品，安抚使为从五品，长官司为正六品，副长官司为从七品。需要指出的是，土官官职虽有高低差别，但相互之间并立而不隶属，而是按照文武之别分隶吏部、兵部，或高于土职的省级等地方流官政权。①

为便于更加有效地强化边疆土司地区的管理，清廷不仅对任命的土司颁给印信号纸，"凡土官之职，皆给以号纸，土府、厅、州、县则加以印"②，而且还在承袭法统上，诸如承袭须按宗支嫡庶次序、规定承袭人年龄、承袭的手续等方面，做了完备而严格的规定。③土司一经朝廷委任，即终身为官，当土司亡故或年老有疾请代时，"准以嫡子嫡孙承袭；无嫡子嫡孙，则以庶子庶孙承袭；无子孙，则以弟或其族人承袭；其土官之妻及婿，有为土民所服者，亦准承袭"④。但是，当土司反叛朝廷或犯有严重罪行时，朝廷则采取严厉措施予以镇压和惩处，并择机进行改流。

顺治十六年（1659），在镇压元江土知府那嵩举兵反清后，清朝顺势在元江改土归流。康熙三年（1664），水西（今贵州毕节）土司安坤、安如鼎联合贵州土司罗大顺等举兵十余万反清并欲窥取云南，皮熊（安坤之师傅）亦遣陈进才等人入川蜀各处煽惑发动叛乱。二月，吴三桂闻讯后即亲率兵东至贵州毕节指挥云贵两省军分两路进讨。此次围剿颇费周折，遭受较大损失，但经过数月鏖战，吴三桂最终获胜，于九、十月间相继擒获安坤、皮熊⑤。康熙四年（1665）正月，安坤伏诛，水西土司叛乱被平定。为防止土司再次叛乱，吴三桂奏请实行改土归流，以其地开设府治，并命以朝廷官员任之，同时建议"宜改新名，用示我朝展土之烈"⑥。由此，"改比喇为平远，大方为大定，水西为黔西，乌撒为威宁"⑦。

① 何耀华、夏光辅主编：《云南通史·第四卷》，第 237 页。
②《大清会典》卷十二《吏部·验封清吏司》，第 2 册，第 2 页。
③ 龚荫：《中国土司制度史》（上编），四川人民出版社，2011 年，第 174~176 页。
④《大清会典》卷十二《吏部·验封清吏司》，第 2 册，第 2 页。
⑤ 刘凤云：《清代三藩研究》，中国人民大学出版社，1994，第 126 页。
⑥ 方国瑜主编：《云南史料丛刊》第八卷，第 401 页。
⑦《清史列传》卷八十《吴三桂传》。

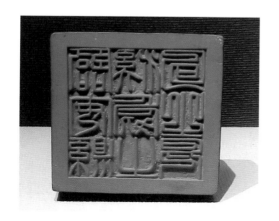

图1-7：清代临安府溪处土司之印，云南省博物馆藏。（周智生  摄）

正当吴三桂东征贵州平叛水西土司之际，地处滇中和滇南地区的新兴州（今玉溪市）土官王耀祖、宁州（今华宁县）土官禄昌贤、嶍峨（今峨山县）土官禄益、路南土官秦祖根、陆凉（今陆良县）土官资洪、弥勒土官升复祖、维摩（今砚山县北部）土官沈应麟、王弄山（今文山市西部）土官王朔、教化（今文山市中部）土官张长寿、蒙自土官李世藩、纳楼（今建水县官厅）土官普率、石屏土官龙韬、元江土官那烈、八寨（今马关县西部）土官李成林等于康熙四年（1665）三、四月间先后起兵反清，攻占滇中、滇南和滇东南诸多州县，"窃据新兴，僭号大庆，谋犯省城"①，滇南、广西为之震动。云贵总督卞三元、云南巡抚袁懋功、云南提督张国柱等调兵布防。四月初七日，吴三桂"闻警回滇"，"擒王耀祖于新兴，破其巢大营城，进援易门，复其城，尽俘其党王义等"②，然后遣将进行分路围剿。各土司因各自行事、分散行动而没有形成统一力量，遂遭到吴三桂调兵各个击破的策略镇压，仅剩禄昌贤遁据大西山、陇箐、马耳山一带。康熙五年（1666）正月，吴三桂再剿禄昌贤于陇箐，取寨数十，克平迤东土司。八月，吴三桂上疏奏请在维摩、教化、王弄山、八寨等土司原领地内设置开化府、永定州，委任流官知府管辖，"滇东诸酋削平，臣议改设流官。建置开化一府、永定一州，所有开化府请设知府、同知、经历、教授各一员；永定州请设知州、州判、吏目、学正各一员"③。

需要指出的是，有清一代，为加强中央集权统治，除上述原因外，云南部

①《清圣祖实录》卷十五"康熙四年六月己巳"条。
② 同上。
③《清圣祖实录》卷十九"康熙五年八月庚午"条。

分地区在清初即进行了改土归流，后因吴三桂之乱而中断。三藩之乱被平定后，康熙帝继续在云南进行改土归流。康熙二十二年（1683），废除剑川土千户长和鹤庆土千户长。康熙三十五年（1696），废除阿迷州（今开远）土知州，改设流官知州。康熙三十八年（1699），东川土知府病故，清廷趁机改土归流，委流官管辖。雍正元年（1723），丽江人民向云贵总督高其倬控告丽江土知府木钟，高其倬遂奏请清廷将丽江府改土归流，清廷接报后批准其议，废除木钟的土知府，并改派流官知府统治丽江府。同年，废除威远（今景谷）土官刀光焕，威远改土归流。雍正年间，大规模改土归流全面展开。雍正以后，只在云南的边界地区保留土司制度，而腹地则都实行流官制。

实行土流并置的统治管理方式，适应了云南境内各地经济社会发展的基础，符合地方社会的历史现实需要。清朝通过并行土官制与流官制，在不强行改变各地政治经济状态的条件下对各民族行使统治权，以图加强中央集权和巩固统治，并因地制宜、有步骤地逐渐进行改土归流，为稳定鼎革之际的云南经济社会秩序提供了必要保障。

## 二、清王朝在云南的统治的稳固与巩固

清朝在完成削藩之后，对云南社会采取了一定程度的治理措施，稳定和巩固在云南的统治。

### （一）雍正时期鄂尔泰的"改土归流"

清代在云南的改土归流是明代改土归流的继续和发展。在顺治时期，清廷在进兵云南途中，即对镇压反抗土司后的地区实行改土归流。康熙年间，清朝在云南部分地区继续实施改土归流政策，后因忙于平定三藩而中断。平定三藩之乱后，随着云南社会经济的发展和社会生产的恢复，每当镇压叛乱土司后，康熙帝即继续实行改土归流。有关康熙时期云南的改土归流，前文已有阐述，此不赘言。

雍正帝即位后，继承康熙时期对云南实行的改土归流政策，立志锐意进取，

命各省督抚悉心筹划推行这项政策。① 雍正四年（1726），四川乌蒙、云南车里等地土司相继叛乱，云贵总督鄂尔泰采取"议抚"无果后，向清廷上《改土归流疏》，主张以坚决措施废除土官，不仅提出了厉行改土归流的方略，"翦除夷官，清查田土，以增赋税，以靖地方"，而且还揭示了土司制度的弊病。

同时，他还论述了土司的危害，"云贵大患，无如苗蛮。欲安民，必先制夷；欲制夷，必改土归流"，"无事近患腹心，有事远通外国，自元迄明，代为边害"，"若不铲蔓塞源，纵兵刑、财赋事事整饬，皆治标而非治本"。② 而对于如何改流，他则认为，"其改流之法，计擒为上，兵剿次之；令其自首为上，勒献次之"。③ 此外，他还针对土司可能发动的叛乱提出，改土归流应以强大的军事力量为后盾，"惟制夷必先练兵，练兵必先选将。诚能赏罚严明，将士用命，先治内，后攘外，必能所向奏效，实云、贵边防百世之利"④。上疏呈达朝廷后，雍正帝大加赞赏，不仅批准其改土归流方案，把东川、乌蒙（今昭通市）、镇雄三土府从四川划归云南管辖，以便其统一实施改土归流，而且将其擢升为三省（云南、贵州、广西）总督，切实进行改土归流。于是，在雍正四年至九年（1726—1731）间，鄂尔泰在滇黔桂三省掀起了改土归流的高潮，其中云南是重点地区，成效显著。

雍正四年（1726），鄂尔泰先后逮捕沾益州土知州安于藩和镇源府土知府刀瀚，没收其庄园和财产，并把他们远迁安置到江南，之后委派流官知州和知府管辖两地。迫于形势，者乐甸（今镇源县恩乐）长官司长官刀联斗主动交出土官印信，请求把自己的领地改土归流，改设恩乐县，归新改流的镇源府管辖。另外，针对东川府改流不彻底，土官盘踞作乱，鄂尔泰于该年夏天调派 2 万清兵进驻东川，尽革东川土目，使东川府真正实现改土归流。此时，乌蒙土知府禄万钟、镇雄土知府陇庆侯皆年少，兵权握于其叔禄鼎坤、陇联星之手。鄂尔

---

① 马曜主编：《云南简史》，第 108 页。
② 方国瑜主编：《云南史料丛刊》第八卷，第 460~461 页。
③ 方国瑜主编：《云南史料丛刊》第八卷，第 460~461 页。
④ 方国瑜主编：《云南史料丛刊》第八卷，第 460~461 页。

泰令总兵刘起元调兵东川，招降禄鼎坤。于是，禄万钟调镇雄兵三千攻禄鼎坤于香甸，鄂尔泰遂派游击哈元生领兵击败禄万钟，进占乌蒙。同时，又招降陇联星，进占镇雄。两土府被平定后，经改土归流，分设乌蒙府和镇雄州，派流官管辖。又设乌蒙镇，派刘起元为总兵，控制乌蒙、镇雄、东川三府州。另外，将土司禄鼎坤和陇联星分别调任河南和江西任参将。雍正八年（1730），禄鼎坤之子禄万福再次叛乱，战乱一度扩大到寻甸地区。随后，清军再次增兵至三万余人，彻底平乱。[1]

在乌蒙改土归流的过程中，米贴（今永善县）土目禄永寿被逮捕，鄂尔泰害怕禄氏家族反抗，决定尽捕禄氏家人。雍正六年（1728），鄂尔泰派副将郭寿域领兵五百人去米贴逮捕禄永寿之妻。郭寿域率兵至米贴，禄妻发动当地彝族和金沙江对岸的凉山彝族数千人，协力将郭寿域及清兵全部杀死。鄂尔泰闻讯后，一面派总兵张耀祖率兵直剿米贴，一面派参将哈元生率兵渡过金沙江至四川雷波堵截。清军所到之处，残酷镇压各地，被杀者三万多人，不仅彝族人民被滥杀，许多汉族人民也惨遭冤杀。之后，清朝在米贴地区实施改土归流，设置永善县，派流官知县治理。

雍正五年至七年（1727—1729），鄂尔泰相继在滇西南和滇东北的土官地区进行改土归流。雍正七年（1729），新设普洱府，派流官知府统治。在清军强大攻势的威慑下，云南诸土司大为惊恐，"于是，广南府土同知、富州（今富宁县）土知府各增岁粮二、三千石，并捐建府、州城垣。孟连土司献银厂，怒江野夷献皮币，而老挝、景迈国皆来贡象，缅甸震焉"[2]。

至此，云南省内大规模的改土归流基本结束，境内未改流的土司也大都在边界地区，腹地较大者则仅有蒙化土知府、景东土知府、永定土知府、郎葜土知州和十二关长官司。

鄂尔泰在雍正帝支持下在云南实施改土归流，其目的是加强清王朝对西南

---

[1] 何耀华、夏光辅主编：《云南通史》第四卷，第241页。
[2] 方国瑜主编：《云南史料丛刊》第八卷，第471页。

边疆少数民族地区的统治，强化中央集权政府的边疆控制。因此，可以说，改土归流是中央集权政府与边疆土司地方政权的一场力量博弈。最终，清王朝实现了边疆控制的目的，并在客观上促进了西南边疆少数民族地区政治、经济、社会、文化的发展，也巩固了国防，推动了统一多民族国家的进程。对此，魏源曾评论道："五帝不沿礼，三王不袭乐。今日腹地土司之不可置，亦如封建之不可行。鄂尔泰受世宗旷世之知，功在西南，至今百年享其利。"① 当然，我们也要看到历史的局限性，即在实施改土归流的进程中，清朝运用军队镇压等暴力手段对少数民族地区的残酷迫害，以及部分流官为非作歹的行径。

（二）乾隆时期抵御缅甸北扩

乾隆朝时期，清政府对云南边疆土司地区的控制，通过不断的改土归流得以继续强化。猛缅长官司（今临沧县）位于澜沧江边，既是控制孟定、耿马、孟连等广大边境地区的重要据点，也是从缅北木邦到云南蒙化的重要商路的枢纽。乾隆十年（1745）六月，云贵总督张允随上奏朝廷，猛缅土司奉廷征不仅"将久经奉旨袭职之长子奉钦敕勒死"，而且"同次子钦诏、三子钦选在伊所管境内，淫杀任意，苛虐派扰，夷民受累难堪"，还"况又勾通缅莽，潜蓄异图"，请求将其改土归流。② 次年四月，经大学士会同兵部议准，"将猛缅土司裁汰，其所管地方，改设流官管辖"③。改流后的猛缅，设缅宁通判一员，属顺宁府管辖；并在缅宁安营，设守备、千总、把总等员，率兵常驻镇守。应该说，猛缅的改土归流，既使缅宁处在清朝的直接控制之下，又使清朝的军事部署向边境前进了一大步，这对于控制西南边疆云南边境土司和加强对缅甸的边防都有极其重要的意义。

从 17 世纪后半期开始，缅甸东吁王朝开始衰落，中央政府的政治权威开始式微。于是，各地侯王趁势割据，"从根本上动摇了东吁王朝中央集权统治

---

① 方国瑜主编：《云南史料丛刊》第八卷，第 480 页。
② 方国瑜主编：《云南史料丛刊》第八卷，第 673 页；《清高宗实录》卷二百四十八"乾隆十年九月癸酉"条。
③《清高宗实录》卷二百六十五"乾隆十一年四月丙戌"条。

的基础"[1]。同时，东吁王朝还面临着外族入侵的军事威胁，国内民族矛盾也空前尖锐。乾隆十七年（1752），缅族木梳村的世袭头人雍籍牙领导村民抵抗入侵的孟族军队并获胜。次年，他自立为王，自号"阿郎帕耶"，定都瑞冒，正式建立雍籍牙王朝。乾隆二十二年（1757）年五月，雍籍牙基本统一了下缅甸。随后，一面重新统一缅甸全境，对上缅甸的掸族诸邦进行了招抚和征伐，还发兵讨伐东吁王朝时期获得独立的清迈，一面对暹罗等周边邻国实行扩张政策。[2]至乾隆二十五年（1760），缅甸对外扩张的战火逼近中国边境。乾隆二十七年至二十九年间（1762—1764），地处西南边疆的云南土司地区屡次受到侵扰，特别是向缅甸拒纳"花马礼"的土司，更是不断受到侵袭和烧掠。

　　面对缅甸的屡次寇边，清朝的云南边吏开始采取不扩大事态的绥靖政策。但是，缅甸并未收敛，而是继续扩大侵入云南地区。事实表明，正是云南边吏在缅甸开始骚扰边境之初奉行绥靖政策，对日后缅甸大肆侵袭云南边疆土司地区产生了严重的负面影响。正如乾隆帝后来所说："缅甸本南徼□，久置化外。元不足重烦天朝兵力。即与沿边土司蛮触相寻，亦属事所常有。封疆大吏果能绥靖有方，俾知慑我德威，自可相安无事。乃自爱必达、吴达善等先后姑息因循，不克示之节制，遂至养痈遗患。"[3]乾隆二十七年（1762）底，缅军进入孟定、耿马索贡，第一次大规模侵扰中国边疆土司地区。[4]乾隆三十年（1765），缅甸雍籍牙王朝继续加紧对云南边境土司的索贡，并于十月大举侵入车里地区。此时，云南提督达启正在普洱，急调练兵堵截，但未能阻挡缅军进攻的步伐，缅军渐近云南内地。于是，十一月二十八日，云贵总督刘藻领兵反击，中缅战争全面爆发。

　　时任云南巡抚常钧上奏朝廷战争情况："贼势猖獗，土练不足济事，督臣刘藻即于十一月二十八日起程往普亲自督办……就近调拨省城附近督抚两标并城

① 贺圣达：《缅甸史》，人民出版社，1992，第 155 页。
② 杨煜达：《乾隆朝中缅冲突与西南边疆》，社会科学文献出版社，2014，第 57~61 页。
③《清高宗实录》卷八百零四"乾隆三十三年二月丙寅"条。
④ 杨煜达：《乾隆朝中缅冲突与西南边疆》，第 64~65 页。

守营兵六百名于二十八日起程；后又接到督臣来咨，知分调临元、楚姚、曲寻等镇协营兵三千名；又准提督达启咨会，已调元江、他郎并分遣普洱镇标出守要隘兵八百名；共计四千七百名。此外，尚有先后调拨土练不下四五千人。"①乾隆帝接报后发谕："刘藻等既经调兵进剿，必当穷力追擒，捣其巢穴，务使根株尽绝，边徼肃清。"②

　　然而，清军在战局初期并不顺利，一度受挫。于是，乾隆帝决定更换主帅，调大学士陕甘总督杨应琚为云贵总督，在杨应琚到位前，战事仍由刘藻指挥。乾隆三十一年（1766）三月初三日，刘藻在普洱自杀。初八日，杨应琚到达昆明，旋即赶赴普洱指挥。至十日，清军攻占整欠、孟艮等地。随后，清军开始搜捕引起事端的祸首召散、召猛烈等人，除召散逃往缅京阿瓦外，陆续擒获召猛烈、召猛珍和召散兄弟家属等人。至此，中缅战争的第一阶段暂告结束。

　　对如何处理新攻占的地区，杨应琚奏请按云南内地土司例治理，清廷经商议如所请。三月底，杨应琚上奏："孟艮、整欠二处，已留兵各八百名，猛撒江口系威远、顺宁门户，应将原驻守备一员、把总一员、兵二百名暂留驻，其余官兵、土练悉撤。"③尔后，杨应琚又奏："新定整欠、孟艮地方，请仿照普洱边外十三土司之例，酌中定赋，于丁亥年（1767）入额征收。"乾隆回谕："所有应征钱粮，著加恩缓至戊子年（1768）入额征收，以示优恤边黎至意。"④四月，杨应琚再上疏，"请令沿边土司地方，及新定整欠、孟艮等处夷民，一体薙发留辫，俾遵国制，并杜莽匪混淆"⑤。然而，令人意想不到的是，正是杨应琚将整欠、孟艮纳入内地土司体制的这一举措，不仅没有平定中缅之间的冲突，反而进一步扩大了事态。⑥结果，战争持续了四年，至乾隆三十四年（1769）十一

①《宫中档乾隆朝奏折》第 26 辑，乾隆三十年十二月初一日云南巡抚常钧奏，台北故宫博物院出版。转引自杨煜达：《乾隆朝中缅冲突与西南边疆》，第 74 页。

②《清高宗实录》卷七百五十一"乾隆三十年十二月庚申"条。

③《清高宗实录》卷七百五十八"乾隆三十一年四月甲寅"条。

④《清高宗实录》卷七百六十五"乾隆三十一年七月丁酉"条。

⑤《清高宗实录》卷七百六十一"乾隆三十一年五月戊戌"条。

⑥ 杨煜达：《乾隆朝中缅冲突与西南边疆》，第 84~91 页。

月，两军前方将帅才在老官屯签订了和约。但是，和约并没有得到遵守。于是，清王朝为促使缅甸就范，采取了长期经济封锁的办法。经过 20 多年漫长曲折的道路，缅甸鉴于本国内外的局势，最终在乾隆五十三年（1788）正式遣使来贡，重新与清朝建立了宗藩关系，恢复了以往密切的政治和经济联系和传统的友好关系。①

中缅之间持续 20 余年的冲突，对西南边疆尤其是云南产生了深远的影响。通过抵御缅甸入侵寇边，清王朝进一步加强了边疆控制，利用调整部分行政管理体制和边疆的行政区划，强化了对边疆地区的管理，使边疆地区和内地的政治、经济、文化等方面的联系愈发密切，巩固了边疆和内地的整体性。同时，借助改变西南边疆的边防部署，保证了西南边疆民族地区很长一段时间的和平与稳定，直至 19 世纪末英国入侵缅甸，西南边疆危机才重响警钟。当然，这场战争给边疆民族地区也造成了巨大的伤害，如在战争期间，频繁调集军马、运送粮草、征集物资、修建道路桥梁等，都给云南本地人民增添了极大的负担。特别是长达 20 余年的经济封锁，对云南社会经济的影响更是深远。② 但是，总的来说，如果我们把这场冲突放在中华民族历史整体发展的长河中来看，尽管这场冲突带来了很多负面影响，但它在维护边疆的完整性、加强边疆各民族与内地的经济文化联系诸方面的功绩还是应该值得肯定的，即从一定程度上讲，在中华民族的整体发展中，这场冲突对于整个西南边疆尤其是云南边疆土司地区的和平稳定所发挥的积极作用是主要方面。

（三）镇压各族人民起义

康熙年间，清政府在平定吴三桂之乱后，为巩固云南的统治，采取了一系列有利于恢复生产和经济发展的措施，如鼓励开垦荒地、清丈土地、核定赋税、实行摊丁入亩等。雍正年间推行改土归流后，云南的政治、经济、社会等各方面又有了较大进步。至乾隆年间，云南形成了相对稳定的社会局面。但是，嘉

① 杨煜达：《乾隆朝中缅冲突与西南边疆》，第 98~129 页。
② 杨煜达：《乾隆朝中缅冲突与西南边疆》，第 148~161 页。

庆以后，伴随着经济开发进程加快和商品经济的活跃，以及人口的快速增长，再加上自然环境的变化，云南逐渐褪去"盛世"的光环，进入由盛转衰的历史转型过程。这一时期，山区农业垦殖活动及某些人为经济活动造成引发了种类繁多的自然灾害[1]，严重冲击了云南的社会秩序，威胁社会稳定，在一定程度上加剧了社会矛盾和民族矛盾，各地陆续发生多次人民反清起义。于是，清政府出兵镇压各族人民起义，继续巩固其在云南的统治。[2]

嘉庆元年（1796），威远厅（今景谷）牛肩山一带拉祜族人民因饥饿在扎杜的领导下起义。同年，缅宁厅（今临沧）佤族和布朗族人民为反对土司苛刻勒索举行起义。两地起义军联合袭击缅宁城。清廷闻讯大为震动，嘉庆帝急调正在贵州镇压湘黔两省苗民起义和白莲教起义的云贵总督勒保领军数千回滇镇压。云南的这次起义，牵制了清朝的军力，有力地支援了湘西苗民起义和贵州白莲教起义。

嘉庆二年（1797），滇黔交界地区的罗平、师宗、兴义、普安等地的布依族、壮族、苗族、汉族、彝族人民，在布依族女英雄王囊仙和苗族韦朝元的领导下起义。起义军声势浩大，"滇省戒严"，"滇黔道塞"。但由于时疫盛行，起义群众死于病疫者众多，严重削弱了战斗力，最终在云贵总督勒保和云南巡抚江蓝的镇压下失败，王囊仙和韦朝元先后被俘牺牲。七月二十三日，大理、楚雄等地爆发以"盐案"为导火线的白、汉、彝、回等族人民起义，蒙化厅（今巍山）各族人民在农民余黑胡的率领下首先起义反抗云南办理盐务官吏的暴政，两三天内，蒙化、太和（今大理）、邓川、赵州（今凤仪）、云南（今祥云）、浪穹（今洱源）、鹤庆、永北（今永胜）、楚雄、大姚、元谋、定远（今牟定）、禄丰等十余府、州、县各族人民不约而同举行起义，"聚众抗官"，"围城捆吏"，"毙差焚屋"，"缚官亲门丁、蠹书、凶役及本地绅衿之为害者"，"历数其害事迹，取其亲供"，给予严惩。这次起义起初获得暂时一定胜利，迫使清政府重新

① 姚佳琳：《清嘉道时期云南灾荒研究》，云南大学 2015 年硕士学位论文。
② 马曜主编：《云南简史》，2011，第 113~116 页；何耀华、夏光辅主编：《云南通史》第四卷，第 246~251 页。

厘定盐务章程，改为"灶煎灶卖，民运民销"，不久后亦遭清廷镇压。

### 三、清末云南反侵略反压迫的斗争

清朝近三百年的统治，从开国、中经康熙、雍正平定叛乱，疆域巩固统一，社会趋于安定，经济得到恢复和发展并日呈繁荣，乾隆时期则出现了被人讴歌的"康乾盛世"景象。但嘉庆朝后，清王朝看似歌舞升平，实际上积弊重重，危机四伏。[①]"道光年间，清帝国由盛而衰，尤其是鸦片战争的爆发，揭开了近代中国沉沦的序幕。鸦片战争后，西方帝国主义列强对中国虎视眈眈，不断利用各种侵略手段威逼利诱日趋腐朽的清政府，中国边疆地区的警钟长鸣，中华民族陷入了救亡图存的洪流中。云南地处西南边陲，在缅甸沦为英国殖民地、越南沦为法国殖民地后，藩篱尽失，边疆危机日益加深，"自此商务、界务、路政、教案纷起"[②]。与此同时，云南的赋税负担因鸦片战争赔款而愈益沉重。面对政治经济社会秩序遭到破坏及民不聊生的惨境，云南各族人民展开了持久的反侵略反压迫斗争，并取得了一些局部的阶段性胜利，在中国近代史上占据了一席之地。

（一）帝国主义列强对云南的侵略和云南人民英勇的反帝反侵略斗争

两次鸦片战争及其一系列不平等条约的签订，使西方帝国主义国家的商品开始大量涌入中国，不断冲击和占领了中国沿海地区的经济市场。但是，英、法等国认为，中国广大内陆地区自给自足的传统自然经济，阻碍了本国大量商品的倾销。于是，地处西南边陲的云南成为他们另辟蹊径打开中国内陆腹地市场的目标。

云南边疆危机日益加深，时人论述道："滇自缅、越失后，英伺其西，法瞰其南。巧取豪夺，互相生心。未几而有滇缅划界蹙地千里之约；未几而有攫取

---

① 罗检秋、李占领、黄春生：《中国文化发展史·晚清卷》，山东教育出版社，2013，第1~2页。
② 陈荣昌：《虚斋文集》，木刻本，第3页。转引自林超民主编：《中国地域文化通览·云南卷》，第225页。

滇越铁路建筑权之约；未几而有掣七府矿产之约；未几而有云南、两广不许割让他国之约。部臣不敢拒，边吏不敢争，而西南之祸烈矣。"[1]

英国占领缅甸后，开始计划通过开辟新的滇缅交通入侵我国西南地区，进而将势力范围拓展到长江流域。于是，英国多次派遣探测队进入云南开展实地勘测活动，以期寻找最为合适的路线。同治十三年（1874）三月，英国政府再次组建以柏郎为负责人的探路队，自缅甸出发进入云南，其"主要目的是勘查各条商业路线，确定那些开发旧时商业路线所遇到的障碍和改进路线的方法；并对于最好的交通运输工具，各种商业捐税，保护商人安全实际可行的办法，以及经营商务最适宜的代理机关等，提出报告。探路队队员尽量收集旅途经过各地的情况，资源、历史、地理和商务的情报，以及他们有机会和办法可以观察到的一般事物或科学兴趣的资料"[2]。马嘉理作为向导，从上海出发，经昆明、腾冲前往缅甸，与柏郎汇合。途中，马嘉理秘密收集情报，并在腾冲"出游叠水河，图形势"[3]，遭到腾冲人民反对而被遣送出境。随后，有关英军将从缅甸武力入侵云南的各种消息相继传来。光绪元年（1875）初，马嘉理与柏郎汇合后率队起程入侵云南，当马嘉理率前队过境时，被当地景颇、傣、汉各族群众围困，并被勒令退至境外，但是，马嘉理有恃无恐，反而开枪打死我方边民。于是，各族边民当场砍死马嘉理，毙其随从，并趁势包围柏郎。尔后，柏郎等人以火烧山，败回缅甸。此即为"马嘉理事件"。

马嘉理事件发生后，英国与清政府进行了严重交涉，企图利用事件扩大侵华权益。于是，英国驻华公使威妥玛向清总理衙门提出六条要求，进而着重强调八点要求。随后，清政府一面派员调查马嘉理事件，一面与威妥玛进行谈判。最终，清政府于光绪二年（1876）派李鸿章赴烟台与威妥玛签订《烟台条约》。

---

① 林超民主编：《中国地域文化通览·云南卷》，第 236 页。
② 《讷茨布罗克致艾登》，《英国议会文书》，1886，卷 56。见于乃仁等编：《马嘉理事件始末》，德宏民族出版社，1992，第 23 页。转引自蒋中礼、王文成主编：《云南通史》（第五卷），中国社会科学出版社，2011，第 89 页。
③ 李根源：《曲石文录》卷二《纪马嘉理案》。转引自蒋中礼、王文成主编：《云南通史》（第五卷），第 89 页。

在此需要指出的是，《烟台条约》在《另议专条》中规定："英国如派探险队从北京经甘肃、青海赴西藏，或经四川入藏，或由印度来藏，总理衙门应酌情发给护照或令西藏地方派员照料。"这表明，英国不仅对我国云南边疆地区有企图，而且还计划侵略西藏地区，其狼子野心，可谓昭然若揭。

法国在将越南纳入殖民地后，逐渐把侵略魔爪伸向中国西南地区，直抵云南和广西。同治四年（1865），法国组织探测队，以"游历"为名由越南进入云南各地，详载勘测云南的地质和矿产分布情况。同治五年到七年（1866—1868），法国再次组织大规模队伍深入云南开展探路活动，寻找从越南到云南的通道，以便日后侵略中国西南地区。①

光绪二十二年（1896），法国又派古德尔孟在云南境内开展间谍探查活动。中法战争期间，清政府和刘永福率领的黑旗军多次击败法军，但清政府没有趁胜追击，反而于光绪十一年（1885）四月在天津与法国正式签订《中法会订越南条约》，承认越南是法国的保护国，允许法国在云南、广西两省的中越边境开埠通商，并同意中国今后如在滇、桂两省修造铁路要同法国人商办。由此，法国正式吞并越南，打开了中国西南边疆的门户，加快了入侵云南的步伐。中日甲午战争后，法国以调处中日和局有功，要求清王朝订立中越界约和商约。光绪二十一年（1895）五月，中法签订条约，主要规定了六项内容，法国借此将侵略势力进一步伸入了我国西南诸省，不仅掠夺了云南靠近边境的一大片领土，搜取了在云南、广西两省通商、减税等特权，使西南诸省成为它的商品市场和原料供给地，而且还劫掠了在云南、广西、广东三省境内的开矿权和铁路修筑权。甲午战争以后帝国主义不断掀起掠夺和瓜分矿权和路权的浪潮，始自法国。

除以上侵略行径外，云南开关、滇越铁路修筑通车、七府矿权丧失事件、昆明教案、片马事件等，无不说明西方帝国主义列强对云南的侵略愈演愈烈。与此同时，英法等国还利用基督教和天主教，以部分传教士为主体进行文化侵略。②

---

① 蒋中礼、王文成主编：《云南通史》（第五卷），第98页。
② 马曜主编：《云南简史》，2011，第154~155页；蒋中礼、王文成主编：《云南通史》（第五卷），第111~114页。

面对云南边疆危机日益加深，时人感慨："云南之在中国，昔为边鄙，今为门户。昔为无甚之区，今为关系存亡之地。"① 于是，云南各族人民一次又一次英勇地进行保卫领土主权的反帝反侵略斗争②，有力地打击了侵略者的嚣张气焰。

光绪九年（1883），法国在强迫越南签订《顺化条约》后武装入侵云南麻栗坡、马关两县，并在马关石丫口构筑碉堡，强迫猛洞、保良街等地人民缴纳粮赋。当地人民"在苗族项崇周的领导下，组织苗、瑶等族群众，以刀、矛、弩箭、火枪等武器，狠狠打击法帝侵略者，斗争延续至光绪十二年（1886），法帝国主义才被迫将猛洞一带七千多平方千米的土地归还我国，斗争取得胜利"③。中日甲午战争后，法国以干涉日本归还辽东半岛有功为由，要求清政府割让猛乌、乌得以作补偿，清政府被迫同意并派员于光绪二十一年（1895）七月将两地交接给法国。当法国掠夺边疆领土的消息传出后，普洱府人民群情激奋，两地土司在民众的推动下亦计划与汉族首领联合统一举行抗法斗争，不幸事泄，反法领导人被法军围捕，当地军民奋起反击，救出被捕人员，并纷纷越过法军占领线，回到未占区继续坚持斗争。

光绪十七年（1891），英军从缅甸侵入云南，进攻江心坡，遭到景颇族和傈僳族人民的坚决抵抗，后利用勘界手段虽未能完全实现掠夺我国领土的目标，但为日后侵占滇缅大片领土留下了伏笔。光绪二十二年（1896）一月，英法两国签订协定，为瓜分中国西南边疆地区和掠夺在华权利进行协调和准备。光绪二十三年（1897）二月，英国借口法国割占猛乌、乌得两地，强迫清政府重新签订《续议缅甸条约附款》，不仅规定开辟思茅为通商口岸，而且还把木邦、科干等地划归英国，并将勐卯（今瑞丽）南面以南坎为中心的勐卯三角地永租给英国管辖。

---

① 陈荣昌：《虚斋文集》，木刻本，第 3 页。转引自林超民主编：《中国地域文化通览·云南卷》，第 225 页。

② 蒋中礼、王文成主编：《云南通史》（第五卷），第 111~114 页。

③ 国家民委《民族问题五种丛书》编辑委员会，《中国民族问题资料·档案集成》编辑委员会编：《中国民族问题资料·档案集成》第 2 辑，《中国少数民族简史丛书》第 11 卷：《民族问题五种丛书，及其档案汇编》，中央民族大学出版社，2005，第 607 页。

光绪二十六年（1900）四月，法国驻昆明领事方苏雅携带一批军火秘密运入昆明，被昆明南关厘金局查获扣留。方苏雅竟率人闯入厘金局抢走武器，转藏入平政街天主教堂。于是，昆明人民激愤不已，不仅捣毁了法国的天主教堂，还趁势焚烧英国传教士的教堂。兼署云贵总督云南巡抚丁振铎屡次上奏朝廷呈明这一事件的经过缘由及其善后处置事宜。① 从他的奏报中不难看出，法国侵略者这一野蛮行径，激起了昆明人民保卫边疆领土主权的坚定决心和保家卫国的英雄气概。

（二）云南各族人民反对封建压迫的起义斗争

鸦片战争后，近代中国逐渐陷入沉沦的历史深渊，政治、经济、社会等各方面开始发生一系列的深刻变化，尤其是英法等侵略者发动数次战争后迫使清政府签订的不平等条约，使近代中国日益沦为半殖民地半封建社会。清政府则为了战争赔款愈发加紧搜刮民脂民膏，不断加重普通百姓的负担，举国上下可谓民不聊生。面对政治经济日益恶化、生活境地贫困无着的局势，全国各地掀起了此起彼伏的反对封建压迫的反清起义，尤以太平天国运动为最。

云南作为广西近邻，不仅与广西一样深陷边疆危机，阶级矛盾和民族矛盾进一步激化，而且深受太平天国运动影响，很快在全省范围内形成了风起云涌的各族人民起义。在众多起义中，以滇西杜文秀领导的回民起义和哀牢山地区的李文学起义最为典型。

云南全省各地还发生了其他起义，大致情况可见表1-1：

---

① 中国第一历史档案馆编：《光绪朝朱批奏折》第120辑，中华书局，1996，第321~327、328~329、332~334、351~354、356~357页。

表 1-1：近代云南各族人民起义简表

| 序号 | 时间 | 起义领导人 | 起义各族人民：起义活动地点 |
|---|---|---|---|
| 1 | 咸丰三年（1853） | 杞彩顺、杞彩云兄弟 | 彝族、汉族：镇南州（今南华） |
| 2 | 咸丰五年（1855） | | 彝族、汉族、回族：姚州（今姚安） |
| 3 | 咸丰五年（1855） | 杨辉、王双甲、李法成 | 壮族、汉族、回族、彝族等：<br>广西直隶州（今泸西） |
| 4 | 咸丰五年（1855） | 田四浪 | 哈尼族：他郎厅（今墨江） |
| 5 | 咸丰六年（1856） | 袁桥保 | 回族、彝族、汉族：会泽 |
| 6 | 咸丰七年（1857） | 赵发、杨辉南 | 彝族：路南 |
| 7 | 咸丰七年（1857） | 马如龙、马德新 | 回族、彝族：迤东南 |
| 8 | 咸丰七年（1857） | 龙道人、金肇盛 | 彝族、回族：云南县（今祥云） |
| 9 | 咸丰七年（1857） | | 彝族、苗族、汉族、回族：嵩明、寻甸、<br>呈贡、昆阳、陆凉（今陆良）、宜良等州县 |
| 10 | 咸丰七年（1857） | 何从隆、马三帅 | 彝族、回族：平彝（今富源） |
| 11 | 咸丰八至九年<br>（1858—1859） | 张标、张翼、张耀南、<br>杨源、杨在兴、毕顾保、<br>唐有忠等 | 彝族：武定县 |
| 12 | 咸丰九年（1859） | 李永和、蓝朝鼎 | 汉族：昭通府大关县牛皮寨，后转战四川，<br>活动范围遍及滇、川、鄂、陕、甘等省<br>五十余州县 |
| 13 | 咸丰九年（1859） | 李开、陆泰 | 彝族：阿迷州（今开远） |
| 14 | 咸丰九年（1859） | 刀成义 | 傣族：新平县 |

资料来源：马曜主编：《云南简史》（第 3 版），1983，第 160~161 页；蒋中礼、王文成主编：《云南通史》（第五卷），第 13~14 页。

从表中可看到，近代云南各族人民反抗封建压迫的起义斗争迭起，影响范围广泛。这些起义参加人数众多，遍及全省大部分地区，坚持斗争多年，极大发扬了云南各族人民反封建反压迫的革命斗争精神，为最终推翻清朝在云南的封建统治准备了条件。

## 四、清王朝在云南统治的终结

鸦片战争爆发后，近代中国逐渐沦为半殖民地半封建社会。在云南，随着英、法等国侵略势力的不断渗透，政治经济状况也发生了明显变化。[①]20 世纪初，清政府为继续维持其统治，开始被迫实行新政，史称"清末新政"。云南在推行新政的过程中，不仅增设了劝业道、巡警道、自治局等一批政府机构，而且通过教育改革，废科举、办学校、派遣留学生。这一时期，同盟会在云南活动频繁，通过各种途径宣传民主、自由、博爱、立宪、共和等资产阶级思想，倡导反对皇权、建立民国，引起了广泛的社会影响。而在新政中创建的云南讲武堂，则逐渐成为云南辛亥革命的基地，其学员也随之成为云南辛亥革命的先锋。继河口起义、永昌起义之后，宣统三年（1911）先后爆发了腾越起义、重九起义、大理光复，最终正式结束了清王朝在云南的统治。从此，辛亥革命后的云南历史掀开了新的一页。

光绪二十六年十二月初十日（1901 年 1 月 29 日），清政府颁发实施新政上谕，明确提出"法令不更，痼习不破，欲求振作，须议更张"，要求各级官员为兴国势、出人才、裕度支、修武备，"各举所知，各抒所见，通限两个月，详悉条议以闻"[②]。新政上谕发布后，张之洞和刘坤一于光绪二十七年（1901）五月联合奏陈《变通政治人才为先遵旨筹议折》，就实施新政中的"育才兴学"提出四条具体措施：一是设文武学堂，二是酌改文科，三是停罢武科，四是奖励游学。随后，二人又于六月连续奏陈《遵旨筹议变法谨拟整顿中法十二条折》和《遵旨筹议变法谨拟采用西法十二条折》。该三份奏折合称"江楚会奏变法三折"，对如何推行新政作了最为全面的论述，慈禧阅后下旨，"其中可行者，即著按照所陈，随时设法择要举办。各省疆吏，亦应一律通筹，切实举行"[③]。于是，清末新政的序幕由此拉开，其后各地在政治、经济、军事、文化教育各领域推行

---

① 蒋中礼、王文成主编：《云南通史》（第五卷），第 156~164 页。

②《清德宗实录》卷四百七十六"光绪二十六年十二月丁未"条。

③（清）朱寿朋编：《光绪朝东华录》卷一百六十九，中华书局，1958，第 4771 页。

的各项具体措施，大多以此为蓝本，云南也不例外。

光绪二十七年（1901），云南派出首批留学日本学生 10 名。次年，再派遣 10 名。第三年，则出现了第一次留学日本的高潮，仅见于官方资料的留日学生就有 89 名。[①] 光绪三十年（1904），云南设立高等学堂，派遣留学生 100 余名，其中绝大多数留学日本，极少数留学欧美。论者指出，晚清云南选派留学生出国到日本和欧美留学，学习西方政治、经济、军事、技术，推动了云南文化的转型。留学生学成归来，带来新知识、新技术、新观念，云南文化从传统逐渐向现代发展，从地方知识向世界知识靠拢，为云南的社会变革培养了具有民族精神和世界眼光的人才。[②]

国外的新知识、新技术、新观念，使留学生的思想产生了激烈转变，他们归国后又影响了部分国内青年，于是逐渐形成了一批倾向资产阶级民主革命的知识分子队伍，并相继成立各种团体从事革命活动。光绪三十一年（1905），同盟会在东京成立，云南代表李根源、杨振鸿、吕志伊、赵伸和张华澜 5 人参会。次年初，同盟会云南支部正式成立，吕志伊为支部长，而后大批云南留日学生加入同盟会。

为了宣传革命，吕志伊、李根源等人遵照孙中山、黄兴要求创办《云南》杂志的指示，积极筹备办刊事宜，经三个月后于同年底正式将《云南》作为同盟会云南支部的机关报出版。《云南》以"改良思想""开通风气，鼓舞国民精神"为宗旨，积极鼓吹国家思想、团结思想、公益思想、冒险思想、尚武思想、实业思想、地方自治思想和男女平等思想等，不仅揭露英、法等国无耻侵略云南的罪恶事实，号召云南人民群起捍卫国家主权和民族权益，而且揭露清政府苛虐百姓、媚外贱民的种种罪行，号召全滇人民团结一致推翻清政府的腐朽统治，还宣扬资产阶级民主主义思想，通过乡土情结激发人们的爱国主义热情。[③]总之，《云南》积极宣传民族民主革命思想，为云南人民的觉醒、云南反帝反封建运动的高涨、为云南辛亥革命奠定了思想基础，从而为云南光复做出了巨大贡献。除了办刊外，同盟会云南支部还借助书籍、戏剧、演讲、教育等多种形式宣传民主革命思想，通过建立和发展群众组织唤醒云南各族人民的民主革命热情，为云南辛亥革命"重九起义"做了思想上的舆论准备和组织动员工作。

光绪二十七年（1901），清廷命各省设武备学堂，准备编练新军，淘汰绿营防勇。光绪三十四年（1908），清王朝在云南改编新军，成立陆军第十九镇。云贵总督奏请兴办云南陆军讲武堂，后因条件不成熟于半年后停办。宣统元年（1909）八月，云南陆军讲武堂复办。此时正值日本士官学校第六期留学生毕业之际，于是讲武堂总办李根源聘请一大批毕业生任讲武堂教官。这批人任职后，一面向学生灌输革命思想，一面秘密发展同盟会会员，逐渐形成了讲武堂的革命骨干力量。在日常教育中，讲武堂不仅仅是进行军事技术教育，更为重要的是培养具有全新国家理念和革命精神的全面人才，因而非常注重国家主义和国民教育，培育爱国精神，寓教育于救亡之道。正是由于如此，民族主义思潮在讲武堂学生之间广泛传播，从而为日后的"重九起义"做了思想上的准备。

光绪三十二年（1906），清政府要求日本政府将孙中山驱逐出境。于是，孙中山决定转移到越南，并于次年三月经香港抵达河内，继续组织和领导革命。光绪三十三年（1907），孙中山等先后发动黄冈起义、惠州起义、钦廉防城起义、镇南关起义，均告失败。光绪三十四年（1908），正当钦廉上思起义进行时，孙中山即着手策划河口起义，令胡汉民坐镇河内统筹指挥，后因泄密，起义被迫提前举行。起义爆发后，革命军迅速占领河口，不久即因敌强我弱的军事劣势宣告失败。河口起义虽然以失败告终，但仍具有重大意义——既为后续革命积累了宝贵经验，又锻炼和培养了一批革命中坚骨干，还通过宣传动员促进了民主革命思想在云南的传播，更为重要的是动摇了清王朝在云南的统治，"张贴伪示，投递逆函，希图煽我兵民，响应助乱。匪踪所窜，战线袤延数百里，每股辄号数千人，几于全省动摇，不可终日"[1]。

---

① 故宫档案馆：《云南河口起义清方档案》，见中国史学会主编：《辛亥革命》第三册，上海人民出版社，1957，第310~311页。

　　河口起义失败后，黄明堂等数百人进入越南，在法越政府的护送下被安排前往新加坡就业。此时，早前从日本归国支援河口起义的杨振鸿等一行十余人到达新加坡面见孙中山，报告了到滇西发动起义的想法。对此，孙中山十分赞同，并于数日后讨论滇西革命的步骤，且赠送他们《革命方略》一册。而后，杨振鸿一行分四组先后经缅甸仰光进入滇西，计划在攻占永昌后"出顺宁，取蒙化，直攻大理"，"又由大理编三个师之兵力，直取省城而下昆明。再由昆明编二十万革命军，以十万分三路进攻四川，另用三万军出贵州省，再用三万军出广西省，取南宁、桂林，以四万军留守云南，兼策应川桂黔各军"。如四省可得，"则清朝之基业已失四分之一，革命军之基础逐渐稳固"，再取武汉、南京、西安、北京，大功即可告成。[①]光绪三十四年（1908）冬，杨振鸿率队从干崖（今盈江）出发至永昌（今保山）蒲缥，经商议后决定举行永昌起义。他们计划攻取保山，进占大理，然后进兵昆明。但是，因起义队伍未能按计划集结，驻守保山清军又已事先得到情报，防守严密，再加上杨振鸿感染恶性疟疾病发身亡，此次策划数月之久的永昌起义亦以失败告终。尽管永昌起义宣告失败，但对滇西甚至云南全省都曾产生过影响，"（河口、永昌）这两次起义虽然都失败了，但是革命的影响却在云南日益扩展起来"[②]。

　　1911 年 10 月 10 日，武昌起义爆发。10 月 27 日，张文光率众在腾冲举行起义，攻占腾越城，打响了云南辛亥革命的第一枪，云南也成为西南率先响应武昌起义的地区。28 日，滇西军都督府成立，张文光被各界推为都督，以资产阶级革命派为主的政权机构建立，是"云南省内最先建立起的资产阶级政权"[③]。之后，滇西军政府在民政、财政、教育、社会改良和军事等方面着手进行改革，

① 全国政协文史和学习委员会编：《亲历辛亥革命：见证者的讲述（下）》，中国文史出版社，2010，第 1017 页。

② 朱德：《辛亥革命回忆》，中国人民政治协商会议全国委员会文史资料研究委员会编：《辛亥革命回忆录》第 1 辑，文史资料出版社，1981，第 3 页。

③ 张天放：《辛亥腾越起义的历史回顾》，中国人民政治协商会议云南省文史资料委员会编：《云南文史资料选辑》第 15 辑，文史资料出版社，1981，第 60 页。

受到各界称道。①

　　腾越起义三天后，李根源、蔡锷等人在昆明发动"重九起义"，分两路进攻昆明城。起义军攻陷军械局后，攻占云贵总督署衙，昆明城平定，蔡锷随之通电全省州县，正式宣布昆明光复。11月1日，革命军在昆明五华山两级师范学堂成立"大汉云南军政府"（即"大中华国云南军都督府"），推举蔡锷为云南都督。军政府成立后，立即开始各项善后治理工作，积极调整行政

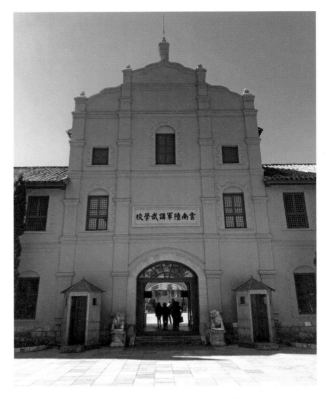

图 1-8：云南陆军讲武堂旧址（范建华　摄）

机构，规范建章立制，兴办实业，发展教育事业，"一切善后布置，俱能井井有条，秩序上之整严，实为南北各省之冠"②。

　　昆明"重九起义"成功，建立军政府，使云南全省大为震动，境内各地纷纷举兵反正，宣布光复。但与此同时，部分地区仍拥兵对抗军政府，如滇西在历经大理反正、腾榆冲突和撤销滇西军都督府后最终光复③，而滇南则在临安起义④、蒙自兵乱⑤后才告光复。平定蒙自兵乱后，云南基本上推翻了清朝在云南

---

① 蒋中礼、王文成主编：《云南通史》（第五卷），第 190～191 页。

② 蔡锷：《滇省光复始末记》，中国人民政治协商会议云南省委员会文史资料委员会编：《云南文史资料选辑》第 41 辑《辛亥革命在云南》，云南人民出版社，1991，第 30 页。

③ 蒋中礼、王文成主编：《云南通史》（第五卷），第 201～202 页。

④ 蒋中礼、王文成主编：《云南通史》（第五卷），第 199～200 页。

⑤ 蒋中礼、王文成主编：《云南通史》（第五卷），第 200 页。

的统治。从腾越起义、"重九"起义到云南全省统一，清朝在云南的统治全面崩溃。从此，云南进入了民主、自由的新时代。①

# 第四节　元明清时期云南在中国统一
# 多民族国家中的地位和作用

　　元明清时期，是中国历史上的大统一时期，出现统一的时间越来越长、统一的规模越来越大、统一的制度基础越来越坚实的趋势。这一时期的云南，由于地理条件、民族状况等复杂的原因，政治、经济、文化的发展滞后于中原地区，中央王朝通过对云南的统一与治理，使云南在政治上基本实现了统一，经济上不断发展，文化上通过不断交流也逐步繁荣。

　　元明清也是云南政治、经济、文化全面发展的关键时期，更是云南历史发展的一个转折时期。三个政权相继在云南进行治理经营，对发展云南有不可或缺的重大作用，也对巩固和发展中国统一多民族国家有重大意义。换言之，元明清统治者重视对云南的治理，同时云南的稳定和发展对国家的统一与繁荣也很重要。元明清对云南的重视和治理是空前的，这使云南在这一时期空前发展；同时，云南作为重要的边疆地区和对外扩展的跳板，置于中央的严格管控下是必要的，因此全国的发展与云南的建设是同步进行的。

## 一、元明清中央政府的治理经营对发展云南的作用再认识

　　元明清时期，是封建中央对云南民族地区治理较为成功的时期，对近现代

---

① 林超民主编：《中国地域文化通览·云南卷》，第 242 页。

云南民族地区的形成与发展产生了决定性的作用与影响①。中央政府对云南的治理经营毫无疑问推动了云南社会的发展，同时也在生态环境等方面产生了不利影响。

元朝在云南发展史上可以说是一个十分重要的阶段，中央王朝开始在云南设置统一的行政体系，使云南在政治上真正纳入统一多民族国家。云南行省是元朝在南方建立较早的一个省。云南行省计辖三十七路、二府、三属府、五十四属州及四十七属县，其余甸寨军民等府尚不在此数，此外还置曲靖宣慰司（驻今云南曲靖）、乌撒乌蒙宣慰司（驻今贵州威宁）、罗罗斯宣慰司（驻今四川西昌）、大理金齿宣慰司（驻今云南保山）等，其统治区域之大，超过了元以前诸朝与地方政权在云南所置的政区，以善阐（今昆明）为省治，昆明逐步取代大理成为云南新的政治中心。元朝在云南官府设治之严密，不仅超过元以前的历代王朝，在此后元朝于南方建立的行省中亦较突出②。云南建立行省后，在各地广开屯田，设立屯田管理机构，元代屯田是云南历史上首次大规模屯田，为日后云南农业的发展创造了较好的条件，也为明清移民大量迁入云南奠定了基础。

明代平定云南后，在继承元代行省制度的基础上几经调整，在云南行省内设置了府十九、御夷府二、州四十、御夷州三、县三十、宣慰司八、宣抚司四、安抚司五、长官司三十三、御夷长官司二。这些府、州、县及宣慰司、宣抚司的设置，充分考虑和尊重了明代云南民族的分布区域和特点，使得明朝在云南的统治更为深入，并由此引发了云南政治经济中心从洱海周边向滇池地区的历史性转移。此外，明王朝在政区设置过程中，将元代属于云南行省乌撒乌蒙等处宣慰司统辖的乌撒、乌蒙、东川、芒部等府划归四川行省管辖，并于永乐十一年（1413）在原四川、云南、湖广三省交界之地设置了贵州布政使司，使贵州成为单独建制的省级行政机构。明代行政区划的调整，促进了边疆民族地区经济社会的发展，使统一多民族国家的统治更为巩固，对清代乃至今天滇、

---

① 胡兴东：《元明清时期的基层组织与国家法适用研究：以云南民族地区为中心的考察》，载《云南师范大学学报》（哲学社会科学版），2010（4），第143页。

② 方铁：《忽必烈与云南》，载《文山学院学报》，2011（1），第36页。

川、黔三省行政区划的形成和发展产生了重要的影响①。

清顺治十六年（1659），吴三桂率清军入云南，镇压了反清抗争，后吴三桂反清，在经历"三藩之乱"后清王朝对云南的统治才真正走上正轨。清初，以吴三桂镇守云南，不久其又起兵反叛，使得云南社会疮痍遍布，惨不忍睹。康熙朝为重建云南的社会秩序，从政治、军事、经济、文教等领域对云南社会秩序进行了重建性治理②。经过康熙、雍正等朝一脉相承政策的治理，加强了中央集权制的统治，促进了内地经济向云南边远地区发展，云南的社会生活与生产逐步得到了恢复和发展。

元明清时期对云南的治理经营，使云南的经济与社会得到了进一步的发展。然而应该正视的是，从某种意义上讲，开发既是一种保护又是一种破坏。元明清时期对云南的开发，也伴随着一定程度对生态环境的破坏。譬如，有学者指出，元明清三代云南高原水资源的开发利用对生态环境的直接影响较小，但它作为农业开发的助推器，却较为严重地破坏了云南高原原有的生态环境系统，人们不得不通过加强水利建设以减少农业过度开发所带来的水土流失、河道淤塞等生态灾难③；清代是有史以来中央集权统治在云南最为深入的时期，也是云南边疆内地化及其所导致的民族社会变迁最剧烈的时期，各民族地区的生态环境也随着不断的开垦、开发，加上岩溶地貌的特殊性，使得水土流失等灾害频发，土壤退化。因此，虽然元明清时期加快了云南地区的开发及边疆各民族的融合发展，但大量开发与移民进入对云南也产生不少生态后果。

## 二、元明清时期云南对中国统一多民族国家巩固发展的推动

中国历史是连绵演进的过程，国家统一、民族团结的内聚力不断增强。④

---

① 段红云：《明代云南民族发展论纲》，云南大学 2009 年博士学位论文。
② 马亚辉：《康雍乾三朝对云南社会的治理》，云南大学 2013 年博士学位论文，"摘要"第 1 页。
③ 王瑞红：《元明清云南高原水资源利用与生态环境变迁》，载《保山学院学报》，2014（1），第 6 页。
④ 赵毅：《统一与分裂：中国历史的启示》，载《史学月刊》，2006（12），第 95 页。

元明清时期统一多民族国家的建立，使云南也再次纳入到中央政府的治理下，云南与中央的联系、交流进一步紧密。

（一）云南军事、政治上的统一稳定是统一多民族国家的政治基础

元明清时期，云南经历了从分裂到统一的过程。统治者把治理云南作为巩固和发展统一多民族国家的重要环节，根据云南形势的发展和各方面的具体情况，采取了一系列妥当而得力、因地制宜的措施，使云南各族人民同中原的联系与交往更为密切，促进了云南边疆与祖国内地在政治、经济、文化方面的整体发展，使之进一步成为统一多民族国家不可分割的一部分，最终推动了中国多民族统一国家一体化的历史进程[①]，为稳定统一多民族国家的发展奠定了政治基础。

（二）云南经济上的发展巩固是统一多民族国家的经济基础

元明清时期，云南经济在政治统一的基础上逐步实现与内地经济接轨。统治者高度重视云南农业的发展，将大规模移民屯垦与水利开发结合，兴边富民，提高人民的生活水平。同时重视对云南矿产资源的开发，将云南资源优势纳入国家的经济发展，让云南积极参与统一多民族国家的建设。

（三）云南文化教育上的进步推动了统一多民族国家的文化繁荣

元明清时期，统治者对边疆少数民族地区的教育、教化格外重视，以文化来教化当地的少数民族，推崇儒学，大力倡教，带来了云南文化教育事业的繁荣、社会风俗的改变以及"大一统"思想的深入人心，为巩固统一的多民族国家起到了推动的作用。

元明清三朝统治 650 余年，是近现代中国版图正式形成、边疆地区经济文化迅速发展、边疆社会面貌发生巨大变化的时期。[②] 这一时期中央王朝对云南的治理，促进了云南政治统一、经济发展、文化繁荣。同时，云南政治统一、经济发展、文化繁荣也在政治、经济、文化上巩固了统一多民族国家的发展，二者是互动统一的关系。

---

① 陈碧芬：《论朱元璋治滇的意义》，载《中国边疆史地研究》，2008（1），第 37 页。
② 方铁：《论元明清三朝的边疆治理制度》，载《云南民族大学学报》（哲学社会科学版），2016（1），第 84 页。

第二章

元明清时期云南的

政治文化

元明清时期，中央王朝在政治将云南纳入管理体系，在治理云南的方略中，探索出了适合云南地区实际情况的道路，以"以夷制夷"和"因俗而治"为基础，借助少数民族首领的威望对当地进行有效管控，同时中央也派出官员进行行政管理，将其纳入国家制度框架。流官管理与土司制度并行不悖，是元明清治理云南的政治特点，换言之，"土流并治"是元明清对云南进行政治管辖最大的特点。随着社会历史的发展，土司土官在地方拥有很大的权力，土司坐大，割据地方，威胁中央集权及赋税的征收，其弊端日益显露。随着清政府国力的日益强盛，"改土归流"日益提上日程。雍正四年（1726），大规模开展"改土归流"，基本结束了"土流并治"的局面。

## 第一节　元明清时期云南的流官管理体制

在中国历史上，"流官"与"土司"是两个相对的概念。在中央以皇帝为中心，以省、府、州、县组织起来的行政结构中，上自总督、巡抚，下至知州、知县的各级地方官员都是以"廷择外放"之制，由王朝中央遴选和委派的。这类官员不能在自己的家乡任职，也不能在一地任职太久，因此就被俗称为"流官"。与之相对，在广阔的边疆地区，封建王朝统治者则因循地方传统，施以灵活的统治手段。在广西、贵州、云南、四川西部、甘肃西部等地区，自元代起，中央政权就实行册封土著酋领来管理土地和人民的土司制度。这些经由朝廷正式册封的土著酋领俗称为"土司"或"土官"，他们的家族世袭统治所辖区域的民众。①

从实质上看，无论流官制度或土司制度，都是元明清时期政治制度的重要组成部分，流官和土司都是王朝命官，都是为了维护古代王朝稳定的政治秩序。从此意义论之，"土"与"流"并没有根本的区别。②

## 一、元代云南流官制度的初建

元朝在云南实行的是一元制之下的多层次设置体系，即在行政设置上实行与全国其他行省一致的行省—路—府—州—县这样的单一制设置。同时，根据云南行省的特点又分别设置了专门针对边疆少数民族地区的行省—宣慰司体系、以镇遏边疆和限制行省权力为目的的宗王体系以及土官土司体系。③可见，元朝对云南在政治上的治理，具有明显的多元化特点。

### （一）云南行省的建立

元朝在云南建立云南行省，建立了行省三司督抚的高层督政区体制，将云南纳入到了中央王朝的管理、施治之下。

云南建立行省之前，元朝主要是通过任命宗王将帅镇戍云南，抚治吏民。但宗王将帅多精通用兵之道，而缺乏治民的谋略与方法，加之拥兵自重、擅权肆意而使云南社会矛盾林立，元朝对云南的统治处于混乱局面，甚至此期间还爆发过多次大规模的反抗。这迫使元朝统治者改变前期治理云南的策略。灭宋之后，元朝着力于统一西南尚未归附的边疆少数民族地区，云南的地理位置显得尤为重要，于是在云南建立行省以改善和缓解当时复杂严峻的政治、军

---

① 王娟：《流官进入边疆：清初以降川边康区的行政体制建设》，载《中南民族大学学报》（人文社会科学版），2014（1），第72页。

② 马国君：《明代土司出任流官的途径、原由及特点研究》，载《广西民族研究》，2015（6），第115页。

③ 周芳：《元代在云南行省的政区设置与中央和地方互动关系研究》，载《思想战线》，2007（6），第3页。

事形势，刻不容缓。至元十年（1273），忽必烈把抚治云南的重任交给重臣赛典赤·赡思丁。次年（1274）云南行省正式建立，《元史》记载：至元十一年（1274），始置行省，治中庆路，统有三十七路、五府。

云南行省是元朝在南方建立较早的一个省。云南行省计辖三十七路、二府、三属府、五十四属州及四十七属县，其余甸寨军民等府尚不在此数。[①] 云南行省直隶的管理机构堪称完善，包括提刑按察司或肃政廉访、屯田管理机构、儒学提举司和学校、规措所、榷税官、广教总管府、国家养马场、惠民药局、测景所等，元在云南官府设治之严密，不仅超过元以前的历代王朝，与此后元朝在南方建立的行省相较亦较为突出。

云南行省在西部、南部边疆设立的官署有：中统二年（1261）于金齿、白夷地区立安抚司，至元十五年（1278）改为宣抚司，又立六路总管府；二十三年（1286）并入大理金齿等处宣慰司。至元十三年（1276），立柔远、茫施、镇康、镇西、平缅和麓川诸路，俱隶大理金齿等处宣慰司；大德中又置车里总管府（治今景洪）。在今临沧地区和缅甸东北部，元朝先后设立银沙罗甸等处宣慰司（治今云南澜沧以北）、邦牙宣慰司（治今缅甸曼德勒西南）、八百等处宣慰司（治今泰国北部清迈）、蒙庆宣慰司（治今泰国北部昌盛）、老告总管府（治今老挝北部琅勃拉邦），以及云远、蒙怜、蒙莱、太公、木连、蒙光、木邦、孟定、谋粘、孟隆、木朵、蒙兀诸路和一些军民府。[②]

云南行省设立之初的主要目的是稳定后方、断敌退路，从声势上策应攻宋大军，代表中央王朝进行政治控制和军事镇遏的色彩十分浓厚；后期则主要是为配合中央对云南及周围地区大规模用兵，为加强中央对云南地区的直接政治统治、经济开发、军事控制，维护中央集权而常设不废。

（二）双王并封制

元征服南宋，完成统一大业后，统治者便进一步着手加强中央集权，特别

---

① 方铁：《元朝经营云南的伟大贡献》，载《西部蒙古论坛》，2011（2），第41页。
② 方铁：《元朝经营云南的伟大贡献》，载《西部蒙古论坛》，2011（2），第41页。

是加强了边疆地区的经营与治理。为了既加强朝廷对云南地区的直接统治，又避免行省封疆大吏或出镇宗王任何一方势力坐大而造成弱干强枝、内轻外重局面，忽必烈在云南成功地确立了一种"镇之以亲王，使重臣治其事"的统治体制，即封建宗王镇抚军民，分立行省处理政务。在此体制之下，出镇宗王是体现和维护以黄金家族为代表的蒙古统治者利益的最高军政首脑，云南行省则是由朝廷派出的代表中书省或尚书省就近便于处理云南及其周边地区军政事务的临时性派出机构。[①] 在元朝统治云南的历史上，出镇宗王与行省长官一起治理和经略云南出现王政与省政并行的局面。据史料记载，行省具有"掌国庶务，统郡县，镇边鄙，与都省互为表里……凡钱粮、兵甲、屯种、漕运、军国重事，无不领之"[②] 的权力，但必须"遵成宪以治所属，决大狱，质疑事，皆中书报可而后行"。云南行省"总揽庶务"，其职责主要是就近便于处理云南地方行政事务、推行文治教化，辅以征伐云南及周边尚未归附地区。由于蒙古王公贵族尚武好战，善于用兵，故"世祖之时，海宇混一，然后命宗王将兵镇边徼襟喉之地"[③]，出镇云南诸王的主要职责在于镇抚吏民，总领军务，辅以监督、参与省政。

至元四年（1267）八月，世祖忽必烈封其子忽哥赤为云南王，赐驼钮金镀银印。九月，元朝中央政府设立大理等处行六部，以阔阔带为大理等处行六部尚书兼云南王傅，柴祯为尚书兼云南王府尉、宁源侍郎兼司马，遣忽哥赤镇大理（哈剌章）、鄯善（鸭赤，又作押赤）、茶罕章、赤秃哥儿（赤科）、金齿等处。大理等处行六部主要官员兼具王府属官身份，协助宗王处理一省大事。当时云南王忽哥赤的镇抚地区范围，不仅仅限于蒙古已征服的云南地区，其影响还包括临近的东南亚国家如安南国等。[④]

云南王忽哥赤死后，行六部机构与官员失去了原来所依托的云南王权威，

---

① 石坚军：《忽必烈与云南》，云南师范大学 2005 年硕士学位论文，第 27 页。

② 《元史》卷九十一《百官志七·行中书省》。

③ 《元史》卷九十九《兵制二·镇戍》。

④ 程秀才：《洪武时期明政府对云南的收复与统治研究》，福建师范大学 2014 年硕士学位论文，第 19 页。

因此在云南难以有所作为。云南虽然仍然还有阿鲁武儿等其他普通的镇守宗王，但可想而知，阿鲁武儿等诸王无论从名号上还是实权上，都是无法与云南王忽哥赤的封藩情况相比的。云南王忽哥赤的死，标志着云南王政在经历短暂兴盛后进入一段低迷时期。[①] 见于记载的云南王除忽哥赤外，还有也先帖木儿、老的、王禅、帖木儿不花、阿鲁、孛罗等。

至元二十七年（1290）冬十月，世祖忽必烈封皇孙甘麻剌为梁王，赐一等兽纽金印，出镇云南。梁王甘麻剌到达云南后，忽必烈以行省参知政事兀难为梁王王傅。由于此前云南王也先帖木儿已于至元二十五年（1288）移镇滇西的大理地区，于是在梁王甘麻剌封镇云南以后，云南形成了梁王与云南王两王并封、东西共镇的格局。[②] 梁王的地位高于云南王，后期行省事务实为梁王所控制。见于记载的梁王除甘麻剌外，还有松山、孛罗与巴匝剌瓦尔密等。

云南王先为佩金镀银印驼钮之四等王，后为佩金印驼钮之三等王，梁王则为佩金印兽钮之一等王，"诸藩邸事务，大者奏裁，小者移中书，擅以教令行者，禁之"[③]，云南行省根本无权过问。云南王、梁王品秩爵位均在行省官员之上，其令旨甚至高于行省政令，其权力也比宗王将帅出镇时期的诸王将帅还大，具有派遣使者、招抚各部、籍军征伐、处置囚犯、起用铺马、纳取质子、接受贡马、设立屯田等军政大权。[④] 至元二十二年（1285）十月，忽必烈敕谕云南省臣脱脱木儿"事不议于云南王也先帖木儿者，毋辄行"[⑤]。至元二十五年（1288）四月，忽必烈又"敕缅中行省，比到缅中，一禀云南王节制"[⑥]。至元后期，云南王也先帖木儿一度参决云南行省事务，节制缅中行省，甚至可以任命官吏，其权力和地位已经远远凌驾于行省之上。梁王政治地位比云南王还高两等，其在云南之军政权力自然比云南王还要大许多。可见，云南行省与出镇宗王并无

---

① 程秀才：《洪武时期明政府对云南的收复与统治研究》，第 23 页。
② 程秀才：《洪武时期明政府对云南的收复与统治研究》，第 30 页。
③《元史》卷一百三《刑法志二·职制下》。
④ 石坚军：《忽必烈与云南》，第 26 页。
⑤《元史》卷十三《世祖本纪十》。
⑥《元史》卷十五《世祖本纪十二》。

明确权限和具体分工，而且行省与宗王之权力与地位大体上呈现出这样一种演变趋势，云南行省军政权力日益缩小，政治地位渐次降低；出镇云南宗王军政权力却逐渐膨胀扩大，政治地位也不断提高。[①]

（三）大理总管府

忽必烈征服大理班师北上时，除留兀良合台统兵继续进攻未附各部及地区外，还"以刘时中为宣抚使"[②]，与大理国主段兴智共同主持大理政事。在元代的历史中，大理总管与云南王、梁王的关系处于错综复杂的矛盾之中，互相权衡，时分时合。

（四）人分四等及其户籍管理[③]

第一，人分四等。户籍制度古而有之，每一个历史时期的户籍制度，都集中体现了当时社会阶层和阶级的利益关系及其制度安排。元朝在逐步实现统一的进程中，蒙古人作为统治民族列为第一等级，其次根据所征服地区民族的时序，又依次分为色目人、汉人、南人三个等级。

蒙古人位于等级制的最顶端，是绝对的特权公民；色目人是指早期跟着蒙古人打江山的西域、中亚、西亚和欧洲的白种人；汉人是指淮河以北，原金朝统治下的汉族人、契丹人、女真人和高丽人等，也包括南宋覆亡之前云南、四川等地的汉人和其他少数民族；南人指的是南宋遗民，他们是最后被元帝国征服地区以汉族人为主体的南方人。

这种等级划分，主要源于民族差异，但又不完全归因于民族差异。譬如，同为汉人，北方的汉人与南方的"南人"就分属两个不同的社会等级；而名为色目人的白种人，居然在中国比汉人的社会地位要高。等级制度最直接的体现就是政治地位。在元代中央政府中，高级官员一般由蒙古人和色目人担任，基本不任用汉人和南人。在地方，汉人和南人即便特别优秀，也只能担任副职，而且即便担任副职，也是少数特例。

---

① 石坚军：《忽必烈与云南》，第 26～27 页。
②《元史》卷四《世祖本纪一》。
③ 梁盼：《效率低下的元代户籍制度》，载《新财经》，2013（5），第 102～103 页。

第二，户籍制度。元朝社会等级制度是户籍制度的基础。在人分四等的基础上，把全国的户籍主要分为民户、军户、匠户、兵户、站户、盐户等，还有独立设置的宗教人员户籍，专门侍奉蒙古皇室打猎和放鹰的"打捕户"和"鹰房户"，以及单独隶属于各贵族、勋戚和功臣的分封户，甚至还有一些为蒙古贵族提供奢侈服务的各种特殊户籍，如专门在贵族养老时服役的养老户。每一类户籍中，又按照家庭收入被分为九个等级。以上各类户籍还算是良民，还有几类户籍，如乐户、娼户和奴婢是贱民。

民户是元代户籍人口中最大的一类，以农民为主体，也包括商人和手工业者等，由中央六部之一的户部管理。军户是专门服兵役的家庭；兵户专门为军队提供补给；站户就是在国家驿站服务的人员，这三种户籍的人由兵部管理。而僧人、道士却由元代负责管理边疆少数民族事务的宣政院管理。元代中央和地方没有统一管理所有户籍人口的机构。各种不同户籍的人，分别由相互独立的机构来管理。户籍类型不同，其享受到的国民待遇就不同。如民户的赋税和劳役最重，他们是元帝国财政收入的第一来源。

军户是第二大类户籍群体，他们虽然在法律地位上与民户一样，但他们享有一定的特权，可以不用缴纳民户所负担的繁重多样的差役，甚至可以蓄奴。

匠户是全国第三大类群体，他们主要是政府所设立的各种制造业和手工业机构的工人和技术人员。匠户在元帝国稳定天下之后，待遇比民户和军户要强。因为匠户很大一部分是给蒙古贵族生产和制作奢侈品的人，所以他们享有优待，除不用负担差役之外，他们在完成政府所规定的工作量之外，还能自己单干，出卖自己的手工业产品，获得不错的收益。

盐户是专门生产食盐的人群，他们在很多朝代都具有独立的户籍，是中国户籍史上的一大特色。综合来看，元代的户籍制度，不仅比起它之后的朝代，而且比起它之前的朝代，都要复杂，也就难以有效管理，也不可能激发民间的创造力和生产力。

（五）元代云南的站赤及其交通

驿传是中国古代官方设立的以传递公文、接待过往官员为主的交通通信组织，驿传在元代称为站赤，站赤是驿传的蒙语译名。[1] 元代通过在全国各地设立驿站，加强了中央王朝对各地的政治统治。云南行省建立后，通过在全省广建驿站加强了对云南的交通建设。《经世大典·站赤八》记载：云南行省有驿站 78 处，其中马站 74 处、水站 4 处，有驿马 2345 匹、牛 30 只、船 24 艘。据统计，分布如表 2-1：

表 2-1：云南行中书省所辖各路站赤[2]

| | 路、府、司 | 马站（处） | 水站（处） | 马（匹） | 船（只） | 牛（只） |
|---|---|---|---|---|---|---|
| 罗罗斯宣慰司所辖各路站赤 | 本司 | 6 | | 240 | | |
| | 武定路 | 10 | | 500 | | |
| | 中庆路 | 6 | | 311 | | |
| | 仁德路 | 1 | | 30 | | |
| | 曲靖路 | 6 | | 190 | | |
| 乌撒宣慰司所辖站赤 | 本司 | 3 | | 90 | | 30 |
| | 丽江路 | 3 | | 60 | | |
| | 大理路 | 14 | | 410 | | |
| | 威楚路 | 5 | | 138 | | |
| | 临江路 | 6 | | 120 | | |
| | 澂江路 | 1 | | 20 | | |
| | 广西路 | 5 | | 46 | | |
| | 普安路 | 3 | | 40 | | |
| | 乌蒙宣抚司 | 5 | 4 | 150 | 24 | |
| 合计 | | 74 | 4 | 2345 | 24 | 30 |

云南驿传分布广泛遍布全省。行省修建的驿道，以丽江、威楚、建昌、乌蒙、曲靖、普安、广南、车里、永昌、腾冲等路府所在地为枢纽，以中庆和大理为中心沟通全省。驿道中最重要的是新拓建自中庆（今昆明）经普安（今贵州普安西）达黄平（在今贵州）的道路。此道开通后迅速成为通达内地的要衢，

---

[1] 奇秀：《元代的站赤》，载《中国公路》，1996（5），第 46 页。
[2] 沈乾芳：《元代站赤研究》，第 22 页。

明清相沿影响至今。还有一些驿道延伸至邻邦，如由北至大雪山驿道达今拉萨，继续向西可至今印度噶伦堡；沿大理或中庆至车里的驿道，向南可至今泰国和老挝的北部；走中庆经通海至蒙自的驿道，可达今越南河内乃至越南中部；由中庆经大理至金齿的驿道到今缅甸北部，往西可到印度阿萨姆邦，往南沿伊洛瓦底江可至今缅甸南部。①

元代云南驿站的建立和完善，不仅加强了中央王朝对边疆民族地区的政治统治，促进了边疆民族地区经济文化的发展，更加强了中央与南亚、东南亚地区的交流。据方铁《元代云南至中南半岛北部的通道和驿站》统计，元朝遣使至缅国 10 次，缅国遣使、入贡至大都 30 次，元朝遣使至安南 44 次，安南遣使至元朝及进贡 63 次，元朝遣使至占城 7 次，占城遣使、贡物 21 次，八百媳妇国 9 次入元贡大象。②

## 二、明代云南流官体制的发展

明代上承元制，下启清代，在继承元代统治制度的基础上，通过设置三司、卫所屯田、汉族移民、土司制度等一系列的统治政策，进一步加强了对云南的统治，并对我国统一多民族国家的巩固，云南民族地区政治、经济、多元地域文化及边疆地区的发展与变迁产生了深远的影响。

### （一）明代云南的三司与云南巡抚

明代云南的三司。明朝平定云南后，设置云南"三司"。洪武十五年（1382），明朝"改行省为云南等处承宣布政使司，领诸府州县司；置都指挥使司，领诸卫所；置提刑按察使司，分巡安普、临元、金沧、洱海四道，并察诸府州县司卫所。并称三司云"③。布政司下设府、州、县，经过调整，共"领府十九，御夷府二，州四十，御夷州三，县三十，宣慰司八，宣抚司四，安抚司

① 方铁：《元朝经营云南的伟大贡献》，载《西部蒙古论坛》，2011（2），第 42 页。
② 方铁：《元代云南至中南半岛北部的通道和驿站》，载《思想战线》，1987（3）。
③ 万历《云南通志》卷之一《地理志》，1934 年昭通龙氏灵源别墅铅印本，第 19 页。

五，长官司三十三，御夷长官司二"①。

正统年间，云南麓川思氏发动叛乱，明王朝派王骥率大军"三征麓川"，在征讨麓川时，云南巡抚开始设立，其主要职责是督运粮草，协助三司处理地方事务。此时的巡抚是一时之设，属于临时性差遣。②正统以后，云南社会暂时安宁，云南巡抚罢置不设。此后，鉴于明代中央王朝政治气候与云南边疆社会复杂的局势，云南巡抚常设不罢，直至明朝灭亡。

从成化十六年（1480）云南巡抚制度化设置始，到明朝灭亡，160 余年间，云南一共设置了 60 余位巡抚。③云南巡抚的设置基本与中央轨迹一致，云南巡抚设置的目的，一是为了解决沐氏与三司以及三司之间的内部矛盾，二是为了阻止安南的侵扰，维护西南边境安宁，最终加强了明朝中央政府对云南的统治与治理。值得注意的是，云南巡抚既具备其他地方巡抚的职能，也有特殊性。"与其他地区巡抚相比，云南巡抚的职责除了其他地区巡抚都具有的治民、治军、治吏的职能外，因云南巡抚是惟一设在既有勋王世代镇守，又是边疆少数民族地区的封疆大吏，因此，云南巡抚与内地巡抚比较起来，又具备控制勋王、管理民族事务、治理边疆的特殊职能，即治边、治夷、督镇的职能。"④

（二）明代云南民户、军户与匠户

元朝对户口类别进行了更为细致的划分，有民户、军户、匠户、站户、医户、盐户、窑户、儒户等各种户别，此外，还有驱户、佃户等。明承元制，明王朝政权同历代封建王朝一样，为加强对人民的统治，维护既得阶级的利益，实行严格的户籍等级区分。通过对户籍的划定，把三六九等的各色居民固定在一块地域上和一种职业中，希图以此来建立稳定的社会秩序，规划统治阶级理想的统治蓝图。⑤

---

① 《明史》卷四十六《职官志四》，中华书局，1974，第 1171 页。
② 辛亦武：《明代云南巡抚与边疆民族社会》，第 30 页。
③ 辛亦武：《明代云南巡抚与边疆民族社会》，摘要第 1~2 页。
④ 辛亦武：《明代云南巡抚与边疆民族社会》，摘要第 2 页。
⑤ 卞利：《明代户籍法的调整与农村社会的稳定》，载《江海学刊》，2003（5），第 130 页。

　　《大明律》强调"人户以籍为定",并明确规定:"凡军、民、驿、灶、医、卜、工、乐诸色人等,并以籍为定。若诈冒脱免、避重就轻者,杖八十。其官司妄准脱免,及变乱版籍者,罪同。若诈称各卫军人,不当军、民差役者,杖一百,发边卫充军。"可见,明朝对各种户籍进行了严格区分。明代的户籍主要分为三等,"凡户三等:曰民,曰军,曰匠。民有儒,有医,有阴阳。军有校尉,有力士,弓、铺兵。匠有厨役、裁缝、马船之类。濒海有盐灶。寺有僧,观有道士。毕以其业著籍,人户以籍为断,禁数姓合户附籍,漏口脱户许自实"[①]。三种户籍分别隶属不同系统管辖,即民籍由户部负责管辖,军籍则隶属于兵部统领,而匠籍则归工部管理[②]。

　　民户或称民籍,范围较广,包括儒、医、阴阳、自耕农、自由工商业者等户。军户也称军籍,军籍与民籍相对,凡为军户,世代世袭,为明王朝服役。军籍单列,军户专门造册登记,不得更籍。匠户也称匠籍,是由明王朝继承元代的匠户制度发展而来,明朝对匠籍制度进行了修改和调整,将工匠划分为轮班匠和住坐匠两种。匠籍全为手工业者,军籍中也有不少在各都司卫所管辖的军器局中服役者,称为军匠。

　　从上可以看出,明朝严格的户籍制度,贯穿了统治者希望人们安于现状、安于既定的户籍和职业,并以此维护自身统治和社会稳定的目的。

　　(三)移民屯垦制

　　为了巩固和统一多民族国家,历代中央王朝在边疆民族地区开展移民屯垦,并不断地继承和深入。元代在云南设立行省后,曾实行大规模的屯田,设立机构管理屯政。元代在云南的屯田,为明王朝在云南开展更大规模的屯田打下了基础。

　　明洪武十五年(1382),明朝派遣傅友德、沐英、蓝玉率30万大军征云南,平定云南后,由于其地处边疆,境内少数民族众多,守卫云南须大军镇戍,于

① (清)龙文彬:《明会要》卷五十,《民政一·户口》。
② 卞利:《明代户籍法的调整与农村社会的稳定》,载《江海学刊》,2003(5),第131页。

是在傅友德、蓝玉班师还朝后，留下沐英及部分军士镇守云南。清夏燮《明通鉴》卷八载："洪武十六年（1383）三月甲辰，诏颍川侯傅友德、永昌侯蓝玉班师，留西平侯沐英率数万众镇滇中。"[①] 这批征滇的 30 万大军成为明朝对云南最早的移民，后来这些军人大多留在云南，参加屯垦。沐英提出，云南土地甚广而荒芜居多，宜置屯，令军士开耕，以备储存。他的建议得到朱元璋的赞赏和支持，"屯田之政，可以纾民力，足兵食，边防之计莫善于此"[②]。因此，明初云南军事移民大多就地屯垦，这些屯田兵士"一手拿枪，一手握锄"，"三分耕种七分操备"，有战打仗，无战务农，以兵养兵，自给自足。为此，云南各地生产为之改观，山区也由此得以大规模开发。

据《太祖实录》卷一四三记载，"以云南既平，留江西、浙江、湖广、河南四都司兵守之，控制要害。"洪武年间，在云南陆续设立了云南前、后、左、右、中，广南、曲靖、陆凉、平夷、越州、马龙、临安、楚雄、大理、洱海、蒙化、大罗、景东、澜沧、永昌、腾冲等二十一卫，安宁、宜良、易门、杨林、十八寨、武定、木密、凤梧、新安、镇姚、镇安、定远、姚安、中屯、马龙、定雄、右甸等十七守御千户所，鹤庆、通海、永平等三御，统归云南都指挥管辖，总兵力大约 15 万。

与开展军事屯田同时，明王朝还实行民间屯田。此外，明王朝还对云南实行大规模的移民，"移中土大姓以实云南"。明代还将罪犯贬谪充军到云南，这是明代内地汉人移民云南的一个特点。有明一代，移民至滇的记录不绝于史。虽然有的数字不见得准确，但民间移民至滇屯垦的不下百余万户。到明代后期，各种类型的汉族移民的总数已达 300 万左右。[③]

明代在云南实行屯田，招来了数以百万计的汉族劳动人民，使云南的汉族人口第一次超过了少数民族人口，这对云南的社会经济发展和边疆的稳定产生了深远的影响。当坝区的土地基本被开垦完以后，屯垦移民便向山区扩散，使

---

① （清）夏燮：《明通鉴》卷八。
② 林超民：《汉族移民与云南统一》，载《云南民族大学学报》（哲学社会科学版）2005（3），第 110 页。
③ 林超民：《汉族移民与云南统一》，载《云南民族大学学报》（哲学社会科学版）2005（3），第 111 页。

图 2-1：云南建水西山团山古村，此处保留了大量的明清建筑，为明清时内地汉族移民后代聚居地。
资料来源：杨德聪主编：《图说云南历史文化》，第 179 页。

山区获得新的劳动力，促进了山区的开发。

### （四）明代对临近云南藩属区的治理

洪武六年（1373），明太祖听说缅甸"尝通贡于元，因遣僧与、程斗南、张祎、钱允恭，赍诏往使"①，进行招徕活动。洪武十五年（1382），明朝平定云南后，便沿袭元制，设云远、木邦等府统治这些地区。洪武二十一年（1388），明朝设置了八百宣慰司，拉开了在边区设置土司的序幕。② 这些边区土司的设置，为明朝中央政府对临近云南藩属区的治理奠定了良好基础。

明朝平定云南后，为适应云南边疆外弧地带复杂的国际地缘政治、地理环境和民族多样性特征，在西南边疆逐渐建立起一套"内边区"与"外边区"差异化的边疆行政区划和管理模式，并对云南外边政区实行军管性和羁縻性的统治③。明朝外边区的地理范围，主要包括西南边境设置的"三宣六慰"，即干崖、南甸、陇川三个宣抚司和车里、缅甸、木邦、八百大甸、孟养、老挝六个军民宣慰使司，隶属于云南承宣布政使司，也是本节讨论的云南藩属区的主要范围，主要包括今天的缅甸、越南、老挝等。明代云南藩属区在洪武末年至永乐初年基本形成，主要是在以下三种不同的地区设置④：

第一，元末明初麓川势力扩展所侵占的地域。洪武年间（1368—1398）两次征讨麓川胜利后，为分解麓川势力，将麓川侵占之地从麓川平缅宣慰司中析出，"设孟养、木邦、孟定三府，镇沅、威远二州，干崖、潞江、湾甸、大侯、乐五长官司"，初步形成以防御麓川为目的的"御夷"外边政区。建文四年（1402），在原麓川军事控制区析置镇沅州，复置因麓川扩张所废威远府之地为威远御夷州。永乐元年（1403）正月，析麓川平缅地置大侯御夷长官司、湾甸御夷州、者乐甸御夷长官司等。永乐四年（1406），设孟琏长官司，此为分化

① 《明太祖实录》卷八十六，"洪武六年十一月乙酉"条。

② 秦树才、辛亦武：《明代云南边区土司与西南边疆的变迁》，载《中国边疆史地研究》，2013（1），第40页。

③ 陆韧、彭洪俊：《论明朝西南边疆的军管羁縻政区》，载《中国边疆史地研究》，2013（1），第30页。

④ 陆韧、彭洪俊：《论明朝西南边疆的军管羁縻政区》，载《中国边疆史地研究》，2013（1），第32~33页。

孟定府内麓川爪牙的力量而设。永乐七年（1409）七月，复置因麓川扩张所废镇康府之地为镇康御夷州。经过一系列调整，到永乐八年（1410）前后，从麓川扩张区域析置的"御夷"外边政区业已形成，即孟定、孟艮二御夷府及镇康、湾甸、大侯、威远四御夷州。明朝经营数年，"麓川之地，可入版图矣"。

第二，明朝平定云南后的新附地区设置为宣慰司或军民宣慰司。明朝"初定滇时，止车里、麓川二宣慰司，已又立缅甸、老挝、八百大甸、木邦、孟养皆为宣慰，皆百夷种类也。七宣慰司包西南夷，直尽南还，汉唐未有也"，西南边疆"麓川之外有国曰缅，车里之外有国曰八百媳妇，皆内附"。永乐年间（1403—1424），"云南西南夷大古剌、小古剌等部落皆来朝，诏置宣慰使司二、长官司五以统之"。随后诏定平缅、木邦、孟养、缅甸、八百、车里、老挝、大古剌、底马撒、清定十宣慰司。永乐以后，各宣慰司纷争不断，明朝于大古剌、底马撒等甚为边远政区鞭长莫及，基本失控。故明朝中期以后能够长期维持管控的大抵为孟养、车里、木邦、老挝、缅甸、八百大甸六宣慰司，即"六慰"。

第三，正统年间（1436—1449），三征麓川后析分麓川老巢之地设置干崖、南甸、陇川三宣抚司。到景泰年间（1450—1456），形成了稳定存在的西南边疆外边政区体系，包括"车里、木邦、孟养、缅甸、八百大甸、老挝六军民宣慰使司，孟定、孟艮二府，南甸、干崖、陇川三宣抚司，威远、湾甸、镇康、大侯四州，钮兀、芒市二长官司"。简言之，明代西南边疆外边政区的构成是通常所说的"三宣六慰"，以及特别冠以"御夷"称号的二御夷府、四御夷州和二御夷长官司，这些地区也是明代云南藩属区的主要范围。

从明朝的角度看，这些土司都被纳入了王朝和云南地方政府统属的体系。明中央坚持向授职土司颁赐诰印、冠带、袭衣，表明土司已由各族酋首一变而为国家命官，可以向所属人民发号施令。明中央和云南地方有劝谕、调解云南边区土司纠纷与侵扰的权力，边区各土司也往往将彼此间的纠纷诉诸明朝。同时，明朝有权征调边区土司武装，规定各土司可以拥有军队，但只能镇守疆土，且须服从明朝调遣。明朝中央政府与云南藩属区的边区土司之间还存在着贡赐活动，明朝专门条定规制，云南等地土官"遇三年朝觐，差人进贡一次，俱本布政司给文起送，限本年十二月终到京庆贺，限圣节以前谢恩无常期，贡物不等"。

这是土司制度中的重要内容，一方面以示恩宠，一方面强化了中央、云南地方与边区土司的联系，较为有效地建立起了中央对边区土司的政治统属关系。

有学者指出，元明清推行土司制度，只限于纳入中央王朝有效管辖的"蛮夷地区"，而对朝鲜、安南、缅甸等邻国，则与之建立新型的藩属国关系。[①] 洪武二十一年（1388）始，明政府在今云南以外的缅甸大部以及泰国、老挝北部设置了 11 个宣慰司、1 个宣抚司、1 个安抚司、6 个长官司、1 个土府。这些边区土司的设立将相关地区纳入了明朝的统治范围，拓展了中国的西南边疆。[②]

### 三、清代云南流官体制的继承和发展

清代沿袭明制设承宣布政使司，下设道府、州、县，并在一些地区推行改土归流，废除土司特权，任命流官统治，而在边远地区，仍实行土司制度。改土归流是指改土司制为流官制，将原来统治少数民族的土司头目废除，改为朝廷中央政府派任流官。随着改土归流的深入，云南正式行政区划逐步向边疆少数民族地区推进，强化了清朝中央对云南边疆民族地区的直接行政管理，促使云南边疆民族地区行政区划及行政管理体制趋于统一。[③]

（一）云贵（南）总督及云南巡抚

清朝统治者十分重视治边与边疆治理制度的建设，在"大权集中、小权分散"的理念指导下，遵循"修其教不易其俗，齐其政不易其宜"的原则，正确处理中央与边疆的关系，使之各得其所。[④] 督抚制度起源于明朝，清承明制，沿置的总督巡抚为省一级的最高行政长官，通过对督抚设置的不断调整，使督

---

① 方铁：《土司制度与元明清三朝治夷》，载《贵州民族研究》，2014（10），第 170 页。
② 秦树才、辛亦武：《明代云南边区土司与西南边疆的变迁》，载《中国边疆史地研究》，2013（1），第 40 页。
③ 彭洪俊：《掌土治民：清代云南行政区划及行政管理体制演进研究》，云南大学 2013 年博士学位论文。
④ 方铁：《论元明清三朝的边疆治理制度》，载《云南民族大学学报》（哲学社会科学版），2016（1），第 82 页。

抚最终成为地方最高行政长官，逐步完善了督抚的设置。[①]

　　总督、巡抚制度肇始于明代。嘉靖二十七年（1548），设置四川、湖广、贵州、云南等处总督，四十二年（1563）罢；又于天启元年（1621）设置川湘云贵广西五省总督，但未曾单独在云贵地区设置过云南总督、贵州总督或云贵总督。清初设置总督、巡抚管理地方，督抚建置，皆"因事设裁，随地分并，员额多寡不一"。[②]

　　清承明制，地方行政制度实行的是督抚制。当时全国划分为 23 个省，每个省设一名巡抚，为主管一省民政的最高长官。总督权力比巡抚大得多，但与巡抚之间没有直接的隶属关系，总督和巡抚都是对上直接听命于皇帝。不同的是总督可以管数省，侧重军事，巡抚只管一省，侧重民政。

　　云贵总督设置于顺治十六年（1659），驻贵阳；十七年（1660），两省互驻，半年驻安顺，半年驻曲靖；十八年（1661）分置云、贵总督，云南总督驻曲靖，贵州总督驻安顺。康熙四年（1665）合二为一，驻在贵阳；十二年（1673），又分置；十三年（1674），复并为一；二十二年（1683）命云贵总督由贵阳府移驻云南府；二十六年（1687）定云贵总督员额一人。雍正三年（1725）以云贵总督治巡抚事、云南巡抚治总督事；四年（1726）复故；六年（1728），以云贵总督兼辖广西，给三省总督印，称云贵广西总督或云广总督，驻云南府；十二年（1734）停兼辖，复置云贵总督。乾隆元年（1736）再分置；十二年（1747）复并为一，其建置至此确立。光绪二十四年（1898）七月裁云南巡抚，十月复置，三十年（1904）又裁，以云贵总督兼云南巡抚事。[③]

　　云贵总督始设置于清军攻占云南后的顺治十六年（1659）正月，后经康、雍、乾三朝近百年的分合演变，定型于乾隆十二年（1747）六月。[④]云贵总督全称是"总督云贵等处地方提督军务、粮饷兼巡抚事"，总管云南和贵州的军民政

① 李霞：《清前期督抚制度研究》，中央民族大学 2006 年博士学位论文，第 6 页。
②《大清会典》，《古今图书集成》卷五百四十八《官常典》，中华书局，1986。
③ 邹建达：《清代云贵总督之建置演变考述》，载《中国边疆史地研究》，2008（2），第 57~58 页。
④ 邹建达：《清代云贵总督之建置演变考述》，载《中国边疆史地研究》，2008（2），第 49 页。

务，是清朝九位最高级的封疆大臣之一。云贵总督的建置及其演变，反映了清王朝对云贵边疆民族地区统治的调整和深化，曾对这一地区的政治、社会、经济发展产生过重要而深远的影响。①

## （二）清代云南的驿站

云南偏居一隅，中央王朝要对其进行有效管辖和统治，务必要使此地实现政令传达通畅，信息传达有效。清朝在元代分布广泛、遍及全省、组织严密的驿传体系基础上，加大力度克服各种自然和人为的困难，加强对云南地区驿传体系的构建。驿站是驿传体系的主构架，以塘、铺为补充，驿递合一，在信息传递、差役过境等方面发挥重要作用。

清代中央的邮驿机构由兵部车驾司主管，交通发达的省区由专管驿传的驿传道管理，云南由于交通不发达，没有专职驿传道，由臬台兼管，其头衔是云南按察使司兼管全省邮驿事务。下一级的邮驿就由粮储道兼管，道以下为州县官管理，具体经办由书吏、乡约、保正之类的小官办理。驿站的设置、人员的多少视路途环境的情况、交通的简繁而定，一般在四五十里到百里不等。元代在云南共有 78 处驿站，清代驿站的设置线路和元代基本相同。清代云南的驿站全部设置在昆明至贵州间的滇黔大道上，这段驿路是省城通往京师及内地诸省的主要道路，即所谓"通京大道"，清廷格外重视，通计清代云南全省共置驿站 81 处。

清代云南驿站的设立即加强了云南与中央和政府密切的政治联系，也成为云南与中原各省的商贸通道、文化通道，促进了云南的进一步开发与发展，促进了云南与中原各省的经济文化交流，使得云南的经济社会得到了显著的发展。

## （三）清代对云南周边藩属地区的治理

清朝的藩属国体制前后近 300 年。在这 300 年间，清朝固守着古老的宗藩朝贡体制，但近代以来，未能抵挡住来自西方的冲击，最终解体。②《大清会典》

---

① 邹建达：《清代云贵总督之建置演变考述》，载《中国边疆史地研究》，2008（2），第 49 页。
② 成崇德：《论清朝的藩属国——以清廷与中亚"藩属"关系为例》，载《云南师范大学学报》（哲学社会科学版），2014（4），第 22 页。

记载："凡四夷朝贡之国，东曰朝鲜，东南曰琉球、苏禄，南曰安南、暹罗，西南曰西洋、缅甸、南掌，西北夷番，皆遣陪臣为使，奉表纳贡来朝。"云南周边的地区，《大清会典》谓："四裔朝贡之国，南掌、暹罗、苏禄、缅甸七国。""余国则通互市。"有学者指出，清朝"安南（越南）、缅甸、南掌、暹罗、苏禄、琉球、朝鲜、俄罗斯、荷兰等外国都属于境外外藩，一般都归礼部经理，由主客司掌朝鲜、琉球、越南、南掌、暹罗、苏禄、荷兰、缅甸、西洋诸国朝贡、袭封等事务"①。在英法两国占领越南、老挝、缅甸之前，这三个国家与中国相连地区，或为中国政府直接统治，或以藩国的身份接受清王朝的统治。②

清朝对云南周边藩属区（东南亚）等地的治理，随着国势衰微而渐告结束，而双方的交往，无疑为双方的政治、经济、文化交流奠定了坚实了基础。

## 四、元明清云南流官政治文化的特点

元明清时期的云南，地方行政机制从建立到逐步发展完善，流官政治文化也随之呈现出"历史继承、土流并治；因时制宜，精英治理"的特点。

历史继承，土流并治。元朝设置云南行中书省，"云南"作为省一级区划名称开始载入史册。明代，朝廷取消行省设立云南承宣布政使司，同时设置都指挥使司和提刑按察使司，号称"三司"，实行三权分立，在布政司下设府、州、县三级。明代治理云南、任用官吏时的基本规则是，"三江③之外宜土不宜流，三江之内宜流不宜土"，即位于内地的府、州、县长官由朝廷委派并有任期（流官），位于边远或少数民族地区的府、州、县、宣慰司、安抚司长官由少数民族首领担任并可世袭（土官），或者以流官为主，土官为辅，"土流兼治"，正

---

① 成崇德：《论清朝的藩属国——以清廷与中亚"藩属"关系为例》，载《云南师范大学学报》（哲学社会科学版），2014（4），第24页。

② 李双丽，毕芳：《清代云南的边防建设》，载《思想战线》，2008年人文社会科学专辑，第A3期，132页。

③ 三江：指澜沧江、怒江、红河。

式建立了土司制度。清代沿袭明制设承宣布政使司，下设道府、州、县，并在一些地区推行"改土归流"，废除土司特权，任命流官统治，而在边远地区，仍实行土司制度。元明清时期在云南地区采取的"以土官治土民"的土司制度，是中国封建民族政策的一个发展。

因时制宜，精英治理。元代通过"镇之以亲王，使重臣治其事"的方式统治云南，设立了云南行省，还以宗王或云南王、梁王出镇，宗王出镇体制与行省制并行。明朝则在云南实行亚分封制，在设立"三司"的同时，以沐氏家族世镇云南，使沐氏与"三司"相互制约。清初虽然在设立总督、巡抚管理云贵地方的同时，仍"以平西王驻镇云南，兼辖贵州"，但已不具有封藩的意义，且随着"三藩之乱"的平定，督抚最终成为了云南地方政治的核心。

元明清时期是云南政治、经济、文化全面发展的关键时期，是云南历史发展的一个转折时期。元明清三朝相继在云南进行统治，先后有继承关系，有其共同点，又各有特点，但有一点毋庸置疑，即对云南历史文化的发展具有较大的推动作用。

## 五、元明清云南流官政治体制继承发展的文化调适及其影响

云南位于西南边陲，外连缅甸、越南，内接西藏、四川，且自然地理环境险恶，诸族杂居，形势复杂。由于远离中央王朝核心统治区，各种冲突层出不穷。因此，云南虽偏居一隅，但因其特殊的地理位置和背景，一直以独特的方式对中央王朝政局的变化产生着作用。

元明清三朝云南流官政治体制的继承发展，始终贯穿着中央王朝"文化治边"的思想。云南自纳入元朝版图后，于至元十一年（1274）成为行省，赛典赤任平章政事，开始在云南倡导儒学教育，设置云南行省儒学提举司，统诸路、府、州、县的学校、祭祀等事。赛典赤"建孔子庙、明伦堂，购经史，授学田，由是文风稍兴"。元朝在云南兴办教育的目的是"治理异俗"，并取得了一定成效。洪武二十八年（1395）六月壬申，户部知印张永清言："云南、四川诸处边

夷之地，民皆啰啰，朝廷与以世袭土官，于三纲五常之道懵焉莫知，宜设学校以教其子弟。"上然之，谕礼部曰："边夷土官皆世袭其职，鲜知礼仪，治之则激，纵之则玩，不预教之，何由能化？其云南、四川边夷土官，皆设儒学，选其子孙弟侄之俊秀者以教之，使之知君臣父子之义，而无悖礼争斗之事，亦安边之道也。"明太祖道出了在云南推行儒学的真实目的，即"治土安边"，明确提出在云南实施文化治边政策。此后，明朝一直把儒学教育作为云南文化治边的一个重要手段。清朝主张发挥文化的治理与教化功能，清晰地提出以文化来治理国家的理念，以后的康雍乾各朝也都继承并发展了顺治朝的文化治国理念，并实力奉行于全国，包括西南边疆地区。[①]

对云南实施"文化治边"的举措萌芽于元朝，至明朝时明确提出，到清朝发展成熟，可见元明清三朝对云南社会的文化治理是一个逐渐深入的过程，是云南历史乃至中国历史发展之大势所趋。[②] 文化软实力的浸润不仅促进了云南各民族文化教育的发展与风俗习惯的演变，还加速了云南与内地的一体化进程，削弱了"因俗而治"赖以实施的多样化基础。这样的治理是有成效的，特别在清末民初的西南边疆危机中，云南各民族表现出浓厚的国家认同，共同捍卫了中国领土与主权的完整，就是此一成效的表现。

## 第二节　元明清云南的土司与土官

元朝总结历代治边经验，在边地设立土官，开始有"土官"与"流官"之称。明朝中央王朝进一步巩固和完善了土司制度，并在万历到明末时期进行了改土归流。清承明制，把土司分为隶属验封清吏司的文职土官和隶属兵部武选清吏司的武职土司。雍正四年（1726），鄂尔泰上《改土归流疏》，提出"欲安

---

① 马亚辉，田景春：《清朝云南文化治边思想与实践》，载《文山学院学报》，2015（2），第50~51页。
② 马亚辉，田景春：《清朝云南文化治边思想与实践》，载《文山学院学报》，2015（2），第52页。

民必先制夷，欲制夷必改流”的主张，清朝中央政府即任命鄂尔泰为云南、贵州、广西三省总督，全权办理改土归流事宜。至此，清朝开始了大规模的改土归流，土司制度逐渐衰落。

## 一、元代云南的土司与土官

元朝结束了南诏大理国以来的地方割据，将云南纳入到全国统一的行政体系中。元朝对云南的统治与管理，土司制度是其中的重要内容。土司与土官存在一定区别，“明代把云南全省划为两种政治区域，一种完全照内地行政制度，成立正规的府州县，设官情况与全国正规制度一律，称为‘内地区’或‘内域区’，另一种无府州县之名，另有一套区域名称，设治企图与要求也与内域区不同，称为‘西南夷’或‘羁縻土司区’。在前一区域内所设置的土职，一般称为土官，后一区域内的一般称为土司。此外还有第三种区域称为‘御夷区’的，就是名义上是府州而实际上委官设治都全同羁縻区，或名义上是土司区而另有一种政治作用使之接近内域区；前者即所称的‘御夷府州’，后者即所称的‘御夷长官司’。在御夷区域内的土职，有隶属吏部的土官，也有隶属兵部的土司”[①]。

（一）土司及土官的设立

元朝在云南土司土官的设置视原土著民族首领管辖区域的大小、人口的多寡而定。在边疆民族地区的路、府、州、县各级政权，任用当地酋领为地方官，史书上往往加以“土”字，如“土总管”“土知府”等，其下还有寨、洞、甸等大大小小的土官职名。在边疆民族地区无府州县之名，而另有一套区域名称的地方，分别设置宣抚、安抚、招讨、长官诸司。

1. 常规行政体系中的土官设置

元代云南政区主要是在行省之下设置土官，行省一级官员极少任用土官，行省之下路、府、州、县一级行政体系中，土官任用较为常见。

---

① 江应樑：《明代云南境内的土官与土司》，云南人民出版社，1958，第2页。

　　路为行省之下的第一级行政常规设置，元朝在云南行省路一级行政设置中任用了不少土官，包括路总管府或军民总管府土官。例如，至元十一年（1274）"赛典赤为云南行省平章政事，更定诸路名号，以信苴日为大理总管"；至元三十一年（1294）"金齿新附孟爱鲁酋长遣子来朝，即其地军民总管府"等。路之下的府设置府土官，包括军民府等，例如，至元二十九（1292），置木来军民府，"用其土人马列知府事"；至顺二年（1331）二月，"云南景东甸蛮官阿只弄遣子罕旺来朝，献驯象，乞升甸为景东军民府，阿只弄知府事，罕旺为千户……许之"。州土官，据《土官底簿》载，云南董赐、罗罗人安崇、罗罗人子与、僰人高义均曾任元代"土官知州"。① 县土官，据《土官底簿》载，云南小百夷人阿鲁曾任元代"定边县土县尹"，景东府百夷人阿吾曾袭元代"土官知县"，僰人阿益曾任元代"威楚路广通县主簿"。②

　　2. 宣慰司体系中土司的设置

　　元代云南政区中土司的设置，是专门针对边疆少数民族地区设置的机构，即宣慰司体系，其官员任命经历了流官为主——土流并用——土司为主的历程。宣慰司"掌军民之务，分道以总郡县，行省有政令则布于下，郡县有请则为达于省"③，可见，宣慰司是行省之下分道总管郡县的高级地方军政机构。宣慰司下设宣抚司、安抚司、招讨司、长官司。《元史》："诸蛮夷长官司，西南夷诸溪洞各置长官司，秩如下州。达鲁花赤，长官、副长官，参用其土人为之。"④

　　据《元史·地理志四》记载，云南宣慰司的设置主要包括：曲靖等路宣慰司军民万户府、罗罗蒙庆等处宣慰司都元帅府、临安广西元江等处宣慰司兼管军万户府、大理金齿等处宣慰司都元帅府、乌撒乌蒙宣慰司；《元史·本纪》新增记载：广南西路宣慰司、亦奚不薛宣慰司、元江等处宣慰司、八百等处宣慰司都元帅府；《新元史·地理志四》的新增记载有邦牙等处宣慰司。据《元

① 龚荫：《中国土司制度》，云南民族出版社，1992，第 464、564、707、526 页。
② 龚荫：《中国土司制度》，第 697、719、529 页。
③《元史》卷九十一《百官志七》。
④《元史》卷九十一《百官志七》。

史·地理志四》记载，云南宣抚司的设置主要包括广南西路宣抚司、丽江路军民宣抚司、金齿等处宣抚司；《元史·本纪》的新增记载有平缅路宣抚司；方国瑜先生《中国西南地理历史考释》中又新补充有威楚开南等路宣抚司。据《元史·本纪》记载，云南安抚司的设置包括罗甸安抚司；《新元史·地理志四》的新增记载有吕告蛮部安抚司[①]。

元朝在土官的任命、升迁、奖惩等方面有一系列程序，但是制度尚未完善。元代的土司制度尚处于草创阶段，其表现有四："一、土、流虽然分置，但却往往互相渗透，行省至州、县参用土人，宣慰、宣抚、安抚等司亦有流官；二、土司名号虽已粗定，也有尊卑等差，并授予信符、敕令，但执行多不严格；三、设置极不稳定，随时局而常有变更，显得十分混乱；四、土司虽有贡赋、征调之制，但往往无常例可依，承袭之法亦不明确，一应任凭行省长官申报、处置。"[②]

（二）土司的辖区与特权

据《元史·地理志》载："云南诸路行中书省，为路三十七、府二、属府三、属州五十四、属县四十七，其余甸、寨、军民等府不在此数。"[③]路府等各级行政机构的设置加强了对云南地区的行政统治。元朝统治云南后，大理段氏、麓川思氏、丽江木氏等一些地区民族首领仍然拥有较大的势力，于是元朝中央政府在政治上采取招抚，在很多路、府、州、县，任命各族首领为世袭土官。宣慰司都元帅府通常设立于边疆战略要地，"掌军民之务"，辖区相当广阔。比如，罗罗蒙庆等处宣慰司都元帅府，下辖建昌、里州、定昌、德平、会川等五路总管府，共 23 州；大理金齿等处宣慰司都元帅府，下辖大理路、蒙怜路、蒙莱路以及金齿等处宣抚司，其下有柔远、茫施、镇康、镇西、平缅、麓川等六路总管府及西南睒；曲靖等路宣慰司兼管军万户府，下辖曲靖路、澄江路、仁德府、普定路；乌撒乌蒙宣慰司，下辖乌蒙、闷畔、芒布、阿头、易溪、易娘、

---

① 周芳：《元代云南政区土官土司的设置及相关问题再考察》，载《云南社会科学》，2008（5），第 143 页。
② 史继忠：《略论土司制度的演变》，载《贵州文史丛刊》，1986（4），第 3 页。
③ 《元史》卷六十一《地理四》。

阿晟、乌撒等乌蛮八部；临安、广西、元江等处宣慰司兼管军万户府，下辖临安路、广西路、元江路及阿迷万户府；八百宣慰司，下辖蒙庆府、木安府、孟杰府、孟绢府。可见，元代土司的辖区基本遍布云南。

土官有正式的品秩，在待遇、权利与义务方面与内地官吏大致相同。同时设立军事统兵性质的宣慰司等机构，广泛任用土官为宣慰司及下属机构的官吏，允许组织土军，由一定级别土官管辖。在行省的部署之下，土官及所管辖的土军负责地方治安，并参加屯田等开发活动，必要时土军可由朝廷调用。[①] 拥有少数民族军队是土司的一大特权。元代的统治者，为维持其统治，下令"编民出军役"，建立了强大的少数民族武装力量。云南的少数民族军队有：寸白军、蛮兵、八番兵、金齿兵等。寸白军：元代有"云南之寸白军"[②]，寸白军即"爨僰军"，"爨僰"简写作"寸白"，是元代的彝、白族的土军；蛮兵：泰定四年（1327），"开南州土官阿只弄率蛮兵为寇"[③]，这里的"蛮兵"为彝族土兵；八番兵：至顺二年（1331），"八番军从征云南者俱屯贵州"[④]，八番军是在八番地区（今贵州惠水县一带）的土屯军，以驻地命名；御兵：至治三年（1323），"八番顺元及静江、大理、威楚诸路御兵为寇"[⑤]，"御"今作"瑶"，御兵即瑶族土兵；金齿兵：明洪武十五（1382）有"招谕金齿土军"[⑥]的记载。

土司制度的实施，使各民族土司在统辖区成为最高主宰，拥有相对独立的统治权和决策权，能够自主决定统辖区内的一切事务。[⑦]

（三）元代云南土司制度文化的特点

元代在西南少数民族地区设置的行政机构，其特点是"参用其土官为之"，

---

① 方铁：《论元明清三朝的边疆治理制度》，载《云南民族大学学报》（哲学社会科学版），2016（1），第80页。

②《元史》卷九十八《兵一》。

③《元史》卷三十《泰定帝二》。

④《元史》卷三十五《文宗四》。

⑤《元史·定帝本纪一》。

⑥《土官底簿》云南"大和县神摩洞巡检司巡检"条。

⑦ 周琼：《土司制度与民族生态环境之研究》，载《原生态民族文化学刊》，2012（4），第9页。

大量引用土人为官，"以土酋为官"，无论是常规行政体系还是宣慰司体系，都参用大量的土人，这在云南地区较为典型。在常规行政体系中，路总管府或军民总管府层面，至元三十一年（1294），"以金齿归附官阿鲁为孟定路总管"①。泰定二年（1325），大小车里蛮来献驯象，"置车里军民总管府，以土人寒赛为总管"②。天顺元年（1328），元文宗设姚安路军民总管府。至顺二年（1331）"立云南省芦传路军民总管府，以土官为之"③。还有云南庆高隆，元代曾授"本路总管"，屋顶安慈亦曾授"屋顶府土官总管"，僰人高政之祖父，元代曾授"威楚云南等路军民总管"④。府土官层面，至顺二年（1331）"云南景东甸蛮官阿只弄遣子罕旺来朝，献驯象，乞升甸为景东军民府，阿只弄知府事"，又"云南威楚路之蒲蛮猛吾来朝贡，愿入银为岁赋，诏为置散府一及土官三十三所"⑤。还有云南僰人"高斌样，前元北胜府土知府"，鹤庆董信，"前（元）本府司吏"；"乌撒军民府，前（元）知府实卜"⑥。州土官层面，致和元年（1328）"云南土官撒加布降，奉方物来献，置州一，以撒加布知州事"⑦。此外，还有云南安宁州董赐，元代为"本州世袭土知州"，马龙州罗罗人安崇"世袭土官知州"，镇南州僰人段良"本州土同知"，宝山州和耐"本州知州"，姚安僰人高义，顺州罗罗民子与、师宗州罗罗人阿的、维摩州波得均曾任"土官知州"⑧。县土官层面，云南和曲州元谋县阿吾（景东府百夷人）元代"袭土官知县"，定边府小百夷人阿鲁"定边县土县尹"，定远县撒摩徒人李禄九"世袭土官县丞"，僰人杨益曾任"威楚路广通县主簿"⑨等。

---

① 《元史》卷十八《成宗一》。
② 《元史》卷二十九《泰定帝一》。
③ 《元史》卷三十五《文宗四》。
④ 《土官底簿》云南"鹤庆军民府知府""武定军民府知府""楚雄府同知"条。
⑤ 《元史》卷三十五《文宗四》。
⑥ 《土官底簿》卷上"澜沧卫军民指挥使司北胜州知州""鹤庆军民府知府"条，卷下四川"东川军民府知府"条，四库全书珍本第一册 80 页下、60 页下，第二册 66 页。
⑦ 《元史》卷三十《泰定帝二》。
⑧ 《土官底簿》云南"安宁州知州""马龙州知州""镇南州同知""宝山州知州"及姚州、顺州、师宗州、维摩州知州条等。
⑨ 《土官底簿》云南"和曲州元谋县知县""定边县县丞""定远县主簿""楚雄府楚左县县丞"条。

在宣慰司体系中，宣慰使或宣慰使都元帅层面，至元十八年（1281），信苴日"进大理威楚金齿等处宣慰使，都元帅"，后其子阿庆袭爵，授"大理金齿等处宣慰使，都元帅"①。泰定四年（1327），八百媳妇蛮请官守，置蒙庆宣慰司都元帅府，"以同知乌撒宣慰司事你出公、土官招南通并为宣慰司都元帅，招谕人米德为同知宣慰司事副元帅"②。宣抚司层面，至元元年（1264），平伐、都云、定云酋长宝朗、天都虫等降元，"即其地复立宣抚司，参用其土酋为官"③。至元十七年（1280），"西南夷罗施鬼国既降复叛，诏云南、湖广、四川合兵三万讨之"，鬼国酋阿察投降，"乃改鬼国为顺元路，以其酋为宣抚使"④。安抚使层面，至元十六年（1279），西南诸番受降后，"以龙方零为小龙番静蛮军安抚使，龙文求卧龙番南宁州安抚使，龙延三大龙番应天府安抚使，韦昌陵卢番静海军安抚使，罗阿资罗甸过遏蛮军安抚使"⑤。此外，还有长官，长官实为蛮夷长官司长官，或名蛮夷军民司长官、管军民司长官，元贞二年（1296），"实招到平林独山州摇和洞唐开珠罗等八百四十四寨民五万余，朝廷立长官司统之，而以蛮妇阿初充长官"⑥。还有僰人张宗"前元任都都万户府长官司长官"⑦。

从上述史料中可知，元代在少数民族聚居区"皆设土官管辖"，用来管理民族地区的事宜，"参用土人"成为元代土司制度的一个显著特征。

## 二、明代云南的土司与土官

明朝中央政府进一步巩固和完善了土司制度。"在平定、收降南疆少数民族地区各部时，承认元朝授予各族首领的宣慰使、宣抚使、安抚使、招讨使、

---

①《元史》卷一百六十六《信苴日》。
②《元史》卷三十《泰定帝二》。
③《元史》卷三十六《顺帝一》。
④《元史》卷一百六十三《李德辉》。
⑤《元史》卷六十三《地理六》。
⑥《新元史》卷二百四十八《云南湖广四川等处蛮夷传》。
⑦《土官底簿》云南"英武官巡检司巡检"条。

长官等官职，承认其辖区并保留其土兵。对元朝在各少数民族聚居的府、州、县所设的土官，也基本原官授职，设立土府、土州。"① 即"踵元故事，大为恢拓，分别司郡州县，额以赋役，听我驱调，而法始备矣"②。明代将土官纳入国家统一的官制，宣慰、宣抚、安抚、招讨、长官及蛮夷长官等司，是土司的专有名称。《明史·职官志·土司》记载，计有宣慰司十一、招讨司一、宣抚司十、安抚司十九、长官司一百七十三，凡二百一十四。土司有文职和武职之分，文职属吏部验封司，武职属兵部武选司。

（一）明代云南土司制度的构建

明代将土司制度发展成为一种完整的制度。"土官承袭，原俱属验封掌行。洪武末年，以宣慰、宣抚、安抚、长官等官，皆领土兵，改隶兵部；其余守土者，仍隶验封司"③，把土司分成了文职和武职两类。"武职掌有武装，其衔号为宣慰司、宣抚司、招讨司、安抚司、长官司及土千户、土百户等。文职土官不掌握武装，其衔号皆比照流官而来，称为土知府、土同知、土通判、土推官、土州、土县垂、土主簿、土巡检等。……武职由兵部管理，隶属于各省都指挥使，文职由吏部管理，有宣慰使、宣抚使、安抚使、招讨司、长官司、土知府、土知州、土知县、土县承、土巡检、土千户等，任命当地民族上层为官，进行统治。"④ 表明明朝政府进一步加强对土司的管理与控制，进一步完善和加强土司制度。

（二）土司的承袭、册封与朝贡

1. 土司的承袭

土司承袭作为土司制度的一个核心部分，是明政府管理少数民族土司的重要措施。"由于土官是土司制度内容的核心，集政权、军权、财权、文权于一身，因而受到朝廷的很大关注，也为百姓所仰赖。"⑤

---

① 马大正主编：《中国边疆经略史》，中州古籍出版社，2000，第233页。

②《明史》卷三百十《土司列传》。

③《明会典》卷六《吏部五·土官承袭》，台湾新文丰出版公司影印本，第1册，第123页。

④ 贾霄锋：《元明清时期西北与西南土司制度比较研究》，2004年西北师范大学硕士学位论文。

⑤ 莫家仁：《简论土司制度的核心与实质问题》，载《广西民族研究》，2009（3）。

明代的土官继承，以嫡长子孙继承为主，承袭时要交出上代土官的号纸[①]、宗支图本[②] 等。史载土司之官，"其子弟、族属、妻女、若婿及甥之袭替，胥从其俗"[③]。因此明代的土司继承形式，一是父死子继，嫡子继承，这是主要的承袭方式；二是兄终弟及；三是叔侄相袭；四是族属袭替；五是母女袭职；六是妻妾继袭；七是女媳继职；八是子死母袭；还有孙袭爷职、兄职妹袭等袭职形式存在。

总之，明代土司在继承问题上，以上多种关系都可能承袭，"基本是从'俗'而定，并没有严格的'依次进行，不得越序'的说法……只是在顺序上要考虑先亲后疏"[④]。

2. 土司的册封

《元典章·礼部》对诰敕、印章、虎符、朝贡等制度有详尽的记载，元代土官的诰敕、印章、虎符、朝贡等是土司制度的重要内容。《明史》载，"袭替必奉朝命，虽在万里，皆赴阙受职"[⑤]。这种承袭制度具有密切联系特殊君臣关系的作用。封建王朝由上而下进行控制，使土司臣服于王朝，土司接受册封后为朝廷命官，取得了对土民统治的合法权。封建王朝坚持"一朝天子一朝臣"，改朝换代之时，需要土司向新王朝贡表"投诚""归顺"，换取新王朝册封并领发新的印信，才能成为新王朝命官。新王朝刚刚建立时，这样做对稳定边疆社会秩序、笼络少数民族首领都有好处，袭职者应持有袭职依据，这种依据元代为金、银、铜牌，明代为铜印，清代除土司印外，还需持有号纸，尤以清代的号纸最为完善和严密。可见，土司册封是土司取得合法地位的途径，是成为连接土司承袭与朝贡、土司与中央之间的纽带的重要环节。

3. 土司的朝贡

"朝贡，象征着土官土司对中央王朝的臣服；纳赋，意味着土官土司地

---

① 号纸，朝廷颁发的令状。

② 宗支图本，也叫"亲供"册，即族谱世系。

③《明史》卷七十二《职官志一》。

④ 张婷：《明代四川土司述要》，四川大学 2005 年硕士学位论文。

⑤《明史》卷三百十《土司列传·序》。

区归属中央王朝的版籍。"① 为了更好地管理边疆民族地区，明朝中央政府进一步完善了土司制度。《明史》卷七十六《职官志五》"军民府附土州、土县条"载："洪武七年，西南诸蛮夷朝贡，多因元官授之，稍与约束，定征徭差发之法。……其府州县正贰属官，或土或流，大率宣慰等司经历皆流官，府州县佐贰多流官，皆因其俗，使之附辑诸蛮，谨守疆土，修职贡，供征调，无相携贰。有相仇者，疏上听命于天子。"② 从这句话可以看出，土司的贡赋制度得到了完善。第一，"征徭差发"说明贡赋有了定制；第二，土司有"谨守疆土，修职贡，供征调，无相携贰"的责任；第三，重要的是"疏上听命于天子"，就是有争端的时候，最后的仲裁者是天子。可以说，中央王朝从制度上明确了土官土司们的职责，把他们笼络安排在了政府的管理系统中。

明朝的土司贡赋有了更为系统的管理。朝贡时间，"凡土司贡赋，或比年一贡，或三年一贡，各因其土产、谷米、牛马、皮布，皆折以银而会计于户部"③，"凡朝贡方物，洪武二十六年定，凡诸国及四夷土官人等，或三年一朝，或每年朝贺者。所贡之物，会同馆呈报到部。主客部官赴馆点检见数，遇有表笺，移付仪部……"④。关于朝贡的人数也做了规定，"（嘉靖）七年，议准湖广土官袭授宣慰、宣抚、安抚职事者，差人庆贺，每司不许过三人，其三年朝觐，每司止许二人，大约各司共不过百人，起送到京者不过二十人，余俱存留本布政司听赏。所司辨验方物，造册给批，差官伴押到京。礼部验批相同，方与赏赐应付"⑤。关于贡物的种类，因地而异，为各地的物产，"贡物：马、象、犀角、孔雀毛、象牙、象钩、象鞍、象角盘、蚺蛇胆、金银器皿、素红宝石、玉石、

---

① 龚荫：《中国土司制度》，第 40 页。
②《明史》卷七十六《职官志五》。
③ 牛鸿斌、文明元、李春龙、刘景毛点校：《新纂云南通志》卷一百七十三《土司考一·制度》，云南人民出版社，2007，第 659 页。
④ 申时行等修：《明会典》卷一百八十《朝贡四·朝贡通例》，万历朝重修本，中华书局，2007，第 585 页。下文相同出处，不再注明版本。
⑤《明会典》卷一百八十《朝贡四·土官》，第 584 页。

围帐、金绒索、各色绒棉、各色布手巾、花藤席、降香、黄蜡、槟榔"①。对于朝贡程序也做了详细规定，"凡土官差人到京，鸿胪寺即与引见，并投进实封奏本，其方物赴礼部验进"，"嘉靖元年，议准圣节止，许各宣慰、宣抚、安抚官具方物差人赴京，其余佐贰官以下及把事头目、护印舍人，止许朝觐年入贡"②。特别是对于土官土司进贡的方物，中央依据实际制定了分门别类管理的制度。朝贡的物品种类，当然除了本地可以生产之外，还要尽可能的名贵和稀有。明朝中央政府将土官土司地区纳入自己的势力范围，对这些地区进行有效的管辖，对土官土司进贡进行了严格的制度规定。

关于明代云南土官土司的进贡，没有专门的记载，表 2-2 从《明史》《土官底簿》、道光《云南志钞》《新纂云南通志》等文献中辑录出关于土官土司进贡的记载，这有利于更好地分析各地的进贡物品，依据进贡物品"因地而异，各地不同"的原则，可以看出云南各地名贵的特产。当然，不可能每一次进贡的记载都有进贡物品的种类，但这些统计也可以在一定程度上反映出名贵特产的分布状况。

表 2-2：明代云南土司朝贡资料统计

| 府、州、厅 | 条目 | 文献 | 次数 |
|---|---|---|---|
| 云南府 | 罗次县土知县杨氏 | （洪武）二十年六月，升本司经历。差往云南宣布声教，承认土军，领把事刀思养将赍方物进贡。 | 5 |
|  | 宜良县汤池巡检司土巡检马氏 | 宜良县汤池巡检司土巡检，明正统中，以通事屡从使臣入三宣，导诸夷贡方物，从夷酋之请，以其子马骐为巡检。 | |
|  | 罗次县炼象关巡检司土巡检李氏 | 长男阿赖，备马进贡告袭。<br>（永乐）八年，嫡长男李训年幼，李俊系阿赖亲弟，备马赴京进贡，候侄长成袭替。 | |
|  | 罗次县炼象关巡检司土巡检王氏 | 长男王源，备马赴京进贡告袭。 | |

①《明会典》卷一百八十《朝贡四·土官》，第 584 页。
②《明会典》卷一百八十《朝贡四·土官》，第 584 页。

续表

| 府、州、厅 | 条目 | 文献 | 次数 |
|---|---|---|---|
| 大理府 | 邓川州青索鼻巡检司土巡检杨氏 | （洪武）十七年，备马进贡。 | 17 |
| | 云南县你甸巡检司土巡检李氏 | （洪武）二十四年，嫡长男李花，备马赴京进贡告袭。<br>（永乐）三年，同男李瑛，赴京朝贡奏替。 | |
| | 浪穹县箭杆场巡检司土巡检字氏 | （洪武）十七年实授，故。……嫡长男字良，备马赴京告袭。 | |
| | 浪穹县十二关巡检司土巡检李氏 | （洪武）十七年实授，故。……嫡长男李福，赴京告袭。 | |
| | 浪穹县十二关巡检司土巡检张氏 | （洪武）十七年实授，故。……嫡长男张护，备马赴京告袭。 | |
| | 宾川州神摩洞巡检司土巡检赵氏 | （洪武）十七年实授，故。无儿男。正妻杨观信带同女观寿、并自幼招到养老女婿杨药师名等，赴京进贡告袭。 | |
| | 宾川州金沙江巡检司土巡检得氏 | （洪武）三十五年朝贺。 | |
| | 赵州定西岭巡检司土巡检李氏 | 洪武十七年归附，……本年实授。故。长男李得备马赴京告袭。<br>永乐四年，……男李能亦故。侄李子成，系李得嫡长孙，备马进贡，保送。 | |
| | 云龙州顺荡井巡检司土副巡检李氏 | （洪武）十七年八月，同鹤庆府知府董赐赴京朝觐。<br>永乐元年，……故。嫡长男李泉，备马赴京告袭，亦故。嫡长孙李泰赴京告袭。 | |
| | 赵州蔓神寨巡检司土巡检董氏 | （洪武）十六年，总兵官劄授大理府土官经历职事。……故。……董禄系嫡长亲孙，备马赴京告袭。 | |
| | 顺荡盐井盐课司副使杨氏 | （洪武）三十二年袭，后布政司起送，自备马匹赴京进贡。 | |
| | 浪穹县土典史王氏 | （洪武）十六年九月总兵官劄改浪穹县典史，十九年实授。故。嫡长男王恭备马赴京告袭。 | |
| | 太和县洱西驿土驿丞张氏 | （洪武）十七年实授。故。张山系嫡长亲男，备马赴京进贡告袭。 | |
| | 云南县云南驿土驿丞袁氏 | （洪武）三十五年十月，赴京朝贺，回驿。 | |
| 临安府 | 纳楼茶甸长官司土副长官普氏 | （洪武）十七年洱西驿朝贡，给诰命、冠带遣归。 | 3 |
| | 嶍峨县土主簿王氏 | （正统）六年，备马赴京陈情。<br>天顺四年十月，……来京告袭二次。 | |

续表

| 府、州、厅 | 条目 | 文献 | 次数 |
|---|---|---|---|
| 楚雄府 | 楚雄府土知府高氏 | 永乐元年正月，……及高纳的斤备马赴京朝觐到部，为因首先来朝，本部议拟不准。 | 18 |
| | 姚安土知府高氏 | 永乐十六年，高贤告系高保庶长男，先因年幼，有叔高胜借职，今已出幼，备马进贡告袭。 | |
| | 镇南州土同知段氏 | 洪武十六年四月总兵官札取复任，二十四年赴京朝觐。……故。嫡长男段奴，备马赴京朝贺告袭。三十五年……老疾。同男段节，赴京进马告替。 | |
| | 安南州土判官李氏 | 李花通，……（洪武）十九年七月，将伪参政王满杀获首级解官，……二十年实授。调琅井巡检，二十三年备马进贡。……故。嫡长男李保备马进贡告袭。 | |
| | 镇南州土判官陈氏 | （洪武）十七年实授。故。嫡长男陈寿，备马赴京朝觐告袭。永乐元年正月，……老疾，带男陈恭赴京告替。 | |
| | 楚雄县土县丞杨氏 | 洪武十五年归附。十六年朝觐。永乐二年，……老病。嫡长男杨俊，备马赴京朝贺告袭。 | |
| | 广通县土主簿段氏 | （洪武）十七年实授，……故。嫡次男段时可，自备马赴京进贡告袭。 | |
| | 广通县回蹬关巡检司土巡检杨氏 | 杨保，……洪武十五年归附，十六年赴京朝贡告替。 | |
| | 广通县回蹬关巡检司土巡检成氏 | 洪武十五年归附，……残疾。自备马匹带男成普，赴京进贡告替。 | |
| | 镇南州英武官巡检司土巡检张氏 | （洪武）十九年被贼杀死。无子。亲侄张寺，备马赴京朝贡告袭。 | |
| | 镇南州镇南关巡检司土巡检杨氏 | （洪武）十七年实授。年老。亲男杨三保应袭赴京告替…… | |
| | 镇南州阿雄关巡检司土巡检者氏 | （洪武）十七年实授。故。次男者吾，赴京告袭…… | |
| | 姚州普昌巡检司土巡检李氏 | 洪武十六年归附，总兵官拟除本司巡检。年老。男李智替。故。嫡长男李善，备马赴京朝贡告袭。 | |
| | 镇南州沙桥驿土驿丞杨氏 | （洪武）十九年正月被贼杀死。男杨护年老，杨应系嫡亲孙，备马赴京进贡告袭祖职。 | |
| 澄江府 | 路南州土知州秦氏 | （洪武）十七年朝觐，除本州同知。三十五年赴京朝贺…… | 1 |
| 广南府 | 富州土知州沈氏 | 沈大忠，任本州知州，收捕生野罗罗……备马令男沈纮赴京朝觐告替。 | 1 |
| 顺宁府 | 孟琏宣抚司宣抚使刀氏 | 明永乐四年，头目刀派送遣子坏罕入贡。（万历）十三年，……率车里入贡。 | 3 |
| | 大侯州巡检司土巡检阿氏 | 洪武十六年归附，十八年朝觐，除本司巡检。故。无儿男，亲弟阿瑶备马赴京进贡告袭。 | |

续表

| 府、州、厅 | 条目 | 文献 | 次数 |
|---|---|---|---|
| 曲靖府 | 寻甸军民府土知府安氏 | 安阳，洪武十六年，赴京朝觐。<br>洪武十六年，土官安阳入朝贡马及虎皮、毡衫等物…… | 9 |
| | 陆凉州土知州资氏 | 洪武十六年，总兵官起送赴京朝觐。 | |
| | 马龙州土知州安氏 | 洪武四年（？）故，男法灯年幼，母萨住赴京告袭…… | |
| | 沾益州土知州安氏 | 洪武十四年归附，……同籍弟阿卑男阿州亲侄，备马赴京进贡告袭。 | |
| | 亦左县土知县沙氏 | 洪武十五年归附，十六年赴京，钦授本县官知县。 | |
| | 平彝县土县丞海氏 | 洪武二十七年，……进马赴京，有旧日把事……<br>永乐三年正月，……故。嫡长男海叶自备马匹，同已故男带把事刘泰男刘进、博易男阿定赴京告袭。 | |
| | 南宁县白水关巡检司土巡检李氏 | 永乐十七年老病，庶长男李文玉赴京进贡（告袭）。 | |
| | 易龙驿土驿丞奄氏 | 洪武十六年，总兵官委任驿丞，十七年实授。老病。长男阿倘，备马赴京进贡告袭。 | |
| 丽江府 | 丽江军民府土知府木氏 | 道光《云南志钞·土司志上·丽江府》载：（洪武）十六年，阿得入朝贡马，赐姓木。 | 14 |
| | 鹤庆军民府土知府高氏 | 洪武十五年归附，起取赴京，病故。……十七年实授。故。男高兴，本年十一月袭职。赴京朝贺……<br>永乐元年正月，……故。无儿男，亲弟高宝保结，备马赴京进贡告袭。 | |
| | 鹤庆军民府土同知高氏 | 洪武十五年归附，起取赴京，病故。 | |
| | 宝山州土知州和氏 | （洪武）三十二年，……患病。男阿日赴京朝贺…… | |
| | 通安州土同知高氏 | 洪武十五年投附，……十六年总兵官拟扎本州同知，当年赴京朝觐。 | |
| | 鹤庆军民府土知事董氏 | 洪武十五年归附，……十七年实授。老疾，带领长男董宗赴京进贡告袭。 | |
| | 巨津州石门关巡检司土巡检阿氏 | （洪武）十七年实授石门关巡检。故。男阿俗，备马赴京进贡告袭。 | |
| | 鹤庆州观音山巡检司土巡检王氏 | 洪武十五年归附，……十七年实授。故。嫡长男王瑾，备马赴京进贡告袭。 | |
| | 剑川州弥沙井巡检司土巡检沙氏 | （洪武）十七年实授。老病。嫡长男沙搒备马赴京进贡告袭…… | |
| | 剑川州弥沙盐井盐课司土副使何氏 | （洪武）十七年实授。故。长男何胜，备马赴京进贡告袭。 | |
| | 鹤庆州在城驿土驿丞田氏 | （洪武）十六年跟随土官高仲朝觐，……故。嫡长亲孙田永，备马赴京进贡（告袭）。……故。嫡长男田直，备马赴京进贡告袭。 | |
| | 鹤庆州观音山驿土驿丞郭氏 | （洪武）十七年实授。故。嫡四男郭宗，备马赴京告袭。 | |
| 普洱府 | 车里军民宣慰使司宣慰使刀氏 | （洪武）二十四年，子刀暹答嗣，遣人贡象及方物。<br>（宣德）七年，……九年，岁贡如例。<br>万历十三年，命元江土舍那怒往招，糯猛复归，献驯象、金屏、象齿诸物，谢罪。 | 2 |

续表

| 府、州、厅 | 条目 | 文献 | 次数 |
|---|---|---|---|
| 永昌府 | 木邦军民宣慰使司宣慰使罕氏 | 建文末，土知府罕的法遣人贡马及金银器，赐钞币。（永乐三）罕的发卒，其子罕宾发来朝，请袭，命赐冠服。<br>帝嘉其中，遣中官徐亮赍敕劳之，赐白金三千两，锦绮三百表里，祖母、母、其织金文绮、纱罗各五十匹。自是，每三年遣使贡象马。 | 25 |
| | 孟养军民宣慰使司宣慰使刀氏及入据思氏 | （嘉靖初）思禄已死，其子思伦与木邦罕烈各入贡。（万历）十七年，思远贡方物，赍以金币，授宣慰。 | |
| | 八百大甸军民宣慰使司宣慰使刀氏 | （明）洪武二十一年，八百媳妇国遣人入贡，遂设宣慰司。二十四年，八百土官刀板冕遣使贡象及方物。…… | |
| | 老挝军民宣慰使司宣慰使刀氏 | 老挝，俗呼为挝家。……成祖即位，老挝土官刀线歹贡方物。……五年遣人来贡。……自是连年入贡。皆赉予如例。弘治十一年，宣慰舍人招揽章应袭职，遣人来贡，因请赐冠带及金牌、信符。赍赏如制。……十一月，招揽章使人贡。（嘉靖）四十四年，土舍怕雅兰章遣人进舞牌牙象二、母象三、犀角十，云南守臣以闻。 | |
| | 缅甸军民宣慰使司宣慰使那氏、莽氏 | （明）洪武二十六年，八百媳妇国使人入贡，言缅近其地，以远不能自达。……二十八年，卜剌浪遣使贡方物，诉百夷思伦发侵夺境土。 | |
| | 南甸宣抚司宣慰使刀氏 | 永乐五年，备贡物马匹进贡，钦升腾冲千户所千夫长，兼试千户。 | |
| | 干崖宣抚司宣抚副使刀氏 | 永乐元年，设干崖长官司，以忠国领之，改名曩欢，遣目奉表贡象马。 | |
| | 孟定府土知府刀氏、罕氏 | （明）洪武三十五年，土酋刀名扛来朝，贡方物，赐绮帛钞币，设孟定府，以刀浑立为知府。<br>永乐二年，孟定土官刀景发遣人贡马，赐钞罗绮，…… | |
| | 孟艮府土知府刀氏 | （永乐）六年，土知府刀交遣弟刀哈哄贡象及金银器。……是后，贡赐皆如例。 | |
| | 永昌军民府土同知申氏 | （洪武）十六年，永昌州土官申保来朝…… | |
| | 潞江安抚司安抚使线氏 | （永乐）九年，曩璧发遣子维罗发贡马、方物，赐钞币，寻升为安抚司。 | |
| | 茶山长官司正长官早氏、副长官早氏 | （永乐）八年，早章遣人贡马。 | |
| | 东倘长官司长官新氏 | 东倘长官司，宣德八年置，……新把的遣子莽只贡象、马、方物。 | |
| | 永平县土县丞马氏 | 洪武二十年归附，……故。长男马哈新，备马赴京朝觐。 | |
| | 永平县打牛坪巡检司土巡检蒙氏 | 洪武十六年归附，……十七年实授。故。男蒙礼，备马进贡告袭。 | |
| | 永平县打牛坪驿土驿丞杨氏 | （洪武）十七年实授。……杨纯，嫡长孙南，备马赴京进贡告袭。 | |
| | 永平县永平驿土驿丞李氏 | （洪武）十七年实授。故。无子。嫡长亲侄李定，备马赴京进贡告袭。 | |

续表

| 府、州、厅 | 条目 | 文献 | 次数 |
|---|---|---|---|
| 东川府 | 东川军民府土知府禄氏 | （洪武）二十六年，……故。男普合备马赴京进贡。 | 1 |
| 镇雄直隶州 | 芒部军民府土知府陇氏 | （洪武）二十二年，准令署事。阿弟出幼，备马赴京告袭。 | 1 |
| 景东直隶厅 | 景东府土知府陶氏 | 明洪武初，大兵至楚雄，阿只鲁子俄陶遣通事姜固宗、阿衷纳款，献象、马、铠仗，并元所给牌。 | 4 |
| 景东直隶厅 | 景东府土知事姜氏 | 洪武初，以把事随阿哎等，赍故元所授土官俄陶金牌、印信诣军前纳款，寻以象、马入贡…… | 4 |
| 景东直隶厅 | 保甸巡检司土巡检陶氏 | 天启《滇志·羁縻志·土司官氏》载：宣德中贡象入京，铨保甸巡检。 | 4 |
| 景东直隶厅 | 板桥驿土驿丞云氏 | 板桥……阿赛，……进京朝贡。 | 4 |
| 蒙化直隶厅 | 南涧土县丞阿氏 | （洪武）十七年实授。年老。长男阿吾不同语言，嫡孙阿衷备马赴京进贡告替。 | 3 |
| 蒙化直隶厅 | 样备驿土驿丞尹氏 | （洪武）十七年实授。故。长男尹春，备马赴京进贡告袭。 | 3 |
| 蒙化直隶厅 | 蒙化州土千夫长施氏、阿氏 | 永乐九年，……正千夫长阿束来朝，贡马，赐予如例。 | 3 |
| 永北直隶厅 | 永宁府土知府阿氏 | （洪武）二十九年，……备马令男卜撒赴京进贡，就关诰命。 | 5 |
| 永北直隶厅 | 北胜州土百夫长杨氏 | 北胜……永乐五年，土官百夫长杨克即牙旧来贡马，赐钞币。 | 5 |
| 永北直隶厅 | 北胜州土判官高氏 | 高亮，洪武十六年率领土官接应大军。……十七年赴京朝觐，实授。……男高琳备马进贡，到京告袭。 | 5 |
| 永北直隶厅 | 宁番巡检司土巡检张氏 | 永乐三年，西平侯差做通事，招谕番剌次和等甸寨目张首男罕思八等，同赴京朝见。 | 5 |
| 广西直隶州 | 弥勒州土知州赤氏 | （洪武）二十一年赴京，五月实授。故。嫡长亲男者克赴京告袭，本年八月袭。 | 1 |
| 武定直隶州 | 元谋县土知县吾氏 | （洪武）十七年有流官知县张元礼病故，阿吾赴京朝觐。 | 2 |
| 武定直隶州 | 和曲州龙街关巡检司土巡检李氏 | （洪武）二十四年七月，……故。长男李忠备马赴京进贡告袭。 | 2 |
| 元江直隶州 | 元江军民府土知府那氏 | 洪武十五年赍金牌、文凭、象、马归附，拟土官。十六年赴京朝见，实除。 | 2 |
| 镇沅直隶厅 | 者乐甸长官司长官刀氏 | （永乐）十八年，长官刀谈来朝，贡马。 | 1 |

续表

| 府、州、厅 | 条目 | 文献 | 次数 |
|---|---|---|---|
| 黑盐井 | 黑盐井巡检司土巡检杨氏 | 洪武十五年归附，……男名四，即杨巨源，备马赴京朝贺告袭。 | 3 |
| | 黑盐井巡检司土巡检攀氏 | 洪武十四年进贡。 | |
| | 黑盐井巡检司土巡检李氏 | （洪武）二十三年备马进贡。……故，嫡长男李保，备马进贡告袭。 | |

资料来源：《明史·云南土司》、《土官底簿》、道光《云南志钞·土司志》、道光《云南通志》、《新纂云南通志·土司考》、《明清云南土司通纂》、《中国土司制度》等。

### （三）明代云南土司制度的改革与调适[①]

明代土司制度达到鼎盛并开始改土归流。明朝中央政府在边疆地区实行土流分治，进一步完善和加强土司制度，明代时土官、土官衙门达到土司制度的鼎盛时期。在明代嘉靖时（1522—1566），土司制度已十分成熟。

从明初到嘉靖时，边疆地区土司林立。特别是西南地区，土司势力远远超过流官。土司拥有极大的权力，且可世袭，土司坐大割据，威胁到中央集权和大一统，并影响中央政府的赋税收入，朝廷遂开始改土归流。洪武二十一年（1388），云南越州土知州阿资叛，明朝中央政府经过七年数次征伐，在洪武二十八年（1395）正月斩阿资，于是废土州，置越州卫，以流官统之。这是改土归流最早的一例。正统八年（1443），因鹤庆土知府高伦"屡逞凶恶，屠戮士庶"，其家族内又争夺官职"互相贼杀"，明王朝即将高伦等人处死，"擢庐州知府林道节为知府"。继鹤庆府改流后，云南靠内地地区先后被改流的土府有：成化十三年（1447），寻甸土府改流；成化十七年（1481），广西土府改流；嘉靖五年（1526），芒部土府改流；嘉靖三十二年（1553），元江土府改流；万历二十七年（1599），顺宁土府改流。终明之世，云南一共改流了县级以上土司二十六家。[②] 可见，明朝已经开始小规模的改土归流。从全国范围看，大规模

---

① 何先龙：《中国土司制度源流新探》，载《长江师范学院学报》，2014（4）。
② 龚荫：《关于明清云南土司制度的几个问题》，载《西南民族学院学报》（社会科学版），1986（3），第30页。

改土归流主要是在清朝雍正年间进行。但在改土归流的同时也不时增设土司或扩大土司辖地，这也是土司制度鼎盛的重要标志之一。

## 三、清代云南的土司与土官

清朝统一全国后，在西南诸省区，一方面实行督、抚制，建立省级最高行政机构，下设道、府、州、县、厅各级行政机构，基层实行保甲制；另一方面，基于西南地区诸少数民族特点，继续沿用明代的土司土官制度，其中云南土司土官制度特点尤为突出。[①]

### （一）清代对云南土司土官制度的继承

清代的土司、土官职衔，基本上同于明代。指挥使司分为七等：指挥使、指挥同知、指挥佥事、土千户、副土千户、土百户、百长；宣慰使分为四等：宣慰使、宣慰同知、宣慰副使、宣慰佥事；宣抚使司分为四等：宣抚使、宣抚同知、宣抚副使、宣抚佥事；安抚使司分为四等：安抚使、安抚同知、安抚副使、安抚佥事；招讨使司分为二等：招讨使、副招讨使；长官司分为二等：长官、副长官；土弁分为八种：土游击、土都司、土守备、土千总、土把总、土外委千总、土外委把总、土外委额外；土屯分为四种：土屯守备、土屯千总、土屯把总、土屯外委、百长、土舍、土目；土府分为六等：土知府、土同知、土通判、土推官、土经历、土知事；土州分为四等：土知州、土同知、土州判、土吏目；土县分为六等：土知县、土县丞、土主簿、土巡检、土典史、土驿丞。

在土司、土官的承袭奖惩等方面，清朝政府也做了比较全面、具体的规定，包括嫡庶继承制、继承人的年龄规定（满 15 岁）、继承手续、承袭期限等。在奖惩方面，包括奖励、惩罚、考核、抚恤等。土司、土官义务包括进贡、纳赋、服兵役等。教育方面包括土司、土官子弟的学习、设立义学、书院、土府、州

---

① 张晓松：《论元明清时期的西南少数民族土司土官制度与改土归流》，载《中国边疆史地研究》，2005（2），第 80 页。

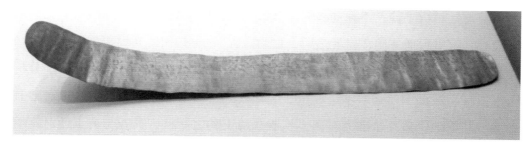

图 2-2：清代勐罕坝土司银片委任状，云南省博物馆藏。（周智生　摄）

县学、开科举等。通过以上措施，清政府有效地将众多土司、土官纳入了统一的职官体系之中<sup>①</sup>。

### （二）清代云南的改流与设流

清代中叶，因边疆与内地一体化程度的进一步加深，土司制度不再适应全国政治、经济形势的发展，雍正朝审时度势，开始在西南地区进行大规模的改土归流。<sup>②</sup>清朝平定"三藩之乱"后，主要精力放在解决台湾与东北边疆问题上，对云南土司的治理便无暇顾及，以致雍正时期土司势力膨胀，"苗俣逞凶"，土司肆虐，目无官法，严重威胁到云南社会的稳定，非常不利于清朝政府对云南社会的政治控制。清世宗即位之初，中国社会经过顺、康两朝的发展与休养生息，其政治、军事、经济实力逐渐强盛，在云南改土归流的时机日趋成熟，于雍正二年（1724）开始了在云南大规模的改土归流。

雍正元年（1723），云贵总督高其倬便奏请将丽江土府改设流官，以杨馝调补知府，改流一年以来，免除各种杂差，教以礼义，给土官酌量留出赡养费用，在丽江推行内地的政治、经济和文化模式。

雍正二年（1724），云贵总督又奏请将威远土州改流。威远土州壤接外夷，

---

① 张晓松：《论元明清时期的西南少数民族土司土官制度与改土归流》，载《中国边疆史地研究》，2005（2），第80~81页。

② 马亚辉：《雍正朝云南改土归流再探》，载《兴义民族师范学院学报》，2012（5），第31页。

多有与清廷对抗之徒，不独劫人烧寨视为泛常，即杀兵伤官亦为故事，"无事近患腹心，有事远通外国，自元迄明，代为边害"，土知州刀光焕与当地夷人勾结作乱，深为清朝所患。从表面看是威远土司与中央政府的矛盾，但进一步分析可以发现，威远土州的政治、经济、文化模式与内地截然不同。威远土司掌有土兵，其辖地俨然一个独立王国，不服从清王朝之管辖，具备与清王朝对抗的政治、军事实力；威远土司向来规定不容夷人应考，恐其入学，与之抗衡，这反映出土司辖地与内地文化的不同；威远土司同族为婚者甚众，不明伦纪，而内地同族不婚，近亲不婚，相比之下，土司与内地的风俗迥然相异。[①]

雍正三年（1725），裁者乐长官司。雍正四年（1726）九月时，清朝政府决定对乌蒙、镇雄等土府采取以武力"兵剿"的下策。裁威远州土知州，改设流官，邓川州土知州革职，安置江西；阿迷州改置流官；东川土府平定，置东川府；镇沅府土知府裁革，改设流官；沾益州土知州裁除，改设流官；鲁甸改置流官。[②]

雍正五年（1727），姚安府土同知革职，安置江南；乌蒙土知府裁革，改设流官；会泽县改设流官；镇雄府土知府裁革，改流。雍正六年（1728），镇雄州土州同裁职、土州判裁职；乌蒙米贴改置流官。雍正七年（1729），普洱府普洱设流官；攸乐同知裁职；思茅六版纳改设流官。[③]

雍正八年（1730），清朝政府在对乌蒙改流时，乌蒙土司率领夷众"焚掠村寨，遇汉民则焚掠一空，遇倮人则丝毫不动"。雍正九年（1731），昭通府恩安县改流，昭通土同知裁革。东川、乌蒙（昭通）被平定之后，清朝政府开始着手善后事宜。

雍正十年（1732）六月，雍正朝对普洱府属思茅土把总刀兴国进行改流，

---

① 马亚辉：《雍正朝云南改土归流再探》，载《兴义民族师范学院学报》，2012（5），第 32 页。
② 龚荫：《关于明清云南土司制度的几个问题》，载《西南民族学院学报》（社会科学版），1986（3），第 30 页。
③ 龚荫：《关于明清云南土司制度的几个问题》，载《西南民族学院学报》（社会科学版），1986（3），第 30 页。

刀兴国则率普思元江之夷人与清朝政府武力对抗，高其倬立即调兵攻剿。雍正十三年（1735），普洱府普洱置流官。

雍正朝改土归流的规模可谓是空前绝后。据统计，雍正朝共革除云南土司 17 家，涉及当时云南 15 个府治，有丽江、广西、镇沅、临安、东川、曲靖、鹤庆、乌蒙（昭通）、大理、普洱、开化、元江、广南、永昌、姚安。经过此次改流之后，云南土司大量减少，剩余土司多存在于云南边远地区。[①] 因此，民国时期云南仍有土司存在，直至中华人民共和国成立后，才得以彻底根除。魏源曾对雍正朝鄂尔泰之改土归流作如是评价："功在西南，至今百年享其利。"

（三）清代云南土司制度的特点

清承明制，把土司分为隶属验封清吏司的文职土官和隶属兵部武选清吏司的武职土司。经过明万历到明末的改土归流，清初土司势力大为削弱，已基本不具备与中央抗衡的实力。清代土司制度更加严密。其一，清代土司分为文职土官和武职土司，文武分明；其二，清代土司承袭更加规范；其三，清朝对土司奖惩罚更严格、具体，特别是处罚更加严厉，并进行大规模改流。

# 第三节　元明清云南土司制度建构发展与文化变迁

我国西南及其毗邻地区生态环境复杂多样，民族文化各异，中央王朝要经营该区域，就需因地制宜，采取适地适政之策。因此，元明清三朝，在因袭中国古代"齐政修教、因俗而治"的传统治边策略基础上，推行了土司制度。[②] 土司制度，源于秦汉以来的羁縻政策，是中央王朝为统治边疆民族地区而施行的一种发展不平衡的民族政策，在维持各族内部原有的政治、经济结构不改变

---

① 马亚辉：《雍正朝云南改土归流再探》，载《兴义民族师范学院学报》，2012（5）。
② 马国君：《明代土司出任流官的途径、原由及特点研究》，载《广西民族研究》，2015（6）。

的前提下，通过其内部的部落首领和部落贵族来进行统治，避免因不适应地方情况而引起民族地区的反抗。云南作为祖国西南边疆的重要区域，其土司制度历史悠久、渊远流长、文化沉淀古老而丰厚，内部机构设置健全，体制完善，法规缜密，全国少见。土司们还具有忠于职守，抗击外国侵略，捍卫我国西南边疆的光荣传统，在不断的调整与适应中，云南土司制度不断完善，不断参与、交流和构建以汉族为主体的多族群共同生存与发展的多元文化。

## 一、土司制度建构发展的文化依据

"中国自古以来都是以汉族为主体的多族群共同生存与发展的多元文化区域，历代中央政权一直努力建构一种中央与地方、主体族群与边疆各族群能够和谐发展的结构体系，这种关系结构正是现代国家认同意识的建构过程。这种国家认同意识的形成，是中国历代中央政权边疆政策带来的结果，其成果和模式就是中国的土司制度。"[1]可见土司制度构建的文化依据是大一统之下的国家认同与地方族群认同有机结合的关系和情感连接。

土司制度自元代形成之后，在其实施过程中经历了不断的变化和完善，是一个不断完善和成熟的动态政策。元代土司制度确立，将边疆不同民族地区纳入国家政权的直接管理下，兵部和礼部直接参与土司的管理，土司的任命权直接收归中央。自此，隋唐以来边疆割据称雄的局面结束，西南边疆再无汉代时的"滇""夜郎"，唐代时的"南诏""吐蕃"，宋代时的"大理"等那样与中央王朝分裂割据的地方政权。[2]土司制度建立以前，边疆与中央的分裂与统一局面不断反复，土司制度建立以后，边疆稳定，地方区域文化逐步形成。

边疆民族在语言、服饰、生活习俗和历史进程等诸多方面与中原有着很大的差别，因此边疆各族群及其文化与以中央王朝为代表的主流文化的差异性是

---

① 左永平：《论土司制度与国家认同的建构》，载《普洱学院学报》，2013（5）。
② 左永平：《论土司制度与国家认同的建构》，载《普洱学院学报》，2013（5）。

图2-3：丽江白沙壁画。融汇纳、汉、藏等多种文化的丽江白沙壁画，是明丽江木氏土司统治时期的标志性艺术产物。

显而易见的。但是从某种程度上来说，边疆民族地区相对独立的地方政权与中央王朝的关系是无法断绝和割舍的，一是历来经济文化上的相互依赖，二是政治军事上的保护与支持，三是各族都有一统天下的雄心壮志。[1] 土司制度不仅仅是一种边疆行政政策，它还体现出中国政治的智慧，是中国的文化兼容以及边疆族群对中央政府的政策回应和文化回应，即大一统之下的国家认同与地方族群认同有机结合的二元模式，它保障了一个相对和谐的中央与边疆地方的关系和情感连接。近代中国在西方列强的军事、政治和文化的多重攻击下依然保持一个完整的国家形态，土司制度功不可没。[2]

## 二、土司制度建构发展对云南文化的影响

土司制度是中国古代中央政府治理边疆最有效、最悠久的政治制度之一，其特点是：纳贡获中央认可、土人治理本土，土司之职由家族世袭。土司制度的设立对当时云南与中央及内地省份的经济、文化交流融合产生了重大的影响，

---

① 左永平：《论土司制度与国家认同的建构》，载《普洱学院学报》，2013（5）。
② 左永平：《论土司制度与国家认同的建构》，载《普洱学院学报》，2013（5）。

云南地区民族文化使得多民族国家的文化发展更为丰富，内地文化传播到云南地区，也促进了云南文化与中原主流文化的融合，得到更好的发展。

土司制度建立以后，云南与内地主流文化的相融和学习在制度上确立起来。元代云南第一任行省长官赛典赤在云南开创儒学教育，第一次在中庆路的治所昆明五华山西南边创建庙学。明朝明确规定，土司的承袭条件是要学习儒家文化，因此西南地区儒学兴盛，"云南诸土官好礼守义，以丽江木氏为首"[①]。可见，土司制度建立后，云南的变化是划时代的。明代以前，云南是以彝、白、傣等民族为主的"边夷"地区，"夷化"外来移民；土司制度建立以后，广兴学社，各族弟子有机会"举充学官，教养弟子，使知礼仪，以美风俗"[②]。明洪武年间明确"其云南、四川边夷土官，皆设儒学，选其子弟侄之俊秀者以教之"[③]。加之明代大量的内地汉民迁入，云南逐渐形成中国传统文化与地方民族文化成功兼容并有强烈地域色彩的"云南文化"[④]。

## 三、改土归流与云南文化变迁

改土归流是封建王朝在少数民族地区实行的政治、经济、文化等方面的改革活动。顾名思义，改土归流或改土设流，简而言之即废除土官而任用流官。在政治层面，中央实现了对改土归流地区的基层统治；在经济层面，是改土归流地区社会经济发展到新的历史阶段；在文化层面，意味着内地文化传入改土归流地区，儒家道德文化在云南地区的传播过程既是中原传统地区文化向边疆民族地区传播的过程，又是儒家文化和云南地区民族文化相互交融、相互影响、共同发展的过程。

1. 儒家文化大规模影响云南地区，促进了云南地区文化的发展与繁荣，在

① 龚荫：《中国土司制度史》（上编），第 209 页。
② 尤中：《云南民族史》，云南大学出版社，1994，第 364 页。
③ 龚荫：《中国土司制度史》（上编），第 157 页。
④ 左永平：《论土司制度与国家认同的建构》，载《普洱学院学报》，2013（5）。

意识形态上更加强了汉族与少数民族的融合。改土归流之后，流官遣派，云南儒学兴起，逐步演变为云南文化的主流。

2. 改土归流促进了云南地区文化教育的发展。据不完全统计，雍正改流后在云南六个府州两个县建立了学校。"文教事兴，人皆向学。不独世家巨室，礼士宾贤，各有家塾，即寒素子弟，亦以诵读为重"①，文化教育事业的发展对改流地区各民族社会经济文化的发展有着深远的影响。

3. 改土归流使得云南民族习俗文化进一步变迁。如丽江在雍正年间改土归流后，纳西族的丧葬、婚庆、节庆等诸多方面，都在地方流官的推动下逐渐变化变迁，对丽江纳西族的社会文化变迁产生了深远的影响。

---

① 《施南府志》，《恩施县志·风俗》。转引自黄柏权：《鄂西土家族地区改土归流的必然性和进步性》，载《湖北少数民族》，1985（2）。

第三章

元明清时期云南的
经济文化

自元代始，云南可谓真正纳入中原王朝的统治之下，与内地的联系和交往更加密切，社会经济的发展随之进入一个新的阶段。如果说在元代以前，云南基本上还只是处于一种囿于一地的社会经济发展模式，那么自元代开始，云南已经正式纳入中原王朝统一的经济发展格局之中。元明清时期，云南的经济文化得到进一步发展，物质文明得到空前发展，其内地化进程随之进一步加速。

# 第一节  元明清时期云南的生产文化

长期以来，由于地处西南边陲，云南的物质生产尤其是农业生产一方面受中原战乱的影响较小，周期性的中断、恢复现象不太明显，另一方面强有力的外界推动力也不多，所以长期以来发展进程相对缓慢。元明清三代，在中国疆域大一统的背景下，随着中原王朝对边疆经营的加强和深化，国家制度和政策在边疆的逐渐深化，云南与中央内地的联系和交往空前加强，云南的经济文化得到进一步发展，并呈现出新的发展特点和趋势。

## 一、农牧业生产

云南农业开发历史悠久。元代以前，云南农业整体发展相对缓慢，土地垦殖主要集中在滇池、洱海地区，发展水平也与内地相近。然而广大山区的经济结构仍以较原始的畜牧业以及粗放型的农业为主。到了元明清时期，随着土地垦殖范围的扩大，山区开发进度的加快，云南农牧业生产发生了一系列明显的变化。

（一）农业生产

元代以来，随着屯田的实行和推广以及大量移民的涌入和开发，云南农业缓慢发展的状态开始改变，不管在地域空间的分布上，还是在水利事业的发展、耕作技术的提高、农作物品种的增加与推广等方面，都发生了明显的变化。

1.土地垦殖空间与耕地面积的发展变化

经过南诏、大理政权的长期经营，云南农业生产得到了一定发展。但是到了元朝初年，由于连年战乱，以及蒙古贵族与云南地方势力的冲突等，云南社会动荡，土地荒芜，农业生产一度处于停滞状态。伴随元朝政府对云南统治的进一步加强，云南农业生产逐渐恢复并发展起来。

元明清时期，云南农业生产地域分布的变化主要表现在：元明两代屯田的广泛设置使土地垦殖突破了以往主要集中在滇池、洱海地区的格局；元明土地垦殖主要发生在平坝地区；清初，平坝地区的土地垦殖已趋饱和，人们开始向山区半山区进军。

元代，云南农业的恢复与发展主要得益于屯田的推行。西汉经营西南夷以及诸葛亮治理南中时期，今滇东北和滇东部分地区曾实行过屯田，并对这些地区农业生产的发展起到了一定的推动作用。但是这两个时期云南屯田的规模均比较小，随兴随废。在云南，大规模屯田以及屯政管理机构的设置始自元代。早在成吉思汗时期，蒙古已经开始实行屯田。[①]元朝统治者将这一制度推行到全国。实际上，云南在尚未建立行省之前，已开始推行屯田。忽哥赤于至元四年（1267）被封为云南王后，以张立道为劝农使兼行屯田事。云南行省建立前后，赛典赤又派爱鲁"阅中庆版籍，得隐户万余，以四千户即其地屯田"[②]。至元十二年（1275）、二十七年（1290），元政府先后签发鹤庆路编民 100 户立民屯，爨僰军 152 户立军屯。三十年（1293），梁王以汉军 1000 人置梁千户翼军屯。仁宗延祐三年（1316），又签发畏吾儿及新附汉军 5000 人立乌蒙军屯，为

---

① 参见陈高华、史卫民：《中国经济通史·元代经济卷》，经济日报出版社，2000，第 189 页。

② 《元史》卷一百二十五《赛典赤·赡思丁传附爱鲁事迹》。

田 1250 顷。[①] 从时间上来看，元代大规模的屯田主要发生在至元年间到延祐年间，而且参与者主要来自当地的士兵和各族人民，没有更多的外来移民。

从屯田数来看，据杨伟兵的统计，仅元世祖至元年间，云南军民屯户总数达 18315 户，屯田数达 341535 亩，屯田几乎遍布全省。但是从空间分布上来看，滇池—抚仙湖地区、大理等滇西地区仍然是重要的农耕区，其屯田比例各占全省的 40%、34%。[②]

从屯田地点来看，根据《元史・兵志三》的记载，主要有：威楚路、大理金齿等处宣慰司，鹤庆路、武定路、中庆路、曲靖等处宣慰司，乌撒宣慰司，临安宣慰司、梁千户翼。可见，元代云南的屯田分布相当广泛，凡有一定农业基础的坝区，普遍都设置了屯田。元代屯田不仅进一步开发了云南，也为明王朝在云南推行更大规模的屯田打下了基础。

经元政府的努力经营，云南的农业生产取得了一定成就。滇池地区作为元代云南农业最为发达的地区，史称"其俗殷富，墟落之间，牛马成群。仕宦者靡稻秣驹，割鲜饲犬。滇池之鱼，人饫不食，取以粪田"[③]。大理地区的农业也非常兴盛，品甸"其川泽土壤不减云南，而民种莳为不及尔"，白崖甸（今弥渡）"居民辏集，禾麻蔽野"，赵州甸"百姓富庶，少旱虐之灾"。[④] 因此，马可波罗在游历云南时看到大理"米麦的生产甚丰"[⑤]。其他地区，威楚地区"山川清秀，壤土肥饶，地利盐井"，建昌路"金珠富产，谷粟丰盈，民足衣食，牛羊盐马毡布通商货殖"。[⑥] 这些记载有的虽是夸饰溢美之词，但却反映了云南各地区农业生产得到发展的实情。因此有学者指出："经过元政府的努力经营，云南行省农业经济发展很快，人口、屯垦、水利建设、税粮等指标均在全国处于前

---

①《元史》卷一百《兵志三・屯田》。

② 参见杨伟兵：《元明清时期云贵高原的农业垦殖及其土地利用问题》，见《历史地理》第 20 辑，上海人民出版社，2004，第 191 页。

③（明）张洪：《南夷书》，云南省图书馆藏本。

④（元）郭松年：《大理行记》。

⑤［意］马可波罗著，冯承钧译：《马可波罗行记》，中华书局，2004，第 459 页。

⑥《元一统志》卷七《云南诸路行中书省》。

列，从而使元代西南地区经济重心由四川南移到云南。"① 这充分说明元代云南的农业开发和土地垦殖规模超越了以往。

元末的动乱使云南大量田地或被豪强地主、寺院所占，或被抛荒，社会经济遭到严重破坏。史载洪武初年，明朝大军入滇时看到的景象是："人民流亡，室庐无复存者。"② 明政府平定云南后，便开始在云南大力推行屯田，云南农业经济也随之逐渐恢复并发展起来。从开展形式来看，明代在元代军屯、民屯的基础上，新增了商屯，并且以前所未有的规模开始在更广泛的地区推行。

明代云南的军屯自明军入主时开始。洪武十九年（1386），沐英奏称，云南"土地甚广而荒芜居多，宜置屯，令军士开耕，以备储偫"③。于是，云南境内凡是有卫所之处，普遍实行了军士屯垦，各卫驻守的士兵便在原来的基础上大规模屯田。军屯采用的具体做法是以每个军士家庭为单位，官府给每家分发一定数量的土地、粮种和农具，这些屯丁七分屯种，三分操备。由于投入的人力较大，军屯很快就取得了成效。史载，沐英镇守云南时"垦田至百万余亩"，其子沐春镇滇七年内，"大修屯政，辟田三十余万亩"。④ 洪武二十一年（1388），云南都司所属各卫所军屯田为 430436 亩。⑤ 到正德五年（1510），已增加到 1276630 多亩。⑥ 在 120 多年中，云南屯田数增加了近两倍，极大地增加了云南耕地面积总数。卫所屯田制将军成和屯田两者结合起来，使戍守云南的将士及其家属依附在土地上，并长期定居下来，逐渐成为当地的住户，成为当地农业生产的一支重要力量。

从军屯的实施范围来看，"全省除丽江、永宁、镇沅、元江、广南、乌蒙、东川等府与边境的御夷府、州以及土司区域未设卫所外，整个靠内地区各府的

---

① 杨伟兵：《云贵高原的土地利用与生态变迁（1659~1912）》，上海人民出版社，2008，第 55 页。

② 《明洪武实录》卷一百五十二，"洪武十六年（1383）五月丁卯"条。

③ 《明太祖实录》卷一百七十九，"洪武十九年（1386）九月庚申"条。

④ 《明史》卷一百二十六《沐英传》。

⑤ 《明实录》卷一百九十四，"洪武二十一年（1388）十月辛卯"条。

⑥ （明）周季凤纂修：正德《云南志》卷一《云南等处承宣布政使司》。

平坝都有卫所的屯田"[1]。明代云南军屯的分布范围与元代大体相同,其落实在地图上的点均呈东西向排列。这种屯田垦殖分布形势,一方面同云南传统经济重心(滇池、洱海地区)、元明时期云南政治经济重心东移滇池地区相一致,另一方面又同当时云南主要交通道路的走向相一致。

明政府在实行军屯的同时,推行"移民就宽乡"的政策,在云南广泛开展民屯。元代,云南民屯开展的对象仅限于当地居民。明代,云南的民屯则以官方组织迁入的移民为主。具体做法是从内地人口稠密地区抽调一部分民户到流官辖区荒芜地带进行开垦,政府贷予粮种和耕牛,减免若干年租税,待生产发展后再征税赋。明政府平定云南后,便开始实施移民和民屯。洪武二十年(1387),朱元璋"召湖广常德、辰州二府民三丁以上者出一丁,往云南屯田"[2]。二十二年(1389),沐英"携江南、江西人民二百五十余万入滇,给予籽种、资金,区别地亩,分布予临安、曲靖……各郡县"[3]。次年,又"奏请江南居民八十万实滇"。沐春镇滇七年,"再移南京人民三十余万"入滇。[4]虽然这些数字有些夸大,但"从各方面看来,明朝时期,通过民屯方式移民入云南的汉族人口较之军屯方式移入的少不了多少。以民屯形式移入的汉族人口的分布区域与军屯卫所的分布区域相同,主要是靠近内地区的各府、州、县"[5]。

为了弥补卫所军粮的不足,明政府还在云南开展了商屯。明朝建立之初,政府为了解决边军粮饷问题,又采取了"开中"的方式。由于从内地运粮到边疆路途遥远艰辛,运费昂贵,商人唯利是图,便设法招募百姓于纳粮地垦殖,将收到的粮食交给政府换取盐引。这种由商人招募民人垦荒屯种的方式即称为"商屯"。云南普遍开展商屯是在洪武十五年(1382)。这一年,"上以大军征南,兵食不继,命户部令商人往云南中纳盐粮以给之"[6]。同年十二月,"户部奏定安

① 马曜主编:《云南简史》,第 117 页。

②《明太祖实录》卷一百八十六。

③《明太祖实录》卷一百七十九。

④ 见(明)谢肇淛:《滇略》;(清)吕志伊、李根源:《滇粹·云南世守黔宁王沐英传附后嗣略》。

⑤ 尤中:《云南民族史》,第 357~358 页。

⑥《明太祖实录》卷一百四十二,"洪武十五年(1382)二月乙亥"条。

宁盐井中盐法，凡募商人于云南、临安二府输米三石，乌撒、乌蒙二府输米二石八斗，沾益州、东川府输米三石五斗，曲靖府输米二石八斗，普安府输米一石八斗者，皆给安宁盐二百斤"[①]。虽然，史籍中没有关于云南商屯具体数据的记载，但是成祖即位后，"以北京诸卫粮乏，悉停天下中盐，专于京卫开中。唯云南金齿卫、楚雄府，四川盐井卫，陕西甘州卫，开中如故"[②]。这样，云南成为少数几个没有停止开中的特殊地区之一。可见，云南实行商屯的时间较长，人数当不少。"根据《明实录》《明史》等文献的记载，明政府先后在云南的昭通、曲靖、昆明、建水、霑（沾）益、普安、玉溪、红河、楚雄、大理、保山、德宏等地实施商屯。"[③]

从以上论述可知，外来军民成为明代各类屯田的主力。也就是说，外来移民成为明代屯田的主要参与者，成为云南农业生产的主力。因此，与元代农业生产主力为土民不同，外来推动力的因素在明代非常显著。这种外来的推动作用，在清代亦表现得非常明显。

屯田对明代云南农业生产的促进，最明显的一个表现就是耕地面积的增加。至于明代云南各类屯田数究竟有多少，史书中没有明确的记载。但有两个数字比较能说明问题。史载弘治十五年（1502），云南布政司所领的官民田共有17279顷[④]，到了天启年间，云南布政司所领的官民田地已达69903顷89亩7毫[⑤]。顾诚通过对明初官方公布的耕地数字的研究，认为明代中国的疆土由行政系统和军事系统来统辖，行政系统包括六部、布政使司（直隶府州）、府（州）、县（州），军事系统包括五军都督府、都司（行都司、直隶五军都督府的卫）、卫（直隶都督司的千户所）、千户所。全国的耕地也分别由这两大系统管理；由于军事系统下的耕地数字具有机密性，很少对外公开，因此文献中记载的一般都是户部汇总行政系统的数据；另外，明代卫所士兵所屯种的耕地全部

---

① 《明太祖实录》卷一百六十二，"洪武十五年（1382）十二月丙申"条。
② 《明史》卷八十《食货四·盐法》。
③ 申旭：《云南移民与古道研究》，云南人民出版社，2012，第151页。
④ 正德《云南志》卷二。
⑤ 天启《滇志》卷六《赋役志》。

属于官田。① 而且云南复杂的地形尤其是山地多的地方极不利于土地丈量工作的开展，遗漏比较大。再加上地主、豪强的隐占，弘治十五年和天启年间云南的实际田亩数要多于官方公布的数据。总而言之，史书所载的这两个数据虽未能全面反映明代云南耕地发展的状况，但作为一种参考，却能说明其大体的发展趋势。在 100 多年的时间里，云南的田地增加了 4 倍，可见其发展速度很快。因此，史曰："云南屯田最为重要，盖云南之民，多夷少汉，云南之地，多山少田，云南之兵食无所仰。不耕而待哺，则输之者必怨；弃地以资人，则得之者益强。此前代之所以不能义安此土也。今诸卫错布于州县，千屯便列于原野，收入富饶，既足以纾齐民之供应；营垒连结，又足以防盗贼之出没。此云南屯田之制，所以其利最善，而视内地相倍蓰也。"②

明末清初的连年战乱，使得云南人口衰减，土地大量抛荒，农业经济残败不堪。针对农业生产亟待恢复的局面，清政府在云南实行鼓励垦殖、减免赋役、重视水利工程等政策措施。这一系列措施的实行，使清前中期的云南成为继明代以来农业经济发展的又一个高峰期。"滇省山多田少"，经过长期垦殖，云南坝区可供垦殖的土地所剩不多，山区半山区的土地逐渐被垦辟。清政府对于垦殖这些土地也采取了很多优惠政策。如乾隆五年（1740），清政府规定："云南所属山头地角，坡侧旱坝，尚无砂石夹杂，可以垦种，稍成片段，在三亩以上者，照旱旱田，十年之后以下则升科；砂石硗确，不成片段，水耕火耨，更易无定瘠薄地土，虽成片段，不能引水灌溉者，均永免升科；其水滨河尾田土，淹涸不常，与成熟旧田相连，人力可以种植在三亩以上者，亦照水田例，六年之后以下则起科；如不成片段奇零地土，以及虽成片段地处低洼，淹涸不常，不能定其收成者，止给照存案，永免升科。"③ 乾隆七年（1742），清政府宣布垦荒者计口授土或田，每户给水田 30 亩或者地 50 亩。④ 乾隆三十一年（1766），

---

① 顾诚：《明帝国的疆土管理体制》，载《历史研究》，1989（3）。
② 正德《云南志》卷二《云南府》。
③《钦定大清会典事例》卷一百六十四《户部十三》。
④《张允随奏录》，"乾隆七年二月十七日"条。

统治者为防止胥吏在查勘、丈量土地的过程中扰民生事，宣布"嗣后山头地角、水滨河尾，俱著听民耕种，概免升科，以杜分别查勘之类"①。道光十二年（1832），清政府又宣布："凡内地及边省零星地土，听民开垦，永免升科。"在云南，其"山头地角、水滨河尾，俱不论顷亩，概免升科"②。如此，极大地鼓励了人们对荒地的开垦。史载，至乾隆三十一年（1766）时，云南"水陆可耕之地，俱经垦辟无余，惟山麓、河滨尚有旷土"③。这些记载亦说明，到了乾隆年间，云南平坝地区可供垦殖的土地大多已开垦出来，只有河滨零星土地以及山区半山区的土地尚可开垦。方国瑜指出，清初云南全省共有田亩 5 万多顷，200 年后增至 9 万多顷，新辟耕地主要分布在山区或半山区。④垦殖方向由坝区转向山区半山区成为清代土地垦殖的一个显著特点。

　　人口的增加也推动了土地的垦殖。清代是继明代后内地移民迁入云南的又一个高峰期。据学者研究，清代有至少 13 万的农业移民以及 100 万左右的矿山工人及其家属迁入云南。⑤移民的不断涌入，促进了云南人口的不断增加。云南人口总数，根据天启《滇志》的记载，明末天启年间为 240 多万。嘉庆《大清一统志》载乾隆三十七年（1772）近 450 万人，道光《云南通志》载道光十年（1830）为 655 万多人。人口即劳动力，劳动力是生产力的重要组成部分，人口的增加意味着生产力的增加。因此，随着清政府鼓励垦殖政策的实施以及人口的压力，云南的土地得以复垦，并进一步开发利用。据史书记载，仅清初到雍正年间，大理府、鹤庆府、蒙化直隶厅增垦土地就达 137081 亩。⑥

　　就清代云南全省的耕地面积来看，顺治十八年（1661），云南省登记在册的田地面积为 5211511 亩多，康熙二十四年（1685）为 6481760 亩多，雍正二年（1724）为 6497624 亩多，乾隆元年（1736）为 9063809 亩多，另有夷田 715 段，

---

① 《钦定大清会典事例》卷一百六十四《户部十三》。
② 《钦定大清会典事例》卷一百六十四《户部十三》。
③ 《清高宗实录》卷七百六十四，"乾隆三十一年（1766）七月丁亥"条。
④ 方国瑜：《中国西南历史地理考释》，中华书局，1987，第 1222~1223 页。
⑤ 葛剑雄主编，曹树基著：《中国移民史》第六卷，福建人民出版社，1997，第 170 页。
⑥ 根据雍正《云南通志》卷十《田赋》统计。

嘉庆十七年（1812）为9315126亩，夷田885段，道光至咸丰以前为9400011亩，夷田883段，光绪十年（1884）为8946236亩多，夷田数百余段。光绪二十一年（1895）为8553670亩。[①] 清代登记在册的耕地数据非常混乱，这在学界已达成共识。尽管如此，作为参照，我们仍可从这些数据推测清代云南耕地面积发展的基本趋势。从顺治到道光，云南耕地面积呈逐年上升的趋势，道光以降，则呈现相反的趋势。从这些数字来看，在190年左右的时间内，云南的耕地面积增长了近1倍。咸丰、同治年间，云南发生了全省范围的战乱。这次战乱对农业经济的发展产生了极大的负面影响，人民流离失所，大量人口因战乱丧生，土地荒芜严重，政府田赋征收减少。战乱结束之后，由于土地兼并严重，赋役沉重，云南农业经济进一步衰退。再加上大大小小各种自然灾害的侵袭，势单力薄的小农经济难以抵御，云南农业经济更趋衰败。因此，清末云南耕地数的减少是符合史实的。

如上所述，在中国疆域大一统的背景下，受战乱的影响，云南的农业生产也展现出明显的周期性中断、恢复的新趋势。这也是元明清时期云南农业生产文化的一个新特点。

2. 农业生产的空间差异

云南是一个多山的省份，全省土地面积的94%是山地和高原，仅6%为坝子。[②] 而且云南各种地形类型纵横交织，错综复杂。再加上同样复杂多样的气候[③]以及分布不均匀的水资源[④]等因素，云南在漫长的历史发展长河中一直是多种生产方式并存。

---

① 《新纂云南通志》卷一百三十八《农业考一》。

② 云南省地方志编纂委员会编：《云南省志》卷一《地理志》，云南人民出版社，1998，第220页。

③ 云南有北热带、南亚热带、中亚热带、北亚热带、南温带、温带、北温带、高山苔原及雪山冰漠等气候，还有潮湿、湿润和半干旱的气候。

④ 云南全省地面水资源总量丰富，但是时空分布很不均匀。在时间分布上，冬、春两季降水过少，河流流量变化较大。在空间分布上，滇中农田集中区水资源较少，滇东岩溶地区地表水缺乏，而且大江大河主要集中在滇西横断山区。参见《云南农业地理》编写组：《云南农业地理》，云南人民出版社，1981，第3页。

　　由立体地形和立体气候的特点，云南平坝地区和山地之间的差异很大。居住在平坝地区的民族生产方式都较先进，山地民族则相对落后，而且居住的海拔越高，生产方式越原始，山上山下在生产方式、社会进步方面的差距可谓非常大。这种差异自西汉以来已然非常明显，到元明清时期则更加明显。一方面，以昆明为中心的滇池地区获得了快速发展，另一方面，则是山地民族的停滞、落后。谢肇淛在《滇略》中的记载充分反映了这些差异。经过元明两代的发展，特别明代以来的移民屯垦，"云南郡雄据滇池，方广三百里，旁平地肥饶千里，有盐池田渔之饶，金银畜产之富"。云南郡即今昆明，长期以来都是云南重要的农业生产区；以昆明为中心自北向南，"曲靖、楚雄、姚安、澄江之间山川夷旷"，同样是农业生产为主的区域，因此这些地区"民富足而生礼义，人文日益兴起"，明代的军屯也主要布局在这一区域内。在这一区域，既有大量的汉族移民，又有以白族为主的土著居民，促进了多民族经济共生关系格局的形成与演进。"寻甸、武定、景东、沅江、蒙化、顺宁诸郡皆夷汉杂处……丽江、广南、广西（今泸西）、永宁纯乎夷矣。"需要说明的是，生活在这一区域的很多少数民族的农业耕作技术水平也较高。如"曲靖之夷亦曰黑、白爨，椎髻皮服，居深山，虽高冈硗陇亦力垦之"，"广南之夷曰侬人、沙人，男女同事犁锄"。这一区域整体经济发展水平的提高是明代云南社会经济发展突出的特点。此外，大理、临安（今建水）、永昌（今保山）等地，由于均地处交通要塞的平坝地区，具有良好的农业生产条件，因此这几个地方有"大都会"之誉。

　　跟上述区域不同的是，云南西部、西北部等地山区停滞、落后。居住在西部哀牢山区、横断山区的民族，由于山区的自然环境和资源条件限制，这些民族在采集、狩猎的同时，也存在以刀耕火种为特征的农耕活动。如"蒲人散居山谷无定所"，"阿昌一名峨昌，耐寒畏暑，喜燥恶湿，好居高山，刀耕火种……觅禽兽虫豸皆生啖之，采野葛成衣"，"哈喇、怒人颇类阿昌，皆居山巅"。居住在西北、北部的民族则以畜牧为主，如"北胜夷有数种，曰猡猡、么㱔、冬门、寻丁、俄昌，巢处山林，挟兵带弩，以采猎为生而已"，"楚雄之夷为罗婺，居山林高阜，以牧养为业"。这些山地民族有相当一部分是在汉族及其他坝区民族的挤压下，被迫走向高山的，如澜沧江以西的拉祜族原居于临沧，明代傣族贵族俸氏崛起，受封为土司，拉祜族部落屡次反抗失败，迁至澜沧、双江、孟连以及耿马、沧源甚至境外。这些山地民族不仅停留在原有的经济生活水平上，而且受山区自然条件的限制，常年处于闭塞状态，落后程度不仅没有缩小，而且还在加剧。

清代，云南的民族与经济分布格局基本如前代。云南府"兵民错居，间阎栉比，野安耕凿"；曲靖府"民专稼穑，尽力田畴"；澄江府"民务耕织，力本勤生"；武定府"地鲜肥饶，咸勤耕凿"；广西"民务力田"；广南府"苗猓杂居……人尽刀耕，不治末业，山多硗确，岁少丰收"；元江府"蛮种繁处……颇务耕桑"；开化府"刻木为信，不习文字……迁徙无常。设流之后，学校既开，习俗渐改，汉人稍寄居焉，土田多美，稼穑易丰"；镇沅府"郡多焚夷……火种刀耕"；普洱府"地寡蓄藏，衣食仰给茶山"；大理府"高山大川，钟灵毓秀……能农不能贾"；楚雄府"土壤肥饶"；姚安府"尽力畎亩"；鹤庆府"农则畎亩维勤"；顺宁府"男耕女织……九种杂居，改流之后，渐化汉俗"；永北府"气习朴野勤于耕织"。① 从这些记载来看，各府州除镇沅仍"火种刀耕"外，其他府州大多放弃了这一传统，农业生产技术有了不同水平的提高。

3. 水利事业的发展

农业的发展离不开水利的发展，水利的发达亦是农业发展的一个重要表现。元明清三代的统治者都非常重视云南农田水利建设，在云南各地兴修了许多水利工程。南诏、大理时期，云南的水利工程主要集中在洱海一带。到了元代，除了洱海地区，昆明地区的水利事业也有了很大发展，以后，其他地区的水利事业也逐渐发展起来。

元代，云南水利发展的重点在中庆、大理地区。这与屯垦的中心分布区域一致，这也说明了这一时期云南水利的开发和发展与屯田的开展密不可分。中庆路的滇池（又称昆明湖），早在秦汉时期就有了灌溉之利，但是由于其"水源

---

① 以上均见于（明）谢肇淛：《滇略》卷四《俗略》。

深广，而末更浅狭，有似倒流"①的特点，加上水利年久失修，时常泛滥，制约了当地的农业生产，影响了人民的生活。据《晋宁州志》载："滇池之水，唐、宋以前，不惟沿池数万亩膏腴之壤尽没于洪波巨浪之中，即城郭人民，俱有荡析之患。"②到了元初，仍是"夏潦暴至，必冒城郭（昆明）"。为根治滇池水患，赛典赤和张立道总结滇池区域历年的治水经验，"求其源头所至"，进行实地勘察，派出丁夫2000人，清理盘龙江上游水源，疏浚海口，泄除积水，"得壤地万余顷，皆为良田"。③对此，方国瑜认为："此次工程挖低由海口至平地哨约十千米之河床，到石龙坝跌水，其河床高于现在的高度，可能比原有的河床挖低约三米，湖水畅流排出，湖面下降，环湖露出被淹没在水域的有十万亩农田，说万余顷是夸大的。"④但是，张立道疏浚海口并没有永绝后患。元成宗大德六年（1302），再次"开中庆路昆阳州海口"⑤。经疏浚，昆明城大为改观。王昇撰《滇池赋》记曰："千艘蚁聚于云津，万舶蜂屯于城根。致川陆之百物，富昆明之众民。"⑥滇池的航运事业也随之繁荣，是昆明富庶的重要保障。大约在元初疏浚海口的同时，在张立道的主持下，又增修了盘龙江松花坝灌溉水道⑦，滇池上游农田大为受惠。

大理地区曾是大理国的政治经济中心，水利发达。元代，云南政治中心虽已东移至昆明，但大理的经济依然相当繁荣，水利亦相当发达。如郭松年在《大理行记》记载了洱海地区好几处水利工程：品甸（今祥云县）"甸中有湖，名曰'青湖'。灌溉之利，达于云南（即云南州，品甸之东，亦属今祥云县）之野"；点苍山终年积雪，当地官民引其水泻下导为沟渠，"功利布散，皆可灌溉"。⑧这些灌溉渠道，对当地的农业发展起到了不小的作用。

---

① 《后汉书》卷八十六《南蛮西南夷列传》。

② 《晋宁州志》卷五《水利志》。

③ 《元史》卷一百六十七《张立道传》。

④ 方国瑜：《滇池水域的变迁》，见《滇史论丛》，上海人民出版社，1982，第239页。

⑤ 《元史》卷二十《成宗三》。

⑥ 《元文类》卷五十四之李源道《为美县尹王君墓志铭》。

⑦ 《景泰云南图经志书》卷一《山川》。

⑧ （元）郭松年、李京撰，王叔武校注：《大理行记校注·云南志略辑校》，云南民族出版社，1986。

图 3-1：元代修建海口水利设施故址（邢毅　摄）

　　除了昆明地区和大理地区，云南其他地区也兴建了一些水利工程。如《大元大一统志·通安州》记载，今丽江地区的通安州，有山泉"下注成溪，灌溉民田顷"。在姚安府，各族人民修建了 13 处陂堰，在府治西南有大石等 7 处，在府西有当陂院，在府北有地角等 5 处。在楚雄府治东的梁王坝，为蒙古族梁王主持修筑。①

　　明代云南的水利工程在元代的基础上有所发展，水利技术也有所提高，石、铁、铅等引入水利设施，标志着水利工程材料上的重大革新。②"屯田必需水利，水利必赖治水之良有司。故民屯者，军国之元命也，水利者，民屯之活脉也。"③随着屯田在全省的开展，云南整复和修建了许多具有蓄水、分洪、灌溉等功用的沟渠堤坝，有的沟渠还设有严密的管理与修缮制度。根据学者们的研究，明代云南的水利设施在地域分布上较广。④

---

① 见《景泰云南图经志书》卷四《姚安军民府·山川》；天启《滇志》卷三《地理志·堤闸》。
② 何耀华、夏光辅主编：《云南通史》第四卷，第 177 页。
③ 天启《滇志》卷六《赋役志》。
④ 见方国瑜：《云南地方史讲义（下）》，云南广播电视大学，1983，第 149~152 页；方铁、方慧：《中国西南边疆开发史》，云南人民出版社，1997，第 346~358 页；方铁：《西南通史》，第 605~608 页等。

在昆明地区，最大的水利系统工程依然是滇池流域的治理，洪武、弘治、嘉靖、万历、景泰、隆庆等朝均对滇池进行过治理。此外，昆明地区重要的水利工程还有盘龙江上游的松花坝，滇池周边的顺山沟、芦包沟、白龙沟等数十条灌溉渠道，桑园闸、小坝闸、响水闸等43处堤闸，宜良汤池渠等。

大理地区，最大的水利工程是对洱海的修浚，邓川州的弥苴佉江堤、横江堤与大水长堤，浪穹县的三江口堤和县南的三根渠，云南县的荒田陂渠，宾川州的大场曲堤，赵州的东晋湖闸，鹤庆的南供河渠网等也是较大的水利工程。

临安地区，重要的水利工程有：石屏异龙湖引水工程，石屏州的九天观闸、杨柳坝，阿迷州的东堰、西堰和石堰，新化州的邦那圩、登龙渠和宅王庙堤，广西府的李公坝和永惠坝等。

永昌地区著名的水利工程有：永昌府的九龙渠、诸葛堰、纪黄坝、丁杨坝、石花堰、平安坝、官市堰、卧佛池渠与阿凤坝，腾越州治以西的打莺山龙泉和州西北的侍郎坝等。

可以看得出，除了农业经济发达的滇池地区和洱海地区，明代修建的许多重大水利灌溉还遍及滇中、滇东北、滇西、滇南各地，甚至在今保山、丽江、西双版纳等边远山区，水利灌溉也有所发展。其中部分地区的水利工程甚至形成了一个水利灌溉网，如上述昆明地区和鹤庆的南供河渠网。这些水利工程惠及大面积的农田，其中一些甚至能灌溉上千顷田地，相关记载如楚雄府的乌龙洞，"灌田数百顷"[①]。弘治年间，史良佐治理滇池后，可"溉田千顷，滇人颂之"[②]。水利灌溉的便利，极大地促进了云南农业生产的发展。

楚雄府的蜻蛉河、梁王坝、城南堰，寻甸府的石堤归龙堤、龙潭闸、龙洞渠等处；江川县的大冲河坝及普济堰塘，新兴州的九龙池坝和罗木箐坝；沾益州的交水坝和杨柳坝；姚安府的七溯、黄连箐坝和石央口坝；寻甸府的归龙堤与龙洞渠等也是明代比较重要的水利工程。

---

① 《景泰云南图经志书》卷四《姚安军民府·山川》。
② 《明史》卷一百八十八《史良佐传》。

图 3-2：祥云米甸明代水利设施 "地龙" 遗址

资料来源：杨德聪主编：《图说云南历史文化》，第 177 页。

图 3-3：弥渡县弥渡镇果子园村 "地龙"（周智生　摄）

　　明代云南水利灌溉技术尤其值得一提的是大理地区的引水工程——"地龙"。这一水利工程在今祥云、弥渡、宾川、南涧、巍山等比较干旱的地方都有保留。其中，仅弥渡县就有地龙近百条，20 世纪初仍在启用并发挥显著作用的有 24 条。① "地龙" 的建造方法是："在山边河谷平地之上，根据地形、水源和灌溉需要的长度，先挖一明沟基槽，深约二百厘米左右，然后沿基槽两边用大小不等的不规则石块垒砌而成沟梆，沟底用卵石或不规则的石块铺垫，沟口再以大块石板逐一盖底而成，而后，再在沟盖石板上回填以田土成为地下沟渠。'地龙'的起端一般连接山阴流水及地下水源丰富的地方。在'地龙'的另一端或中部又再筑以龙塘，作为集水用水之地。"② 可见，"地龙" 兼有引水和蓄水的功能。像祥云本是有名的干坝子，受益于 "地龙"，一跃成为 "大理熟，云南足" ③ 的沃野。"地龙" 可谓我国水利技术史上的一项创举，也是古代云南人民智

① 张昭编纂：《弥渡文物志》，云南民族出版社，2005，第 57~63 页。
② 何超雄：《祥云明代的水利工程——地龙》，载《云南文物》，1983（14）。
③ 康熙《大理府志》卷十五《风俗》。

慧的结晶。

清代，云南不仅兴修了大量水利工程，并在此基础上形成了专门总结治水经验的论著。清政府非常重视水利，康熙至道光时期，云南各地兴修了很多水利工程，尤其雍正、乾隆年间，更形成了兴修水利的高潮。据刘慰三《滇南志略》所载，当时云南全省所修水利工程不少于 500 项，这些为农业的发展提供了保障。这一时期，云南水利工程的特点是："山多坡大，田号雷鸣，形如梯磴，即在平原，亦鲜近水之区，水利尤为紧要。且滇省水利

图 3-4：昆明海口河及六河示意图
资料来源：樊西宁编：《滇池水利小史》，水利电力出版社，1990，第 18 页。

与别省不同，非有长川巨浸可以分疏引注，其水多由山出，势若建瓴，水高田低，自上而下，此则宜疏浚沟渠，使之盘旋曲折，再加以木枧、石槽，引令飞渡，间有田高水低之处，则宜车戽，倘遇雨水涨发，迅水直下不能停潴，则宜浚塘筑坝，或开涵洞，蓄泄得宜，两岸田均沾灌溉矣。至于近海临河低洼之处，下流多系小港，水发未能疏流，恐致漫淹，则当疏通水口，以资宣泄，如遇山多砂碛，又当筑堤障蔽，以护田亩。"[①] 正是因为时人有这种认识，所以各地都大兴水利。

在治理水利的基础上，云南出现了一些比较系统总结治水经验的著述和报告。其中著名者有黄士杰的《六河总分图说》，孙髯翁的《盘龙江水利图说》，徐䎑的《晋宁州水利记》，以及鄂尔泰的《修浚海口六河疏》和王继文的《请修

———————————

① 《张允随奏稿》乾隆二年闰九月十九日。

河坝疏》。《六河总分图说》，其作者黄士杰在雍正年间担任过云南水利道副使。全书分"六河总图说""盘龙江图说""金汁河图说""银汁河图说""马料河图说""海源河图说""宝象河图说"七章，每章内容图文并茂，详细地分析了每条河流的主要特点，以及可以修建堤堰、渠道、桥梁、涵洞的位置，有针对性地提出了一些治水方案，其中不少见解对治理滇池水患具有十分重要的参考价值。《盘龙江水利图说》，成书于乾隆年间，讲述了盘龙江的源流以及历代治理水患的大概情况，并提出具体的治水方案。《晋宁州水利记》① 根据"积"与"泄"相互制约辩证关系的水利原理，指出晋宁地区何处宜泄，何处宜积，宜修何种工程。《修浚海口六河疏》② 和《请修河坝疏》③ 则是地方官员向清廷请求修建水利工程的报告，均针对具体问题提出了修建的详细计划。这些著述和报告都是云南水利史的宝贵财富，并对当时及后世云南水利工程的修建具有重要的参考价值。

4. 农业生产技术的提高与推广

元明时期，随着屯田以前所未有的规模推行开来，云南不仅耕地面积增加，水利工程获得前所未有的发展，而且农业生产技术有所提高。明政府在推行屯田的同时，还明确规定："凡屯种去处，合用犁、铧、耙齿等器，着有司经给铁、炭铸造发用"，"凡屯种合用牛只，设或不敷，即便移文即索"。④ 可见，当时云南军屯已普遍使用各种铁质农具和牛耕。因此，随着屯田的开展，内地先进的生产工具和生产方式传入云南，并随着屯田的深入开展而传播到更广阔的地区。其中，最明显的是牛耕较前代更为普遍。南诏、大理时期，云南的牛耕主要使用于农业生产比较发达的滇池和洱海地区，并不是很普及，很多山区还处在锄耕阶段。而到了明代，"自前明开屯设卫，江湖之民云集，而耕作于滇，即夷人亦渐习于牛耕，故牛为重"⑤。牛耕技术在更广阔的范围内使用。如正德

---

① 《新纂云南通志》卷一百三十九《农业考二》。

② 见雍正《云南通志》卷二十九《艺文五》。

③ 《新纂云南通志》卷一百三十九《农业考二》。

④ 《明会典》卷二百零二。

⑤ （清）檀萃：《滇海虞衡志》卷七。

年间，临安府的少数民族尚处在"土俗质野，采猎为业"的原始采集农业阶段，到天启年间已发展到"间阎比栉，道路摩肩，农骈于野，旅溢于廛"①。又如滇西的百夷地区，明初农业生产状况仍是"地多平川，土沃人繁，村有巨者，户以千百计。然民不勤于务本，不用牛耕，惟妇人用镬锄之，故不能尽地利"②，耕作技术还停留在锄耕阶段。到了明末，该地区已是："五谷惟树稻，余皆少种。自蛮莫之外，一岁两获，冬种春收，夏种秋成。孟密以上，犹用犁耕栽插，以下为耙泥撒种，其耕犹易，盖土地肥腴故也。凡田地近人烟者，十垦其二三，去村寨稍远者，则迥然皆旷土。"③"犁耕"说明农具和耕作技术有了很大改进。亦可见，在农业生产发展的过程中，云南一些原本较落后的少数民族地区也得到了开发。

到了清代，云南的耕作技术在保持明代生产水平的基础上，有的地区有了进一步的提高。已广泛使用水车、水碓、水磨等工具。《滇系·物产》载："水车、水碾、水磨、水碓，皆巧于用水者也，惟之为利尤溥，滇亦多此。"临沧地区，佤族人民从李定国的士兵那里学会了用铁犁耕田。④大理地区，农业技术有了很大的提高，人们逐渐摸索出一套精耕细作的制度，农时安排趋于科学化，施肥也积累了丰富的经验。如咸丰《邓川州志》载："二月布种，三月收豆，四月收麦，五月插秧，六、七月耘，凡耘必三遍，否则茶蓼滋蔓，九、十月获稻种豆，十一月种麦，每岁仅得两月隙，而正、二、三、四月河工之役尚未计焉。""将犁，必布以粪，粪少则柯叶不茂，多则骤盛而不实。""凡田具有板锄，为三角，有耙，尖为四齿，铁皆重数斤。"哀牢山区哈尼族所开梯田在清代仍然非常壮观。嘉庆《临安府志·土司制》记载："依山麓平旷之处，开凿田园，层层相间，远望如画。至山势峻急，蹑坎而登，有石梯蹬，名曰梯田。水源高者，通以略构，数里不绝。"这些都是清代云南耕作技术进步的体现。

---

① 天启《滇志》卷三《地理志·风俗》。
② 李思聪：《百夷传》。
③ 佚名：《西南夷风土记》，附载于朱震孟：《宦游余谈》，学海类编本。
④ 段世琳、赵明生：《李定国对开发阿佤山的贡献》，载《思想战线》，1991（5）。

图 3-5：哈尼梯田（周智生 摄）

5. 农作物品种的增加

明清以来，云南农作物品种的增加主要表现在粮食品种的增加，尤其是玉米、马铃薯的引进和推广。

明清时期，云南的粮食品种明显增加。明以前，云南已种植稻谷，品种主要为产量较低的黄籽、黑稻等，人工培育的产量较高的品种并不普遍。[①] 到了明代，粮食品种明显增加。天启年间，当时农耕发达的云南府，水稻有青芒、长芒、光头、黑谷、金裹银、大香、小香、毛稻、白线、红线、黑嘴、红皮、鼠牙、雀皮、自鹭、鸦翎、黑麻、黄皮、香粳、三百颗、红缨等 21 个品种；糯谷有黑嘴、虎皮、响壳、柳叶、香糯、麻线、饭糯、油糯、乌糯、白糯、圆糯、红糯、大糯、小糯等 14 个品种；黍有黄黍、红黍、白黍、小黍、长芒黍、芦粟、灰条等 7 个品种；荞有甜荞、芒荞 2 个品种；麦有大麦、小麦、燕麦、玉麦、西番麦等 5 个品种；豆有蚕豆、饭豆、羊眼豆、黑豆、黄豆、白豆、红豆、

---

① 管彦波：《云南稻作源流史》，民族出版社，2005，第 127 页。

绿豆、豌豆、茶豆、褐豆、青皮豆、鼠豆等 13 个品种。此外，云南府还有种类繁多的蔬菜、水果，其他府州亦有不同特点的作物品种。[①]

到了清代，除云南府，其他府州亦培育和引种了多种稻谷品种。康熙《顺宁府志》记载，当地的稻谷品种有黄谷、黑谷、红谷、花谷、迟谷、安来谷、矮老糯、安定糯等。乾隆《弥勒县志》记载，当地的水稻品种有香谷（白心谷、旱秧谷、黄皮谷）、旱谷（红心谷、羊毛谷、迟谷）、糯谷（圆、长、黄、黑糯、胭脂糯）等。有学者指出，清代中国内地 16 个省当中，14 个省的水稻品种已达 2571 个，其中，云南省有 261 个品种，品种之多位居全国第三[②]，可知当时云南稻谷品种之多。各地方志中还记载了大量的蔬菜瓜果等。

明清时期，玉米和马铃薯传入云南，因具有高产、耐旱、适宜寒冷山区种植的特点，很快在广大地区得到推广。"明末清初，玉米和马铃薯传至云南，迅速成为山区的主要农作物，使云南农业经济提高到一个前所未有的水平，这是云南农业经济史上的一次大飞跃。"[③]玉米和马铃薯在云南山区的广泛种植，无疑扩大了旱地耕地面积，推动了山区开发。

玉米在云南有关文献中有玉麦、玉蜀黍、包（苞）谷、苞麦、玉秫、御麦、红须麦、玉高粱等名称，应在明初即已传入云南。明初兰茂所撰《滇南本草》中称玉米为"玉须麦"，当时主要作为药物使用，种植面积不多，产量不大。到了万历年间，玉米的种植逐渐增多，万历《云南通志》载云南府、大理府、鹤庆府、蒙化府、姚安府、顺宁府、景东府、抚宁府、北胜州、腾越州等均有玉米种植。入清以后，云南种植玉米的区域更为扩展，澄江府、临安府、东川府、罗平州、弥勒州、宣威州、镇雄州、陆良州、蒙自县、新平县、元谋县等地在康熙、雍正年间均成为玉米的栽种地。玉米已经发展为全省通产的主要旱地作物，并被收入康熙朝所修《云南通志·通省谷产》条中。乾隆、嘉庆以后，中国内地人口的大幅度增长对有限的耕地造成巨大的压力，促使大量移民迁入地

① 天启《滇志》卷三《物产》。

② 游修龄：《我国水稻品种资源的历史考证》，载《农业考古》，1981（2）。

③ 方国瑜：《云南地方史讲义（下）》，云南广播电视大学，1983，第 176 页。

广人稀的云南。随着移民向山区的开发，适于山区种植的高产作物玉米得到引进和推广，在山区栽种比较普遍。到了道光年间，"云南地方辽阔，深山密箐未经开垦之区，多有湖南、湖北、四川、贵州穷民往寮栅居住，砍树烧山，艺种包谷之类"①。随着种植面积的扩大，产量的增加，玉米在一些山区排开了传统地产作物如荞、菽、粱等，成为当地的主要农作物，这导致云南省的粮食作物结构及其地理分布区域发生了重大转变。在滇东北、滇西、滇西南、滇东南等许多不宜麦作的荒凉山区及丘陵高原地区，玉米成为大宗农产品。②

马铃薯则是在明末清初由福建传入内地各省再传至云南③，在云南有关文献中有洋芋、阳芋、蹲鸱、蒺薯、山药、白薯、山芋等别称。《新纂云南通志》卷六十二记载，马铃薯"云南栽培不知何时，旧时以为有毒，名不甚彰，旧志均无记载"④。表明马铃薯在引种云南之初，种植地域并不多。马铃薯富含淀粉，既适应温暖地带，又宜于寒冷山区栽种。乾隆、嘉庆时期，随着大量移民向云南山区涌入，马铃薯的种植开始得到推广。到了道光年间，马铃薯在云南各地已经普遍栽种。当时曾担任过云南巡抚的吴其濬在《植物名实图考》中记载："阳芋，滇、黔有之，疗饥救荒，贫民之储。"⑤在云南，马铃薯不仅是储存备荒的作物，而且成为山区人民的重要粮食之一。

6. 商品化种植业的兴起

（1）种茶业的发展和繁荣

茶叶在云南的种植历史悠久。据考证，罗平、师宗一带早在 2100 多年前就已开始对野生茶树进行人工驯化栽培。⑥到元明时期，云南种茶业获得了快速发展，为清代云南种茶业的繁荣奠定了基础。清代云南种茶业有了长足发展，开始大规模种植、加工和销售茶叶。从种植区域来看，清代以前云南产茶区域

---

① （清）谢体仁纂修：道光《威远厅志》卷三。
② 徐君峰：《清代云南粮食作物的地域分布》，载《中国历史地理论丛》，1995（3）。
③ 方国瑜：《云南地方史讲义（下）》，云南广播电视大学，1983，第174、176页。
④ 《新纂云南通志》卷六十二《物产考五·植物二·洋芋》。
⑤ （清）吴其濬：《植物名实图考》卷六《蔬类》。
⑥ 周红杰主编：《云南普洱茶》，云南科技出版社，2004，第2页。

主要集中在滇南，入清后，滇西、滇中等地区也广泛种茶叶。从品种来看，云南各地均栽培了一些品质优良的茶叶，出名的有大理的感通寺茶、湾甸茶，顺宁府的太平茶、玉皇阁茶，昆明的太华茶，乌蒙的乌蒙茶，普洱的普洱茶等。[1]其中，尤以普洱茶最为著称，史称"普洱茶名遍天下，味最酽，京师尤重之"[2]。普洱茶出产地主要为当地的六大茶山，檀萃《滇海虞衡志》记载："普茶名重于天下，此滇之所以为产而资利赖者也，出普洱茶所属六茶山，一曰攸乐，二曰革登，三曰倚邦，四曰莽枝，五曰蛮端，六曰曼撒，周八百里，入山作茶者数十万人，茶客收买，运于各处，每盈路，可谓大钱粮矣。"[3]产茶盛况可见一斑。普洱茶加工技术水平也不断提高："茶产六山，气味随土性而异，生于赤土或土中杂石者最佳，消食、散寒、解毒。于二月间采，蕊极细而白，谓之毛尖，以作贡，贡后方许民间贩卖。采而蒸之，揉为团饼，其叶之少放而犹嫩者名芽茶；采于三四月者，名小满茶；采于六七月者，名谷花茶；大而圆者，名紧团茶；小而圆者，名女儿茶；女儿茶为妇女所采，于雨前得之，即四两重团茶也。其入商贩之手，而外细内粗者，名改造茶；将揉时，预择其内之劲黄而不卷者，名金月天；其固结而不解者，名疙搭茶，味极厚，难得。种茶之家，芟锄备至，旁生草木，则味劣难售，或与他物同器，则染其气而不堪饮矣。"[4]不同品种制作工艺亦不同。

　　清代，普洱茶的贸易非常兴盛，"印度商旅，驮运茶、胶（紫胶）者络绎于途"，"还有缅甸、锡兰（今斯里兰卡）、暹罗（今泰国）、柬埔寨、安南（今越南）等国的驮马商队，每年至少有五万匹来往于西双版纳和思茅、普洱之间，从事茶叶的收购和贸易，并转运至东南亚及世界其他国家"。[5]光绪三十四年（1908），永昌祥商号在大理下关开办中国第一个茶厂，将茶叶运往四川、西藏

① 杨志玲：《近代云南茶业经济研究》，人民出版社，2009，第54~55页。

② （清）阮福：《普洱茶记》。

③ （清）檀萃：《滇海虞衡志》卷十一。

④ （清）阮福：《普洱茶记》。

⑤ 王懿之：《云南普洱茶及其在世界茶史上的地位》，载《思想战线》，1992（2）。

等地销售。可见，茶叶作为当地经济作物的大宗商品，极大地推动了产茶区的对外贸易。

（2）烟草种植

云南在明末已开始种植烟草，其时，除自种自食外，还有一定数量的产品投入市场。到了清代，烟草的商品化生产进一步扩大。《滇南闻见录》载："蔫亦作菸，俗作烟，本名淡巴孤，夷地草也。初移植于闽，今则遍天下皆尚之。滇省各郡，无处不植蔫，而宁州八寨多而且佳。……种蔫之地，半占农田。卖蔫之家，倍多米铺，不独滇省为然也。"① 当时所种的是晒烟，即人们通常说的"叶子烟"。"倍多米铺"，反映了烟草买卖的普遍。清代中叶以后，由于鸦片泛滥，烟草的销路受到影响，种植面积有所缩减，总产量下降，但是商品性烟草的生产并没有被阻断。"清同治八年（1869）滇南蒙自新安所响水村周氏兄弟发明了刀切烟工艺，首次在云南成功制成了烟丝，第二年'刀烟'产生。"② "刀烟"一般用竹制水烟筒吸食并广为盛行至今。光绪二十年（1894），通海、河西一带又创"推烟"。到清末，通海全县烟榨有 580 多盘，作坊 200 多家，从业者 1000多人，年加工烟丝 18 万旧市斤。此后，蒙自、弥勒、泸西、开远、建水等地也相继出现烟丝加工户。③ 可见，至清末，云南烟草的商品化程度大为提升。

（二）牧业生产

云南畜牧业源远流长，历来比较发达。元代以来，随着农业区域的不断拓展，云南畜牧业区域虽有所减缩，但是仍然取得了很多成就。

元代，云南畜牧经济也比较繁荣。一方面，蒙古本身即为游牧民族，历来重视马匹的饲养，入主中原后仍保持了这一传统。元军驻防云南之初，即将圈占的民田变为牧场、草地。史载"东越耽罗，北逾火里秃麻，西至甘肃，南暨

---

① 程永照主编：《回顾与展望：烟草经济研究文集》，世界图书出版公司，2003，第 163 页。
② 云南省地方志编纂委员会总纂，云南省烟草公司编撰：《云南省志》卷二十《烟草志》，云南人民出版社，2000，第 182 页。
③ 李珪主编：《云南近代经济史》，云南民族出版社，1995，第 70 页。

云南等地，凡一十四处"，"无非牧地"。[1] 元朝所设 14 处牧区，云南即为其一，牧养马、牛、驼、骡、羊等畜。牧区由有千户、百户职衔者治理，牧人称"哈赤哈剌赤"，云南牧区以铁木儿不花统治时期为长。另一方面，元代云南的人口众多，农业发达，而且自然条件兼宜农牧，当地少数民族也多有经营畜牧的习惯，所以畜牧业经济也比较繁荣。正因为如此，赛典赤在确定云南各地赋税时规定"宜马则入马，宜牛则入牛，并与米值相当"[2]。这也确实反映了当时云南畜牧业的发达。

云南盛产马牛羊等。早在南诏、大理国时期，云南的畜牧业已十分发达，其所产丽江马素称"西南藩之最"[3]，因此马匹一度成为大理国对外贸易的重要商品，史称"南方诸蛮马皆出大理国。罗殿、自杞、特磨岁以马来，皆贩之大理者也"[4]。到了元代，云南的畜牧业依旧繁荣，品质优良的大理马甚至一度运销印度[5]。广西路（治今泸西县）"田宜牧养，出名马、牛、羊"[6]。威楚路为"杂蛮耕牧之地"[7]。乌撒路"节气如上都，宜牧养，出名马、牛、羊"[8]。末些蛮在元代时虽仍处于"依江附险，酋寨星列，不相统摄"的阶段，但其畜牧业却较发达，"地凉，多羊、马"[9]。罗罗族的畜牧业也很发达，"祭祀时，亲戚毕至，宰杀牛羊动以千数，少者不下数百"[10]，可见其牲畜之多。

云南由于畜牧业发达，盛产马牛羊，因此，不少地方向朝廷、藩王进贡时，马匹常成为其大宗。如曲靖路每年纳金 3550 两，马 184 匹。[11] 至元七年（1270），

---

① 《元史》卷一百《兵三·马政》。

② （明）张洪：《南夷书》。

③ （宋）范大成：《桂海虞衡志·志兽》。

④ （清）周去非：《岭外代答》卷九《蛮马》。

⑤ 《马可波罗行记》第二卷第 49 章。

⑥ 《元混一方舆胜览》卷中《云南·广西路》。

⑦ 《元史》卷六十一《地理志》。

⑧ （元）李京：《云南志略·诸夷风俗》。

⑨ （元）李京：《云南志略·诸夷风俗》。

⑩ （元）李京：《云南志略·诸夷风俗》。

⑪ 《元史》卷七《世祖本纪四》。

金齿、膘国酋长阿匿福等内附，"献驯象及马"。① 至元二十一年（1284），八番地区龙昌宁、龙延万等"奉羊马来贡"②。成宗大德年间，云南每年要向梁王进贡 2500 匹马。③ 云南所产马匹不仅数量多，而且质量佳，元政府所需马匹经常向云南购买。如至大四年（1311），元政府给云南王老的部属马价 12000 锭。④ 天历二年（1329），顺元、思、播州等驿驿马多死于兵乱，"令有死买马补之"⑤。这些均反映了元代云南畜牧业的发达。

明代云南的畜牧业在元代的基础上进一步发展，养马业的进一步发展以及象的大量驯养和使用是其突出表现。马的饲养在云南一直很受重视。云南马不断输往内地，茶马互市即为其重要途径。明初，由于军事上的需求，政府从一开始就非常重视向西南等地区的少数民族买马。为此，洪武五年（1372）即在川陕设立了 5 个"茶马司"，与西南、西北的少数民族进行茶马贸易。其中，云南马主要在四川茶马司互市。洪武十六、十七年（1383、1384），明政府将原属云南的东川、乌蒙（今昭通）、芒部（今镇雄）、乌撒（今贵州威宁）四地划归四川布政司使管辖，又规定了这些地区易马的数额及其折价，"乌撒岁易马六千五百匹，乌蒙、东川、芒部皆四千匹。凡马一匹给布三十匹，或茶一百斤，盐如之"⑥。如需增加，明政府还会临时购置马匹。如洪武十九年（1386），"许英领校卒七百余人，赍白金二万二千六百五十两往乌撒等处市马，得马七百五十五匹"⑦。同年五月，甘美又"率军士千人，赍白金三万一百三十九两往云南、东川等军民府市马，得马二千三百八十余匹。继又命龙虎等卫将士以白金十三万两复往云南市之"⑧。除了茶马互市，云南马还通过朝贡的方式大量输入内地。据汪宁生的统计，仅永乐一朝 22 年中，云南及其周边地区贡马达

①《元史》卷六十一《地理四·云南》。
②《元史》卷十三《世祖十》。
③ 见杜玉亭：《元代云南的土官制度》，载《学术研究》（云南），1963（7）。
④《元史》卷二十四《仁宗一》。
⑤《元史》卷三十三《文宗二》。
⑥《明史》卷三百一十一《四川土司传一》。
⑦《明实录》卷一百七十七，洪武十九年（1386）二月己丑。
⑧《明实录》卷一百七十八，洪武十九年（1386）五月庚申。

74 次。除了原来盛行养马的滇池、滇东北、滇西等地区外，还有景东、镇源、顺宁（今风庆）、镇康、大侯（今云县）、麓川（今瑞丽）、湾甸（今昌宁湾甸）、潞江（今保山潞江坝）、孟定（今耿马）、孟连、车里（今西双版纳）、临安（今建水）、溪处（今红河溪处）、广西府（今泸西）、维摩（今砚山维摩）等地也开始贡马。<sup>①</sup> 贡马涉及的地域明显比元代广泛，说明云南养马业的进一步发展。有明一代，云南贡马之多，为全国之冠，明后期云南贡马数量虽不及明初，但并不能说明云南养马业的衰退，而是由于内地的需求减少了。<sup>②</sup>

象，主要产自今西双版纳和德宏地区，在云南的驯养和使用并非始于明代。早在南诏、大理时期，史书中已有云南人民驯养象的记载。如唐樊绰《云南志》卷七记载："象，开南（今景东县北）以南多有之。或捉得，人家多养之以代耕地也。"又说："开南以南养象，大于水牛，一家数头，养之代耕牛也。"<sup>③</sup> 唐刘恂所著《岭表录异》卷上有用象为运输工具的记录："恂有亲表，曾奉使云南，彼中豪杰，各家养象，负重到远，如中夏之畜牛马也。"<sup>④</sup> 彼时，象主要用于耕种和运输。到了明代，有关云南驯养和使用象的记录逐渐增多。这一时期，象仍然是一些地区重要的交通运输工具。如谢肇淛的《五杂俎》记载："滇人畜象，如中夏畜牛马然，骑以出入，装载粮物，而性尤驯。"<sup>⑤</sup> 史书中关于以象耕田的记录极少见，关于以象作战的记载较多。如洪武初年，明军征麓川时，"夷人驱象百余头以战，马惊走，不得成列"<sup>⑥</sup>，明军在定边（今南涧）大败。后沐英设计攻破象阵，才反败为胜。由于象阵的强大，所以在麓川请降时，朱元璋要求麓川贡战象 500 头，象奴 300 人，才许投降。<sup>⑦</sup> 而后，明政府还经常征调云南的驯象。如万历征云南时，云南巡抚汪文盛进言："八百、车里与老挝相近，孟良

---

① 汪宁生：《古代云南的养马业——云南少数民族科技史学习札记》，载《思想战线》，1980（3）。

② 汪宁生：《古代云南的养马业——云南少数民族科技史学习札记》，载《思想战线》，1980（3）。

③（唐）樊绰：《云南志》卷七。

④（唐）刘恂：《岭表录异》卷上。

⑤（明）谢肇淛：《五杂俎》卷九《物部一》。

⑥（明）张洪：《南夷书》。

⑦《明实录》卷一百九十，洪武二十一年（1388）夏四月癸亥。

图 3-6：因象命名的路——云南昆明象眼街。象眼街，清时已有。据说，象群过此路时，大象小象依依不舍，象眼充满泪水，感动了人们，遂将此街命名为象眼街。（周智生　摄）

在老挝上流，皆多兵象，可备征讨。"① 于是，明军在这几处都征调了驯象作战。天启年间，明军在用兵镇压云南少数民族的反抗时，更是大量征调了景东的驯象，史称："历讨铁索、米鲁、那鉴、安铨、凤继祖诸役，皆调其兵及战象。"② 大量以象作战的例子，说明明代云南驯象业已颇具规模。

清代，云南的畜牧业依然十分发达，檀萃称当时的云南"重牧而不重耕，以牧之利息大也"③。这一时期，人们饲养的大牲畜，除了马、牛、羊，还有驴和骡。时人计算马、牛、羊数量的方式比较特别，多以"群"而非具体数值："马牛羊不计其数，以群为名，或百为群，或数百及千为群。其巨室几于以谷量马牛，凡夷俗无处不然。"④ 这是云南比较独特的现象。马的饲养很普遍。史载"自前明开屯设卫以来，江湖之民，云集而耕作于滇，既夷人亦渐习于牛耕，故牛为重"，所以"马产几遍滇"。⑤ 即清代滇马的饲养依然非常广泛。牛有黄牛和水牛两种，其中以黄牛饲养居多。马、牛除了主要用于耕种、驾车，还可供食用和祭祀。羊有绵羊和山羊两种，"于滇中为盛"，主要供食用，如省城昆明每天都屠宰数百只。羊皮可制作外衣，羊毛还可以用于制作毡、罽、毯、毲、帽缨等，所以"养羊出办多利息大也"，"羊之孳生蕃息倍

①《明史》卷三百一十五《云南土司三·老挝》。
②《明史》卷三百十四《云南土司二·景东》。
③（清）檀萃：《滇海虞衡志》卷七《志兽》。
④（清）檀萃：《滇海虞衡志》卷七《志兽》。
⑤（清）檀萃：《滇海虞衡志》卷七《志兽》。

于马"。① 滇人还饲养了大量的驴、骡。驴,"滇到处产之",可供短途运输;骡,"滇到处畜养之,兰坪尤著名",可供长途运输。② 从放牧的方式来看,"春夏则牧之于悬崖绝谷,秋冬则放之于水田有草处"③。随着畜牧业的兴盛,骡马交易也非常活跃,在丽江甚至形成了专门的交易市场"骡马会"。史载:"丽江市集以骡马会为最著。每年三月、七月初间行之,盖丽地天候温和,山脉绵衍,水源清洁,百草丰茂,所产骡马为西南巨擘。每次赴会,公骡、母骡不下数千头,儿马、骟马不下数百头,购运出境者居十之七八。"④

松桂会也是以马、牛、羊等牲畜为大宗商品交易的市场⑤,可见交易规模之大,当地骡、马养殖业之繁盛,亦可见在畜牧业发达的一些地区甚至出现了专门的牲畜交易市场,畜牧业的商品化程度在不断提高。

从以上论述可知,元明清时期云南的畜牧业主要分布在今昭通、丽江、迪庆等高寒山区。这些地区气候寒冷,为高原、高山区,畜牧业占有重要地位。如谢肇淛所说:"郡辖四长官司皆西蕃,性最暴悍,随畜迁徙,又有野西蕃者,倏去倏来,尤不可制。""楚雄之夷为罗婆,居山林高阜,以牧养为业。""曲靖之夷亦曰黑、白爨,椎髻皮服,居深山,虽高冈硗陇亦力垦之,种甜苦二荞自赡,善畜马食。"⑥ 与单纯畜牧业地区不一样,云南高寒山地农业仍有一定地位,如 20 世纪 50 年代的调查显示,生活在宁蒗石福山乡(海拔高度均在 3300 米以上)的彝族的经济生活,农业为主,畜牧为辅。主要农作物有洋芋、荞麦、燕麦以及青稞等,牲畜放牧一般无固定地点,到处游牧,牧场距离村寨不远。⑦ 这样依存于农业以及定居生活的畜牧业与游牧业有明显的区别,可见畜牧业不是一个独立的经济产业。

---

① (清)檀萃:《滇海虞衡志》卷七《志兽》。
② 《新纂云南通志》卷五十八《物产考一》。
③ (清)师范:《滇系三》卷四《赋产》。
④ 《新纂云南通志》卷一百四十三《商业考一》。
⑤ 方国瑜主编:《云南史料丛刊》第十一卷,第 303 页。
⑥ (明)谢肇淛:《滇略》卷九《夷略》。
⑦ 《民族问题五种丛书》云南省编辑委员会编:《云南小凉山彝族社会历史调查》,云南人民出版社,1984,第 114~117 页。

## 二、矿产开发与生产

云南矿产资源丰富，开采历史悠久，至少可追溯到汉代，并生产了闻名遐迩、可与中原内地媲美的牛虎铜案、朱提（今昭通）银等。但是在古代，云南矿业的兴盛却是元明清以来的事情。这一时期，云南越来越多的矿产品种被开采出来，矿业生产的规模及其技术也取得了长足的进步。

（一）元代矿产开发

元政府在云南建立行省后，对云南的矿业非常重视，先后在云南设立了诸路铜冶总管府和淘金总管府。这一时期，云南矿产开发和生产的成就主要体现在对金、银、铜、铁、盐的开采和生产上，云南成为全国金、银的重要产地。

从生产区域来看，当时云南"产金之所……云南省曰威楚（今楚雄）、丽江、大理、金齿（今保山、德宏等地）、临安（今建水、通海、蒙自、石屏等地）、曲靖、元江、罗罗（今四川西昌、汉源等地）、会川（今四川会理）、建昌（今四川西昌）、德昌、柏兴（今四川盐源、盐边）、乌撒（今贵州威宁、赫章等地）、东川、乌蒙（今昭通、大观等地）"；"产银之所……云南省曰威楚、大理、金齿、临安、元江"；"产铜之所……云南省曰大理、澂江"；"产铁之所……云南省曰中庆（今昆明市）、大理、金齿、临安、曲靖、澂江、罗罗、建昌"。[①]元代，云南金的产地最多，共计15处，其中有9处分布在今滇南、滇西、滇东等地，5处分布在四川的西南部和贵州的西部。银的产地共5处，分布在今滇西、滇东南的广大地区；铜的产地计2处，集中在今滇中；铁的产地也较多，共8处，涉及今滇中、滇西、滇南、滇东以及川西南等地区。

关于元代云南金、银、铜、铁的产量，均未见史书明确的记载。有学者根据天历元年（1328）云南所纳金、银、铜、铁的课税推算，当时云南交纳金课"一百八十四锭一两九钱"，所产之金占全国总产量的三分之一强，超出其他产金各省；银课"七百三十五锭三十四两三钱"，银产量占全国的47.42%，在全

---

①《元史》卷九十四《食货二·岁课》。

国产银五省中居首位；铜课 2380 斤，铜产量为 11900 斤，而且当时全国产铜有益都、辽阳、云南三省，仅云南需交纳铜课；铁课 124701 斤，在全国 6 个交纳铁课的省份中位居第四。[①] 由此可见元代云南矿业的发展及其在全国地位的重要性。

云南盐矿资源丰富，盐业生产历史悠久。元代，滇盐的开采和生产仍然主要集中在从昆明到楚雄一带的滇中地区。《大元混一方舆胜览》记载：姚州"产白井盐，云南盐井四十余所，推姚州白井、威楚黑井最佳"。白井在今大姚县，黑井在今禄丰县，均位于今楚雄彝族自治州境内。《马可波罗行纪》载：押池城（中庆城）"其地有盐井而取盐于其中，其地之人皆恃此盐为活，国王赖此盐收入甚巨"。此处所指盐产地在安宁，安宁盐井规模大，产量多，对人民生活至关重要，对政府财政也相当重要。由这些记载可知，大理路白盐城榷税官以楚雄地区的白井、黑井产盐最盛，中庆路榷税官所在地以今安宁盐井为最盛。可见，在元代，今楚雄至昆明一带的滇中是云南制盐业最为发达的地区。此外，滇西和滇南个别地区的盐矿也得到开发。如丽江路，"有盐七井之货"[②]。金齿百夷，每五天有集市，"以毡、布、茶、盐互相贸易"[③]。开南州（今景东），"至治三年（1323）……云南开南州大阿哀，阿三木、台龙买六千余人，寇哀卜白盐井"[④]。哀卜白盐井在今景谷境内。

元代，金银是云南矿业开发的重点。黄金大量开采的主要原因有两点：其一，"主要用来满足元蒙统治者和王公贵族的贪欲"；其二，"黄金的货币功能也更加凸显"。[⑤] 白银大量开采的主要原因是，"白银已成为纸币发行的准备金即'银本'"[⑥]。这充分表明元代云南金银业的发展均与货币经济的发展息息相关。

---

① 杨寿川：《云南矿业开发史》，社会科学文献出版社，2014，第 54~60 页。
②《元一统志》。
③《元史》卷二十九《泰定帝一》。
④（元）李京：《云南志略·诸夷风俗》。
⑤ 杨寿川：《云南矿业开发史》序，第 3 页。
⑥ 杨寿川：《云南矿业开发史》序，第 3 页。

（二）明代矿产开发

明代，云南矿业得到进一步发展，金、银、铜、铁、锡、铅、锌等矿产资源均得到开发，其中，金、银、铜的产量位居全国首位。这一时期，云南的矿业生产规模较大，分工较细，已经形成由"硐头""义夫""矿徒""炉户"等组成的比较完整的行业组织系统。史称"采矿事，惟滇为善"[①]。

银矿。明代是云南银矿的大开发时期，这时云南产量丰富，位居全国首位。据梁方仲的统计，明代全国银场总数至少有 100 处以上，其中云南银场在宣德、正统年间有 7 处，弘治年间有 9 处，万历、天启年间约 23 所，至明末增加到 63 处。[②] 其中，云南开采的银场，见于史册且有明确位置者，共 30 处。[③] 可见，云南金矿的开采规模在明初至弘治年间还不及元代，明中后期则得到了大规模的开采，远超过元代。这些银场主要分布在楚雄、永昌、大理、曲靖、姚安、镇沅等地，其中，"楚雄、永昌、大理为最盛，曲靖、姚安次之，镇沅又次之"[④]。从产量来看，史书中虽无明确记载，但就政府征收的银课及其税率来看，在天顺二年（1458）、天顺四年（1460）、成化三年（1467）、成化九年（1473）、成化二十年（1484）、弘治元年（1488）、弘治十七年（1504）等年份，滇银的产量在全国总产量中所占比例均超过了 50%，弘治十七年甚至高达 99.93%。[⑤] 足见当时云南银矿生产之盛及其在全国地位之重要。

金矿。明代，云南金矿开采地区较多，云南成为全国重要产金区。根据文献记载，明代云南先后开采的金矿主要位于楚雄府大姚县、临安府安南长官司（今文山州）、芒市长官司、永宁府（今香格里拉等地）、姚安军民府、丽江军民府、金齿军民指挥使司、镇沅府镇沅县、元江府恭顺州（今墨江县）、丽江府丽

① （明）王士性：《广志绎》卷五《西南诸省·云南》。
② 梁方仲：《梁方仲经济史论文集》，中华书局，1989，第 90 页。
③ 杨寿川：《云南矿业开发史》，第 65~66 页。
④ （明）宋应星，钟广言注释：《天工开物》卷下第十四《五金·银》，中华书局（香港分局），1978，第 344 页。
⑤ 全汉昇：《中国经济史研究（下）》，台北稻香出版社，1991，第 606、607、608、609、629、630 页。

江县、鹤庆府鹤庆县等 10 处。<sup>①</sup> 总体来看，明代云南金矿开采区域与元代大体一致。宋应星《天工开物》中记载："凡中国产金之区，大约百余处。"<sup>②</sup> 其中云南至少有 10 处，约占全国的十分之一，说明云南是明代全国产金较多的省份。在云南各产金区中，又以滇西北所产水金较为出名。《天工开物》载："水金多者出云南金沙江（古名丽水），此水源出吐蕃，绕流丽江府，至于北胜州，回环五百余里，出金者有数截。……皆于江沙水中，淘沃取金。"<sup>③</sup> 金沙江上游从丽江府到北胜州一带，是金的重要产地。金的产量虽不见明确记载，但可从有关记载窥其一二。《续文献通考》记载：弘治十六年（1503），"每年额办金六十六两六钱七分"；嘉靖七年（1528），"题准云南年例金一千两"。<sup>④</sup> 又，天启《滇志》"贡金"条载："（云南）原无正额，嘉靖十三年（1534）始解二千两"；"万历二十年（1592），奉旨每年加足色金三千，共五千两"。<sup>⑤</sup> 根据这两处记载，我们当可以推知：一、正是因为云南黄金产量多，所以税收自然也就比较高；二、嘉靖、万历年间，云南金矿生产得到迅速发展，所以金课才会在弘治十六年到嘉靖七年的 25 年内增长了 14 倍，在嘉靖七年到嘉靖十三年短短 6 年时间内，又增长了 1 倍，而到了万历二十年，金课加贡金已是弘治十六年的 75 倍，嘉靖七年的 5 倍。那么，当时云南金矿产量的增长真的如此之快吗？对此，万历三十六年（1608），吏部给事中王元翰《滇民不堪苛政疏》中说到："云南大害，莫甚贡金、征榷之事。""例金额止二千，地方之所产犹不足数，乃因清命，反增加至五千，数年于兹。初犹拮㧍销钏，今则鬻子市妻，继以亡命，此而尚能如例耶？"<sup>⑥</sup> 这段记载反映了明政府对云南黄金的横征暴敛，当时云南可能连正课 2000 两的产量都达不到。尽管如此，我们仍不能否认当时云南金矿生产的发达。正是由于政府的横征暴敛，致使云南矿业在明后期饱受摧残，发展势头已

① 杨寿川：《云南矿业开发史》，第 92 页。

② （明）宋应星著，钟广言注释：《天工开物》卷下第十四《五金·银》，第 336 页。

③ （明）宋应星著，钟广言注释：《天工开物》卷下第十四《五金·银》，第 336 页。

④ （清）王圻纂辑：《续文献通考》卷二十七《征榷考·坑冶》。

⑤ 天启《滇志》卷六《赋役志第四·贡金》。

⑥ 方国瑜主编：《云南史料丛刊·第四卷》，第 666~667 页。

比不上明前中期。但是宋应星在《天工开物》中又称："然合八省所生，不敌云南之半。"①宋应星为万历朝人，说明万历年间云南金矿开采虽比不上前中期，但其产量仍居全国之首。

铜矿。云南铜矿开采在明代取得了长足的进展。据文献记载，东川府、永昌府、澄江府、永宁府、大理府、临安府、蒙化府、云南府、曲靖府、姚安府、丽江府以及金齿军民指挥使司、车里宣慰使司等地均为铜矿开采之地，其中，又以澄江府路南州所产较多。②元代仅大理、滇中两处有产铜的记录，到了明代，滇铜的开采已经涉及今滇中、滇西、滇南、滇东北的广大地区。在开采地域上，明代已远远超出元代。明代，滇铜产量相当可观。如路南州以东的红石岩厂，"明时于附近之暮卜山开采，年获铜数百万斤"③。仅这处铜厂即年产铜"数百万斤"，可见生产规模之大。另，杨寿川根据明末铜课交纳之数，推算出当时仅罗次县、晋宁州、禄丰县、易门县、蒙自县、宁州、路南州、大姚县、顺宁府等9个府州县年共产铜约418738斤。④明代滇铜产量之大可见一斑。明代，滇铜除了满足当地需求，还可供外销。时人有"滇之铜，……以供天下贸易"⑤的说法。这也说明了明代云南铜矿业的发达。明代云南铜冶业的发展为清前期的全盛奠定了基础。

铁矿。铁矿开采在明代云南矿业中也占有重要的地位。明代，随着屯田大规模的开展，铁质农具需求大增加，推动了云南铁矿的开发和生产。根据《明一统志·云南布政司》《景泰云南图经志书》及正德《云南志》的记载，明代云南铁矿的重要产地有云南府安宁州和昆阳州、临安府石屏州、大理府邓川州和漾濞县、丽江军民府北胜州、楚雄府定远县、车里军民宣慰使司、澂江府、蒙化府、曲靖府陆良州和沾益州等处，产区大体与元代相同。这一时期，个别

① （明）宋应星著，钟广言注释：《天工开物》卷下第十四《五金·银》，第 336 页。
② 杨寿川：《云南矿业开发史》，第 81~83 页。
③ 道光《云南通志稿》卷七十五《食货志八之三·矿产三》。
④ 杨寿川：《云南矿业开发史》，第 86 页。
⑤ 天启《滇志》卷三《地理志·物产》。

地区的铁矿产量较高。如邓川州索鼻山铁矿，"岁输铁四万五千斤"[1]。根据《明史·食货志》所载"每三十分取其一"的税率，其年产量为 675000 斤。

盐矿。明代，滇西和滇中的井盐生产都有所发展，云南已成为全国重要的产盐区之一。明初在全国建立了都转运盐使 6 处，盐课提举司 7 处，其中云南就有盐课提举司 4 处，即黑盐井、白盐井、安宁盐井和五井。各处盐课提举司下又设若干盐课司，每个盐课司下辖若干盐井。黑盐井盐课提举司下设黑盐井、阿陋猴井、琅井 3 处盐课司，下辖黑井、白石泉井、岩泉井、琅井、阿陋猴井等；白盐井盐课提举司设白盐井盐课司 1 处，辖旧井、桥井、中井、灰井、尾井等；安宁盐课提举司辖琅井、大井、石井、河中井、大界井、新井等；五井盐课提举司辖诺邓盐井、山井盐井、师井、大井盐井、顺荡盐井；又设鹤庆军民府剑川州弥沙井、丽江军民府兰州以及武定军民府和曲州只旧井、河头井、草其河尾井等 8 处盐课司，辖诺邓井、大井、山井、师井、顺荡井、弥沙井、只旧井、河头井、草其河尾井等。[2] 在地域分布上，除了滇中，滇西盐产地的增多更为明显，白盐井、五井盐课司辖区内的盐井基本位于滇西。

此外，明代云南的锡、铅、锌等矿产资源也得到了一定程度的开采。锡矿主要产自大理府、临安府、金齿军民指挥使司和楚雄府，其中大理、楚雄二府产量最盛，临安府质量最佳。铅矿的开发主要分布在大理、临安、楚雄和澂江四府。锌矿则主要产自临安府宁州（今华宁县）。[3]

（三）清代矿产开发

清代，云南以铜矿业为中心的矿业得到空前发展，取得了令人瞩目的成就。铜、盐、锡、银均取得了前所未有的开发，金、铅、锌、铁也有所开采。

铜矿。清前期，滇铜开采最盛，生产区域极广，产量极丰，成为云南矿业的支柱。《清史稿》称："百余年来，云、贵、两湖、两粤、四川、陕西、江西、直隶报开铜铅矿以百数十计，而云南铜矿尤甲各行省。盖鼓铸铅、铜并重，而

---

① 《景泰云南图经志书》卷五《大理府·邓川州》。
② 见《明史》卷八十二《食货六》；天启《滇志》卷六《赋役志》。
③ 见杨寿川：《云南矿业开发史》，第 96~98 页。

铜尤重。秦、鄂、蜀、桂、黔、赣皆产铜，而滇最饶。"①清前期滇铜开发的主要原因有：1.随着铸币工业的发展，市场上需要大量滇铜；2.清政府实行以"放本收铜"为核心的铜政扶持和鼓励铜矿的开采；3.地方政府"广示招徕"，吸引和鼓励内地富商大贾来滇投资开矿；4.云南丰富的矿产资源是滇铜开发的前提条件；5.内地移民的大量涌入，为矿业开发提供了充足的人力资源；等等。②清代，云南的铜厂主要分布在东川府、曲靖府、云南府、澄江府、昭通府、大理府、顺宁府、楚雄府、丽江府、临安府、开化府以及永北、武定、镇雄、元江直隶厅（州）等。产地范围已远超出明代，可谓遍布全省。据统计，顺治元年到道光十八年（1644—1838）的194年内，全国先后开设292个铜厂，其中云南175个，超过全国之半数，在全国12个产铜省中居首位。③在这些铜厂中，有7个年产量可达100万斤以上，分别是汤丹厂（位于东川府巧家厅西北的汤丹山）、宁台厂（位于顺宁府顺宁县即今凤庆县东北520千米的宁台山）、碌碌厂（位于会泽县西落雪山）、得宝坪厂（位于永北同知地方即今永胜县）、大兴厂（位于澄江府路南州地方即今石林县）、大功厂（位于大理府云龙州西北320千米的大功山）、金钗厂（位于临安府蒙自县西南45千米）。④

清前期，滇铜产量超出以往任何时代。康熙四十四年（1705）时，滇铜年产量达到180多万斤。⑤同年，清政府开始在云南实施"放本收铜"的政策。此后，滇铜开采规模迅速扩大。从康熙四十四年到雍正十三年（1735）的30年间，铜厂由17个增加到35个。⑥铜产量从雍正元年至雍正七年（1723—1729）由100万斤增加到400万斤。⑦乾隆到嘉庆中期，云南铜产达到最盛。在此期间，在采的铜厂数少则21个，多则达52个，一般也有30多个到40多个。⑧从

---

① 《清史稿》卷一百二十四《食货五·矿政》。
② 见杨寿川：《云南矿业开发史》，第123~141页。
③ 见杨寿川：《云南矿业开发史》，第141页。
④ 这七厂具体情况详见杨寿川：《云南矿业开发史》，第154~160页。
⑤ 常玲：《清代云南的"放本收铜"政策》，载《思想战线》，1988（2）。
⑥ 严中平：《清代云南铜政考》，中华书局，1957，第79页。
⑦ 全汉昇：《中国近代经济史论丛》，中华书局，2011，第423~424页。
⑧ 杨寿川：《云南矿业开发史》，第184页。

图 3-7：东川（会泽）娜姑古镇的明清建筑。东川府的铜矿开发，促进了娜姑的经济文化发展，使得娜姑保留了大量的明清古建筑。（邢毅　摄）

乾隆五年到嘉庆十六年（1740—1811），滇铜年产量均在 1000 万斤以上，乾隆二十八、二十九年，滇铜产量高达 1400 多万斤。[①] 乾、嘉时期成为滇铜的极盛时代。清代，滇铜除满足本地鼓铸铜钱等冶铸需求外，还供应京师及江苏、江西、浙江、福建、湖北、湖南、陕西、广东、广西、贵州等地。嘉庆中期以后，由于传统社会生产力的局限、清政府的控制与掠夺以及嘉庆、道光年间出现的"银贵钱贱"等因素，滇铜的开采和生产逐渐衰落。[②]

　　盐矿。清代是云南盐业空前发展时期。由于移民的大量涌入以及政府的推动，滇盐的产地、产量及其税课均超过了以往。制盐业关系国计民生，在清代成为云南除铜矿开采外另一个重要的生产部门。清初，云南盐务由云贵总督总理，以后又以巡抚御史兼管，同时在云南府设云南驿传盐法道专管。盐法道下设盐课提举、盐课大使等分管各地盐务。嘉庆五年（1800），因为官运官销弊端

---

① 严中平：《清代云南铜政考》，第 81 页。
② 杨寿川：《云南矿业开发史》，社会科学文献出版社，2014，第 267~278 页。

图 3-8：东川娜姑古镇的运铜古道（邢毅　摄）

丛生，云南盐政改为"灶煎灶卖""民运民销"，产、运、销由商民自行经营，官府征收盐税。

　　有清一代，云南增开许多新盐井，滇南盐矿得到大力开发，在产区上逐渐突破了传统的布局。滇盐在生产技术上，凿井汲卤的方法及其设备比较简单，根据井型以及井深分别采取辘轳提升、"竹笕"抽卤和人工背运。其中最有特色的是河中造井技术。《滇南闻见录》记载其方法为："滇盐产于地中，穴地为井，汲卤煎盐，盐井俱在迤西、南一带，普洱府属之威远地方，竟于淡水河内探得卤穴，鬶成盐井。"[1] 即在河流中间开凿盐井，把淡水和咸水分开再取卤水煎盐。《滇南盐法图》中也有安宁井、黑井和景东井用这种方式造井的记载。这种河中造盐井取卤水的方法，迄今为止只见云南一地有记载，这是云南人民在盐业生产中的一项独特贡献。

　　随着盐产地的增加以及传统生产技术的发展，滇盐产量大为增加。无论单

---

① （清）吴大勋撰：《滇南见闻录》上卷《天部·盐井》。

图 3-9：会泽江西会馆（又称万寿宫）大戏台。会泽矿业兴旺，移民众多，会馆是各省到会泽采办铜矿的办事处，又是同乡聚会的重要场所，也是各省商会的组织机构。（范建华　摄）

个产区还是全省产区，年产量均非常可观。就单个产区来看，清代云南仅年产量在 100 万斤以上的有黑、白、云龙、石膏、喇鸡、抱母、按版、琅及磨黑等井。就全省而言，雍正十年（1732），全省产盐达 2728 万多斤。[1] 产量增加，盐课亦随之增加。明天启年间（1621—1625），云南每年盐课共 50110 两之多，遇闰加征一个月。[2] 雍正十年，云南仅正额盐课一项已达 27 万余两，正额盈余银 22675 两，额外盈余银 25061 两。[3] 在不到 110 年的时间内，盐课已增长了 6 倍多，可见盐业生产发展之快。咸同之乱致使云南包括盐业生产在内的社会经济

①《钦定大清会典事例》卷二百二十九《户部·盐法》。

② 天启《滇志》卷六《赋役》。

③《钦定大清会典事例》卷二百二十九《户部·盐法》。

图 3-10：《滇南盐法图》中的云龙石门井汲泸图

资料来源：黄培林，钟长永主编，云南省盐业总公司、自贡市盐业历史博物馆编著：《滇盐史论》，四川人民出版社，1997，第 97 页。

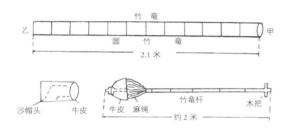

图 3-11：人工汲卤用竹竜示意图
资料来源：黄培林，钟长永主编，云南省盐业总公司、自贡市盐业历史博物馆编著：《滇盐史论》，第 98 页。

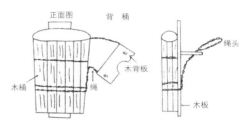

图 3-12：人工背卤用桶示意图
资料来源：黄培林，钟长永主编，云南省盐业总公司、自贡市盐业历史博物馆编著：《滇盐史论》，第 98 页。

一度萎缩，战乱平息后，盐业生产又有所恢复，直到清末仍保持一定的生产规模。如清末滇盐正课银、溢课银和漏报溢课银三项共 48 万多两，[①] 其中虽不乏统治者的横征暴敛，但亦可想见其生产规模不小。

清代，制盐业在云南的社会经济中扮演了越来越重要的角色，成为云南除铜矿生产外另一个重要的生产门类。故明代有"滇南唯矿盐二课，为力滋大"[②] 的说法。清人亦言："滇南大政，唯铜与盐。"盐课收入在地方财政中举足轻重："然帑藏所入，以盐课为大宗，岁计五六十万，近年来筹盐捐，又岁计五六十万，

① 《新纂云南通志》卷一百五十二《财政考三·盐课》。
② 《明实录》卷三十一。

与正课相比埒。往者官吏之廉俸出于盐，师儒之束脩膏火出于盐，将卒之饷糈出于盐；今则团营团哨之供亦出于盐，学堂之经费亦出于盐。"① 盐课收入已经成为地方财政的重要支柱。由此可见盐业生产在云南社会经济发展中的重要性。

清代，云南盐业获得极大发展的又一个重要标志是：出现了一批专门记载盐井开采的文献。就现存的这类文献以及相关记载来看，除滇南盐驿使李芯所作《滇南盐法图》外，清代官方主持修撰过多部盐井志，如：白盐井盐课提举司刘邦瑞的雍正《白盐井志》、顺宁府教授赵淳等的乾隆《白盐井志》、黑井提举李训铉的光绪《续修白盐井志》；黑盐井盐课提举司沈懋价的康熙《黑盐井志》、黑盐井盐课提举司朱璋的乾隆《黑盐井志》、黑盐井盐课提举司王定柱的嘉庆《黑盐井志》；琅井提举司来度的康熙《琅盐井志》、琅井提举司沈鼐等的《康熙增辑琅盐井志》；等等。其中一部分已佚，原稿或抄本流传至今的有《滇南盐法图》、雍正《白盐井志》、乾隆《白盐井志》、光绪《续修白盐井志》、嘉庆《黑盐井志》《康熙增辑琅盐井志》等。在这些传世的文献中，尤值得一提的是《滇南盐法图》。《滇南盐法图》由曾担任过滇南盐驿使的李芯绘制，成于康熙四十六年（1707），现藏于中国历史博物馆。该画卷分别描绘了当时著名的黑、白、琅、云龙、安宁、阿陋猴、景东、弥沙、只旧草溪等9个井区的"山川形势，煎煮事宜，人物情状"②。每帧画旁边均有题榜，画后附有图说，卷末有李芯的《盐法绘图跋》。《滇南盐法图》向世人再现了康熙年间云南各井区不同的盐井类型、汲卤装备、制盐工具及其生产工艺。《滇南盐法图》以及传世的各盐井志详细记载了清代云南各盐井开采的工具、方法、步骤、对当地的影响以及盐井地的山川、疆域、风俗、学校等，是我们研究云南盐业史和中国盐业史的宝贵资料。

锡矿。清代，云南锡矿业也得到空前发展。清代前期，云南锡矿最负盛名者为蒙自个旧。个旧产锡，早在明代已见记录。如正德《云南志》载："锡，蒙

---

① 嘉庆《续白盐井志》序言。
② （清）李芯：《盐法绘图跋》。

自个旧村出。"① 但是，直到康熙四十六年（1707）开设个旧锡厂后，锡矿才得以大规模地开采。康熙年间起，个旧锡产量就已逐渐领先国内其他产锡省份。乾隆、嘉庆年间起，滇锡已开始外销。其产量，康熙四十六年、雍正二年（1724）、嘉庆十七年（1812）分别达 99.1 万斤、144 万斤、152 万斤，呈逐渐增长的趋势。② 光绪十五年（1889），蒙自开关，个旧"厂情日盛"，出产的锡矿开始销往海外。宣统元年（1909），滇越铁路开始运行，锡的出口量及其价格"皆倍蓰往昔"。③ 个旧锡矿产量在光绪十六年到宣统二年（1890—1910）的 20 年间，由 1315 吨发展到 6000 吨④，增长了 3.5 倍多，其产量已非昔日可比。清末，在云南全省乃至全国其他矿业生产大都不太景气的大环境下，滇锡异军突起，产量迅猛增加，为民国时期锡矿业的进一步发展奠定了基础。

银矿。清代，滇银在明代的基础上也得到了进一步的发展。清代承袭并发展了明代形成的"银本位"货币制度和"计亩征银"的赋役制度，白银作为货币的使用更加拓展，嘉、道年间又出现了"银贵钱贱"的现象，市场对白银的需求进一步增加，推动了云南乃至全国银矿业的发展。从康熙二十四年到道光二十年（1685—1840），云南全省先后开采的银厂总计 45 个，占全国总数一半多，这些银厂主要分布在开化、丽江、永昌、顺宁、楚雄、大理、临安、东川、昭通、元江、永北、云南等 12 个府（厅）。产银区域比明代有所增加。清代，云南生产规模和产量比较大的银厂有石羊银厂（位于楚雄府安南州即今双柏县境内）、安南银厂（位于丽江府中甸地方即今香格里拉市）、回龙银厂（位于丽江府境内）、棉花地银厂（位于东川府地方）、个旧银厂（位于临安府蒙自市境内）、乐马银厂（位于昭通府鲁甸厅）、茂隆银厂（位于顺宁府镇边厅境内的茂隆山）、波龙银厂（今缅甸境内）。关于滇银产量，有学者根据银课额及其税率推

① 正德《云南志》卷四《临安府》。
② 杨寿川：《云南矿业开发史》，第 317~318 页。
③ 陈真编：《中国近代工业史资料》第三辑《清政府、北洋政府和国民党官僚资本创办和垄断的工业》，生活·读书·新知三联书店，1961，第 617 页。
④ 陈真编：《中国近代工业史资料》第三辑《清政府、北洋政府和国民党官僚资本创办和垄断的工业》，第 618 页。

算，乾隆初年到嘉庆初年，滇银年均产量约 100 万两，有的年份曾多达 105 万两。嘉庆后期以降，滇银逐渐衰落。到了道光九年（1829），滇银产量为 142041.15 两，仅为乾隆、嘉庆初年的 14%。<sup>①</sup> 其衰落非常明显。

　　除了铜、锡、银，清代云南的金、铅、锌、铁也到了一定程度的开发。金矿生产在清前期主要有永北直隶厅的金沙江厂，开化府的麻姑厂和锡板厂，中甸厅的麻康厂，腾越州的黄草坝、冷水箐、金龙箐、魁甸四厂，永昌府的上潞江厂，鹤庆府的北衙蒲草厂以及临安府建水州的慢梭厂等 11 处。晚清，金矿的开采主要有 22 处。<sup>②</sup> 铅矿生产在清前期主要产自丽江府、东川府会泽县、镇雄州、寻甸州、建水州、禄劝州、弥勒州、通海县等地。到了清末民初，铅矿生产萎缩，故《新纂云南通志》载："近数十年来，本省产出之铅，十分之七皆由已停银厂之残滓中炼出者。而附厂居民，亦多赖淘洗境渣、制炼废矿之余利，以资生活。"<sup>③</sup> 锌矿在清前期主要产自弥勒州狮子山厂、罗平州卑浙和块泽厂、建水州普马厂以及具体地址不详的狮子山厂，乾隆年间云南锌矿总产量约438000 余斤<sup>④</sup>。狮子山厂、普马厂在乾隆中后期、嘉庆时期已封闭，至清末，仅罗平州卑浙和块泽厂一直在生产。可见，锌矿的生产在清末也萎缩了。清前期先后开设有 30 个铁矿，主要分布在南安州（今双柏县）、镇南州、陆良州、马龙州、石屏州、路南州、腾越州、鹤庆州、大姚县、和曲州、易门县、定远县、禄丰县以及建水县等地，其中，建水县普马山厂以及牟定县产铁最盛。到了晚清，"有额课之铁厂"共 14 个，分布在南安州、镇南州、陆良州、马龙州、石屏州、路南州、鹤庆州、腾越州、易门县、委员同知等地<sup>⑤</sup>，铁厂分布范围大致与前中期一致。清末，云南年均产铁约 10000 吨，超过了清前期的水平。<sup>⑥</sup>

　　在云南矿业史上，清代还取得了一项重要成就，那就是出现了一系列专门

---

① 杨寿川：《云南矿业开发史》，第 307 页。
②《新纂云南通志》卷一百四十五《矿业考一·金矿》。
③《新纂云南通志》卷一百四十五《矿业考一·铅矿》。
④ 杨寿川：《云南矿业开发史》，第 324 页。
⑤《新纂云南通志》卷一百四十五《矿业考一·铁矿》。
⑥ 杨寿川：《云南矿业开发史》，第 324 页。

的冶金著作。云南矿产资源丰富,矿业开发历史悠久。元明清以来尤其是明清以来,云南矿业得到空前发展,开采的矿种丰富多样,铜、锡、银、铅、锌等的产量位居全国首位,生产技术在全国也处于领先地位。据文献记载,乾隆年间云南已开始出现关于云南矿厂生产、冶金技术以及管理经验的专著,到光绪年间,各种冶金著作至少有 10 多种,100 多卷。[①] 今见诸史籍著录或传本的有《铜政考》《云南铜政全书》《云南铜志》《铜政便览》《滇南矿厂图略》《茂隆厂记》等。

《铜政考》,余长庆撰,共 80 卷,内容及其成书年代不详,早在道光年间就已失传,因此在道光《云南通志》中仅留有书名。

《云南铜政全书》,王昶修,原稿已佚,未见单行刊本,道光《云南通志·艺文志》中有提要,《矿产志》中有摘录。据“提要”言,该书是乾隆五十二年王昶任云南布政使时,受总督富纲、巡抚谭尚忠之命纂辑的。全书共 50 卷,分为八门:收买抽课、厂地、京铜、钱法、采买、厂欠、考成、志余。就“提要”所载内容来看,该书主要记载的是滇铜的生产及其管理,而且该书既然是官修,那么王昶很可能只是领衔而已。

《云南铜志》,戴瑞徵编,成书于嘉庆年间,原稿下落不明,今云南省图书馆藏有抄本。作者是云南呈贡人,经办铜政近 30 年,对云南各地矿业生产当非常了解,因此该书所载内容可信度较高,具有很重要的史料价值。全书共 8 卷,《厂地》2 卷,《京运》1 卷,《陆运》1 卷,《局铸》2 卷,《采购》1 卷,《志余》1 卷,内容涉及云南铜矿的生产厂地、生产技术及其管理等。

《铜政便览》,无撰者姓名,共 8 卷,分为六门。根据光绪《续云南通志稿·艺文志》著录《铜政便览》“提要”所载,该书可能是嘉、道间布政使司幕中人所撰,原来只有抄本,光绪十三年(1887)夏,路南知州陈先溶购买得抄本,后经布政使曾纪凤刻印,该书才广为流传。跟戴瑞徵《云南铜志》抄本相比,该书卷数、门类、体例大都相同,不同的是将纪事增补到道光四年(1824)。

《滇南矿厂图略》,吴其濬撰,徐金生绘图,有单行本且流传至今。该书图文并

---

① 张增祺:《云南冶金史》,云南美术出版社,2000,第 262 页。

茂，分为《云南矿厂工器图略》和《滇南矿产舆程图略》上下两部，所载内容涉及清代云南矿产的产地、开凿、采矿、支架、通风、排水、选矿、冶炼工具、操作技术、物资供应、组织管理、运输等，并附录了宋应星《天工开物》、王崧《矿厂采炼篇》、倪慎枢《采铜炼铜篇》《铜政全书》"咨询各厂对"、王昶《铜政全书》"筹改寻甸运道移于剥隘议"和王大岳的《论铜政利病状》。该书"咸为实事求是之作，非空议论可比"①，是"清代矿冶著作中科学技术价值最高的"②。

《茂隆厂记》，檀萃撰，成书于乾隆年间，记载了石屏人吴尚贤在今阿佤山开办银矿的事迹。

《矿厂采炼篇》，王崧撰，成书于道光年间，共 1 卷，收录在吴其濬所著《滇南矿厂图略》的附录中。该书依次记载了云南矿厂的铜、铜器、打、架厢、炉罩、砂丁、禁忌、祭祀及厂矿组织机构等内容，全面总结了清代云南采矿的经验。

《自滇至京运铜纪程》，无撰者姓名。抗日战争时期，有人购得此书后，刊于西北《论衡杂志》第 7 卷 11 期（1939 年出版）。该书为道光年间经营京铜时的记录，详细记载了自昆明到京城的日程、道里、关卡、领铜以及交铜的规定，并载有所经各地的物产风俗。该书对于清代云南京铜的研究有十分重要的参考价值。

《迤东铜务纪略》，严庆祺撰写。光绪三十三年（1907），严庆祺奉命办理滇东铜务，后就所经历之事录成 37 条，于宣统元年（1909）印成此书。

《滇矿概略》，无撰者姓名，成书时间应为光绪年间，是调查云南矿区之作。

从这些传世的文献来看，清代云南各种传统的采矿技术均已达到很高的水平，从探矿到采矿，从选矿、配矿到冶炼，都形成了比较严密的工序或工艺，每道工序使用的生产设备和工具也十分繁多，反映了清代云南矿业开发的发展和兴盛。这些文献是我们了解和研究云南古代尤其是清代矿业开发及其生产技术的重要文献，是云南历史上宝贵的文化遗产。

总而言之，云南矿产资源丰富，有色金属种类尤多，储量也大，有"有色

---

① 方国瑜：《云南史料目录概说》第二册，中华书局，1984，第 732 页。
② 夏光辅等：《云南科学技术史稿》，云南科技出版社，1992，第 157 页。

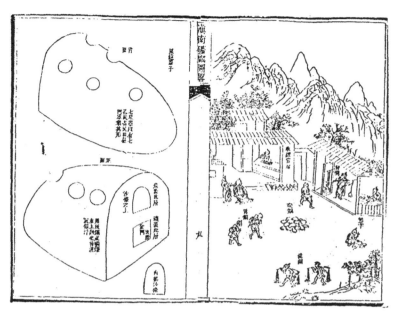

图 3-13：《滇南矿厂图略》

金属王国"之誉，其矿业开发历史悠久，且在云南历史发展的长河中，一直占有比较重要的地位。这一时期，云南主要矿产种类大多已得到不同程度的开发，其中铜、金、银的产量曾一度冠绝全国，其他矿种如铁、盐、铅、锌等也得到了不同程度的开发，云南已然成为全国重要的矿产区之一。尤其是清代，云南以铜矿为中心的矿业生产取得了前所未有的开发和发展，矿业成为云南经济的命脉。

## 三、手工业的发展变化

元明清时期是云南传统手工业得到大发展的时期。这一时期，大规模的移民进入云南，他们将内地先进的生产技术带到云南，极大地推动了云南手工业的发展。到了清代，云南生产技术有所改进，生产规模有所扩大，产品种类更加丰富多样，传统手工业空前繁荣，形成了门类繁多的手工业门类。到了清中后期，随着商品经济的发展，马帮运输的日益繁忙，西方机器生产的引进等因素，很多传统的手工业部门发生了变化，有的开始使用机器生产，由家庭副业向工厂作坊转化，提高了产品的商品率。从整体来看，元明清时期云南手工业在总量与总体生产技术上虽然比不上同时代内地发达地区，但是地方特色明显，在很多方面也取得了令人瞩目的成就。其主要手工业类别的大致情形如下：

（一）纺织业

云南的纺织业虽然在全国历来不具有比较优势，但是生产历史比较悠久，而且自元明清以来获得了较大发展，创造了不少独具特色的产品。元明清时期，云南纺织业生产虽然也具有官办工业的成分，但主要由民间自主生产，并且以自给自足为基本特征。[1]云南民族众多，地形复杂，区域资源差异较大，因此纺织业的种类显示出较多的地方特性。云南的纺织业早期主要取决于羊毛、大麻、木棉、大树棉花等天然原料，到了元明清时期，由于外来技术的传播和影

---

① 陈征平：《云南工业史》，云南大学出版社，2007，第302页。

响，棉纺织业和丝纺织业开始广泛推广。

元明清时期，云南的纺织业充分利用了本土植物资源丰富的地利条件，以多种植物为原材料进行纺织，不仅纺织原料和纺织品种类繁多，还出现了一些新的纺织品，并形成了一批具有浓郁民族特色的产品。

这一时期，云南纺织业发展较快，生产区域不断扩大。《元史·张立道传》记：大理等地区虽早就种桑养蚕，但"未得其法"，张立道来滇后，将内地养蚕织布的先进技术带到云南，"始教之饲养，收利十倍于旧，云南之人由是益富庶"①。赛典赤执政云南时也在当地传播桑麻种植等技术，这些都再次推动了丝织业的发展。明清时期，随着外来移民的不断涌入以及土地垦殖范围的拓展，云南蚕桑纺织进一步推广，如武定，"旧俗不务蚕桑纺织，知府王清贤设法委曲教导之，始稍知习业"②；发展到清代，传统家庭纺织业在全省各地的经济结构中都占有一席之地，如腾越，"居民多务耕织"，"种艺纺织，有织大布者，机阔八尺，口颂佛号，乃织一梭"③；石屏，"妇人习女红，勤纺织，每深夜犹闻机杼之声"④；通海，"农耕稼，虽缙绅家妇女亦勤纺织"⑤；蒙自，"妇人鸡鸣戒旦，纺绩是勤"⑥；景东，"地不蓄桑麻，民间耕种之外，男女皆以纺织为生"⑦；陆良，"有不耕之夫，无不织之妇。士庶之家，田无一亩，专事纺织以谋衣食者颇多"⑧；等等。家庭手工纺织业的兴盛可见一斑。

从原料来看，元明清时期，蚕丝、木棉（又称攀枝花）、大麻、动物毛皮、竹、葛、树丝等都可以用于纺织。原料的多样化使其产品种类也非常丰富。仅清人檀萃《滇海虞衡志》一书记载，当时云南的纺织品就有毛布、毡、藏氆氇、獖皮、僰僰锦、僰僰布、通海缎、宜良布、洱红、毛褐、麻布、莎罗布、土绵、

---

① 《元史》卷一百六十七《张立道传》。
② （清）刘慰三：《滇南志略》卷六《武定直隶州》。
③ （清）刘慰三：《滇南志略》卷四《永昌府·腾越厅》。
④ （清）刘慰三：《滇南志略》卷二《大理府·石屏州》。
⑤ （清）刘慰三：《滇南志略》卷二《大理府·通海县》。
⑥ （清）刘慰三：《滇南志略》卷二《大理府·蒙自县》。
⑦ （清）刘慰三：《滇南志略》卷四《景东直隶厅》。
⑧ 道光《陆良州志》卷三《民风》。

缥氎、永昌布、挞绒、白氎布、兜罗锦等，足见种类之繁多。根据原料的不同，这些纺织品大致可分为毛织品、棉织品、丝织品、麻织品和野生植物织品等几类。这些纺织品有的品质较佳，曾作为贡品上贡中原王朝。

云南牛羊畜牧业历来发达，这为毛纺织业的发展奠定了基础。毛织品中以羊毛织品最为广泛、出名，具有浓厚的地方特色。元明清时期的羊毛织品在加工深度上已超过以前，在用途范围方面也进一步拓宽。到了清中叶，毛织品的生产主要集中在牛羊畜牧业较发达的保山、大理、丽江、迪庆、昭通等地。

棉制品方面，莎罗布、桐华布名气比较大。莎罗布产自今镇沅、永胜、元江、保山等地。其中，镇源的莎罗布以棉花纺织制成，宽仅八寸。① 永胜的莎罗布也是用棉花织成，仅八寸宽。② 元江的土锦是木棉制作的，其制作工艺"以木绵花纺成绵线，染为五采，织以花纹，土人以之为衣"③。保山地区也种植木棉并用来纺织，史曰："永昌木棉树，高过屋，有十余年不换者，实大如杯，花中绵软白，可为绵絮，及毛布者，皆指似木之木棉也。"④ 桐华布，产自保山地区，汉晋时期已闻名中原，明代依然在生产。

丝织品中，傣锦非常出名，其中又以干崖锦最负盛名。干崖锦，产自今盈江傣族地区，以蚕丝织成。《景泰云南图经志书》说："干崖宣抚司境内甚热，四时皆蚕，以其丝染五色，织土锦充贡。"⑤《四夷馆考百夷馆》说："（干崖）四时皆蚕，土其丝染五色为土锦，又有白氎布。"⑥ 干崖锦"丝染五色"，色彩缤纷，非常美丽，还作为贡品上贡。清代，干崖锦仍在生产，如乾隆《腾越州志》卷三载："干崖锦，摆夷妇女有手巧者，能为花卉鸟兽之形，织成锦缎，有极致者。"到了清代，在傣族妇女的巧手下，绣上花卉鸟兽，干崖锦已臻"极致"。此外，寻甸府在明代还出现了用野蚕丝为纺织原料的记载："有山间野蚕，取茧

①《景泰云南图经志书》卷三。

② 正德《云南志》卷十二《镇沅府》。

③《景泰云南图经志书》卷六。

④（明）谢肇淛：《滇略》卷三《产略》。

⑤《景泰云南图经志书》卷三。

⑥ 方国瑜主编：《云南史料丛刊》第五卷，云南大学出版社，1998，第 461 页。

图3-14：西双版纳傣族丝锦，云南省博物馆藏。
（陈亮 摄）

丝而为布。"①

野生植物织品，以竹、葛、树丝等特殊原料制作而成。竹布，在《滇略·产略》及天启《滇志》卷三中均提到永昌府有产。葛布，史书中有滇西阿昌族先民采野葛为衣的记载。②宾川鸡足山有用树丝来织布的记录："滇中鸡足山龙华寺多古木，木杪有丝飘飘下垂，长数尺许，土人取之织以为服，名曰树衣。"③

当然，很多地区不止一种纺织品。典型的如今保山地区，《滇略》有言："布以永昌之细布为佳，有千扣者，其次有桐华布、竹布、井口布、火麻布、莎罗布、象眼布，而洱海红花膏染成最艳，谓之洱红。永昌善造青，谓之金齿青，其值独倍他所。"④桐华布即为木棉织成。清代的保山地区不仅用木棉、竹、大麻等来织布，还能制作染料，即洱红、金齿青，说明当地纺织业非常发达。

从纺织业分布的地域来看，由于各地自然环境、资源条件的差异，不同地区的纺织业类别差距较大，但总的来看，元明清时期云南的纺织业"主要集中在滇中、滇西、滇东北地区"⑤。从各类纺织品的分布来看，滇东北、滇西北的

① 天启《滇志》卷三。
② 天启《滇志》卷三十。
③ 方国瑜主编：《云南史料丛刊》第五卷，第254页。
④（明）谢肇淛：《滇略》卷三《产略》。
⑤ 陈征平：《云南工业史》，第308页。

羊毛类织品的种类明显比其他地区要多；"而丝、缎、麻、莎罗等织品种类则明显是滇中以南及滇西南地区为多"①。

元明清时期，云南纺织品尽管仍以自给自足为主，但已有越来越多的产品投放市场。如滇西景东一带"地不蓄桑麻，民间耕种之外，男女皆以纺织为生，每至街期，卖布匹者十居四五，有娑罗、羊肚、火麻诸名。此外则青纸、大白纸、净瓶、蕉、石凤丹、仙茅、苦子、孔雀、竹篾、象、牦牛之属"②；"景东不蓄桑麻，民间耕种之外，大家小户，男女皆以纺织为生，每至街期，买卖布匹者十居四五，本地销售不尽，大都贩于江外诸夷及思茅山中"③。这里记载的是清代的情形，当时布匹等纺织品在景东的街子已占所有商品的一半，且销往周边地区。可见，当时滇西部分地区纺织品的商品率达到了相当高的水平。史载："青靛课税、染布靛缸课银原无定额，按季汇解"④，"妇女入市贸易花布，栽秧割稻"⑤等。妇女出入市场买卖花布，政府对纺织生产原料的产销进行课税，说明这一地区也是云南纺织业生产商品化程度较高的地区之一。

清代中后期，云南纺织业出现重大变化。一是洋纱、洋布的大量输入，传统纺织业尤其棉纺织业受到冲击，传统的紧密结合的"纺"与"织"以及"耕"与"织"逐渐分离，一些传统的纺织名品工艺失传。洋纱质高价低，土纱质次价高，人们更乐于接受洋纱，一些地区的纺纱业一度停滞。如：玉溪地区，"妇女入市，以布易棉。自清光绪初洋纱入境，妇女趋便，以布易纱，而纺棉之利已失"⑥。石屏地区，"自关税失政，洋纱充斥，凡正当织业之妇女，因棉价昂，遂至辍业"⑦。新平地区，"城乡妇女向以纺织为业，自洋纱输入后，织工照旧，纺工除摆夷尚外，余停业者多矣"⑧。通海地区，由于洋纱"价廉质优，妇女们

---

① 陈征平：《云南工业史》，第 309 页。
② （清）刘慰三：《滇南志略》卷四《景东直隶厅》。
③ 道光《云南通志》卷七十《食货志六之四·物产四》。
④ 道光《云南通志》卷六十二《食货志四·课程》。
⑤ 康熙《新兴州志》卷三《风俗》。
⑥ 民国《玉溪县志》卷二《商务志》。
⑦ 民国《石屏县志》卷六《风土志》。
⑧ 民国《新平县志》卷十二《工业志》。

都采用洋纱织布，从此手摇纺线、捻线业衰落。由于洋纱织成的土布比洋布价廉耐穿，因而织布仍然兴旺"①。在很多地区，洋纱取代了棉纱，"纺"和"织"开始分离，为此而失业的纺工不在少数。如此，传统的耕织结合的紧密性也受到动摇，"织"在一些地区已经很大程度摆脱了家庭农业的羁绊。不少地区在改用洋纱后，产量剧增。如顺宁县（今凤庆县）完全改用洋纱后，年出土布五万件（每件长 8 米、宽 0.3 米），外销镇康、耿马、昌宁、云县、临沧等县，半专业化的织户达到一万多户，成为纺织分离以及耕织结合逐渐解体的典型。②

在手工纺与织普遍分离的情况下，有个别地区纺与织仍然牢固结合。除上述新平摆夷即傣族先民地区，思茅因"（缅甸）出花处与思逼近，女工纺绩，每日可得三十文至五十文。……此布通行内地，销口亦宽，洋纱无到思者"③，纺和织依然紧密结合在一起。

随着洋纱的广泛采用，历来享有盛誉的传统纺织品如傣族的桂花布、斜纹夹桂布，壮族的壮锦、莎罗布，彝族的羊毛巾、毛毡、氆氇、羊毛褥，以及永昌细布、桐花布、竹布、井口布、九麻布、象眼布等，或销路锐减，或手艺失传。故时人言："云南近以洋纱织布，澄江之新兴，临安之河西，几有衣被全省之势；而省城、曲靖织者亦多，……然不能纺，获利有限；今洋纱盛行，不但本省之棉转售外人，即昔日特产……或有或无，竟有询其名而不识者。"④

清后期云南纺织业的第二个变化是丝棉纺织业由家庭手工业逐渐向手工作坊转化。清前中期，云南传统的家庭纺织业依然占据主导地位。这种家庭手工业作为一种自产自卖的副业形式，其生产主要用于满足自身需求，剩余产品则投放到市场成为商品，生产率也比较低下。19 世纪中叶，随着商品经济的发展，云南与内地的交往增加，马帮运输日益繁盛，市场需求日益增大，加上洋纱、洋布的冲击，一些地区的家庭手工业逐渐向手工作坊转化，工厂规模化以及商

---

① 《通海县手工业志》，第 48 页。转引自李珪：《云南近代经济史》，云南民族出版社，1995，第 70 页。
② 李培林：《试析清朝末期影响云南农业经济的主要因素及产生的后果》，见云南大学历史系主编：《纪念李埏教授从事学术活动五十周年史学论文集》，云南大学出版社，1992，第 386 页。
③ 彭泽益编：《中国近代手工业史资料》第二卷，中华书局，1957，第 464 页。
④ （清）刘盛堂：《云南地志·物产五·商业》，光绪三十四年（1908）。

品化生产逐渐兴起，云南纺织业开始出现新局面。如丽江地区，道光二十二年（1842）知府庄粤台"以丽不识纺绩，捐俸设构房，于玉音楼购器物，令子弟学习，民多便之"[①]；道光《云南通志》亦称：丽江府"妇女初习纺织，近日府城内外，各仿立机坊，竞相师法，纺织之声，延而渐广"[②]。蒙化"自前清光绪间始办织机，渐次发展"[③]。姚州县"清光绪二十二年（1896），姚州举人甘季贤、黄星庆创埔仁堂织局，募机工、招里人学织，期年就绪，学成六七十人，后梁瑞知筹款二千金，立宏仁织局"[④]。工场手工业或手工业作坊的出现，加深了纺与织、织与耕的分离，提高了纺织业的商品率。

　　清末，云南还出现了与纺织业密切相关的专业染坊，染房业逐渐发展起来。这也是清代云南纺织业的一个重要变化。这类专业染坊主要出现在丝绵纺织业比较发达的地区，如大理自光绪年间出现20多家染房，同时期的蒙自也有10多户染房[⑤]。中法战争后，化学染料洋靛输入云南，逐步取代了以往的植物性染料，染布更加快速，颜色更加鲜艳。

　　（二）金属加工业

　　元明清时期，云南矿业发展较快，其对应的金属加工业也随之得到发展，创造出很多精美的艺术品，迄今仍为世人称道。

　　铜制品。云南在古滇国时创造了灿烂辉煌、毫不逊色内地、闻名古今中外的青铜文明。[⑥]到了元代，云南的青铜器制作已无特别可书之处。明代，传世和出土的青铜器种类较多，主要有铜钟、铜殿、钱币、铜印、铜镜、铜香炉、铜炮、铜像以及铜犀牛、铜象等祭器。其中鸡足山铜殿高约6米、宽4米，耗铜"数十百万斤"，是我国青铜铸造史上首次铸造的特大型铸件。[⑦]今昆明金殿

① 光绪《丽江府志·名宦》。
② 道光《云南通志》卷三十《地理志·丽江府》。
③《续云南通志长编》下册，云南省志编纂委员会办公室编印，1986，第530页。
④《楚雄州轻纺化工业志》，第27页。转引自李珪：《云南近代经济史》，云南民族出版社，1995，第71页。
⑤ 李珪：《云南近代经济史》，第73页。
⑥ 张增祺《滇文化》，文物出版社，2001。
⑦ 张增祺：《云南冶金史》，第97~102页。

钟楼中的大铜钟，高 3.5 米，口径周长 6.7 米，壁厚 15 厘米，重达 14 吨，铸造于永乐二十一年（1432），是云南省现存最大的古钟。[①]滇南百夷地区制造的铜器，用于贮水，可"竞日不冷"。[②]这些大型青铜器制作工艺精美，体现了当时云南冶铸技术之高超。明代，云南的铜矿业发达，到了明中后期，云南已经成为全国重要的铸钱基地，铸钱规模很大。如《滇云历年传》载，嘉靖年间，云南每年铸钱 3000 多万文，铸钱量非常大。为此，工匠们摈弃传统的、工效低、产量少的泥范铸造，采用"箱型铸造法"，工效提高了十倍。[③]到了清代，云南铜矿业空前繁荣，铜矿大规模开采，冶炼技术发达，铜器的制作也十分兴盛，有"凡铜器、玉器滇为美"[④]的美誉。清代云南青铜器的品种繁多。檀萃称："铜独盛于滇南，故铜器具为多，大者至于为铜屋，今太和宫铜瓦寺是也，其费铜不知几巨万。玉皇阁像皆铜铸，其费铜又不知几巨万。推之他处，铜瓦铜像又不知其几，金牛、铜牛皆以铜，大小神庙，大钟小磬，大小香炉，无不以铜……推之通省，又不知费几巨万。"[⑤]吴大勋亦说："滇省产铜，民间铜器最多，虽小户必有茶壶、水罐之类。曾于丽江见河干担水者用铜水桶，颇觉富丽。"[⑥]说明青铜器种类丰富，使用广泛，但其制作的巨额花费令人瞠目结舌，反映了清代云南铜器制作的繁荣。而另一方面，铜制品既有豪华精致的大件，又有民间生活用品等小件，说明其用途非常广泛。到了清末民初，省城昆明除了家庭作坊外，已出现多家专门的铜器作坊，家庭作坊以铁局巷内的小水家最著名，专门的作坊以宝元号、宝隆号、应兴隆号为著名。[⑦]

　　清代，云南青铜制作技术已达到了非常高的水平，其集大成者有金殿、斑铜、镍白铜以及乌铜走银。

① 李晓岑：《云南科学技术简史》，第 173~174 页。
② 朱孟震：《西南夷风土记》，方国瑜主编：《云南史料丛刊》第五卷，第 492 页。
③ 张增祺：《云南冶金史》，第 103 页。
④《滇海虞衡志》卷之五《志器》。
⑤《滇海虞衡志》卷之五《志器》。
⑥（清）吴大勋：《滇南闻见录》。
⑦ 李瑞：《昆明的铜制工艺品》，见中国人民政治协商会议昆明市委员会文史委员会编：《昆明文史资料选辑》第 40 辑，2004，第 63 页。

图 3-15：金殿（周智生　摄）

图 3-16：金殿永乐大钟（周智生　摄）

　　金殿，全称太和宫金殿，位于今昆明市东郊凤鸣山（又称鹦鹉山）太和宫，实为铜殿，因其殿外牌额上刻有"金殿"二字而得名，中华人民共和国成立后被列为首批全国重点文物保护单位。金殿的建筑高 6.7 米，长、宽各 6.2 米，是中国最大最精美的铜殿。

　　斑铜，以其表面呈现出离奇闪耀、绚丽斑驳、变化微妙的斑纹而得名。斑铜出现于明末，兴盛于清代。斑铜以高质量的自然铜为原料，手工锻打成器皿初坯，经烧斑、组合、焊接、磨光、着色等工序制作而成。斑铜制作工艺复杂，造价很高，一般只打造少量观赏和实用性相结合的瓶、罐、博古、鼎炉等。其色彩瑰丽斑驳，做工精湛，加上产量不多，更显弥足珍贵。斑铜仅产于云南，在金属加工业中独树一帜，堪称一绝。

　　白铜，即镍白铜，是铜和镍的合金，白铜器亦是云南铜器制作的著名产品。云南白铜的记载最早见于东晋常璩《华阳国志·南中志》。清代以来，云南白铜生产比前代更发达，已出现专门生产白铜的矿厂。据《滇系》以及《清通典》、光绪《续云南通志稿》的记载，清代定远、大姚、元谋、武定四县均有白铜厂或白铜厂子，其中定远县居多。白铜制品有多种，"滇中多白铜，省会有铜器店，手炉、唾壶、牙盒、帽架、字圈之类，皆雕琢工致"①。《滇海虞衡志》则进一步记载了清中期云南白铜制作的盛况："白铜面盆，惟滇制最天下，皆江宁（今南京）匠造之。自四牌坊（今昆明市正义路中段）以上皆其居肆。夫铜出于滇，滇匠不能为，大锣小锣，必买自江苏。江宁匠自滇带白铜下，又不能为面盆如滇之佳，水土之故也。白铜别器皿甚多，虽佳亦不为独绝，而独绝者惟面盆，所以为海内贵。"② 可见，清代白铜产品云集省城昆明，种类虽多，最"为海内贵"者为白铜面盆。到了清末民初，昆明生产白铜器的作坊很多，其中以"江南宝号"生产的白铜面盆最名贵，时人多以此为嫁女之嫁妆③。

乌铜走银，亦属云南独有，是云南金属加工业史上又一个令人瞩目的创造。雍正年间由石屏岳氏兄弟创制，后传入昆明。这种工艺品最大的特点是"乌黑色底上起金银纹样，色彩鲜明而

图 3-17：斑铜六方广口大腹瓶，云南省博物馆藏。（陈亮　摄）

图 3-18：岳应制乌铜走银山水墨盒，云南省博物馆藏。（陈亮　摄）

---

① （清）谢圣纶：《滇黔志略》之十《云南·物产》。

② 《滇海虞衡志》卷之五《志器》。

③ 李瑞：《昆明的铜制工艺品》，见中国人民政治协商会议昆明市委员会文史委员会编：《昆明文史资料选辑》第40辑，2004，第62页。

协和，产品质地坚实，以工艺精湛、设计精美、格调庄重典雅而著称于世"[1]。产品多为小花瓶、器皿、烟斗、墨盒、玩物等。乌铜走银是云南乃至中国金属工艺中的一朵奇葩。

铁制品。明清以来，随着农业生产的发展以及铁质农具的推广，云南的制铁业得到了极大发展。《新纂云南通志》称："云南铁矿，各县多有，故铁工亦各县有之。"[2]铁制品主要为日常生产和生活所需多种工具，其中出现了一些比较有名的产品。如武定的"容刀"，"用禄劝铁就郡城铸之，每刀砌一朱氏，盖朱氏铸为工，其鞘则装于省城，可比京刀，但略宽耳"[3]。东川的"插刀"非常锋利，"出火红，薄面而利，其地产铁最佳，土夷善于炼用，故锋芒过他处"[4]。光绪年间，胡有开始创制花把剪，禄丰剪刀逐渐闻名。[5]云南铸造的铁锅也很出名，"云南铸锅技术甚精，锅之销行颇远，有时可达四川之盐场。平彝（今富源）所出者可达广西百色"[6]。此外，鹤庆县彭屯人明清时期擅长抽土铁丝、铜丝和制土铁针，但清末为进口铁丝铁针所取代。[7]

锡制品。随着锡矿的大规模开采，云南锡器制作也随之发展起来。锡制品以个旧所产最佳。史载："蒙自之锡名于天下，即唐贡所称镴也。其厂名曰个旧，个旧之锡，响锡也，锡不杂铅自响也，木邦土司亦出响锡。"[8]响锡指质地纯的锡器。《新纂云南通志》："锡制器皿亦以个旧产者为著名。"[9]个旧所产各类锡制玩物也颇有名气。《个旧县志》卷八载："锡工……仿造各种器具，以玩物为最多，颇为远近客商所喜购，每年可出 15 万余斤。"[10]此外，楚雄地区还加工

① 李珪：《云南近代经济史》，第 67 页。

②《新纂云南通志》卷一百四十二《工业考·五金业》。

③《滇海虞衡志》卷五《志器》。

④ 梁晓强校注：《〈东川府志〉校注》，云南人民出版社，2006，第 347 页。

⑤ 周琼编著：《楚雄》，云南教育出版社，2003，第 162 页。

⑥ 中国第二历史档案馆藏：《云南之铁》，28~1384~4。

⑦ 见李珪：《云南近代经济史》，云南民族出版社，1995，第 67 页。

⑧《滇海虞衡志》卷之二《志器》。

⑨ 牛鸿斌等点校：《新纂云南通志 7》卷一百四十二，《工业考》，云南人民出版社，2007，第 83 页。

⑩《个旧县志》卷八。

锡箔。嘉庆《楚雄县志》卷一记载：“锡从蒙自县贩来，邑人□能为箔，售于元谋马街。”① 宣统《楚雄县志》卷四说：“锡纸，城内有锤锡箔作冥楮者。”② 锡箔主要用于祭祀。

金银制品。黄金制造业中，金箔的制造始见文献记载。元政府起初也比较重视云南的黄金制造业，至元十二年（1275），设置官营手工业作坊云南诸路规措所，“以瞻（赡）思丁为使”③。后因与民争利或牟取暴利，云南造卖金箔规措所、合剌章打金规措所及都元帅府等先后被罢免。④ 元初，政府在云南设置了主要管理金箔制造等手工业的规措所，说明云南的金箔制造业在元初期比较发达，元后期的情况及其制作工艺则由于记载匮乏无从得知。

金银加工业。在金器制作方面，昆明所产叶子金和羊皮金比较有名。叶子金自元代以来就相当出名，“叶子金，生云南省城者为地道，各铺户将杂色足赤金拍造，叶子有八色、九色，至九五色止，无十成者”⑤。羊皮金，“县城出品甚多，销行全省，盖业此者规约甚严，不肯轻易传人，光宣以降，各属始能仿造者”⑥。羊皮金主要用于“作妇女衣袖裙靴制品”⑦。此外，金银还可制作金箔、银箔以及各种首饰等。《新纂云南通志》载：“金银工：此项工业，在昔仅有首饰铺，专造妇女之簪、环及各项饰品，间及酒杯等物，并制叶金，以省会首饰铺制出者较为精巧。又有金箔铺，能造金箔、银箔，以金箔所用为广。庄严佛像及丹漆房屋用具者均需用之，每年销行不少；又有羊皮金，作妇女衣袖裙靴制品，二者仅昆明有数家，子孙世传，秘不授徒。大理亦有业此者，故城内旧有金箔街之名。”⑧ 可见昆明金银制造业非常发达。

---

① 嘉庆《楚雄县志》卷一。
② 宣统《楚雄县志》卷四。
③《元史》卷十二《世祖本纪九》。
④《元史》卷十三《世祖本纪十》。
⑤ 道光《云南通志》卷六十九《食货志》。
⑥《续修昆明县志》卷五。
⑦《新纂云南通志》卷一百四十二《工业考·五金业》。
⑧《新纂云南通志》卷一百四十二《工业考·五金业》。

### （三）造纸业和印刷业

元明清时期，随着文化教育事业的迅速发展，纸张的需求量增加，促进了造纸业和印刷技术在云南的发展。造纸业和印刷业的发展反过来也推动了文化教育事业的发展。

印刷业。雕版印刷术至少在大理国晚期就已经传入云南。[①]到了元代，雕版印刷业取得进一步发展，并较为成熟。这一时期的雕版印刷多见于佛经的刊刻。在印刷技术上，跟内地刻本毫无逊色之处。[②]这说明当时昆明和大理地区雕版印刷术已经相当成熟。明代，云南雕版印刷技术进一步推广，雕版印书日益盛行。这一时期，雕版印刷物更加普遍，除了佛经刻本，还有不少官府和民间刻本。[③]从总体上来看，明代刊刻的图书"在风格上由于受蜀刻本的影响，字体多用欧、颜书法，有的瘦劲秀丽，有的雄浑朴厚，间架开阔，版式多四周单边，单鱼尾，版心处多刻书名及刻版堂、室之名，字疏行宽，披览悦目，纸张多用云南鹤庆所生产的白绵纸，用纸及用墨均选上好者印制，装帧多为线装之四眼装，装订一般都典雅古朴，而且十分工致"[④]。大量刻本的出现体现了当时云南印刷业的发达。

到了清代，在鸦片战争前，印刷业主要分布在昆明、大理、石屏、建水、鹤庆、腾冲，都是木刻版印刷。清末，云南开始引入石印机。如宣统二年（1910），"蒙自曹文渊由上海购回'泰西石印'设备，开设'六艺林书局'，承接附近县的印刷品，工艺比较精良。腾冲清末时木刻印刷过宣传梁启超变革思想的《改

---

① 李晓岑：《云南科学技术简史》，第 136~137 页。

② 李晓岑：《云南科学技术简史》，第 137 页。

③ 佛经刻本，如洪武八年（1375）刊刻的 4 卷本《金光明经》在版刻风格上与前述云南元代刻本迥异，运用了江南传统固有雕造手法；李元阳在大理刻印过《大方广佛华严经不思议解脱境界普贤行愿品》1 卷；崇祯年间，姚安彝族土司高耀刻印过大字本《妙法莲华经》；崇祯十年（1637）宾川鸡足山僧人还刻印过善坚的《古庭语录》；等等。官府刻本，根据万历《云南通志·艺文志·版刻》的记载，云南府、大理府、临安府、永昌府、楚雄府、蒙化府、顺宁府、安宁州、宾川州、云南县等府、州、县地方均刊刻过许多书籍。私家刻本，明初嵩明学者兰茂、丽江木氏、大理杨德等都曾私人刊刻书籍（参见李友仁主编：《云南地方文献概说》，云南美术出版社，2005，第 166~169 页）。

④ 李友仁主编：《云南地方文献概说》，云南美术出版社，2005，第 170 页。

革教科书》和《腾越厅志》。后该县和顺地方人士集资选送 4 人赴日分科学习，回来时购进日制石印机 2 台，美制六开圆盘机 1 台，并在和顺投入生产"[①]。清末，个别地区的印刷业已经开始步入机器生产的时代。

造纸业。南诏、大理时期，内地的造纸技术已传到大理地区，其时鹤庆所产之鹤庆纸已享有盛名。到了元代，丽江地区也出现了造纸技术，《元一统志》说丽江路通安州土产有纸，这是元代云南产纸有明确地点的记载。纸张在这一时期除用于日常生活，还大量用于佛教的写经。[②] 明代，有关云南产纸的记载逐渐增多，说明了造纸业的发展已引起了广泛的关注。从产地来看，万历年间有大理府、永昌府、蒙化府、临安府、顺宁州等四府一州[③]，到天启年间有大理府、永昌府、临安府、澄江府、蒙化府、景东府、北胜州等六府一州[④]。除了元代的大理、丽江地区，明代云南纸产地不断增加，到明中后期，一些少数民族地区的造纸业也比较发达。在这些产地中，大理地区的造纸业在明代得到进一步发展，生产的纸质地上乘，享有较高的声誉。据记载，明代云南主要用榖皮、竹、楮皮等原料造纸，并形成了一些质地较佳的纸品。其中，大理所产榖皮纸最为出名。《景泰云南图经志书》中的记载更为详细：药师井"在城西门外一塔寺之左，其泉冬温夏凉，郡人用此水造纸，其色洁白"[⑤]。药师井得天独厚的自然条件为榖皮纸的制造打下了基础。嘉靖《大理府志·物产》留下了榖皮纸制作技术的珍贵记录："纸，榖皮为之，出城西大小纸房，其洗壳用药师井水者颇细腻，谓之清抄，久藏不蠹。其用米粉抄者易漫漶腐蠹，宫中簿籍，尤非所宜，乃奏本纸亦用之，取其鲜白，而不知字画脱落反以取罪。"[⑥] 当时大理生产的榖皮纸有清抄和米粉抄两种方法，清抄生产的纸张可以久放不坏，米粉抄所

---

① 李珪：《云南近代经济史》，第 81 页。
② 李晓岑：《云南科学技术简史》，第 135 页。
③ 万历《云南通志》卷二。
④ 天启《云南通志》卷三。
⑤（明）陈文修，李春龙、刘景毛校注：《景泰云南图经志书校注》，云南民族出版社，2002，第 265 页。
⑥（明）李元阳纂：《嘉靖大理府志》卷二《地理志·物产》，大理白族自治州文化局翻印，1983，第 78 页。

产虽然表面鲜白，但是容易被虫蛀。谢肇淛《滇略·产略》中记载："纸出大理，蒸竹及榖皮为之。"①说明大理地区还可以用竹制造纸张。虽然云南在大理国晚期已出现了竹纸刻经，但大理本地制造竹纸则是首次记载。除大理纸，永胜州出产的"沧纸"质量也属上乘。史载：北胜州"纸曰沧纸，坚白稍次叶榆，售殖无虚日。"②景东府生产的"青纸"也比较有名，"其色胜于别郡所出者"③。万历《云南通志》记载蒙化府也产青纸。④此外，造纸原料楮皮（即构树皮）已开始出现在明代的文献记载中。如景泰年间，维摩州有"楮皮，州内之地多楮树，其皮可造纸"⑤；天启年间，蒙化府产楮皮⑥。这些产楮皮的地区可能是当时云南造纸原料的生产基地。明代，滇纸质量较好，得到时人的好评。如胡应麟说滇纸具有坚韧的优点，但同时有"色理疏慢"⑦的特点，谢肇淛则给予更高的评价："而楚蜀滇中，棉纸莹薄，尤于收藏也。"⑧

　　清代，云南的造纸业多为家庭手工业生产，手工作坊比较少，制作工艺主要还是采取传统的手工抄法。生产的纸品主要有白棉纸和土纸两大类，白棉纸以大理、鹤庆、腾越所产较好，土纸以玉溪薛家山村所产较好。其中大理纸质量较好，享有盛誉。清人倪蜕对大理纸有很高的评价："云南产纸之处甚多，皆楮为之，惟大理纸光皦莹洁，坚实精好，盖水孕苍山，得川原之灵气为多，用为簾帏橱帐，清风素影，令人飘然有尘外之想。明时进本，亦用此纸，并以造笺，厚粉重色，加以云母，而洒金一笺，重至五六两，不待久即脱落，而又不受墨，竟无所于用。近不以造笺，不以写本，而履道坦坦，得全其幽人之贞也。"⑨大理纸质地较佳，竟可用作簾帏橱帐。鹤庆、腾越生产的构皮纸，"用以

① （明）谢肇淛：《滇略》，《产略》。
② 天启《滇志》卷三。
③ 《景泰云南图经志书》卷四。
④ 万历《云南通志》卷二。
⑤ 《景泰云南图经志书》卷三。
⑥ 天启《滇志》卷三。
⑦ （明）胡应麟：《少室山房笔丛》卷四。
⑧ （明）谢肇淛：《五杂俎》卷十二。
⑨ （清）倪蜕：《滇小记·大理纸》。

印书，坚韧耐久"，相较而言，鹤庆所造销路更广，更受欢迎。[1] 此外，滇中所产棉纸质地也较好："滇中产绵纸，厚薄不一，厚者极佳，光洁紧细，又甚坚致，不似竹纸之松脆。凡衙门中所用俱绵纸也。一切竹纸、笺纸，皆自外省贩至。薄绵纸写字可洗净，善手洗之，一无痕迹。州县书吏往往用极薄绵纸，字迹轻细，有讹错可洗改，省得换纸另写。恐奸胥亦用此舞弊，不可不防。"[2]

### （四）陶瓷业

明清时期，云南很多地区烧制瓷器，其产品最有名的为具有本地特殊风格的青花瓷。云南成为全国仅次于景德镇的第二大青花瓷产地。[3] 根据万历《云南通志》的记载，临安府物产有"瓷器"。这从考古中也得到印证。20 世纪 60 年代到 90 年代，云南先后在今玉溪、建水、禄丰、凤仪、祥云、弥渡等地发现了烧制包括青花瓷在内的瓷器的窑址，其时代大部分为元末明初或明代，有的为元代。[4] 可见云南制造青花瓷的时间可上推至元代。跟景德镇青花瓷相比，云南青花器具有鲜明的地方特色：一是"砂底无釉，胎内灰黄色，胎中含铁量

图 3-19：元末明初青花火葬罐（邢毅　摄）

---

① 《新纂云南通志》卷一百四十二《工业考·造纸业》。
② （清）吴大勋：《滇南见闻录·下卷·物部》。
③ 李昆声：《云南艺术史》，云南教育出版社，1995，第 298 页。
④ 李昆声：《云南艺术史》，第 299~304 页。

图 3-20：明代云南青花瓷

约3%左右";二是"除大罐为浅底宽圈足或平底外,一般器物均有圈足或卧足";三是"釉中含石灰量高,约在20%左右,烧成后收缩比例很大,'开片'情况十分普遍。又由于含铁量在2%左右,钠和钾的含量很低,所以釉显得不够清亮,不是泛青绿,就是泛黄";四是"在钴土矿料中,锰和铁的比例较高,因而,烧成的青花呈现铁灰色,成为名副其实的'青花',与浙江的青花器呈现暗蓝色、江西景德镇青花器呈现天蓝色不同,一眼望去,即知是云南的产品";五是"云南元代青花器上花纹密而繁多,题材以缠枝花、牡丹、龙凤、鱼藻、瑞兽、海涛及杂宝图案为主。……而明代青花器花纹疏朗,折枝花卉最富特色"。[①]闻名遐迩的建水陶器和华宁陶器亦从明代开始生产。

清代,云南各地都有陶瓷生产,其中建水、华宁、易门、牟定、南华、元谋、祥云、腾冲、大理、昭通、镇沅等地较为集中。比较闻名的陶器有建水紫

图3-21:建水陶(范建华  摄)

---

① 李昆声:《云南艺术史》,第298~299页。

图 3-22：建水窑（范建华　摄）

砂陶、华宁绿白釉陶、南华煨茶罐、牟定土碗、元谋和祥云土锅、昆明松花坝琉璃瓦和蓝釉瓶罐等。其中，建水紫砂陶尤值得一提。紫砂陶生产于清末，"陶体古朴典雅，色如紫铜，声似磬鸣，成为我国四大名陶之一"[1]。紫砂陶中又以紫陶汽锅最有名，不仅外形光泽细润，古色古香，还具有耐酸碱、透气性好的性能。清末，云南陶瓷业还出现了私营陶厂。宣统元年（1909），建水"碗窑有张桂生私立工厂'玉堂记'，生产泥土器皿，技师 2 人，工人 42 人"[2]。

（五）玉石加工业

云南玉器种类丰富，开发历史悠久，因此玉器加工业向来比较发达。檀萃

---

① 李珪：《云南近代经济史》，第 85 页。
② 转引自李珪：《云南近代经济史》，第 85 页。

《滇海虞衡志》中有较为详细的记载：“玉器物，名目最多。玉自南金沙江来，大理玉匠治之，省城玉匠治之，大则玉如意，或长一尺二尺；次则圭璧、璋琮，其他仙佛古形象无不具。一切盘、碗、杯、彝、文玩尤佳。玉扳指、玉手圈，官吏无不带之。女钏同男，或一手双钏以为荣。而玉烟袋嘴，则遍街。虽微贱，吃烟亦口衔玉嘴。至于耳坠、帽花之类，又不足论者，其滥于用器如此。”[1]清代大理和昆明的玉器制作业非常兴盛，有专门的玉匠和手工作坊，产品种类丰富多样，玉器在实际生活中使用非常广泛。除昆明和大理，腾冲的玉石加工也很发达。《新纂云南通志》载：“永昌徼外旧属猛拱地，产翠玉，有新、老山之分。老山者，质地、水色尤佳，以碧如秧草绿者为上，春花带绿者次之，蓝花鱼藻草者又次之，水色晶莹，透明无滓。新山者，色多翠绿，而水色不如老山之透明。自明代来，即由腾越玉商到厂开采，而碔砆杂玉中，得美玉者仅千人中一人而已。玉商得玉，运至腾越解磨，制成手镯、戒箍、簪子、耳环、珠子等物，故腾越有百宝街之名。此项玉工多腾越人，而昆明细花玉匠，雕琢饰物尤精巧。”[2]据上可知，清代，昆明、大理和腾冲可谓云南三大玉石加工中心。

在石器采制方面，元明以来，大理石特有的花纹深得世人喜爱。元代大理石的开采，在史籍中几乎很难找到记载，仅能从留存至今世的大理石制碑刻中推知一二[3]。明代以降有关记载骤然增多，说明这一时期大理石开始大规模开采。如，《明一统志》大理府物产载：“点苍石，点苍山出，其石白质青，文有山水草木状，人多琢以为屏。”[4]杨慎《滇程记》载：“点苍山，五台峰怪石是产，巧出灵陶，文有云树人骑。是斫屏障。”[5]这些是用大理石制作屏风的记载。一些建筑则用大理石做地板及装饰。大理石质地细腻，色彩丰富，花纹奇特多样，很受统治者的青睐。如《滇史》载：万历二十一年（1593），“两宫应用大

---

① （清）檀萃：《滇海虞衡志》卷五《志器·玉器物》。

② 《新纂云南通志》卷一百四十二《工业考·玉器琥珀器业》。

③ 田怀清：《试论白族开采大理石的历史》，见赵怀仁主编：《大理民族文化研究论丛》第2辑，民族出版社，2006，第347~348页。

④ （明）李贤：《明一统志》卷八十六《大理府·物产》。

⑤ （明）杨慎：《滇程记》。见方国瑜主编，徐文德等纂录校订：《云南史料丛刊》第五卷，第809页。

图 3-23：镂雕龙纹云形翠玉带扣（清），云南省博物馆藏。（陈亮　摄）

图 3-24：鱼龙人物座屏（明），云南省博物馆藏。（陈亮　摄）

理、凤凰二项石，此乃铺宫例用者。凡大理石中黑花，有人物山水，龙凤鸾鹤形者，即名凤凰石，其实一也。是年先完石一百块四次……"[1] 说明用大理石铺设皇宫地板是明代的惯例。又，万历二十七年（1599），"乾清、坤宁二宫告成，需石陈设，滇中以奇石四十棂分制佳名以进……"[2] 大理石自身重量就很大，每

①《滇史》卷十三之诸葛元声《大理石采运之难》。
②（清）于敏中等编纂：《日下旧闻考》卷三十四《宫室·明二》，北京古籍出版社，1981，第 524 页。

次进贡的大理石从几十至成百块，就当时的运输条件而言，其所耗费的人力、物力、财力之大亦能想见。

清代，洱海地区大理石的开采比明代规模更大。《滇海虞衡志》载："楚石（即大理石）出大理点苍山，解之为屏及桌面，有山水物象如画，宝贵闻于内地。……大理攻楚石者几百家，皆资以养活，未可尽以为累民。"[1] 说明当时的大理石采制在大理已经成为不少人赖以生存的行业。大理石制品，制作精良，颇受国内外欢迎。阮元《石画记》记载："其石分水墨花、绿花、青花、秋花等类，加以琢磨，俨成天然名画，制作插屏、围屏等，销售全国及海外。"[2]

在石制品方面，缅佛的生产也比较出名。缅佛，"石作，新出于滇，滇匠刻之以更缅贡，盖缅贡之有玉佛，非玉佛也，固琢石为之者也，滇山亦多此石。土司进贡重在驯象，玉佛金塔不过借以陪陈，故其制作颇陋，不及滇匠雕琢之工。滇匠审其实石也与滇山石同，潜取滇石，照其原像尺寸，另雕一尊为更易，毫光焕发，惊动天人，巧夺神工，殆过如肪之质。自是滇石，又俨以缅佛传名矣。"[3] 缅佛主要用于宗教，制作的技术和水平与大理石不同，另有其特点。

（六）食品加工业

酿酒业。云南少数民族众多，很多民族嗜酒，酒的生产由来已久。元明清时期云南酿酒业的发展主要表现在品种的众多以及酿酒技术的提高等方面。元代以前，云南尚无酒课征收的记载。到了元代，《元史·食货志》载云南每年的酒课为211117索，按至元年间，"每金一钱，直贝子二十索"[4] 来计算，那么云南每年的酒课已达上千两黄金。酒课的征收说明元代云南的酿酒业已相当发达，并颇具规模。

明清云南酿酒业在元代的基础上进一步发展，出现了发达的蒸馏技术。根据记载，明代云南有烧酒、咂鲁麻酒、树头酒、药酒等。如，《西南夷风土

---

① 《新纂云南通志》卷一百四十二《工业考·玉器琥珀器业》。
② （清）师范：《滇系·人物系》。
③ 《滇海虞衡志》卷五《志器》。
④ 《元史·世祖本纪九》。

记》说滇南地区："茶则谷茶，酒则烧酒。"① 嘉靖《大理府志·物产》载："酿酒米于瓶，待熟着藤瓶中，内注熟水，下燃微火，执藤饮之，味胜常酒，名咂鲁麻。"② 咂鲁麻酒又称钩藤酒，其特点是"执藤饮之"。《滇略》对其酿造技术有更详细的记载："钩藤，藤也，可以酿酒，土人溃米麦于瓮，熟而着藤其中，内注沸汤，下燃微炎，主客执藤以吸，按钩藤即千金藤，主治霍乱，及天行瘴气，善解诸毒，其功似与槟榔同也。"③ 钩藤酒还有跟槟榔一样的药效。有学者认为钩藤酒即蒸馏酒。④ 严从简《云南百夷篇》载滇南百夷地区："树头酒，树类棕，高五六丈，结实大如掌，土人以罐悬置实下，划实，汁流于罐，以为酒汁，亦可熬白糖。"⑤ 此外，楚雄府本地人还采龙胆草制作药酒。⑥ 明代，史书中关于云南酒品种及其酿造工艺的记载逐渐增多，反映了其酿酒业比元代更加成熟、发达。

清代，云南蒸馏技术更趋成熟，至乾隆年间，云南已出现多种名酒，果酒也传入云南并开始生产。当时云南的名酒佳酿有绍兴酒、南田酒、花桐酒、高粱酒、力石酒、鹤庆酒、树头酒及各种果酒等。其中，绍兴酒是从内地传入的，在云南则以昆明的吴井水酿造，味同真绍兴酒。南田酒，产自昆明，"东门酒铺所收尤佳……客游者每訾滇酒不中饮而不然也"。花桐酒，出自武定花铜村。高粱酒，出自元谋，"其地旺高粱，以为酒如北方之干烧"，为烧酒之一种。力石酒，也是烧酒中的一种，出自定远，"亦高粱烧，名力石者，言其酒力之大，重如石也"。鹤庆酒，味道比汾酒更醇厚。丁香酒，"云南产丁香，亦以酿酒，性烈兴阳"。果酒也出现了多种，包括桑葚酒、山楂酒、葡萄酒，"滇产葡萄酒佳，不知酿酒，而中甸地接西藏，藏人多居之，酒盖自彼处来也"⑦。可见，葡萄酒

① （明）朱孟震：《西南夷风土记》，商务印书馆，1936，第 5 页。
② （明）李元阳纂：《嘉靖大理府志》卷二《地理志二·物产》，大理白族自治州文化局翻印，1983，第 78 页。
③ （明）谢肇淛：《滇略》卷三《产略》。
④ 李晓岑：《云南科学技术简史》，第 170~171 页。
⑤ 方国瑜主编：《云南史料丛刊》第四卷，第 597 页。
⑥ 《景泰云南图经志书》卷四。
⑦ 以上酒类均见（清）檀萃：《滇海虞衡志》卷四《志酒》。

及其酿造工艺至少在乾隆年间已传到云南。光绪六年（1880），嵩明县杨林镇陈鼎发明了"杨林肥酒"，成为云南传统名酒之一。光绪十三年（1887），蒙自开始生产颇受欢迎的高粱陈酒，其味蜜香清雅，醇甜柔和。清中期以前，云南的酿酒业主要是一些自酿自卖的家庭手工作坊，到了清末，云南一些地区已开始出现专业酿酒作坊。如光绪年间，蒙自私营酒坊所产高粱酒可达 50 吨。[①] 其生产已颇具规模，可见酿酒业之盛。

制糖业。据文献记载，明代滇中、滇南、滇西均产糖。在云南，直到明代才有关于甘蔗种植和蔗糖生产的明确记载。根据《景泰云南图经志书》、正德《云南志》以及万历《云南通志》的记载，明代云南甘蔗产地主要有云南府、临安府、武定府、腾越、芒市等，其中产糖地有临安府、云南府、永昌府等。其中，临安府所产之糖最为有名："甘蔗最佳，取其精华以为糖，供全省需要。"[②] 仅一府所产就可供全省需要，说明其生产规模非常大。临安府在明代已成为云南最大的产糖基地。除上述地区，今丽江、大理鸡足山以及滇南傣族地区等也产糖。徐霞客在《滇游日记》里提到丽江地区产发糖："白糖为丝，细过于发，千条万缕合揉为一，以细面拌之，合而不腻。"[③] 可见加工之精细，品质之优良。徐霞客还在鸡足山看到当地产石蜜，称"此间石蜜最佳，白若凝脂，视之有肥腻之色，而一种香气甚异"[④]，品质亦佳。此外，滇南百夷地区还用"树头酒树"熬制白糖。[⑤]

清代，云南产糖地增多，品种也逐渐增多，有红糖、白糖、冰糖等。清代，云南甘蔗种植地区进一步扩大，婆兮（今华宁县盘溪镇）、弥勒、竹园、景东、宁洱、永北、宾州、巧家、五福、缅宁、云州、临江、保山、施甸、元谋、开远等地均大规模种植。[⑥] 甘蔗主要盛产于气候较热的滇南、滇西地区，制糖业

① 李珪：《云南近代经济史》，第 75 页。
② 天启《滇志》卷三《地理志·物产》。
③（明）徐弘祖著，朱惠荣等译注：《徐霞客游记全译》第四册，贵州人民出版社，1997，第 2043 页。
④（明）徐弘祖著，朱惠荣等译注：《徐霞客游记全译》第四册，第 1993 页。
⑤ 方国瑜主编：《云南史料丛刊》第四卷，第 597 页。
⑥《新纂云南通志》卷六十二《物产考五·甘蔗》。

也属这些地区最为发达。滇南，以宁州（今华宁）、建水和元谋所产红糖和白糖最盛，"砂糖出建水、宁州"①。其中元谋和建水所产白糖品质较高，《滇海虞衡志》说其"如雪之白"，说明元谋、建水制糖工艺之高超。滇西，云州（今云县）一直是全省的产糖重镇，出产冰糖、白糖和红糖。光绪《续修顺宁府志》载，"糖，《旧志》：'有红、白饴二种。'谨按：云州所产冰糖、白糖、红糖，为数甚多，州属货产以糖为第一大宗"②。可见制糖业在云州之盛。此外，《新纂云南通志》记载："故自昔即有竹园糖、云州糖、宾居、牛井糖之称。红糖而外，如竹园出品有白糖、冰糖。"③云州即云县，竹园在今弥勒县，宾居、牛井在今宾川一带，亦均为当时云南重要的制糖地。在制作工艺上，白糖和冰糖均无记载，红糖则主要使用土法榨糖，具体工序为：用人力、畜力或水力推动木榨或石碾将甘蔗榨汁，然后将取得的汁水放入锅中煎熬，加入少许采油，沉渣去泡并澄清后，又转入第二、三、四锅，使水分逐渐蒸发至甘蔗汁仅含 10% 左右时，舀入容器中冷却凝结即可。④

　　榨油业。明代云南人民已经学会提炼各种植物油。大理地区最有名的红花油和核桃油即为植物油，红花油"即染大红膏子之实也，油香胜诸品"，核桃油"即核桃春泥榨油，香美与红花油等"。⑤顺宁地区用核桃榨油的出油率也比较高，"胜芝麻、菜子者多矣"⑥。可见，除了核桃油、红花油，还有芝麻油和菜籽油。此外，徐霞客提到当时云南还有椒油、鸡㙡（枞）油。⑦人民已学会用多种植物提炼油，说明当时的提炼技术已相当发达。

　　清代，云南榨油业仍以自榨自食为主的家庭手工业为主，所产油的种类较

---

① 道光《云南通志稿》卷六十九《食货志·物产》。
② 光绪《续修顺宁府志》卷十三《食货志三》，转引自云南省凤庆县人民政府，凤庆县地方志办公室：《顺宁府（县）志五部》，天马图书有限公司，2001，第 346 页。
③ 李春龙，江燕点校：《新纂云南通志四》卷六十二，《物产考五》，云南人民出版社，2007，第 98 页。
④ 李珪：《云南近代经济史》，第 74 页。
⑤ 嘉靖《大理府志》卷二《地理志二·物产》。
⑥ （明）徐弘祖著，朱惠荣等译注：《徐霞客游记全译》第四册，第 2524 页。
⑦ 江燕：《明代大旅行家徐霞客视野下的云南风物》，见《西南古籍研究 2010 年》，云南大学出版社，2011，第 30 页。

多，有菜油、苏子、麻子、芝麻、胡麻、桐油、芦花子油等①。有学者指出："自
17 世纪至 19 世纪，云南油料作物主要有红花、油菜、核桃、白苏、火麻、芝
麻、油桐等。17 世纪以前文献记载极少，但是滇西各民族早在南诏、大理国时
代已信奉佛教，点灯祭佛极为普遍，故可进一步推测，除了动物油之外，早在
10 世纪以前，大概就已利用榨制的植物油了。"②清代，榨油工艺为："将油料用
铁锅炒熟，以畜力（或水力）驱动的石磨、石碾把原料粉碎，蒸透后成一个个
饼状，用棕片或草把包裹，放入木榨腔体内，用撞杆或锤敲锲子或加重石头，
使油饼受挤压流出油。"③

　　在其他食品生产方面，米线和饵块在云南特色饮食中最具代表性，这两种
食品在明代已开始出现在记载中，明人将米线称为米缆，饵块为玉饵，饵丝为
蓬饵、饵线。如杨慎游历点苍山期间，"村人荐米缆，食而甘之"④。嘉靖《大理
府志》即谈到当地产米缆和蓬饵，"米缆：粉粳作糒，园细如灯草，引长不绝，
脆润不粘，盘结成团，经汤则解"，"蓬饵：缕切玉饵而曝之，其乱如蓬，汉书
亦谓之蓬饵，俗呼饵线"。⑤这些是关于云南米线和饵块的较早记载。

　　乳制品。云南有历史悠久的牛羊牧业，因此人们很早以前就以牛、羊乳制
作各种食品。如唐樊绰在《蛮书》卷四中提到：望蛮部落"其地宜沙牛，亦大
于诸处牛，角长四尺以上。妇人惟嗜乳酪，肥白，俗好遨游"⑥。此处的乳酪应
为牛乳制作而成。到了清代，乳扇的生产较为有名。其制作方式为："乳扇以黄
牛乳煎酿而成，其状如扇，故名，出邓川、浪穹间。牛产犊，乳之月余断其乳，
而以豆浆易饲之，置于别牢。因取牝牛乳，日再次得十余碗，以小铛盛酸浆半
碗，煎将沸，入乳汁半碗，酿有顷，其精渐结成质，余悉为水，此新学所云酸化
之理也。揉其质成团，以二短箸轮卷而引长之，布于竹架成张页。以次煎酿讫，

① 道光《云南通志·物产一·云南通省上》
② 唐立：《云南物质文化·生活技术卷》，云南教育出版社，2000，第 325 页。
③ 李珪：《云南近代经济史》，第 75 页。
④（明）杨慎《游点苍山记》。
⑤ 嘉靖《大理府志》卷二《物产》。
⑥（唐）樊绰：《蛮书》卷四《望蛮部》。

遍布而晒干之，色细自如轻毂，用膏炙食之，脆愈酥酪，味香，张值一钱，贩及远方。"① 清代，乳扇主要产自邓川、浪穹，并"贩及远方"，受到人们的喜爱。

肉制品。首推鹤庆和宣威的火腿。鹤庆火腿，"猪肉颇不恶，远胜于北方。鹤庆腌腿佳者，味甜而鲜，与浙中金华腿相似。盐井上有盐腿，浸于卤水中，不甚咸，亦佳"②。宣威火腿亦很出名，但是工艺因循守旧，"旧制不加讲求，形式笨重，色味良窳无一准酌，加以商贩零星，受行店之削勒，成本过重，腌法苟简，以致销路日阻，利益亦见衰微"③。此外，丽江琵琶猪的制作也别具特色，"将整猪去其头足大骨，四足折叠于腹内腌之，压令扁，如琵琶，其色甚异，其名甚奇。煮而食之，颇似杭州之加香肉，味淡，盐贵故也"④。

糕饼。清代以前，云南的糕饼制作主要是民间自制自食，尚未构成商品。糕饼业的出则始于清末。如云南最早的糕点铺"合香楼"（咸丰年间在昆明如安街开业）自光绪年间开始制作糕点，产品问世后颇受欢迎。⑤ 光绪十一年（1885），建水"茶香斋"的狮子糕问世。⑥ 光绪末年，昆明"吉庆祥"挂牌营业，以生产火腿月饼"四两饦"著称。⑦

藕粉。澄江藕粉最出名，"藕，各处出，惟澄江洗之为藕粉，以充苞苴，干之为藕片，以充斋贡，片甚干而巨，予靡而瀹食之，即成藕粉，亦郡产之佳而可志者也"⑧。临安也产藕粉，史载其土产"莎罗布、藕粉、沙糖俱佳"⑨。

此外，云南人民还会制作醋、酱油、蜂蜜、油饼、胡饼、黄黍之糕、乳酪、

---

① （清）杨琼：《滇中琐记·乳扇》。
② （清）吴大勋：《滇南闻见录》卷下《物部·鹤庆腿》。
③ 转引自李珪：《云南近代经济史》，第 77 页。
④ （清）吴大勋：《滇南闻见录》卷下《物部·琵琶猪》。（清）张泓《滇南新语》亦载："琵琶猪，取猪重百余斤者，去足剜肠胃，剔诸骨，大石压之，薄腻若明珀，形类琵琶，因名琵琶猪。丽江女子挟以贸，远望若浔阳商妇也。"
⑤ 陈汝德《合香楼始末》，中国人民政治协商会议云南省委员会文史资料委员会编：《云南文史资料选辑》第 49 辑《云南老字号》，云南人民出版社，1996，第 275~276 页。
⑥ 转引自陈征平：《云南工业史》，云南大学出版社，2007，第 519 页。
⑦ 孔令仁、李德征主编：《中国老字号·叁·工业卷》（中册），高等教育出版社，1998，第 545 页。
⑧ （清）檀萃：《滇海虞衡志》卷十《志果》。
⑨ （清）刘慰三：《滇南志略》卷二《临安府》。

粉糕、熏竹笋、浆、豆腐、油酥面饼、酥饼油线、梅醋、馒面、眉公饼、粑、熏凫、腊鸡、腊猪等。其中禄丰醋、通海酱油、滇西蜂蜜等亦很出名。[1] 这些加工食品及其原材料共同构成了云南丰富多彩、自成一格的饮食文化。

（七）制漆业

早在大理国时期，云南的制漆业就比较发达，已经形成了以"宋剔"为代表的雕漆器。元明时期，云南雕漆工艺发达，与浙江嘉兴并为全国两个雕漆水平较高的地区。关于这一时期云南雕漆工艺的发达，可以从《万历野获编》的记载得到印证。该书"玩具·云南雕漆"条说，蒙古灭大理国后，将大批工匠带到宫廷，到明初"收为郡县"后，"滇工布满内府，今御用监供用库诸役，皆其子孙也，其后渐消灭。嘉靖间又敕云南拣选送京应用"，还说"今雕漆什物，最重宋剔"。[2] 可见当时云南的雕漆工艺非常受元朝政府的重视和欢迎，所以宫廷中畜养了大批"滇工"。当时，云南雕漆工艺的风格为："用刀不善藏锋，又不磨熟棱角，雕法虽细，用漆不坚。"[3] 这种风格与当时注重磨工、不漏刀痕的浙江嘉兴风格截然不同，虽然相对粗犷，但在元及明前期看来别具特色。明中后期，云南雕漆器制作已没有以前精致，逐渐衰落，所以李元阳说，"古造精致，今不逮"[4]。到了万历年间，时人对云南雕漆器的评价更低。如高濂说，"旧者尚有可取，今则不足观矣"[5]。《万历野获编》也指出："间有漆光暗，而刻纹拙

---

① （清）吴大勋：《滇南闻见录》卷下《物部·七醋》：载"禄丰出佳醋，色深红，味极酽而甜美，不亚于镇江醋。"《通海县轻手工业志》说："嘉庆二十五年（1820），通海县城人张从正从南京带来清酱配方，始创通海酱油。"（见李珪：《云南近代经济史》，第77页）《新纂云南通志》卷一百四十二《工业考·食品业》则记载，到了民国初，"通海之清酱（即酱油），每年销十余万肋。"道光《云南通志》卷六十七《食货志六之一·物产一·食货之属》载："陈鼎《滇黔纪游》：滇中蜜甚多。彝人扑得大蜂，以长绳系其腰，识以色纸，迎风放之，乃集众，荷畚锸随行，及度越山岭，蜂入土窍，从而掘之，其穴大如城郭，辄得蜜数百斛。故槟榔、香附、橙、柑、木瓜、香橼、梅、李、川、芎、瓜、茄多以蜜渍供客，复以酒醉群蜂饷亲友，如温台之海味也。"
② （明）沈德符：《万历野获编》卷二十六《玩具》，见方国瑜主编：《云南史料丛刊》第五卷，第173页。
③ （明）高濂：《遵生八笺》卷十四《燕闲清赏笺上》。
④ 嘉靖《大理府志》卷二《地理志二·物产》。
⑤ （明）高濂：《遵生八笺》卷十四《燕闲清赏笺上》。

图 3-25：剔红园林人物斜方盒（清末），云南省博物馆藏。（陈亮　摄）

者，众口贱之，谓为旧云南。"[1] 可见，明中后期，云南的雕漆器在全国的地位急剧下降。

明代，除了大理，滇西的金齿、腾冲以及滇南的百夷地区也有产漆的记载。[2] 其中，滇南百夷地区，"尤善采漆画金"，工人均来自两广，制造工艺与内地水平一致，所造漆器可存放鲜肉数日不发臭。[3] 可见，一些边境少数民族地区的制漆业也比较发达，而且制作工艺比较高超。

清代，除了昆明、大理、剑川有雕漆等传统工艺外，产漆的地方还有东川府、丽江府、顺宁府以及腾越州的界头[4] 等。清代云南传统的雕漆工艺已不如明代兴盛，主要产品有瓶、盘、盒具等。这一时期，比较有名的工艺和产品，一是省城昆明以迤西及剑川、兰坪一带，有木杂漆器以及建筑上贴金刷漆的工艺，其中以剑川、兰坪技术最佳。剑川漆髹工艺生产出来的椠、盂、套、合等

① （明）沈德符：《万历野获编》卷二十六《玩具》，见方国瑜主编：《云南史料丛刊》第五卷，第173页。
② 见正德《云南志》卷十三；方国瑜主编：《云南史料丛刊》第五卷，第492页。
③ 方国瑜主编：《云南史料丛刊》第五卷，第492页。
④ 见乾隆《东川府志》卷十八；雍正《云南通志》卷二十七《物产》；（清）师范：《滇系·赋系》；道光《云南通志》卷七十《食货志六》。

器具还远销至四川。[①] 二是巧家出产的黄花漆鞍也很著名。[②] 三是东川的乳漆桌。东川"漆本佳，其匠亦良"，生产的乳漆桌，"形如退光，花纹极细，密似樱木，纹更圆朗"。[③] 乳漆，即生漆。乳漆桌即为生漆漆就的桌子。另外，清末，昆明设立劝工局，曾聘请省外技师指导生产"卤凌"器皿。[④]

### （八）编织业

云南人民很早以前已会使用竹、藤编织器物，起初主要为盛器或背负重物之用。元代以降，云南相关记载逐渐增多，有关编织物种类增加，在人们日常生活中的用途也日趋广泛。这一时期，主要以竹、藤、草为编织原料，其产品主要包括竹制器、藤制器和草制品。

竹制品。竹的生产以沿边"永昌、顺宁、普洱各府所属各土司及元江州景东厅等地"[⑤] 最盛。竹子，粗大的可作建筑材料或竹筒，细小的可制作各类竹器。其中，腾冲妇女所编竹笠比较出名，"运销迤西各县及缅甸夷山，……广南、文山、马关者销行亦广"[⑥]。顺宁府盛产濮竹，可编织绳子和鞋子。[⑦] 路南也有竹器生产，以篾丝灯的编织出名，"不糊纸而能于大风雨中，光明不灭"[⑧]。楚雄制作的竹筷非常精巧雅致，"极细而圆，染斑痕，两端镶象牙，极雅致"[⑨]。可见，竹器制作主要集中在滇中、滇西和滇南，产品则除了建材和水桶，还有斗笠、绳子、鞋子、篾丝灯、筷子等，都是与人们日常生活密切相关的物品。

藤制品。藤作为编织原料，颇具云南特色。元江、景东、缅宁以及西南沿边各土司地区所产较多，有桌几、提篮、靠椅、簟席等。[⑩] 丘北县有制作藤墩、

---

① 《新纂云南通志》卷一百四十二《工业考·漆业》。

② 《新纂云南通志》卷一百四十二《工业考·漆业》。

③ 乾隆《东川府志》卷十八《物产》。

④ 李珪：《云南近代经济史》，云南民族出版社，1995，第86页。

⑤ 《新纂云南通志》卷一百四十二《工业考·编制业》。

⑥ 《新纂云南通志》卷一百四十二《工业考·编制业》。

⑦ （清）刘慰三：《滇南志略》卷五。

⑧ 杨中润等：《路南县志》。转引自彭泽益编：《中国近代手工业史资料》第一卷，第65页。

⑨ 《滇南闻见录》下卷《物部》。

⑩ 《新纂云南通志》卷一百四十二《工业考·编制业》。

藤席的记载。① 此外，云南还用藤搭建桥梁。②

　　草制品。遍及全省，有草鞋、草帽、草席等。草席和草鞋，"全省各县皆有，而以石屏、宁州、宜良等县之蒲席为紧密滑润云"③。此外，邓川用蒲草编制席子，行销各处。④

　　（九）其他日用

　　棋类生产。永昌棋子最佳，刘崑在《南中杂说》中记载："滇南皆作棋子，而以永昌为第一，盖水土之别云。烧棋之法，以黑铅七十斤，紫英石三十斤，硝石二十斤为一料，可得棋子三十副，然费工本已三十六七两矣。其色以白如蛋青，黑者以鸦青者为上，若鹅黄鸭绿中外洞明者，虽执途人而赠之，不受也。烧棋之人，以郡庠生李德章为第一，世传火色不以授人也。余在永昌日，曾以重价得之，出以与郡大夫较，皆不能出余上也。庚申冬日为叛兵所掠，惜哉！今滇中游客，出银五钱，便市棋三百六十，宁复有佳物乎。"⑤永昌棋子的制作方式及其精致可见一斑。

　　笔、墨、砚生产。因文化教育事业的发展以及官府文书的需要，笔、墨、砚等文化用品亦有生产。笔，清代云南所产见于记载者为"竹笔"，产自丽江维西厅⑥，概因其不同于中原内地，故载入史册。"（墨）用松烟胶，和人丹砂脑麝藤黄者佳，盖古者唯以松烟为墨……鸡足山古松，烧烟为墨最佳。"⑦这是明代产墨的记载，清代延续之。砚台则以剑川所产质地为佳，石屏所产销路为广，"砚材石，出石屏州。石屏之砚，遍于滇塾。剑川岩厂石亦可为砚，胜于石屏"⑧。

　　制香业。香的种类繁多。仅檀萃《滇海虞衡志》的记载，清代云南本地

---

① 《滇南志略》卷六载：丘北县，"土产藤墩，沙人编藤为墩，可坐；藤席，亦沙人所织"。

② 陈征平：《云南工业史》，第 239~240、334~335 页。

③ 《新纂云南通志》卷一百四十二《工业考·编制业》。

④ 《新纂云南通志》卷六十二《物产考五·蒲草》。

⑤ （清）刘崑：《南中杂说·永昌棋子》。

⑥ （清）刘慰三：《滇南志略》卷三《丽江府·维西厅》。

⑦ 嘉靖《大理府志》卷之二《地理志二·物产》。

⑧ （清）檀萃：《滇海虞衡志》卷之二《志金石》。

所产之香有藏香、白檀香、安息香、木香、沉香、胜沉香、乳香、西木香、水乳香、老柏香、末香、郁金香、麝香、阿魏等品种。[①] 香一般以树木为原材料，"木得水方结，多在折枝枯干中，或为沉，或为煎，或为青皮"，"故香之等凡三：一曰沉，入水即沉，谓之沉香；二曰煎，一作牋，范志作笺，半浮半沉曰煎香，又曰甲煎；三曰黄熟，香之清虚，俗名速香。"[②] 这三类香又各分品，沉香有四品，煎香分五品，黄熟又分三品等。分类较多，可见香的制作工序及其工艺也有差别，只是限于记载，我们无法详细考察。

灯具生产。有风灯、料丝灯以及篾丝灯等。气煞风灯，"名俚甚，滇匠善为之，收之不过盈拱，撑之遂成巨灯，而价廉。能禁大风，灯烛不灭。言风咸不能逞，对之而气煞也。名虽俚而义亦长也"[③]。料丝灯产自永昌，"言取药料煎熬，抽丝织之为灯，故曰料丝。其药料则紫石英、钝磁、赭石之属，不一类也。始出于钱能以此进上，不使外人烧造。能去，始习为之故更精。长大几二三倍，价甚昂，烧造者死，其子传其法，人竞烧之。江西人以贩于京师，料丝灯遂多，价减半，及官取之。价益贱，位之者遂不能精矣"[④]。篾丝灯，"云南路南何小斗，不知何村人，常往来于宜良路南间。……有绝艺，所织篾丝灯，不糊纸而能于大风雨中，光明不灭。竹林寺织有篾屏风一架，自外观之，则花纹如菊。自内观之，则纹如象眼，亦无须糊纸，而风不能入，诚精巧"[⑤]。

制革业。云南皮革制作历史悠久，在南诏、大理国时期，其制作已达到较高的水平。明代军民移民将内地的生鞣和烟熏方法传到云南，以后云南又引进米浆加芒硝鞣制技术。[⑥] 到清末，云南的制革业已颇具规模。如昆明于光绪十年（1884）官办了制革厂，逐步采用近代技术制革，年产烟熏熟羊皮20多万张，产品远销广州甚至越南海防。面皮则行销昆明、大理、丽江、保山、腾冲、通

---

① （清）檀萃：《滇海虞衡志》卷之三《志香》。
② （清）檀萃：《滇海虞衡志》卷之三《志香》。
③ （清）檀萃：《滇海虞衡志》卷之五《志器》。
④ （清）檀萃：《滇海虞衡志》卷之五《志器》。
⑤ 杨中润等：《路南县志》，转引自彭泽益编：《中国近代手工业史资料》第一卷，第65页。
⑥ 李珪：《云南近代经济史》，第78页。

海等地。[①] 清末，云南在农村副业制革的基础上，出现手工制革作坊。丽江地区，大研镇有光绪三十年（1904）开设的和泽久作坊和其后开设的李蕴新作坊。大理地区，同治、光绪初年，大理城内就有几家从事制革的作坊。光绪三十一年（1905），段泰雇用10多人在大理城开设作坊，制作皮革。之后大理城南村的制革逐步形成群体性经营，成为大理地区闻名的制革村。鼎盛时期，大理城南村约有160多户从事制革，每户年加工牛、羊、狗皮多则300张，少则几十张，下关也有几十户从事皮革加工。[②]

其他行业，如服装鞋帽业、衡器制造业、木器业、理发业、砖瓦石灰、爆竹和烟花的生产以及顾绣等，至清代也都有一定的发展。

元明清时期，大量移民的涌入，把中原内地先进的生产技术带到云南，极大地推动了云南手工业的发展。而云南丰富的矿产和动植物资源，又为手工业提供了丰富的原料。这一时期云南手工业的发展主要有以下特点：一是随着生产力的发展，人们对物质生活追求的提高，促进了手工业的不断发展，手工业分工越来越细，手工业门类越来越多，从纺织、金属加工、陶瓷到其他各种日用品的生产和加工等，应有尽有，可以说发展到清代，几乎全国有的手工业在云南都能找到踪影。二是跟中原内地主要地区相比，云南的手工业总体上规模较小，技术水平较低。三是农业生产的发展状况决定着手工业的类型和门类，因此农业生产的不平衡是这一时期手工业发展不平衡最重要的原因。发展到清末，云南的手工业主要集中在县城以上的中小城市。其中，又以农耕经济基础好的昆明、大理、保山、玉溪、建水、丽江、昭通等城市较为繁荣。这些城市手工业比较发达，门类多，产品多，出现了手工作坊和手工行会，以及新的生产关系——雇佣关系。西双版纳、德宏、红河、临沧等地区，家庭手工业则比较发达。四是农村家庭手工业对农业生产的依附性较大，一直很难形成独立的生产部门。直到清末，有些家庭手工业才逐步向手工作坊转化，但是边疆地区

---

① 李珪：《云南近代经济史》，第 78 页。
② 大理市史志编纂委员会编：《大理市志》，中华书局，1998，第 203 页。

图 3-26：通海小新村木雕（邢毅　摄）

的家庭手工业仍然依附于农牧业生产，没有形成独立的生产部门。因此，从整体上来看，手工业商品化水平相对也较低。五是由于特殊的地理环境和人文环境，云南的手工业发展独具特色，生产出一批颇具民族特色的产品。

　　综上所述，元明清三代的经营打破了云南长期以来发展相对缓慢的局面，加速了云南社会经济的发展，云南产业结构发生明显变化，农业、矿业、手工业成为支柱产业。元代以前的产业结构是农牧并重，其时，矿业生产虽已有一定规模，但是在整个经济结构中所占份额相对较小。经过元明清三代的努力经营，云南的物质生产包括农牧业、矿业以及手工业均取得了不小的成就，虽然总体发展水平及规模仍与中原内地有差距，但是在很多方面独具特色。这一时期，云南物质生产最引人瞩目的是：一是农耕区域不断扩大，这就大大挤压了畜牧业的空间，长久以来农牧并重的局面发生改变，农业在国民经济中的地位愈发突显，畜牧业在整个云南的地位则有所下降；二是矿业生产得到空前发展，在产业结构中的地位越来越重要，成为云南经济的命脉。时人也深刻感受到了这点，发出了"滇南大政，唯铜与盐"[①] 的感慨。现代学者对此也给予了很高的评价："清代以铜矿业为中心的云南采矿业，其发达程度为前此历代所不能比拟，是 18 世纪以来我国西南边疆地区在经济开发方面的第一件大事。"[②] 矿业的繁荣在整个西南边疆地区的经济开发中都具有举足轻重的作用和令人瞩目的意义。所以，发展到清代，传统的产业结构发生改变，矿业与农业、手工业成为云南的三大支柱产业，畜牧业只在部分地区和部分民族的社会经济中发挥着重要作用。

云南的这种产业格局有一个明显的特征，即社会经济发展不平衡，多种经济形态并存。这种差异由来已久，在元明清时期表现尤为明显。从社会经济形态来考察，当时云南至少存在 5 种以上，即"氏族部落经济、奴隶制经济、封建领主经济和封建地主经济 4 种经济形态和相互交叉的几个过渡层次"[③]。这主要是云南特殊的自然环境和自然条件以及内地和边疆、坝区和山区、汉族与少数民族之间生产力发展的差异等因素综合造成的。这种社会经济发展的不平衡性在农业、矿业和手工业发展中也表现出明显的地域差异。这在前文已论及，兹不赘述。

总而言之，元明清时期云南农业、矿业和手工业的发展不仅促成了新的产业格局的形成和发展，创造了灿烂辉煌的物质文化，也为商贸、市场以及城镇形成和发展起到极大的推动作用，还促进了多民族经济共生关系格局的形成与演进。当然，正是由于物质生产的不平衡，这一时期商贸、市场和城镇的发展也表现出明显的不平衡。

---

① 嘉庆《续白盐井志》序言。
② 潘向明：《清代云南的矿业开发》，见马汝珩、马大正主编：《清代边疆开发研究》，中国社会科学出版社，1990，第 333 页。
③ 李珪：《云南近代经济史》，第 4 页。

# 第二节　元明清云南的商贸文化

云南商贸起步较早，在南诏、大理时期已有长足发展。但是跟内地发达地区相比，由于开发程度较低、地理自然环境的制约等因素，云南的商贸依然相当落后，即使到了清代，总体发展水平依然停留在"道路险远，舟车不通，商贾罕至，……市廛未集，百货未通，一粟一丝，其价十倍于他省，军民困苦，长此安穷"[①]的局面。但是从历史发展的脉络来看，元明清时期可称为传统社会时期云南商贸文化的鼎盛时期。这一时期，云南与内地政治、经济、文化等方面的交流空前加强，交通状况得到改善，社会经济空前发展，商业活动愈发频繁，云南各类商业市场亦得到了前所未有的发展。但由于云南地形地貌复杂，少数民族众多，地区间以及民族间社会经济发展不平衡，商贸活动以及市场发展程度也呈现出复杂多样的特点。

## 一、元明清城镇市场

跟乡村市场相比，云南城镇市场起步早、发展程度高。元明清时期，云南城镇市场的发展，既有传统城镇市场的继续发展和繁荣，如昆明、大理、保山、腾冲等，又有新兴中小城镇市场的兴起和繁荣，如个旧、下关、丽江等。

### （一）元明清城镇市场的发展概况

元代，随着驿的修筑，云南的交通得到改善，与内地的政治、经济、文化等方面的联系加强，各民族生产得到发展，商业随之兴旺起来，一批城镇随之兴起。这些城镇不仅具有区域内的经济中心的功能，还发挥着政治、文化辐射的职能。发展最快的首推当时云南的政治中心中庆（今昆明），大理、永昌（今保山）也是繁华的大城镇。此外，腾冲、丽江、建昌、临安、车里等也先后发

---

① 雍正《云南通志》卷二十九《艺文四》。

图 3-27：昆明老街（周智生　摄）

展为中、小城市。明清时期，随着农业垦殖事业的不断发展、手工业和矿冶业的空前兴盛，云南各民族经济得到进一步发展，尤其是明清实行改土归流后，云南与内地的联系更加密切，各民族间的交往和贸易增多，商业得到进一步发展，在各级政权和军事统治中心所在地、水陆交通要冲、矿产地附近等形成了众多大小不一、功能各异的城乡市场，昆明、保山、大理、腾冲等城市发展成为交易繁盛的商业中心，还出现了几乎遍及全省的中小商业城镇。

　　元明清时期，云南已经形成了昆明、大理、下关、腾冲、保山、思茅、蒙自、昭通等几个大的商业中心城市。其中，昆明成为覆盖全省的商业中心和货物集散中心，是云南的流通枢纽城镇市场。其他大商业中心城市则发挥着区域中转市场的功能。

　　元代以前，大理是云南的政治、经济、文化中心。元代以中庆（即昆明，当时又称鸭池、押赤、鄯阐、雅岐等）为省会城市，而且在云南所修站道均以其为始发地。经元朝政府的经营和治理，昆明一跃成为云南最大的中心城市和商业都会，逐渐取代大理成为全省政治、经济、文化以及交通的中心。[①] 元代

①　段红云：《论历史上云南政治经济文化中心的三次转移》，见何明主编：《西南边疆民族研究》第 12 辑，云南大学出版社，2013（1）。

昆明的商贸已见繁荣。马可波罗来到押赤时，看到的景象是："城大而名贵，商工甚众。"[1]更有人赋之曰："五华钟造化之秀，三市当闾阎之冲。双塔挺擎天之势，一桥横贯日之虹。千艘蚁聚于云津，万舶蜂屯于城垠。致川陆之百物，富昆明之众民。"[2]虽有夸张之言，但生动地描述了中庆城内百货云集、商旅往来、市间繁华、航运繁忙的景象。"致川陆之百物"说明昆明已经开始成为货物集散地。明代，昆明商贸繁荣，被誉为"西南雄都"[3]。在元明两代的基础上，清代的昆明商贸空前发达，成为全省贸易和物资集散中心。史载，发展到道光年间，昆明"实是繁盛极。彼三市街、珠市桥、东寺街、金马坊、碧鸡坊、云津街、得胜桥、盐行街、三元街、太和街等，是道路宽阔，烟户密集，房屋栉比，楼阁云连，巷道参差，店铺杂错。市面之上，货物山集，行人水流"[4]。当时的昆明云集了省内外各地的商品，其中仅太和街"有里多路长，两廊的大行大店共有八九十家。第一是营药材业的人多，凡是外来的淮、浙、川、广地道药材，及迤西方面运来之药材，无不荟萃于此。其次是三迤的山货，如鹿茸、虎骨、熊胆、麝香、虎皮、豹皮、麂皮、狐皮、牛羊皮及木耳、香蕈、白生、笋丝，与夫一切药材，如大黄、厚朴等等，无一不来此聚集，待价求售：又次，有由思茅、普洱一带运进省来之茶叶，由东川方面运来之铜和锰、铅，由个旧运来之锡，由黄草坝运来之棉纸，更有由川省运来之川烟叶和广布，都是堆存在此条街上的堆栈内。而亦有些在此街上设立行店。故尔，太和街的人马店很多"[5]。店铺鳞次栉比，商品可谓各式各样，应有尽有，商贸的繁荣毋庸赘言。当时的昆明还形成了一些专业化的交易市场，即专门出售某类或某几类商品的专业街区。如，三市街是专卖绸缎、布匹和纱花的集合市场，羊市口"纯是一卖牛羊肉之地处"，珠市桥是出售珠宝玉器的市场，兼有腾冲人在街上摆摊售卖珠

---

① 《马可波罗行记》第 117 章《哈剌章州》。
② 《景泰云南图经志书》卷一王昇《滇池赋》。
③ 光绪《云南通志》卷二百十四《艺文志·杂著》。
④ 罗养儒：《云南掌故》卷二《纪百余年前昆明之繁荣》，第 37 页。
⑤ 罗养儒：《云南掌故》卷二《纪百余年前昆明之繁荣》，第 40 页。

玉，盐行街是盐的专卖市场。①昆明的夜市也非常出名，南城外"早有早市，午有午市，夜有夜市"，形成了著名的"自黄昏达于清旦"的"云津夜市"，昆明八景之一。②这反映了当时昆明的交易活动已经发展到全天化的程度。当时的昆明云集了省内外各地的商人，其中又分为京帮、广帮、川帮、赣帮、迤西帮、迤南帮和迤东帮等，并建立了代表各种行业和地区商人利益的会馆。这些商人和商帮在促进云南商业的繁荣、活跃云南城乡商品流通的范围、扩大贸易的规模、加强云南与省内各地以及全国市场的联系等方面均起到了积极的推动作用。宣统二年（1910），滇越铁路开通。当年，昆明的商业店铺城内 6127 户，城外 3624 户，共计 9751 户。③可见昆明各行各业均有很大发展。滇越铁路开通后，洋货充斥昆明市场，对其商贸市场产生了重要影响。"铁路未通前，昆明的土货商店很多，洋货商店很少，自铁路通车后，土货商店便无形中被淘汰了。"④经营洋货的商店和商人逐渐产生和发展，这是清末民初昆明乃至云南市场发展史上的一个重要变化。

　　大理，元代为大理路府治，明清为大理府府治，是元明清时期除昆明外的又一个商业重镇。南诏、大理时期，大理是当时的政治、经济、贸易中心。元明清时期，云南政治、经济中心虽东移至昆明，但大理地处滇缅要道和茶马古道的交会地，商贸十分繁盛。缅甸的棉花、珠宝、玉石入滇及内地，川货出缅甸，茶叶入藏族聚居区，藏族聚居区的药材杂货入滇等行经此地，以此为集散市场。到了清代，除了闻名遐迩的三月街，大理城中的工商业也很活跃，铺肆林立，金银首饰、文房四宝、衣服鞋帽、珠宝玉器、山货土产足够各路商客购买，史称大理城"商贾辐辏，甲于他郡，亦滇中一大都会也"⑤。清末，大理的商贸发生了两个重要变化：一是洋货充斥市场，据《大理县志稿》记载："唯吾

① 罗养儒：《云南掌故》卷二《纪百余年前昆明之繁荣》，第 36~37 页。
② 罗养儒：《云南掌故》卷二《纪百余年前昆明之繁荣》，第 37 页。
③ 陆复初编：《昆明市志长编》卷七《古代之二》，1984，第 189~190 页。
④ 万湘澄：《云南对外贸易概观》，新云南丛书社发行部，1946，第 163 页。
⑤《道光云南志钞·地理志》。

图 3-28：大理古城街市（周智生 摄）

邑自咸同以前，初无所谓洋货。光绪初洋货始见输入。洎越亡于法，缅沧于英，于是洋货充斥，近则商所售，售洋货；人所市，市洋货。数千年之变迁，未有胜于今日者。"二是由于地理交通条件的限制，大理的中转贸易逐渐衰落，其区域中心位置被下关取代。史载"大理商业改以下关为中汇，腾越、鹤庆及本邑之喜洲各大商号皆集于此，……因地势所使然也"①。

下关，距大理30里，清末取代大理成为滇西北新的集散中心。这是清代滇西北内部市场结构发展的重要变化。下关原非商业重地，但其地控扼滇西和大理的交通，元明清政府着力经营，元代设为赵州，明清因之，"其州为往来孔道，控苍洱之要冲，山川萦抱，原显沃衍"②。雍正以前，下关的商业活动主要通过乡村集市贸易进行。雍正至道光年间（1723—1850），随着云南与川藏及缅印贸易的不断开展，地处通衢的下关，商业逐渐兴起，省内昆明、临安、鹤庆、

① 民国《大理县志稿》卷三《建设部》。
② 《道光云南志钞》卷一《地理志·大理府》。

图 3-29：腾越海关

资料来源：[美]威廉·埃德加·盖洛：《扬子江上的美国人——从上海经华中到缅甸的旅行记录（1903）》，山东画报出版社，2008，第257页。

腾冲、丽江等地商人，开始陆续到下关定居，开设堆店和商号。蒙自、思茅、腾越相继开埠后，下关更成为几条重要商路的交会之处，洋货大量涌入，通过下关运销各地。

腾冲，元明清时称腾越，自古便是滇西门户，地处中国联系缅甸、印度及西亚贸易的要道，商业向来比较发达，是进出口货物的集散地。《腾永关行记》称："我国西南边防重镇腾，古越赕地，与永路隔龙潞两江，北通片马，南控七司，为出缅之门户。民善贸迁，多侨缅，四乡殷实，瓦屋鳞比，为滇中各县所罕见。"[1] 明末，徐霞客描述了腾越州城南的繁盛："城南居市甚盛，城中所无，而此城又迤西所无。"[2] 到了清代，腾越转贩贸易更为兴盛："乾嘉间，海禁未开，凡闽粤各商，贩运珠宝、玉石、琥珀、象牙、燕窝、犀角、鹿茸、麝香、熊胆，一切缅货，皆由陆路而行，必须过腾越，其时商务称繁盛。"[3] 当时，"腾方百余

---

① 《永昌府文征》文录卷三十。

② 徐弘祖：《滇游日记·九》，见徐弘祖著，朱惠荣等译注：《徐霞客游记全译》第4册，第2243页。

③ （清）寸开泰主纂，马有樊、刘硕勋校注，光绪年间修：《腾越乡土志·商务篇》，转引自德宏州志编委办公室编印发行：《德宏史志资料》第三辑，1985，第163页。

里，南城外为市场，……外连英缅，商贾从集，由南而东至龙陵，由东而北至永平、榆、省以及川广各省，有寄迹者，以腾六万余丁口，计之商家当过半矣"，"洋货则自漾贡，棉花则自缅降，玉石则自猛拱，皆由水路运至新街，至蛮暮；过野人山，抵蛮允，至干崖"①。缅甸、印度等国家的洋货，如棉花、玉石等，经腾越转运到永昌、大理、昆明甚至内地。光绪二十八年（1902），腾越开辟为商埠后，进出口贸易增加，市场进一步繁荣。

保山，即永昌，是滇西重要的商贸城市和货物集散地，也是中国通往缅甸、印度的重要商道。明代永昌的商业已很繁盛，史载："永昌、腾越之间，沃野千里，控制缅甸，亦一大都会也。山高水深，饶竹、木、采、鹿、虾之利，其人儇巧，善制作。金、银、铜、铁、象牙、宝石、料丝、竹器、布罽之属，皆精好，甲他处，加以诸夷所产琥珀、水晶、碧玉、古喇锦、西洋布及阿魏、鸦片诸药物，辐辏转贩，不胫而走四方。"②转贩贸易十分发达。到了清代，永昌更加繁华，"市肆货物之繁华，城池风景之阔大，滇省除昆明外，他郡皆不及，人以此谓之小南京焉"③；"永郡之在滇省地处极边，与缅甸接壤，一切货殖较他郡为多，故贾客亦最众。兼之土地富饶，产物甚多，南北街场星罗棋布，至如十二属相定于期，则滇省风气使然，不徒一郡也"④。永昌地理位置优越，外通缅甸、印度，内接云南各地以及西南各省，成为重要的国际贸易商城，有"滇之首郡""城郭风烟半建康"⑤以及"小南京"等盛誉。清末，保山已经形成外联缅甸、内通滇西及内地的重要集散市场，"商货除米谷等项及少数之花纱、永丝土布，概皆产自境内外，盐则来自云龙、乔后，并分运腾龙镇各县及各边岸。花纱、洋布、洋杂则来自缅甸，分运下关及附近各县。川丝、土丝、绸缎来自省关，分运腾龙永平市集有曲硐、老街、龙街、杉阳等街，多为六日一集，多

---

① 《永昌府文征》文录卷 30《腾越乡土志·商务篇》。

② （明）谢肇淛：《滇略》卷四《俗略》。

③ 康熙《永昌府志》卷五。

④ 光绪《永昌府志》卷十七《市肆》。

⑤ 光绪《云南通志》卷二百十四《艺文志·杂著》。

销乔、云二井食盐"①。

思茅是滇西南极边重镇，与越南、老挝、缅甸接壤。雍正十三年（1735），清政府设立思茅厅，隶属普洱府。思茅的商业在清代有一定的规模，举凡本地及毗邻边地土司区的出产物，多以此为中心进行交易，其中尤以普洱茶为大宗。清前中期，思茅成为国内商人与安南、暹罗、缅甸商人聚集之所。咸、同时思茅商贸衰落。光绪二十三年（1897），思茅开辟为商埠后，商业逐渐复苏并趋于繁盛，聚集了滇西北、滇西和滇南的马帮和商人，商品交易发达。

蒙自建城历史较早，其商贸在清末得到快速发展，成为当时滇南重要的商埠和物资集散中心。蒙自元代隶属临安路，明清时为蒙自县，隶属临安府。蒙自境内矿产资源丰富，是临安府与外界联系的重要通道，是中国西南通往越南的要冲，《新纂云南通志》称其"外卫层山，中为沃野，金银钨锡，百洞齐开，滇南控扼之雄，冲交趾往来之要道"②。蒙自在清前期因个旧地区矿业逐渐发展起来，商贸往来逐渐频繁。道光二十二年（1842），香港割让给英国后，蒙自的商业逐渐同香港发生了直接的联系。光绪初年，商贾将个旧的大锡经蒙自、文

图 3-30：蒙自海关旧址（周智生　摄）

①《新纂云南通志》卷一百四十三《商业考一·市集》。
②《新纂云南通志》卷二十三《地理考三·临安府》。

山、剥隘、百色（即滇桂通道）转运到香港，再从香港购买百货运回蒙自。蒙自开关后，这条商道由于交通工具等因素的限制，改由蒙自经蛮耗、戛溜、河口到越南老街、海防，再到香港。[①] 蒙自商业更趋繁盛，每天约有 5000 多驼货物进出蒙自城。滇越铁路通车后，货运量大为提高，进出口商品时间大为缩减，蒙自商业进一步繁荣。

个旧因锡矿的逐渐兴盛而形成市镇，其市场自清朝才有较大发展。明正德年间个旧虽已开始出锡，但当时尚为"个旧村"[②]。直到康熙四十六年（1707）个旧锡厂开设后[③]，锡矿才得以大规模地开采，个旧才逐渐发展起来。到乾隆年间，个旧已发展为蒙自的一个乡，汇集了省外众多商人，"户皆编甲，居皆瓦舍。商贾贸易者十有八九，土著无几。四方来采者不下数万人，楚居其七，江右居其三，山陕次之，别省又次之"[④]，出现一派"商贾辐辏，烟火繁稠"[⑤] 的景象。至道光年间，个旧的商贸活动进一步发展："厂既丰盛，构屋庐以居处，削木版为瓦，编篾片为墙。厂之所需，自米粟、薪炭、油盐而外，凡身之所被服、口之所印啖、室宇之所陈设，攻采煎炼之器具，祭祀宴飨之仪品，引重致远之畜产毕具。商贾负贩、百工众技，不远千里蜂屯蚁聚，以备厂民之用。"[⑥] 除经营矿砂和大锡买卖外，由于个旧锡矿工人众多，粮食成为大宗交易商品。滇越铁路未开通以前，个旧的米店街米铺林立，商贩们长途运来西贡米、开化米、江外米等。其时主要靠马帮运输，"一年四季，驮米马帮络绎不绝地出进个旧。头马二马插有蜈蚣红旗，脖挂大铃小铃。赶马者肩挎长枪，背插马刀，行至个旧的农坡头，锥锣震响，牛角齐鸣，神气十足，耀武扬威地进入闹市"[⑦]。可见个旧

---

① 红河州外贸局：《蒙自关始末》，载《红河州地方志通讯》，1987（1），总第 9 期。
② 正德《云南志》卷六《临安府·土产》载："锡，蒙自个旧村出。"
③ 道光《云南通志》卷七十四《食货志七·锡厂》。
④ 乾隆《蒙自县志》卷三《厂务》。
⑤ 余庆长：《金厂行记》，见《小方壶斋舆地丛钞》第八帙。
⑥ 道光《云南通志》卷七十三《食货志八·矿厂一》。
⑦ 陈天授：《个旧粮食回忆》，见《个旧市文史资料选辑》第 6 辑，中国人民政治协商会议云南省个旧市委员会文史资料研究委员会编印，1986，第 39 页。

图 3-31：丽江古城（范建华　摄）

之热闹非凡。滇越铁路和个碧铁路开通后，粮食主要靠火车运输。到清末，个旧的行业已经比较齐备，商业、服务业、手工业作坊，莫不服务于大锡生产。有经营木炭、木材、麻布等矿厂需用的物资商店，有经营生产工具铁器件和皮杂商店，及各种日用品商店。

　　昭通，是跨省贸易的重要商品集散中心，"地通川滇黔三省，滇货以洋纱、疋头为最盛，川货以盐为最盛"[1]。清代的昭通城有辕门口、云兴街、怀远街、西陡街、西正街、东南北附郭等，经营油盐、布帛、山货、皮革、洋纱、毛羽、铜杂、铁杂、竹器等商品的店铺颇多。[2]

　　明清时期，除了上述几个大的城镇市场，还形成了几乎遍及全省的中小商

① 《新纂云南通志》卷一百四十三《商业考一》。
② 田洪：《鸦片战争到辛亥革命时期云南境内商业述略》，见云南经济研究所编：《云南近代经济史文集》，1988 年铅印本。

业城镇。如丽江府城"山中多金银矿，故民物富"①。广西府"山中多金银矿，故民物富"②。临安府因矿产之利，"繁华富庶，甲于滇中。……又有铜锡诸矿展转四方，商贾辐辏"③。楚雄府"附郭四达皆通，有隘可守；会城屏蔽，西道咽喉"④，"路当孔道，往来商贾杂沓"⑤。昆阳州，隶属云南府，物产丰饶，"县城凡大商贾，多江西、湖广客，其领当贴，设质库者，山右人居其大半"⑥。弥渡"百货聚集"，成为重要商镇。⑦即使是边疆地区的小城镇，其商贸也相当繁华。如百色，"若城厢外，市肆喧闹，舟载马驮，百货云集，类皆来自东粤以及滇、黔，非土产也"⑧。麻栗坡，也有不少客商，城中建有川黔、江西、湖南等会馆，成为滇南重要的边境商业城镇。总体来看，地处交通要道或者工矿业发达的城镇，其商贸一般也比较发达。

需要注意的是，云南有的城镇，尤其是交通闭塞的地区，直到清末商业和市场发展程度都很低。如，师宗县交通闭塞，素有"穷州"之称，直至清末，尚未出现商业店铺。定远县（今牟定），"清末，除外商过往贸易外，县内商户寥寥"⑨。中甸、维西等地区直至清末民初，"无大市集"⑩。地域发展之不平衡可见一斑。

（二）元明清城镇市场的历史特点

元明清时期，云南城镇市场的发展呈现出如下特点。

第一，从地域空间分布来看，主要有以下两点：

一是由靠内发达地区逐渐向其他地区发展。元代以前，云南城镇发展的中

---

① 康熙《楚雄府志》卷之一《风俗》。
② 道光《大姚县志》卷二《地理志·市镇》。
③（明）谢肇淛：《滇略》卷四《俗略》。
④《新纂云南通志》卷二十三《地理考三》。
⑤ 康熙《楚雄府志》卷一《风俗》。
⑥《昆明县志》卷二《物产》。
⑦（清）陈鼎：《滇黔纪游》。
⑧（清）陈金如:(光绪)《百色厅志》卷三《舆地》，台北成文出版社，1967 年 5 月据光绪十七年（1891）刊本影印，第 46 页。
⑨《牟定县商业志（稿）》，第 3 页，转引自李珪：《云南近代经济史》，第 123 页。
⑩《新纂云南通志》卷一百四十三《商业考一·市集》。

心主要是在大理—昆明—曲靖等靠内的地区。明清时期，随着中原王朝在云南统治的深入，边疆开发的进一步推进，滇南、滇西、滇东南等边疆地区也出现了许多市镇，中小城镇市场的布局呈现出遍地开花的特点。

二是云南主要城镇市场均分布在对外交通干线上。"云南各地自然条件差异极大，经济发展极不平衡，加上山川阻隔，交通不便等因素的综合影响，使云南商业和对外贸易发展呈现出一个重要特征，就是长途贩运与干线城市的集中交易相结合，交通发展成为市镇兴起和发展的关键。所以，凡是交通干线重要的站口和枢纽，都是经济发达、商贸繁荣、文化先进的城镇。"① 因此，一般位于或者靠近交通干道的城镇市场发展程度更高，其他城镇的发展相对较慢，各地的城镇市场在发展上表现明显的不平衡性。这是云南城镇市场在地域空间分布上的第二个特点。

第二，干道城市经济职能不断增强。元代以前，云南城镇的兴起和发展，主要动因是政治和军事力量，明清时期，特别是清代，由于生产力的发展，商贸的繁荣，云南城市兴起和发展的主要推动力开始转向经济自身。这主要表现在三个方面：一是城市建设开始注重商业的需要；二是城市市场布局扩大并趋向合理；三是在零售业繁荣的基础上，贩运批发贸易越来越多。②

第三，形成原因及其类型的多元化。这一时期，云南城镇形成的原因多种多样，有基于行政中心所在地、交通要道、工商业发达地区、军事要塞等而形成的。因此，云南的城镇类型更加多元化，有行政中心型城镇、交通要道型城镇、工商业城镇、军事要塞型城镇。这也反映了云南经济文化的多元化特征。

行政中心型城镇。行政中心一般指一个地区的政府所在地，在包括云南在内的西南地区有两个基本类型：一是土司土官所在地，二是中原王朝官吏所设的衙门所在地。行政中心地带不仅有一定的常住人口，还聚集了各类办事人员，为商品的交换提供了十分有利的场所。③ 这些行政中心所在地一般地处交通要

① 陆韧：《云南对外交通史》，云南民族出版社，1997，第294页。
② 刘云明：《清代云南市场研究》，云南大学出版社，1996，第63~66页。
③ 万红：《中华西南民族市场论》，中国经济出版社，2006，第186页。

道，不仅是一个地区政治、军事和文化的中心，也成了当地的经济中心。行政中心城镇普遍存在，行政中心城镇市场也就普遍存在，这类市场构成了元明清时期城镇市场的主体。

交通要道型城镇，顾名思义，是由地处交通要道发展而来。这类市镇地处交通要衢，聚集了大量非农人口，商品的运输与集散呈一定规模，成为商贾和店铺贸易的重要场所。清代由地处交通要道发展而来的市镇有滇西大理以南的下关、滇东北沿边的盐津渡、滇西北沿边的阿敦子、滇西南沿边的蛮允、滇东南沿边的剥隘等。1910 年滇越铁路的开通也促进了沿线一些新的城镇的产生和繁荣。如阿迷（今开远），"水利称便，民多务农，在昔铁路未兴，工商业均不发达，自滇越铁路修通后，路当要冲，一切舶来品日新月异，工乃渐知改良，商则渐事远贩。"[1] 这些要道市镇有的在清末发展为一定区域内的货物集散中心。

工商业城镇。这类城镇市场的兴起和繁荣是元明清云南农村手工业和矿业商品生产发展的结果。云南矿产资源丰富，云南矿业和制盐业在明清时期空前发展，由矿、盐而成的城镇逐渐兴盛起来，成为云南市场和城镇发展过程中的一个显著特点。元明清时期，因盐形成和发展起来的城镇，在滇中有白井、黑井、安宁等，滇西地区有乔化井，滇南地区有磨黑镇；[2] 东川汤丹、宁台等矿区是由铜矿而形成的新城镇。滇西徼外的波龙银厂、滇南的茂隆银厂等是由银矿的开采而形成交换贸易中心的，个旧则是因锡矿而兴起的新城镇。这些矿业城镇由矿而盛，由矿而衰，大多分布在穷山深谷。跟行政中心城镇相比，这些由矿业或盐业兴起的市镇大多规模不大，但是缘于经济动因形成，商业职能更加显著。

军事要塞型城镇。同行政中心型城镇的形成相类似，云南由于地处边疆，地理位置特殊，因此历代统治者都特别重视云南的军事建制。故云南有不少城镇

① 阿迷劝学所：《征集地志编辑书》，转引自李珪：《云南近代经济史》云南民族出版社，1995，第 125 页。
② 徐建平、文正祥：《清代云南盐业法律制度与工商市镇的形成和发展》，载《广西社会科学》，2009（12）。

图 3-32：滇越铁路老照片（邢毅　提供）

是在历史上的军事要塞基础上逐渐形成或设立的。腾冲的形成和发展即其一[①]。

　　第四，整体发展水平较低。明清时期，云南的城镇市场虽然普遍存在，但大都很不发达，可圈可点的大商贸城市很少。城镇市场一般包含集市市场、店铺贸易以及转贩贸易三种贸易形式。从总体上来看，云南城镇市场并不能均衡发展。大部分城镇的地方性商品交易主要以集市的形式展开。在店铺交易方面，城镇市场在明后期以后呈不断扩大的趋势。转贩贸易是城市贸易中较高层次的

① 万红：《中华西南民族市场论》，第 199~201 页。

市场形式。[①]元明清时期，云南一些城镇的转贩贸易已有所发展，但是受经济发展水平的限制，这类贸易主要在几个大城市发展势头较好，如大理、腾冲、保山、思茅等。这些城市多在元代以前已有所发展，元明清时期更加兴旺发达，成为一定区域内的商业大城市。

第五，在商品结构上：一是商品结构的变化。从各类城镇市场的商品结构来看，元明清时期的云南主要发生两点变化：（1）长途贸易从以往的以奢侈品为主转向以日常生活用品为主。"元明清时期，驿站道路的开辟和疏通，交通状况的改善，为云南进行大规模对外贸易以及贸易品种向民间大量需要的生活必需品转变提供了条件。"[②]（2）省内市场，为日常生活品的专门市场。即无论对外还是对内贸易，商品结构都实现了由奢侈品向生活用品的转变。这种商品结构的转变，使得更多的社会群体与市场发生联系，商品交易总量增加，极大地推动了商业的发展。二是商品的多样化。有各种矿产、盐、茶等专卖品，也有粮食、布匹、牲畜、鸦片以及其他杂货等非专卖品。

总之，到了清末，随着商埠的开辟以及滇越铁路的通车，昆明逐渐发展成为近代云南对内和对外贸易的中心，成为云南的流通枢纽城市。在这个枢纽城市之下，又形成了几个区域中转市场："昭通和曲靖是滇东北和滇东地区的区域商业贸易中心，蒙自、个旧是滇南地区的区域商业贸易中心，下关、丽江是滇西和滇西北地区的区域商业贸易中心。"[③]

## 二、元明清乡村市场

### （一）元明清乡村市场发展的概况

乡村市场一般主要是农民之间、农民与手工业者之间互通有无的贸易场所，

---

① 见成文章、陈庆江：《明代云南的政区治所市场》，载《思想战线》2006（4）；刘云明：《清代云南市场研究》，云南大学出版社，1996，第59~62页。
② 陆韧：《云南对外交通史》，第305页。
③ 龙东林主编：《昆明历史文化寻踪》，云南科学技术出版社，2008，第113页。

兼有流动商贩及坐商店铺参与。元代以前，有关云南乡村市场的记载甚少，元明清时期的记载逐渐增多，尤其明清时期，随着农业经济和商品经济的发展，云南乡村的集贸市场日益发展起来，形成了许多固定、半固定或一定时间内的市场。这说明云南乡村市场的产生和发展是元明清以来的事情，有关记载不胜枚举。

　　元明清时期，随着大量汉族的移入，汉族与其他各民族聚居、交融，云南的经济社会发展呈现了多元的特点。人们对云南乡村市场的命名亦体现了这点。征诸史籍，这一时期云南农村市场的称谓主要有"街子""会""场""摆""市""镇""市集""街市""街镇"等。其中，"街子"的叫法最为广泛，几乎成了乡村市场的代名词；"会"，或为庙会，或为一年一度的大型商品交易会；以"场"命名的乡村市场主要集中在滇东北与四川、贵州毗邻的昭通地区；"摆"主要分布在边地傣族聚居地区；史籍中"镇"则只有少数是典型的市镇，其实多为集市。[1]

　　这一时期，云南乡村定期集市的命名比较复杂，最具有特点的是以十二生肖命名。明人谢肇淛在《滇略》中记载："滇谓之街子，以其日支名之，如辰日则曰龙街，戌日则曰狗街之类。至期则四远之物毕至，日午则聚，日仄而罢，唯大理之喜州市，则辰戌日夜集。"[2]《滇系·杂载》"街子"条记载："市肆岭南谓之墟，齐赵谓之集，蜀谓之场，滇谓之街子。以其日支名之，如辰日龙街，戌日狗街之类。其俗每五日一街，村城不同日，土司地方亦然。"[3]"蒙自集曰街子，犹齐、鲁谓之集，岭南谓之墟也，而街子则以日支名之，遇子曰鼠，遇午曰马。邑中之市，在西关有子、午二街，在鸡街者有辰、酉二街，至期，则远近毕至，百货咸集，日出而聚，日入而散。"[4]《滇南志略》称当时的昆明县各地："日中为市，率名曰街，以十二支所属分为各处街期，如子日名鼠街，丑日名牛

---

① 刘云明：《清代云南市场研究》，第34~35页。
② （明）谢肇淛《滇略》卷三《产略》。
③ 《滇系·杂载》"街子"。
④ （清）刘慰三《滇南志略》卷二《大理府·蒙自县》。

街之类。街期各处错杂，以便贸迁。"①以十二属相命名的集市在云南普遍存在。《新纂云南通志·商业考一》中统计了清末民初云南各地的集市，其中以十二生肖命名的有数十个。这种命名法直至现当代依然相当普遍。20 世纪 80 年代，有学者以当时云南省内的 58 个县市为范围，统计出以十二属相（"十二兽"）为名称的集市有 201 个②，这 200 多个集市大都在清代已经存在。以十二属相命名，"其一方面同传统的农历以天干地支纪年有关，另一方面亦与当地的生产条件或农牧业的发展有关。如龙街多在水利灌溉条件较好的地区，而牛、羊、马、鸡、猪、狗等街，则又多在历史上六畜兴旺的地区，而这些地区的农业生产也是较为发展的，这从现在看来也是这样的"③。

以旬日来命名的集市在云南也比较常见。市集在集期安排上一目了然，如"九街"为每旬逢九日，即每月初九、十九和二十九日开市。集期的多元化也反映了云南乡村市场发展的多元化。

从这一时期乡村市场兴起和发展途径来看，也呈现出多元化的特点。云南乡村集市兴起的途径有多种，除了以十二属相、旬日等命名、有固定集期的集市，还有随经济发展、军士屯驻以及各种集会等因素而形成的集市。

以开矿而形成的集市。随着采矿业的不断发展，矿井附近多形成集市。如乾隆十年（1745），"路南民犁城西象羊山地，得矿苗，呈请开之。远近来者数千人，得矿者十之八九，不数月而荒巅成市，即名之曰象羊厂"④。个旧老厂湾子街，每隔五日赶集市一次，因系厂地，生意比其他市场繁盛，各色货物较全，有杂货铺 20 余家。⑤

以制茶业而形成的集市。"就云南产茶而言，尤以六茶山为盛，故有茶马

① （清）刘慰三《滇南志略》卷一《云南府·昆明县》。
② 龙建民：《市场起源论》，云南人民出版社，1988，第 69 页。龙建民认为，这些集市的命名，源于彝族的十二兽历法。
③ 马兴东：《云南古代的城乡集市》，载《经济问题探索》，1987（6）。
④ （清）张泓：《滇南新语》。
⑤ 《云南个旧县志》卷七，第 51 页，转引自李珪：《云南近代经济史》，第 70 页。

贸易"①。永北于顺治十八年（1661）开茶马市，当时尚未收课。因其贸易兴盛，康熙四年（1665），"覆准于州地开茶马市，商人买茶易马者，每两收税银三分，该抚详造交易细数、番商姓名，每年题报"②。

以地近盐井而形成的集市。如明嘉靖年间，大理府境白盐井开设有盐市。③如"剑川有夜市，在禁鼓初动之后。剑处滇之极西，为进藏门户，……州之沙溪、甸尾皆有市，悄悄长昼，烟冷街衢。日落黄昏，百货乃集，村人蚁赴，手燃松节日明子，高低远近，如萤如磷，负女携男，趋市买卖"④。剑川境内有产盐大区诺邓井。可惜的是，当时的知事张泓认为"其最关风化者莫如夜市"⑤，采取措施禁绝夜市。

以军士屯驻点发展而来的集市。由于地处要冲，经济发展，明清时期许多军士屯驻点逐渐发展为商品交换场所。如大理地区，下关（又叫德胜关）市，"在本关城内，遇癸日集"，"白崖小市，在定西岭驿前，遇寅、午、戌三日集"，"弥渡市，在弥渡大街，遇巳、酉、丑三日集"，"大庄市，在干海子巡检司左，辰、亥二日集"。⑥澄江府河阳县形胜三关，"在河阳县西，路当要冲，旧无关，盗贼出投，商旅多阻。正统间，知府王彦之东西距二里许，各增置一铺，名为三关，募民守之，于是商旅络绎焉"⑦。

以传统集会而形成的集市。"任何一种社会集会（如宗教节日）都能为贸易提供机会；贸易开始是偶然性的，但逐渐变成经常性的。"⑧于是云南各地的集会由少到多、由小到大，逐渐发展兴盛起来。这类集市在云南非常普遍。如滇南的建水县有：正月初二土地会，正月初九上九会，二月三日文昌会，二月十九日观音会，三月初一至初三朝山会，四月初八太子会，五月十三日关圣会，

① 方国瑜主编：《云南地方史讲义》下册，云南广播电视大学，1984，第231页。
②《滇南志略》卷六《永北直隶厅》。
③ 嘉靖《大理府志》卷二《地理志·市肆》。
④（清）张泓：《滇南新语·夜市》。
⑤ 方国瑜主编：《云南史料丛刊·第十一卷》，云南大学出版社，2001，第399页。
⑥ 嘉靖《大理府志》卷一。
⑦《景泰云南图经志书》卷二。
⑧［英］约翰·希克斯：《经济史理论》，商务印书馆，1999，第26页。

五月十五日龙华会，六月初一日朝山会，七月十五日盂兰会，八月二十七日孔子会，九月初五雷神会，腊月二十四日灶君会，腊月二十九日岳王会。[①]几乎每个月都有庙会。中甸自雍正二年（1724）改土归流后，"集会集市贸易呈现多元文化共融，各种庙会、集会遍地开花的特征。其中既有藏传佛教的集会，也有渊源于汉文化的庙会，还有纳西族的传统祭会和庙会，这不仅是多民族文化共存共融，各民族友好共处的结果和体现，同时也是多元文化传播并行催生和影响民族地方商品交易市场萌芽发展的一个例证"[②]。

从云南乡村的发展历程来看，元代云南的乡村市场已见明确记载，明清以来迅速发展，几乎遍及全省各地。元代以前，云南没有乡村集市，"大概由于乡村商品交易量较小，交易或者利用宗教、民间民俗集会进行，或者集中到本地城镇里进行"[③]。到元代，大理地区已经形成"午前聚集，抵暮而罢"的交易市场，金齿地区则"交易五日一集，旦则妇人为市，日中男子为市，以蚖布茶盐互相贸易"[④]。《马可波罗游记》中也有相关记载："（金齿地区）附近之人皆于定日赴市，每星期开市三次，以其金银易。"[⑤]到了明清时期，乡村集市的兴起更为普遍，规模较前更为扩大。明代，大量汉族人口迁入云南，促进云南手工业发展的同时，也为云南商品经济的发展提供了广阔的市场，促进了云南集市突飞猛进的发展。清代，云南乡村市场进一步发展和繁荣，至清末，根据《新纂云南通志》的统计，云南各地城乡集市加起来已达488处。[⑥]吴兴南认为该志有许多农村市场并未著录，并且很多城镇集市冠以"城街"之名，亦未纳入统计范畴，故整个清代云南的集市总数应该在一两千。[⑦]集市的增多，意味着农村市场的进一步发展以及商品供给与需求的增多。

---

① 《建水县商业志》，第9页，转引自李珪主编：《云南近代经济史》，第140页。

② 周智生：《清前中期滇西北区域开发与经济成长》，见张波主编：《丽江民族研究》第2辑，云南民族出版社，2008，第270页。

③ 秦树才：《云岭金江话货殖——云南民族商贸》，云南教育出版社，2000，第105页。

④ （元）李京：《云南志略》，《诸夷风俗·金齿百夷》。

⑤ 《马可波罗行记》第二卷第123章《下一大坡》。

⑥ 《新纂云南通志》卷一百四十三《商业考一·市集》。

⑦ 吴兴南：《明清两代云南商业发展概述》，载《云南学术探索》，1996（5）。

当农村市场进一步发展，商品供给与需求增多，集市贸易体系继续加强。随着新增集市的出现，原有集市集日的增加，一些地区的乡村市场与城镇市场已经构成了一定区域内的网络化集市。如根据记载，邓川州至少在明隆武年间就已经形成了这样的网络集市："子日，新州街；丑日，□□街；寅日，□□街；卯日，旧州街；辰日，左所街；巳日，中□所街；午日，新州街；未日，上关街；申日，中所街；酉日，旧州街；戌日，新州街；亥日，中所责索街。"① 有学者认为，明代像邓川州这样的集市网络在各政区已普遍存在。②《滇南志略》称当时的昆明县各地："日中为市，率名曰街，以十二支所属分为各处街期，如子日名鼠街，丑日名牛街之类。街期各处错杂，以便贸迁。"③ "街期各处错杂，以便贸迁"的安排，使昆明县各地错开集期，互相沟通，连成网络。这种安排，在清代云南各地尤其是商品经济发展程度较高的各地区普遍存在。保山地区在清末民初也形成了网络化集市，"市集以首善之五城市为著名，板桥市次之，辛街、施甸、由旺、蒲缥等市又次之。其余各区均有市集，有一区数市集者，市集大小各有不同，主要营业以盐、布、花纱、丝、绸缎、洋布、洋杂、米谷、豆麦、柴草、农具及日常用具为大宗"④。网络化集市的形成及其发展，说明在清代云南已经形成以城镇市场为中心，并深入联接乡村的市场体系。

如果将云南视作一个大区域，那么元明清云南形成的城乡市场等级大致可分为流通枢纽城市市场、中小城镇市场和农村集市三大层次。流通枢纽城市是指作为云南这个大区域的流通枢纽的城市，其贸易范围一般能覆盖全省大部分地区。中小城镇则是在商业流通中发挥着承上启下作用的地区性商业中心。农村集市则遍布全省各地，是基层市场。当然，各层次的市场都是在不断发展的，这一市场体系就是在各层级市场不断发展的过程中逐渐形成和发展起来的。到了清末，云南已经形成以昆明为中心，以下关、蒙自、腾冲、昭通等为区域中

① 隆武《邓川州志》卷八《赋役志·市肆》。
② 成文章、陈庆江：《明代云南的政区治所市场》，载《思想战线》，2006（4）。
③《滇南志略》卷一《云南府》。
④《新纂云南通志》卷一百四十三《商业考一·市集》。

转市场，通过中小城镇市场沟通、连接各乡村市场的市场网络。

（二）元明清乡村市场的历史特点

明清时期，云南乡村市场的发展，除了具有上文所说的"夹路成街"、命名的多样化和形成途径的多样化外，还展现出以下特点：

第一，形成原因及其类型的多样化。从市场孕育和发展程度的角度，可分为集会集市、定期市和常市；从开市的大体时辰，可分为日中市、日出市和夜市；从市场的专业化程度看，可分出不同商品的品名市场，如丽江的骡马会和棒棒会、大理草帽街以及一些地区的茶市、糖市等。

第二，专业性集市的普遍兴起。随着商品流通的扩大，商品种类的增加及其数量的增多，很多集市成为某类或某几类商品的专门集散地，市场的专业性非常明显。这种专业集市自明代开始出现，嘉靖年间，大理府境白盐井开设的盐市①是专业集市的较早记载。谢肇淛在《滇略》中记载了万历年间云南每个月都有专门商品的集市："滇民以市为景，游人纵观。正月灯市，二月花市，三月蚕市，四月绵市，五月扇市，六月香市，七月七宝市，八月桂市，九月药市，十月酒市，十一月梅市，十二月桃符市。"②集市与手工业紧密联系在一起。清代，随着工商业的发展，这种专业集市则更加普遍。陇川、开化、巧家、鲁甸、永北、中甸等地具有丰富的药材资源，有以药材为大宗交易品的半专业性市场。③

第三，发展不平衡。这是由各地区生产力发展水平存在差异而导致的，亦存在不同的商品交换形式。在乡村市场呈遍地开花的格局的同时，有的地方商贸仍非常落后。如碧江县直到清末，没有市场，没有商店，处于以物易物的原始交换阶段。河口县的良家寨、王家寨、老鲁家寨一带盛产草果，在光绪十三年（1887）以前，由于交通闭塞，运不出来，货弃于地，大片草果荒芜。

第四，贸易品以日用常物，即以农副产品、畜牧林业产品和手工制品为主。

---

① 嘉靖《大理府志》卷二《地理志·市肆》。

② （明）谢肇淛：《滇略》卷四《俗略》。

③ 《新纂云南通志》卷一百四十三《商业考一·市集》。

由于城乡集市的兴盛与农业生产的发展关系密切，因此各地集市的贸易品，多是日常所需物品。每逢集期，则"百货俱陈，四远竞凑"①。大至骡、马、羊、牛，小至斗粟、尺布、柴薪、菜蔬之类，无所不有。这与前代主要以经营奢侈品为主的贩运贸易相比，已经起了质的变化。

第五，贸易品存在地域差异。集市由于其分布的地区不同，交易的商品也有较大差异。以清末民初的昆明及其周边地区为例。昆明大小板桥、官渡、小街子、龙头街、马街等交易多为农产品及砖瓦窑器、纱帕、斗笠、竹器等。晋宁州街、新街、阿泊所、晚街等，主要营业为米、猪、粉丝三项。昆阳城街及海口中兴街，货品以粮、糖、酒等为大宗。赵州的下关市交易以日用品为多。宾川市集多集中在城区，货物"多运往大理，以此为过道"，本地街子成为商品转运站。陇川、开化、巧家、鲁甸、永北、中甸等具有丰富的药材资源，出现了以药材为大宗交易品的半专业性市场。云南县城街市、河迷州城街市以红糖交易为大宗。②

### 三、少数民族商贸文化

云南自古以来就是多民族聚集地区，各族人们在这片土地上共同生活，共同开发，相互联系，相互依存。南诏、大理时期，云南少数民族地区已有商贸往来，如在大理地区，凡交易缯帛、毡罽、金、银、瑟瑟、牛、羊之属，以缯帛幂数计之，云某物色值若干幂。③尚处于以物易物的交易阶段。遐迩闻名的大理三月街也始于南诏时期。总的来看，元代以前云南少数民族的贸易往来大都为比较原始的物物交换，除了大理三月街，其他有关集市的记载甚少。元代以来，尤其是改土归流后，云南一些少数民族地区农业、手工业进一步发展，人们与市场的联系更加密切，商贸往来更加频繁，商人活动日益深入到这些少

---

① （明）谢肇淛：《五杂俎》卷三。
② 《新纂云南通志七》卷一百四十三《商业考一·市集》。
③ 《蛮书·第八》。

数民族地区，一些先进地区的商业和市场逐渐发展并兴盛起来。

### （一）云南民族商贸发展的概况

元明清时期，城乡集市贸易在全省各地的普遍兴起，一方面为各少数民族参加贸迁活动提供了许多机会和条件。如临安府的斡泥蛮也在元代开始有商品经济的意识，"治生极俭，家有积贝，以一百二十索为一窖，藏之地中"，老人将死前嘱咐其子曰："我平日藏若干，汝可取几处，馀者勿动，我来生用之。"[①] 贝子是当时云南民间通行的货币之一，这一记载反映出斡泥蛮在元代已具备了一定的商品经济意识。明景泰年间的曲靖府，"郡中夷、汉杂处，列屋于府、州县之近者，大抵多汉、僰武人，……其曰罗罗者，则散居村落，或至城市买卖"[②]；峨昌蛮"善孳畜佃种，又善商贾"[③]。明天启年间，黑罗罗"在安宁、禄丰，多负盐于途"[④]。清雍正年间，临安府黑倮罗，"种田卖柴为生，能通汉语，各州县皆有之"[⑤]。"蒲人，散居山谷，无定所，……皆勤力耐劳苦，事耕锄，所种荞麦、棉花、黑豆，知汉语，通贸易。"[⑥] "通贸易"说明该族很可能已经产生了专门的商人或半农半商之人。少数民族与市场联系之频繁可见一斑。

另一方面，一些少数民族聚居区形成了自己的城乡市场，进一步加深了少数民族与市场的联系以及民族间的经贸往来。元代，大理白族地区、金齿百夷地区等地已有集市贸易的记载，而且交易的商品也比较丰富。李京《云南志略·诸夷风俗》记载：大理地区的白蛮，"市井谓之街子，午前聚集，抵暮而罢"。金齿百夷地区的交易"五日一集"，形成了"旦则妇人为市，日中男子为市"[⑦] 的特点，交易产品有毡、布、茶、盐等。

明清以来，有关少数民族商贸的记载增多。明朱孟震《西南夷风土记》记

① （元）李京：《云南志略·诸夷风俗》。

② 《景泰云南图经志书》卷二《曲靖府·风俗》。

③ 《景泰云南图经志书》卷六《腾冲军民指挥司》。

④ 天启《滇志》卷十三。

⑤ 《临安府志》卷七。

⑥ 雍正《滇略》卷九。

⑦ （元）李京：《云南志略·诸夷风俗》。

载傣族先民聚居的百夷地区，"交易或五日一市，十日一市，惟孟密一日一小市，五日一大市，盖其多宝藏，商贾辐辏，故物价常平。贸易多妇女，无斗升秤尺，度用手，量用箩，以四十两为一载，论两不论斤，故用戥而不用秤"①。《百夷传》载明初傣族先民聚居的麓川、平缅一带："民一甸率有数百千户众，置贸易所，谓之街子。"②当地的土司辖区内，一般至少有五个集市，每天有一个街期，保证本土司辖区内农民间进行交换。分布在山区的某些民族尚未形成自己的集市，其产品交换完全仰仗河谷地区的傣族集市，互通有无。清代，居住在他郎一带的哈尼族，"出山入市"③，纺织业发达，所织布匹除自给外，还用于市场交换。他们还编制竹几、竹床、竹条、竹凳等，其产品也用于"入市交易"。④至清末，市场呈现出一派繁荣景象，"以十二支互市，凡金铁、盐米、牲畜、蔬果、布帛、器用皆集，远近辐辏"。⑤居住在定远县的彝族等民族在康熙年间已形成非常热闹的集会集市，每年三月二十八日，彝族"赴城南东岳宫赶会，卖棕笠、羊毡、麻线。至晚，男女百余人嘘葫芦笙，弹月琴，吹口弦，唱彝曲……环围跺左脚，至更余方散"，"就城外南郊东岳宫赶市，四方远近，商贾汉、彝，买卖农器货物"。⑥"赶会"，即参加宗教活动或歌舞集会，"赶市"，即参加集市交易。根据乾隆《丽江府志略》的记载，乾隆初年，纳西族先民聚居的丽江县已有府城市、白沙市、束河市、七河市四个集市。其中府城市"湫隘嚣尘，环市列肆，日中为市，名曰坐街，午聚酉散，无日不集，四乡男女偕来"，白沙市"人烟凑集，以盐、酒、蔬、米交易相通。每日申、酉方集，至晚灯火照耀，市声喧魅"⑦，均已发展为常市。此外，丽江城西关外也有一处常市，

---

① （明）朱孟震：《西南夷风土记》。

② 见（明）钱古训：《百夷传》。及，郭朝庭主编，保山市民族宗教事务局编：《保山市少数民族志》，云南民族出版社，2006，第622页。

③ 道光《云南通志》，《南蛮志·种人二·白窝泥》。

④ 雍正《云南通志》卷二十四。

⑤ 雍正《临安府志》卷七《附俗》。

⑥ 康熙《定远县志》卷一《风俗》。

⑦ 乾隆《丽江府志略》卷上《建置略·市肆》。

"宽五六亩，四面皆店铺，每日巳刻，男妇贸易者云集，薄暮始散"①。到了清末，丽江的集市又有了新的发展，"四方街、石鼓街、九河街亦盛。商品如麝香、黄连、毛织品等均由藏属及阿墩维西运入"②。市场不仅交易的物品增多了，而且数量也增加了，新增了九河、石鼓、巨甸三街，另有东山约、南山约等定期集市共 14 处。③ 居住在崩龙族地区的德昂族先民在清代的时候，"以米粮、腌鱼、盐、烟等物至营货卖"，大山一带"商贾云集，比屋列肆，俨然一大镇"。④ 这样的例子不胜枚举。可见，一些民族地区的商贸已然毫不逊色省内发达的汉族地区。

元明清时期，在少数民族聚居地区的城乡市场中，白族先民聚居的洱海地区农业、手工业的发展在全省名列前茅，其商贸亦较繁荣。其城乡市场的发达，不仅表现在大理城商业的繁华，其他城镇和乡村的市场也比较兴盛，而且形成了一批闻名遐迩的城乡市场。根据秦树才的统计，洱海地区的城乡集市总数，明后期为 27 个，清前期迅速发展，增至 81 个，清后期又增加到 103 个。⑤ 在这些城乡市场中，以大理三月街、邓川鱼潭会、鹤庆松桂会、丽江骡马会等由集会形成的大型商贸活动最为著名。

大理三月街，又称观音街，在云南所有的集会市中发展程度最高，最为有名。正德《云南志》记载："旧俗，每年三月十五、六、七三日，云南各州县商旅各预赍货物，至期毕集于（大理府）城西教场内贸易，号观音街子。"⑥ 徐霞客在其游记里也有关于观音街的记载："十五日，是日为街子之始。盖榆城有观音街子之聚，设于城西演武场中，其来甚久。自此日始，抵十九日而散，十三省物无不至，滇中诸彝物亦无不至，闻数年来道路多阻，亦减大半矣。"⑦ 这是

---

① （清）吴大勋：《滇南闻见录》。

② 《新纂云南通志》卷一百四十三《商业考一·市集》。

③ 民国《丽江县志》。

④ （清）周裕：《从征缅甸日记》。

⑤ 秦树才：《明清时期洱海地区商业述略》，载《昆明师专学报》（哲学社会科学版），1989，11 卷第 4 期。

⑥ 正德《云南志》卷三《大理府·风俗》。

⑦ 徐弘祖：《滇游日记·八》，见徐弘祖著，朱惠荣等译注：《徐霞客游记全译》第四册，第 2172 页。

图 3-33：大理三月街（周智生　摄）

徐霞客在崇祯十二年（1639）三月间在大理游历时看到的景况。当时虽然由于道路受阻，三月街的货物已"减大半矣"，但是集期却由原来的 3 天发展到 5 天，交易也由原来的"云南各州县商旅各预赍货物"发展到"十三省物无不至"，成为省内外各地各族人们贸易有无的大聚会。到了清代，三月街又进一步发展："盛时百货生易颇大，四方商贾如蜀、赣、粤、浙、湘、秦、黔、藏、缅等地及本省各州县之云集者殆十万计。马骡、药材、茶、布、丝、棉花、毛料、木材、磁、铜、锡器诸大宗生意交易之，至少者值亦数万。"①

邓川鱼潭会，位于邓川南部云弄峰上。"每岁中秋日，洱滨游人为彩舟至此玩月，商贾并集，近则滇西州县士人，远则川广估客亦多至者，凡五日而后散会，中凡百货物皆备，而以婚姻嫁娶之装饰品为大宗，其次则木石，木则中、维、丽、剑所产，石则太和所产，彼此交易，始而木石山积，卒皆雪消，亦滇中极大贸易场也。"②

---

① 《大理县志稿》卷六《社交部》。
② （清）杨琼：《滇中琐记》。

丽江骡马会，起源于清乾隆二年（1737）三月起始的祭龙王庙会，后来逐渐发展成为丽江最大的骡马交易会。"丽江市集以骡马会为最著。每年三月、七月初间行之，盖丽地天候温和，山脉绵衍，水源清洁，百草邕茂，所产骡马为西南巨擘。每次赴会，公骡、母骡不下数千头，儿马、骟马不下数百头，购运出境者居十之七八。"①

随着商贸活动的开展，一部分人脱离劳动生产，专门从事手工业和商业，商人力量也逐渐发展起来。到了清末，一些商贸发达地区的少数民族商人力量逐渐发展壮大，创建了不少闻名遐迩的大商号，并成群结队，联合他族商人，行走四方，共同形成了商帮。鹤庆商帮是白族地区最早形成的一个商业集团，由白族、彝族、汉族为主。鹤庆帮有十家较大的商业资本家，即鹤庆商帮，其中较大的商业资本家即商号有十家，大部分创始人为少数民族。福春恒商号的其中一个创始人蒋仰禹为彝族人。恒盛公商号的创始人张相诚、张相如，日心德商号的创始人李鸿康，南裕商行的创始人李懋柏，泰德昌商号的创始人罗顺臣等均为白族人。庆顺丰商号的创始人蒋砚田、蒋荣以及复协和商号的创始人蒋仰禹等均为彝族。喜洲商帮，是以大理喜洲白族人为主体的商帮，形成于光绪末年。史载："至于商务思想，唯喜洲一地人物为最优胜之资格"②，"喜洲虽亦人烟稠密，类多外出经商，村市仍形冷淡云"③。"力田之余，负贩而出，则子妇勤织纺，贸布匹"④，这说明自明清以来，一部分喜洲人已经开始从农业中剥离出来，擅长经商，并以此致富。虽然喜洲商业传统悠久，但是喜洲商帮的形成和发展是在腾冲开辟为商埠后，大批洋货的进入刺激了喜洲等地方商业的发展，喜洲商人开始崛起。从20世纪初期到30年代，喜洲的商业资本以后起之秀的态势，跃居滇西三大商帮之首，成为最大的商业资本集团。⑤

---

① 《新纂云南通志》卷一百四十三《商业考一·市集》。
② 《大理县志稿》卷六。
③ 《大理县志稿》卷三《乡镇门》。
④ 康熙《大理府志》卷十二《风俗门·太和县》。
⑤ 杨毓才:《云南各民族经济发展史》，云南民族出版社，1989，第441页。

## （二）云南民族商贸的历史特点

元明清时期的云南，城乡市场的特点在民族商贸中均有体现。此外，这一时期的云南民族商贸文化还具有以下两个特点：

一是少数民族妇女积极参与商贸活动，在云南城乡市场上扮演了重要角色，构成云南城乡市场上一道特殊的风景。"猪街才罢又龙街，蛮女牵羊入市来。背上担儿常惯负，胭脂落尽小桃开。"① 就是这种情况的真实写照。其中，傣族、白族、纳西族、藏族等族妇女的商贸活动比较突出。关于傣族妇女的商贸活动，元李京《云南志略·诸夷风俗》中有"旦则妇人为市"② 之语，钱古训《百夷传》记明初"其俗男贵女贱，虽小民视其妻子如奴仆，耕织贸易差役之类皆系之"③，《景泰云南图经志书》中说者乐甸长官司，"境内皆百夷蛮，交易用金银，或五日，或十日一集，旦则妇人，日中则男子，更代为市，以毡、布、茶、盐贸易"④。朱孟震《西南夷风土记》亦称明后期百夷地区"贸易多妇女"⑤。清代，顺宁府境内的傣族先民僰彝"一切经营力作之事，皆责妇人"⑥，景东境内的僰夷"耕织贸易徭役皆妇人为之"⑦。可见，傣族妇女非常能干，从事商贸历史悠久。大理地区包括白族在内的妇女们也经常参加商贸活动，黄元治在康熙《大理府志》中记载："太和附郭，独钟苍洱之秀，故人文甲于他州郡，而民称饶民……力田之余，负贩而出，则子妇耕织纺，贸布疋，家无糜费，市无惰民。"⑧ 清代剑川的夜市比较有名，"负女携男，趋市买卖"，妇女与男人在市场上"席地群饮，和歌跳舞"⑨。可惜的是，地方官员认为这样有伤风化，后来取缔了剑川夜市⑩。

---

① 雍正《云南通志》卷二十九《艺文十》。

②（元）李京《云南志略·诸夷风俗》。

③（明）钱古训《百夷传》。

④《景泰云南图经志书》卷四《者乐甸长官司》。

⑤（明）朱孟震《西南夷风土记》。

⑥ 雍正《顺宁府志》卷九。

⑦ 雍正《景东府志》卷三《夷民种类》。

⑧（清）黄元治：《大理府志》，《太和县》。

⑨ 方国瑜主编：《云南史料丛刊》第十一卷，第 399 页。

⑩（清）张泓：《滇南新语·夜市》。

纳西族居住的丽江府，妇女同样是集市贸易中不可缺少的角色，史载其市场上"四乡男妇偕来"①，"男妇贸易者云集"②。张泓《滇南新语》亦载：琵琶猪"取猪重百余斤者，去其足刳肠剔诸骨，大石压之，薄腻若明珀，形类琵琶，因名琵琶猪。丽江女子挟以贸，远望若寻阳商妇也"③。藏族妇女亦非常精明，在维西地区，"交易皆与妇人议，妇人辨物，高下不爽，持数珠会计极捷。西吴、秦人为商于其地，皆租妇执贸易"④。维西地区的妇女虽非独立经营贸易，但是由于她们算数能力特别强，所以西吴（今江浙一带）、秦（今陕西）等地商人来到当地后，都乐于聘请当地藏族妇女帮助他们经商管账。此外，云南府土人妇人"居家或戴攒，顶黑巾，日中则戴帽，坐街子交易"⑤；"土人之妇，遇街子贸易物货，则自任负载，而夫不与"⑥。描述了明初云南府的少数民族妇女自己搬运货物、坐市交易的景象。这些充分说明少数民族妇女是云南城乡市场上不可或缺的角色，丰富了云南的商贸文化。这也是云南民族商贸的一个显著特点。

二是云南民族商贸的发展存在明显的差异性与多样性。商贸的发展与各民族经济的发展及其生存方式息息相关。云南社会经济发展的极不平衡，有学者将明代云南各民族的生计类型分为农业、畜牧业、狩猎——采集、综合经济等四大类，其中农业又分为集约农业、粗放农业、游耕三种，畜牧业又分为走场畜牧业、定居畜牧业。⑦这种差异存在于整个元明清时期。不同经济文化类型的民族在商贸和集市的发展程度上也存在明显差异。而且即使是同一民族，其支系由于居住地区不一样，社会经济发展水平存在差异，其商贸和集市的发展亦存在差异，如居住在平坝和河谷地区的白族、纳西族和傣族与居住在山区的同族就存在差异。

---

① 乾隆《丽江府志略》卷上《建置略·市肆》。
②（清）吴大勋：《滇南闻见录》。
③（清）张泓：《滇南新语》。
④（清）余庆远：《维西见闻录》。
⑤《景泰云南图经志书》卷一《云南府》。
⑥《景泰云南图经志书》卷一《云南府》。
⑦ 谢国先：《明代云南各民族的生计类型》，《云南教育学院学报》，1996，12卷第4期。

民族商贸文化的差异性和多样性的特点还体现在货币的多样性和差异性上。元明清时期，云南商贸取得长足发展，货币转而成为云南商品交换最主要的媒介。但是由于云南社会经济发展极不平衡，直到中华人民共和国成立初期，仍有不少民族仍然保留着物物交换的交易方式。再加上中原内地以及东

图3-34：贝币，云南博物馆藏。（陈亮　摄）

南亚的影响，元明清时期云南民族商贸的货币文化一直是多种货币形态共存发展。[1] 这一时期，云南的货币主要有贝币、缯帛、铜珠、盐币、金银货币以及中原王朝的钱币、自铸制钱等。

贝币在云南的流通历史悠久。元朝统一后，在全国推行宝钞，云南亦如此，但是"云南商品经济发展水平低，加之与沿海诸国间贸易往来密切，贝币市场较为稳定"，以及"云南盛产金银，以贝兑换金银和赋税征收金银获利甚丰"，故特许云南贝币与宝钞并行，[2] 并规定："云南赋税，用金为则，以贝子为折纳，每金一钱，直贝子二十索。"[3] 从此，贝币具有了法定货币的资格，不仅作为货币流通，而且被广泛用于官府的赋税征收、支出等各个方面，所以贝币流通广泛。到了明代中叶，随着商品交换的空前发展，云南货币流通领域发生了"废贝行钱"的重大变化，贝币在流通领域的使用逐渐减少。但是清初云南少数地方仍然零星使用传统的贝币。如清初孙可望在云南铸造"兴朝钱"，禁止民间使用贝币，"违其令者刖（砍脚）劓（割鼻）"，可见刑法之严厉，但效果并不佳。直到清军扫荡云南，在云南确立统治并于顺治十七年（1660）开局鼓铸后，"于

① 林文勋：《云南古代货币文化发展的特点》，载《思想战线》，1998（6）。
② 赵小平：《元政府给云南特殊币政的原因探析》，载《云南社会科学》，2001（6）。
③《元史·世祖本纪九》。

是贝散为妇女巾领之饰，而贸迁交易，则惟钱是用"[1]。自此，贝币才正式退出流通领域，结束其作为货币的历史。

缯帛作货币最早见于唐代。元代，缯帛仍在局部地区作货币流通。如在金齿百夷居住地区，"交易五日一集，旦则妇人为市，日中男子为市，以毡、布、茶、盐互相贸易"[2]，缯帛就继续充当货币。

食盐在云南地位特殊，除了食用，还可作为货币。食盐作为货币，在唐代已见于记载，到元明清时期仍在部分地区流通。这一时期，盐币流通的区域主要有武定府、镇沅府、楚雄府、元江府、广西府、临安府等，即今武定、楚雄一带和元江、蒙自、开远、通海片区以及师宗、罗平区域。[3]

铜珠作为货币，见之明朱孟震《西南夷风土记》。该书记载傣族先民聚居的百夷地区："以铜为珠如大豆，数而用之，若中国之使钱也。"[4]

中原王朝的钱币自秦汉至明清流入云南不断。这一时期流入云南的有嘉靖通宝、万历通宝、天启通宝、崇祯通宝等。

还有本省自铸的顺治通宝、康熙通宝、雍正通宝、乾隆通宝等。

上述货币中，贝币、缯帛、铜珠、盐币、金银货币等均属于实物货币。多样化货币的存在表明，元明清时期云南多种形态的交易方式的存在。这也是云南社会经济发展多样性和差异性的重要体现。

总体而言，在传统社会中，明清两代是云南少数民族地区商贸和市场发展最为快速的时期。这一时期，聚居在平坝、河谷以及交通要道地区的民族商贸和市场要发达一些，其市场的建立大多依赖各级行政中心。在这些市场中，不唯居住在附近的各少数民族，汉族也加入到商贸的行列之中，不唯少数民族之间，汉族与少数民族之间也在市场上互通有无，各民族之间的交流和往来进一步加深，增加了少数民族社会经济的活力，促进了多民族经济共生关系格局的形成与演进。

---

① （清）倪蜕辑，李埏校点：《滇云历年传》卷八，云南大学出版社，1992，第571页。
② （元）李京：《云南志略·诸夷风俗》。
③ 赵小平：《历史时期云南盐币流通探析》，载《盐业史研究》，2007（2）。
④ （明）朱孟震：《西南夷风土记·贸易》。

# 第三节　元明清城镇的发展与城市文化的兴起

跟中原内地相比，地处西南边疆的云南城市化进程相对较晚。随着社会经济的开发和发展，云南城镇也取得了长足发展。元明清时期可谓云南城镇快速发展的"黄金时期"。这一时期，云南的城镇逐渐形成体系，并为以后的城镇发展奠定了基础。

## 一、元代云南城镇

元灭大理后，先是以军事管制模式治理云南，在各地设万户府、千户所、百户所。至元十三年（1276），云南行中书省建立之后，云南行政设置发生重大改革，即实行路、府、州、县的地方行政设置。同年，赛典赤改昆明二千户为昆明县，改善阐万户为中庆路。昆明逐渐取代大理成为全省的政治、经济、文化中心，这种地位一直保持到现在。

《马可波罗游记》中对中庆城有这样的描述："至第五日晚上，到达省会，名雅歧，系一壮丽的大城。城中有商人和工匠，为杂居之地，有偶像崇拜者，聂斯托利派基督徒，萨拉森人或回教徒；但偶像崇拜者的人数最多。本地米麦的生产甚丰，然人民认小麦制的面包为不卫生，故不用面包而吃米食。并用其他谷类加入香料，制成酒，清澈可口。至于货币是以河中所取的白贝壳充用，兼可作为头饰。八十个贝壳等于一千银萨价值，或两个威尼斯的格洛特，八个完善的银萨吉等于一个纯金的萨吉。这里有许多盐井，居民所用的盐取给于此，盐税为皇帝的大宗收入。"[1] 这是外国人眼中的中庆城的记载，城中有商人和工匠，有各种教派，有制酒业和盐业，有货币使用情况。在此前后，王昇在其《滇池赋》中称："探华亭之幽趣，登太华之层峰。览黔南之胜概，指八景之

---

[1] 李季译：《马可波罗游记》，亚东图书馆，1936，第196页。

陈踪。碧鸡峭拔而炭鍱，金马逶迤而玲珑。玉案峨峨而耸翠，商山隐隐而攒穹。五华钟造化之秀，三市当闉阇之冲。双塔挺擎天之势，一桥横贯日之虹。千艘蚁聚于云津，万舶蜂屯于城垠。致川陆之百物，富昆明之众民。迨我元之统治兮，极复载而咸宾。矧云南之辽远兮，久沾被于皇恩。惟朝贡之是勤兮，犀象接迹而骁骁。如此池之趋海兮，亘昼夜之靡停。"① 这里不免有文人言过其实的成分，但是形象地勾勒了元代中庆城的繁华壮丽。

根据《元史·地理志》记载，云南所辖地区，有的路府州县驻地已经筑城，有的则在元代以前基础上加以利用或扩修。中庆路除昆明城外，宜良县、嵩明州、晋宁州、昆阳州、安宁州及州属县杨林、呈贡、三泊都已筑城。"宜良……蛮酋罗氏于此立城居之，名曰罗衮龙，乃今县也。"② "嵩明州，州在中庆东北，治沙札卧城，乌蛮车氏所筑，白蛮名为嵩明。"白蛮占有此地前，汉人曾筑金城、阿葛两城。晋宁州有阳城堡城。昆阳州"有城曰巨桥，今为州治"。安宁州早有筑城，"蒙氏终，鄯阐酋孙氏为安宁城主"。嵩明州杨林县"治杨林城，乃杂蛮枳氏、车氏、斗氏、么氏四种所居之地。城东门内有石如羊形，故又作羊林"。晋宁州呈贡县"西临滇泽之滨，在路之南、州之北，其间相去六十里，有故城曰呈贡，世为些莫强宗部蛮所居"。昆阳州三泊县"至元十三年，于那龙城立县"。

威楚南开路，路城威城，"爨酋威楚筑城俄碌赕居之，……及高升泰执大理国柄，封其侄子明量于威楚，筑外城，号德江城"。镇南州有和子城、鸡和城，"川名欠舍，中有城曰鸡和。至唐时，蒙氏并六诏，征东蛮，取和子、鸡和二城"。南开州广通县"至高长寿，遂处于路赕，易赕去旧堡二十里，山上筑城曰白龙戏新栅"。

武定路军民府，"至段氏使乌蛮阿□治纳夷胒共龙城于共甸，又筑城名曰易龙"，"易龙者，城名，在州北，地名倍场"。鹤庆路军民府，"汉、唐未建城

---

① 《景泰云南图经志书》卷一王昇《滇池赋》。
② 本小节引文皆引自《元史·地理志》。

邑"，属剑川州有罗鲁城，"县治在剑川湖西，夷云罗鲁城"。

曲靖等路宣抚司军民万户府，治石城。"唐以爨归王为南宁州都督，治石城"，属县"南宁，下，倚郭"，即县与府同城。沾益州属县交水"治易陬龙城"。

澄江路新兴州所属普舍县有三城，"有强宗部蛮之裔，长曰部傍，据普具龙城，次曰普舍，据普扎龙城，二城之西有白城，汉人所筑"。路南州"夷名路甸，有城曰撒吕，黑爨之裔落蒙所筑，子孙世居之，因名落蒙部"。州属邑市县"至元十三年，即邑市、弥歪二城立邑市县，弥沙等五城立弥沙县，二十四年并弥沙入本县"。

临安路属蒙自县，"县境有山名目则，汉族为蒙自，上有故城，白夷所筑，即今县治"。建水州"治故建水城，唐元和间蒙氏所筑，古称步头，亦云巴甸"。宁州东有西沙笼城，"宁部蛮世居之，其裔孙西沙筑城于此，因名西沙笼。宪宗四年，其酋普提内附，就居此城为万户"。

元江路"阿楼诸部蛮自昔据之，宪宗四年内附，七年复叛，率诸蛮筑城以拒命，至元十三年遥立元江府以羁縻之"。

## 二、明代云南城镇

明代是云南古代城镇发展的又一个高潮期。这一时期，云南地方城镇化进程加速发展，一些新兴城镇在民族地区不断兴起。

以昆明城为例。明代的昆明府城已不是旧城规模，而是向盘龙江以西拓展，城内主要是衙署、官邸，寺庙，一般居民很少。近郊多是王公显贵及士大夫的园林别墅，黔宁王府、巡按察院、都察院、布政使司署，提刑按察司、都指挥使司都集中于今正义路、威远街一带。整座砖城的城区面积约有 3 平方千米。[1]

明代，除省城昆明，云南其他府州县所在地大多建有城池进行统治。以云南府为例。云南府所属昆明、富民、宜良、罗次、呈贡县，晋宁、安宁、昆阳、

---

[1] 马颖生：《昆明城建沿革》，见马力主编：《当代中国城市·昆明》，改革出版社，1990，第 42~43 页。

图 3-35：明代云南府（昆明）城墙遗迹，位于昆明市动物园内。
资料来源：杨德聪主编：《图说云南历史文化》，第 170 页。

嵩明州及州属归化、禄丰、三泊、易门县先后都已筑城。宜良县，"县与宜良所同城，洪武二十四年建，周三里，有四门"。晋宁州有内城外城，"州外城，周七里，隋刺史梁毗筑。内城旧名阳城堡，蒙氏筑，成化二十二年知州熊弘筑土城，弘治己未知州喻敬即古城址筑土墙，万历四年（1576）巡抚王凝檄知州刘储改筑砖城，周三里，有四门"。归化县"县无城，筑土为墙"。安宁州除州城外，又筑安宁所城，"洪武二十四年建，高一丈，周二里九分，有四门"。禄丰县，"县城周三里，有四门，以砖甃之，万历四十年建"。昆阳州，"州土城，正德四年州同知陈阳修筑，城周匝三百五十丈有奇"。三泊县，"成化十二年知州刘斐筑土为墙，立三门"。易门县，"县与易门所同城，洪武二十四年建，周二里，有四门"。嵩明州，"州城，弘治九年建土垣，隆庆二年巡抚陈大宾檄知州乐颂改筑砖城"。洪武二十五年（1392）还修筑杨林所城。富民县城几次迁移，皆垒土为垣，至崇祯十三年始筑砖城，"周三百六十丈，高二丈，环境有大濠，濠深五尺，原设四门，西门久塞，止开其三"。①

———————————

① 均见天启《滇志》。

　　除了府州县等行政建制外，以都指挥使司及其所辖卫所为主的军事建制也有力地促进了云南城镇的发展。明代，云南城镇的数量大大增加，几乎超过了南诏新旧各类城镇之总和。据《新纂云南通志》"明代城池"的记载，明代云南共有 99 座城。再结合同记"清代城池"的天启《滇志》卷五《城池》的记载，明代云南城镇数量应在 160 座以上，远远超过明以前的任何一个历史时期。

　　总的来说，明代云南城镇发展达到一个前所未有的水平，不仅在数量上大大增加，规模也超过以往。但是，明代云南城镇仍具有较浓厚的政治和军事色彩，这与中国其他地区的古代城镇具有相似的特征。明代云南城镇建设的高潮期基本上奠定了云南的城镇体系格局，清到近代的云南大部分城镇都是在明代城镇的基础上发展起来的。

## 三、清代云南城镇

　　历经明朝，到了清代，以昆明为中心的云南全省城市网络基本形成。环绕省城昆明的曲靖、澄江、楚雄、姚安等城镇具有一定规模，滇东北的昭通、东川，滇东南的开化，滇南的临安，滇西北的丽江，滇西的大理、永昌，成为不同地域范围内的次级中心城市，小城镇大量增长，尤其是一批以工矿和商贸为特色的新兴城市崛起。城市等级规模关系基本确立，奠定了云南城镇结构的基本框架。

　　清代，昆明仍是云南的省会城市。清代中后期后，近代工业、金融业、交通运输业的发展以及商埠的开辟等，促进了昆明城向近代城市的发展。昆明地处滇中，气候宜人，经过历代经营，成为云南第一大城市。

　　清代，尤其是康雍乾时期，云南原有城镇累次修筑，有的将土城墙改为砖石，废除卫所后，一些府州县署迁入或改筑。边远地区原来没有城郭的州县，此时也有少量增建扩建。对此，《嘉庆重修一统志》中有较为详细的记载。如省城昆明在康熙二十年（1681）、乾隆五十三年（1788）、嘉庆四年（1799）、嘉庆十八年（1813）累次修缮。丽江府城于雍正元年（1723）始筑，乾隆十六年

（1751）修。所属中甸、维西也在雍正六年（1728）筑城，中甸同知所辖阿墩子、奔子栏等四处筑土城。普洱府境内新筑思茅城、威远城。昭通府境内新修大关、鲁甸城。开化府城康熙六年（1667）筑土城，乾隆十年（1745）改为砖城。清政府大规模改土归流时采取的一些措施也促进了云南边疆城镇的发展。

清代尤其是近代以来，云南产生了一批新兴的工商业城市，有的同时也是县级或县级以上治所所在地。这类城市主要有蒙自、思茅、腾冲、下关、开远、个旧、石屏、新兴（玉溪）、河口等。原有的昭通、曲靖、东川、文山、建水、保山、姚安、景东等也有所发展，县城所在地、交通沿线的某些村寨和矿区也发展为规模不等的城镇。

### 四、元明清云南城镇格局的变化与建筑特点

#### （一）元明清云南城镇格局的变化

南诏大理时期是云南城镇发展的一个高潮时期。当时云南城镇格局的分布是：主要以洱海地区为核心，大批城镇如雨后春笋般被建造起来，如著名的太和城、羊苴咩城（今大理城）、大厘赕（今喜洲镇）、邆川赕（今邓川）、赵川赕（今凤仪镇）、白崖赕等城镇。其他地区也兴建了一大批的城镇，如弄栋城（今姚安）、龙和城（今禄丰县城）、安宁城等。城市的发展，奠定了后代城镇的布局。

纵观云南城镇发展史，元代以前，统治者在云南的行政和军事建制对云南的城镇地理分布起着主导性的作用，元代以来，商道的发展变化对城镇的地理分布变化也产生了重要作用，在几个大的商业中心城市的形成与发展过程中甚至起了主导作用。

从空间分布来看，元明清时期云南主要城镇市场均分布在对外交通干线上。"云南各地自然条件差异极大，经济发展极不平衡，加上山川阻隔，交通不便等因素的综合影响，使云南商业和对外贸易发展呈现出一个重要特征，就是长途贩运与干线城市的集中交易相结合，交通发展成为市镇兴起和发展的关键。所

以，凡是交通干线重要的站口和枢纽，都是经济发达、商贸繁荣、文化先进的城镇。"① 这样就导致城镇的发展极为不平衡，而且地区的差异很大。

（二）元明清云南城镇的建筑特点

云南的民居建筑，东汉以前，地方风格很浓，主要是干栏式、井干式、上掌房三种。东汉以后，内地汉式建筑传入，砖瓦用于建筑。南诏和大理时代，内地汉式风格与本地传统风格交融。元代以后，交融扩大，汉式建筑越来越普及。民居建筑一般是：木构架、三开间、前厦廊，楼房、土墙、双坡瓦顶、前重檐、后单檐，后、左、右是硬山封闭式，前檐楼为木窗，重檐下廊为木质门窗。在此基础上发展为"三合院""三间两耳""一颗印"等模式，视家庭经济状况而有规模大小和装饰程度的不同。

元明清时期，县城、州城、府城、省城的建筑大多仿内地汉式。高大的城墙，或土筑，或砖砌，高垒深壕。城楼壮观。钟楼、鼓楼、文庙、衙门也建筑得富丽堂皇。临安府城（今建水县城）、蒙化府城（今巍山县城）、大理府城，至今还留有元明清时代的一些城建遗迹。遗存的古城楼修葺一新，作为名胜古迹。巍山是南诏王蒙氏的发祥地，南诏和大理时代，今巍山城只是当地民族的宗教活动场所，元代开始筑土城。明代洪武年间正式建城。《蒙化志稿》记载其当时的规模是："周回四里三分，计九百三十七丈，高二丈三尺二寸，厚二丈，砖垛石墙，垛头一千二百七十有七，垛眼四百三十，建四门，上树谯楼。东曰忠武，南曰迎熏，西曰威远，北曰拱辰。北楼高三层，可望全川；下环月城，备极坚固，城方如印，中建文笔楼为印柄。"② 又在城内建了文庙、明伦堂、文昌宫、尊经阁、魁星宫、等觉寺等。

在元代，昆明的民居住宅一般规模不大，较大规模的建筑多是衙署和寺庙，例如五华寺、大德寺、侧通寺、地藏寺、观音寺、清真寺、真武祠（明改名真庆观）、孔庙、大灵庙等。这些寺庙的元代建筑多已不存，有的已全毁，有的是

① 陆韧：《云南对外交通史》，第 294 页。
② 《蒙化志稿》卷七《地利部·城池志》。

图 3-36：巍山古城（范建华　摄）

图 3-37：大理古城（周智生　摄）

后世重建。明代的昆明在洪武年间修筑了新城。城墙是夯土砌砖，周围九里左右，高近三丈。环城有护城河，河上可行舟船。有六座城门，均有壮观的城门楼。南北各一门一楼，东西各两门两楼。南门叫丽正门，楼名向明楼，清初改为近日楼，民国初年尚在。

昆明郊区有一座元塔和一座明塔，具有独特风格，体现出高超技术。元塔为西北郊玉案山筇竹寺后山的雄辩法师大寂塔。建于元大德年间（1297—1307），距今已 700 余年。它属于喇嘛塔中的和尚舍利塔，塔中贮藏元代高僧雄辩法师的遗骨。塔为砖砌，通高 3.5 米。塔基为 5 米 ×3 米 ×0.5 米的矩形分档多面须弥座式，四面八角十二棱。塔身为覆钵状。塔刹基部为砖砌多面须弥座。上置砂石相轮，再上为伞盖宋珠（已掉）。元代云南盛行喇嘛教，昆明的喇嘛塔也自元代始。这是昆明地区保存得最完善、最具代表性的元代喇嘛塔。

图 3-38：雄辩法师大寂塔，昆明筇竹寺。
（周智生　摄）

建水城始建于南诏时期，明代为临安府治，在原筑土城的基础上拓地改建砖城，其东城门楼至今还在。建水东城门楼的木构架是明代云南建筑的典型风格。城楼高三层、歇山顶，最大特点是木结构承重，柱子布置运用了"移柱法"。城门建成至今已 500 多年，经历多次地震，依然屹立不倒。另外，斗拱结构古朴大方。栌斗大，翘长，不用雕饰。部分梁头做成耍头构件，直接承托檐檩，既加强了木构架间的结构联系，又分担和减轻了对斗拱的压力。在梁柱等交接处，使用了铁钉铁箍等铁件来加强连接。榫头则用木铁

图 3-39：云南建水临安城迎晖门（周智生　摄）

　　楔子扣住，使木结构的整体更为牢固。[1] 这些在古建筑中是不多见的。

　　元代以后，云南大兴儒学，大建孔庙，以建水文庙规模最大，工艺最精。它始建于至元二十年（1283），明清两代逐步扩建，形成现在的规模。它是占地 114 亩的建筑群，由大成殿、文昌阁、魁星阁、思乐亭、东西二庑、东西明伦堂、四门（棂星门、大成门、玉振门、金声门）、五祠（崇圣祠、二贤祠、仓圣祠、名宦祠、乡贤祠）、八坊（太和元气坊、洙泗渊源坊、礼门、义路、德配天地坊、道冠古今坊、圣域由兹坊、贤关近仰坊）、学海、海岛等建筑组成。这个建筑群有两大技术特点：一是设计巧妙；二是施工精致。[2]

---

① 夏光辅等：《云南科学技术史稿》，第 123 页。
② 夏光辅等：《云南科学技术史稿》，第 125 页。

图 3-40：建水文庙（周智生　摄）

## 五、元明清云南城市文化的兴起与变迁

清末，云南自通商开埠后，城市文化发生了很大改变，出现了一些新的风尚。以下从几个方面对元明清时期云南城市文化的兴起与变迁进行简单梳理。

（一）城市商业的变迁

商业是城市文明的象征。元明清时期，云南在大一统的背景下，不管是城市还是乡村，商业都得到空前的发展。城市商业市场比较繁荣，商品种类较多，商贸往来频繁，很好地发挥了沟通城乡联系的作用。跟前代相比，元明清时期城市商品结构完成了以奢侈品为主向以日常生活用品为主的转变。

蒙自开埠通商后，资本主义势力的浸入和渗透，对云南城市商业的发展的影响非常巨大，这种影响在省城昆明尤为明显。主要表现在：首先，洋货充斥市场，冲击了传统的土货市场。如大理，根据《大理县志稿》的记载："唯吾邑自咸同以前，初无所谓洋货。光绪初洋货始见输入。洎越亡于法，缅沧于英，于是洋货充斥，近则商所售，售洋货；人所市，市洋货。数千年之变迁，未有胜于今日者。"① 又如昆明市场上的日用品"几乎无一非洋货所充斥矣"②。输入的洋货以"棉花、棉纱、棉布、意大利布、小呢、毕叽、洋火、煤油为大宗"③。而且呈逐年增加的趋势，"洋货进口在一八八七年（光绪十三）中法战后，开始超过一万万两，一八九六年（光绪二十二）甲午战后开始超过二万万两，一九〇二年（光绪二十八）庚子战后，开始超过三万万两，一九〇五年（光绪三十一）办假维新，开始超过四万万两"④。大量洋货的输入使昆明"饮食衣服器具，无一不仰给于彼（法国）"⑤。滇越铁路运行后，洋货对土货市场的冲击更大，"铁路未通前，昆明的土货商店很多，洋货商店很少，自铁路通车后，土货商店便无形中被淘汰了"⑥。城市中经营洋货的商店和商人逐渐产生和发展，这是清末民初昆明乃至云南市场发展史上的一个重要变化。但是我们还应看到，洋货的进入丰富了城市市场上商品数量、种类，为人们提供了更价廉物美的商品。其次，近代工业的兴办。如清末昆明民办工业有玻璃厂、火柴厂、卷烟公司、电灯公司、钢铁机械等。但是这些民用工业涉及门类少，资本小，规模也不大，基础较薄弱。再次，新兴经济机构的出现。如1910年昆明出现了云南最早的银行，即大清银行。

（二）消费的变迁

云南在开埠通商前，在消费结构上，大部分州县崇尚俭朴，只有昆明等几个交通便利、商业发展较好的城市有奢靡之风。跟中原发达地区相比，云南大部分地区物质文化相对落后，因此从整体情况来看，大部分州县崇尚勤俭、质朴，少奢华。史书中有关记载比比皆是。如根据光绪《云南通志》的记载，富

① 《大理县志稿》。
② 云南省档案馆编：《清末民初的云南社会》，云南人民出版社，2005，第47页。
③ 中国科学院历史研究所第三所编：《云南杂志选辑》，科学出版社，1958，第181页。
④ 范文澜：《中国近代史》上册，人民出版社，1955，第331~332页。
⑤ 中国科学院历史研究所第三所编：《云南杂志选辑》，第588页。
⑥ 万湘澄：《云南对外贸易概观》，新云南丛书社发行部，1946，第163页。

民县"民俗颇淳";罗次县"地瘠民贫，不事浮华，多尚古朴"；呈贡县"民朴而俭"；禄丰县"士敦礼义，民畏法度，言语服饰尤为淳朴"；河西县"男耕女织，其风淳，其俗俭"；镇南州"大抵崇尚质朴，不事华采"；路南州"俗尚勤俭"；顺宁府"俗尚节俭"；永北直隶厅"民风尚朴俭，勤稼穑，鄙浮薄"；武定直隶厅"民朴而俭"；广西直隶州"俗尚简约"；新平县"俗尚俭朴"。只有省城昆明以及交通便利的城市因商贸发达，五方杂处，有骄奢之风。如昆明县"近城市多习贸易，而少耕织，服食交际不无奢靡耳"；腾越厅，"风气昔称古朴"，"因商贾业集……今则踵事增华"；东川府"城市人民五方杂聚，多习奢靡"；① 等等。当然，这些城市为数较少，整体依然淳朴。

开埠通商后，洋货开始大量进入云南城市市场，逐渐影响了人民的消费习惯，奢侈之风渐广，开始出现某种崇洋的倾向。市场上"匪但两粤、江、浙各省之物品，由香港而海防，而昆明数程可达，即欧美全世界之舶来品，无不纷至沓来，炫耀夺目，陈列于市"②。琳琅满目的商品对于人们是一个不小的诱惑："云南自滇越铁路通车后，奢侈的风气一天天地普遍，消费水准一天天提高。最典型的例子就是，滇越铁路未通之前，京兆及江、浙、川、鄂等省的各种古旧服，每年整批车来云南，分销各县，为数很多。省城西院、二系等街，故衣铺林立，营业异常发达，足见当时民风的俭朴。自滇越铁路通车后，这种营业便无形中消灭了。"③ 在阿迷州（今开远市），"自滇越铁路通后，沪上奢侈之风，昆明都靡之习交相传来，于是简朴耐劳之风竟化为奢懒之习，然次风气仅限于城区一部，而个乡村民尚守古风，简朴耐劳"④。洋货的涌入，逐渐改变了传统的消费方式，开始出现某种崇洋的倾向。

（三）交通的变迁

就城市与城市之间的交通来看，元代的站赤制度、明代的驿道建制、清代

① 均见于光绪《云南通志》卷三十《地理志五·风俗》。
②《云南通志稿长编》卷一《工业》。
③《新纂云南通志》卷一百四十四《商业考二》。
④《续云南通志长编》下册，第 339 页。

遍设的关哨汛塘和铺司，加强了云南交通网络的建设，大大方便了人们的商贸往来，为城市的发展和繁荣奠定了基础。滇越铁路通车后，云南开始出现近代交通和运输方式，从以前所谓的僻远之省，一跃成为国际交通路线，物流机制发生了明显变化。人们的出行方式尤其是对内对外贸易的交通运输方式大为改观。

就城市内部的交通来看，明清以来，很多城市随着城郭的扩建，城内交通也随之发展起来，有的已然形成了四通八达的交通网络。如昆明发展到清代，城内有四通八达的街道，而且街道旁均设有为保障交通而建立的哨所或驿站，城外有翠湖、盘龙江、滇池、金汁河、银汁河等，这些河流与城濠相连，共同形成了便捷发达的城市交通。

### （四）民风民俗的变迁

元明清时期云南各城市民风民俗的发展演变可以开埠通商为界分为两个阶段。开埠通商以前，各城市的民风民俗基本是在传统的变化轨迹中往复循环。河口、腾冲、昆明等相继开埠通商后，各城市的民风民俗出现了一些新的不同于以往的变化。

元明清时期，内地移民大量涌入云南各城市，与当地居民杂居在一处，相互融合，共同发展，民风民俗由此发生改变，不仅有汉文化的深入传播，还有移民的土著化。方国瑜、尤中、陆韧、段红云、周智生、李晓斌等许多学者对此都做了深入的讨论，因而这里不再详述。

开埠通商以后，云南社会风俗的变化不再是在传统范围内简单地循环重复。受西方的影响，它出现了与传统截然不同的新特点。在云南最为显著的就是留学热。清末新政新式人才的培养在全国掀起留学热，云南亦在内。光绪二十八年（1902），云南首次派遣留学生至日本留学，以后每年照常。据统计，清代云南全省共有258人到国外留学，其中3人到比利时，26人到越南，229人到日本。[①]其次是女学肇兴。清末在全国女学办学热的影响下，云南女子师范学堂及女子职业学堂创设，并于光绪三十四年（1908）开学。先办附属小学，宣统

①《云南省志》卷六十《教育志》，云南人民出版社，1995，第14~15页。

元年（1909）六月办师范预科一班，学生由小学中择其程度优者入之。宣统二年（1910）添设保姆讲习所、蒙养院，并于堂之西偏旧把总署内分设女子职业学堂。另有敬节堂女子职业学堂，设立于宣统三年（1911）六月。

（五）地方戏曲的兴起与发展

清代以前，云南的戏曲都是从外地传入的，有秦腔、汉调、徽调等。直到清代，云南的戏曲有了较大发展，才逐渐形成了一些地方剧种。

滇剧"是秦腔早期的丝弦腔、襄阳汉调、徽调胡琴腔等声腔于明末至清乾隆年间先后传入云南而逐渐发展形成的。滇剧的音乐虽然出于秦腔、徽调与汉调，但经过与当地的语言、风习和地方戏曲长期融合，已经与原风格有很大差异。滇剧的三种主要声腔又有各自独有的板式唱腔，如丝弦腔有安庆调、坝儿腔、二十四梆子、飞梆子等，胡琴腔有平板、架桥、梅花板、人参调等"[1]。道光时期，昆明、曲靖两个城市有专门的滇剧班子，以后逐渐向其他州县扩散。滇剧在清代曾演出过《后四声猿》《莲湖花榜》等剧目。"滇剧的表演艺术由于继承和吸收了徽、汉、秦腔等剧种之长，使之具备了丰富扎实的基础。云南是多民族的省份，向有'民族艺术海洋'之称，滇剧在发展过程中，长期在农村草台演出，吸收了民间多种艺术营养，因而具有鲜明的民族和乡土特色。"[2]

花灯属于歌舞型的地方戏剧，盛行于云贵川的部分地区，其唱腔由明清俗曲、省内外民歌小调融合而成，在云南有昆明花灯、玉溪花灯、建水花灯等 9 个支派。花灯普遍出现于清顺治年间，深受当地汉族、彝族等喜欢。康熙年间，云南花灯开始出现专业的戏班，并有 4 个戏班曾在昆明建立乐王庙，作为戏剧节专门聚会的场所。云南的花灯，大都具有朴素单纯、健康明朗的民间艺术特色，充满着劳动人民的生活气息。[3]

还有从外地传入的傩戏，主要流传于今滇东北的昭通各县。此外，云南少数民族剧种白剧和傣剧也主要形成于明清时期。白剧主要流行于白族聚居的大

[1]　魏力群：《中国皮影艺术史》，文物出版社，2007，第 291 页。

[2]　桃木夕子：《滇剧——红土地上的文化瑰宝》，载《青年与社会》，2012（2），第 116 页。

[3]　周玲主编：《云南地方史》，西南交通大学出版社，2011，第 206~207 页。

理、洱源、剑川、鹤庆等地。傣剧产生于干崖，后流传于傣族聚居的各个地区。

# 第四节　元明清云南经济文化的特异性

　　元明清时期，随着中央王朝对边疆经营的加强和深化，以及大量移民带来了内地先进的生产方式和生产技术，云南的经济文化得到前所未有的发展。由于云南地理环境特殊，民族众多，社会经济发展不平衡，多种经济形态并存，再加上浓厚的移民特色，这一时期云南经济文化展现出一些特异性。

## 一、云南经济生产方式的转型与经济结构的变化

　　元代以来，云南开始从整体上纳入中央王朝的政治、经济一体化进程之中。随着历代政府的经营、汉族移民的大量迁入、边疆开发的深入等因素，云南的经济生产方式以及经济结构发生了重要变化。

　　元代，官府对云南的赋税对象主要是农业和矿业，可知当时社会生产的主要部门为农业、畜牧业，且金银等矿产资源得到一定的开发。这在前文已论及，兹不赘述。其时，云南矿业的开采相对有限，国民收入主要来源于农业和畜牧业生产。所以赛典赤来云南后首先确定农业的赋税问题，即定"亩输米二斗"，又"询其地之所宜，宜马则入马，宜牛则入牛，并与米质相当，不产牛马入以银，今之粮折牛马、粮折银是也"。这种征收方式符合云南农业经济发展的实际。为了鼓励农业生产，赛典赤还兴修水利，采取"贷尔牛种耒耜蓑笠之具"的措施。其子孙在云南亦继续推行赛典赤的政策和措施，并加以改良。[①] 这些都在一定程度上促进了云南农业生产以及地主经济的发展。

---

① 方国瑜主编：《云南史料丛刊》第二卷，第559~560页。

到了明代，云南除了农业、畜牧业和矿业有所发展，手工业以及商品交换均得到一定程度的发展。因此，官府对云南赋税征收及其缴纳形式上呈现出多样性的特点。如"洪武十七年，天下税粮，令民以银、钞、钱、绢代输"。万历六年，"课钞银一万三千七百六十四两二钱五分五厘，米卖九百四十四石八斗八升八合五勺。海五。……十七年，云南以金、银、贝、布、漆、丹砂、水银代秋租"[①]。这也反映了当时云南社会生产门类已出现多样化的发展趋势。就当时商税的征收来看，弘治年间，"课四千六百一十八万九十贯"[②]，"千七百六十九索二十手"[③]。在 90 年左右的时间内，其税课数增长近13%，反映了商品经济得到一定发展。从商税征收的范围来看，包括商税、门摊、酒课、鱼课、窑课、租课、房租、税契、果园等，纳税对象显然比前期扩大。而且从税课司的设置地域范围来看，弘治年间已设有约 10 个，主要分布在腹里地区的昆明、楚雄、曲靖建水以及滇西的大理、保山、腾冲等地。[④]这些地区正是当时云南农业、手工业和商业相对繁荣的地区。

清代，云南国民经济生产部门在大的产业分类上没有发生大的突破，基本上延续了前朝的情况，但是在各部门内部的分工以及发展程度上，则超过了以往任何时代。就农业生产来看，水利事业进一步发展，耕地面积有所增加，耕作技术提高，农作物品种增多并进一步推广，商品化种植业兴起，均取得了良好的发展成就。就手工业的发展来看，虽然明代就已将盐、茶、矿、商业等纳入赋税体系，但其中如盐及商税两项加起来不过 5 万多两的水平，到了清代，仅各项盐课相加就已达 30 多万两；而且就产量来看，明代盐的年产量不到 200万斤，清代仅年产额盐已达到 2700 多万斤的规模水平，扩大了 13 倍多。[⑤]史载"滇省本著名贫瘠，平常费用向以盐款为大宗"[⑥]。又，陈荣昌在《续白盐井志》

①《明史》卷七十八《食货二·赋役》。
②《明会典》卷三十五《户部二十二》。
③ 万历《云南通志》卷六《赋役志第三》。
④《明会典》卷三十五《户部二十二》。
⑤ 陈征平：《云南工业史》，第 200 页。
⑥ 盐务署纂辑：《清盐法志》卷二百八十四《云南十一·职官门》。

序言中说："然帑藏所入，以盐课为大宗，岁计五六十万，近年来筹盐捐，又岁计五六十万，与正课相比埒。往者官吏之廉俸出于盐，师儒之束修膏火出于盐，将卒之饷糈出于盐；今则团营团哨之供亦出于盐，学堂之经费亦出于盐。"[1] 可见，清代盐税收入在云南地方财政的支出中占有十分重要的地位。从矿业的发展来看，清代云南不仅开采品种在前代的原有基础上，增加了锡、铅、朱砂、硝磺，而且在铜矿的开采上，规模远远超过以往任何历史时期，在清代近百年的时间内保持了年均上千万斤的开采水平。而且晚清以降，近代机械生产也越来越多地引进到各手工业和矿业生产部门。这些都表明，云南手工业和矿业得到了进一步的深化和发展，而且在云南国民经济生产中有着举足轻重的地位。

　　人口构成的发展变化也充分反映了生产方式和经济结构的变化。云南的人口，顺治十七年（1660）120万人，雍正三年（1725）150万人，乾隆四十年（1767），登记人口突破300万人，此后半个世纪以年均14.5‰增长，相当于全国登记人口增长率7.3‰的两倍，至咸丰五年（1855），达750多万人。[2] 根据美国学者李中清先生的研究，康熙三十九年（1700）前，"西南地区"（仅包括今云南省、贵州省以及四川省的西昌地区和凉山州）从事非农业生产的人口不超过总人口数的5%。到了18世纪30年代，该地区的非农业人口已接近总人口的10%，19世纪初更是增至12%。[3] 从当时非农业人口增长的经济动因来看，矿业、盐业云南的非农人口比例超出了"西南地区"的比例。[4] 这说明当时云南从事农业生产的人口不多，相反，从事工矿业生产或其他行业的人口更多，人们的谋生方式正在发生改变。

　　总而言之，元代以前，云南的国民经济生产以粗放型农业垦殖和畜牧业占据着主导地位。元代以降，随着政府对边疆地区经营的进一步加强，内地先进的生产技术和工具传入云南，农业取得了较快发展，精耕细作在很多地区逐渐

① 嘉庆《续白盐井志》序言。
② 龙登高：《中国传统市场发展史》，人民出版社，1997，第502页。
③ ［美］李中清：《明清中国西南的经济发展和人口增长》，见《清史论丛》第5辑，中华书局，1984年。
④ 刘云明：《清代云南市场研究》，云南大学出版社，1996，第46~47页。

取代以往的粗放式经营。明清以来，随着商品经济的发展，商业贸易、手工业、矿业在很多方面均取得了超越以往的发展成就，在国民经济生产中的地位越来越重要，冲击着传统的以农牧业为生产支柱的国民经济生产结构。其中，由于盐业以及铜矿生产取得了前所未有的发展，并且在地方财政中占有非常重要的地位，所以在明清一段时期内两者一度成为国民经济生产的支柱产业，故清乾隆年间檀萃的《滇海虞衡志》中有"滇南大政，惟铜盐关系最重"①的记载，此亦为佐证。

## 二、云南经济开发与族群文化互动

元明清以来，大量汉族移民迁徙到云南，打破了云南各少数民族传统的分布状况，并一跃成为云南的主体民族，这对云南社会经济的发展带来了很大变化。方国瑜先生在《中国西南历史地理考释》中说："自建立云南以后，社会经济文化得到更大发展。其中因元之镇戍制度、明之卫所制度、清之汛塘制度，迁徙人口在城镇、而乡村、而山区，与原住民共同开发地利，兴办农田水利，发展手工业，开掘矿业，修筑道路，安置村寨、城镇、集市，凡此为各族劳动人民创造财富，有无相需，共同生活，社会基础不断提高，在此六百多年中逐渐变化。"②方先生比较精准地概括了汉族移民进入云南后对云南社会经济所产生的影响和变化。在汉族与各少数民族共同开发、共同生活的过程中，彼此间的文化互动亦是云南历史上非常值得关注的现象。

随着汉族人口迁到少数民族地区，汉族和少数民族通婚，同化于少数民族之中的情况也不断增多。清初在波龙银厂采银的南明后裔宫里雁即娶傣家女曩占为妻，桂家集团的成员后来也大多融合于当地的少数民族之中。现在佤族中李姓很多，这是佤族人民对李定国的崇敬和李军士卒与佤族人民联姻的结果。

---

① 《滇海虞衡志》卷二《志金石》。
② 方国瑜：《中国西南历史地理考释》（下册），中华书局，1987，第769页。

沧源县的南腊、班洪、勐角等乡佤族中姓吴、杨、王、张的人也不少，这则是佤族人民崇尚吴尚贤和与吴尚贤的工匠联姻所致。[①] 这是云南各民族凝聚力不断增强的重要标志之一。

在长期的民族交往中，汉文化在各民族中广泛传播，云南的风土民情也发生了很多变化，很多风俗与中原内地差异不大。在元人的记载中，云南很多地区尚且处于"盖其人生多狂悍，不闲礼教"，"云南尊王羲之，不知尊孔、孟"的状态。[②] 到了明代，云南的文化习俗已更趋同于内地汉文化。万历《云南通志》中对全省土风的记载为："元日，桃符门神往来贺岁。春日，春鉴赏春以饼酒相馈。上元，彩灯、鼓乐、蹴鞠、游邀，日走百病，村落有秋千。二月，祈年佛会；清明，插柳墓祭。三月二十八日，东岳庙烧香灯。四月八日，浴佛，献乌饭。端午，艾虎悬门角，黍蒲酒相馈。六月一十五日，束松明为火炬照田苗，以火色占农。七夕，妇女陈瓜乞巧。七月中元，祭祀堂焚冥衣，楮锭如寒食。中秋，以瓜饼祭月相馈。重阳，赏菊、登高、馈糕。腊八日，作五味粥。二十四日，祭灶送五祀之神。除夕，爆竹守岁，饮分岁酒，先少后老，四更接造。"[③] 云南已经跟内地一样过清明、端午、七夕、中秋、重阳、除夕等传统节日，在节日文化方面的趋同性非常明显。谢肇淛在《滇略》中的一段话也充分反映了云南民族文化的变迁："高皇帝既定滇中，尽徒江左良家闾右以实之，及有罪窜戍者，咸尽室以行，故其人土著者少，寄籍者多，衣冠礼法，言语习尚，大率类建业；二百年来，熏陶渐染，彬彬文献与中州埒矣。然惟云南、大理、临安、鹤庆、永昌诸郡，四民乐业，守法度，子弟颖秀，士大夫多材能，尚节义；曲靖、楚雄、姚安、澂江之间，山川夷旷，民富足而生礼义，人文日益兴起；其他夷夏杂糅，然亦蒸蒸向化，淳朴易治，庶几所谓一变至道者与。"[④]

大量进入云南的汉族人口是下层劳动人民，正如方国瑜先生所说那样，他

---

① 段世琳、赵明生：《李定国对开发阿佤山的贡献》，载《思想战线》，1991（5）。

② （元）李京：《云南志略》。

③ 万历《云南通志》卷一《地理志第一》。

④ （明）谢肇淛：《滇略》卷四《俗略》。

们来到云南后，和当地的各民族一道用自己辛勤的劳动开发祖国的边疆，并带来了内地先进的生产技术，促进了当地经济的发展。关于这方面的例子举不胜举，本文仅列举一二。如白族主要聚居在洱海地区及其周围，这一带分布着许多大小坝子，土地肥沃，水利条件优越，有从事犁耕农业的良好条件。汉代以来，汉族便不断迁入大理。当时的汉族与当地居民相比属于少数，因此许多汉族逐渐融合进本土的白族。唐代以后迁入的汉族越来越多，对当地经济生活的影响也逐渐加大，白族在继续保持本民族特点的基础上，经济文化生活方面逐渐与汉族相一致。据《皇清职贡图》记载，云南白族"风格衣食，悉仿齐民，有读书应试者，亦有缠头跣足，衣短衣披羊皮者，岁输赋税"①。这里的齐民当然主要指汉族居民。换句话说，从清代开始，云南平坝地区的白族，在经济文化方面与当地的汉族已经开始呈现为一种类型。又如纳西族主要居住在丽江一带。雍正年间改土归流以后，纳西族的封建领主经济已经彻底崩溃，原来的农奴变成农民和佃户，政治上直接受流官的统治。《丽江府志》记载纳西族经济文化生活时称，"务耕植畜牧，勤俭治生"，"服食渐同汉制"②。道光《云南通志》进一步描绘了当地妇女从事纺织的情况："妇女初习纺织，近日府城内外，各立机坊，竞相师法，纺织之声，延而渐广。"③ 这种男耕女织，与内地已无甚差异。

　　民族间的大融合无疑推动了社会经济的发展。但是在这一过程中，也出现了一些问题。如土地纠纷问题。大量移民进入云南后，他们没有自己的土地，或以开荒的形式取得土地的所有权或永佃权，或以租佃、典当以及购买的方式获得所需的土地。在这一过程中，也曾产生过民族间的矛盾。如清政府为了减少民族间的矛盾，维护国家统治秩序，在南方各省均对汉族典买少数民族土地做了限制。在云南，自乾隆年间开始，国家在律令中严禁汉族典买少数民族，尤其是土司地区少数民族的土地。但是在实际中，经常有土司贪图钱财将土地典卖给汉族，汉族典买得土地后经常不过税纳粮，地方官员对此多睁一只眼闭

---

① 《皇清职贡图》卷八。
② 乾隆《丽江府志》。
③ 道光《云南通志》卷三十，《地理志五》。

一只眼，致使很多少数民族不仅无地可耕，还要面对无田有赋的负担。民族间的矛盾由此更加深化，以致嘉庆、道光之际，永北土司地区发生了大规模的民族冲突事件[①]。事态平息后，清政府在处理典卖的土地问题上又有失偏颇，依然容易引起少数民族的不平。而且在事情的处理上，清政府没有从根本上去解决这一问题，只是试图用各种禁令、措施去禁止和限制汉族与少数民族间的土地交易。在当时汉族与少数民族杂处的大背景下，这是不可行的，治标不治本。因此，民间依然有不少"违禁"之事发生。而且在少数民族与汉族间发生土地纠纷的时候，政府大多倾向于维护汉族的利益。这样的处理方式，容易深化民族间的矛盾和冲突。虽然各民族在互动的过程中，产生过矛盾和纠纷，但从总体上来看，各民族间的共生共荣才是主流。

总而言之，元明清时期大规模汉族移民进入云南后，在各民族交往的过程中，尽管云南地域文化依然呈现出多元化发展的趋势，但是总体上与中原地区汉文化的融合趋势越加明显，正如有的学者所言，"云南在文化上加速了与中原文化的一体化进程，一个以汉文化为主导，各民族文化异彩纷呈的地域特色文化正在形成"[②]。

### 三、云南经济开发与生态文化变迁

元明清时期，随着人口的增加，人地矛盾的尖锐，云南各类资源，包括土地资源、水力资源、矿产资源等得到进一步开发利用。但是在这一过程，人们对资源的开发利用更多的表现为掠夺型的开发利用方式，致使明清以来尤其是晚清以降云南的生态环境发生了变化。这种变化主要体现在以下几个方面。

可利用土地面积的日益减少。明代以前，云南全省的土地利用尚未达到饱和。元末的动乱又使云南大量田地或被豪强地主、寺院所占，或被抛荒。史载

---

① 《清实录》卷十九"道光元年六月丁亥"条。
② 段红云：《明代云南民族发展论纲》，人民出版社，2011，第284页。

洪武初年，明朝大军入滇时看到的景象是"人民流亡，室庐无复存者"①，"土地甚广而荒芜居多，宜置屯，令军士开耕，以备储偫"②。从记载中可看出，当时云南大部分土地可资开垦利用的空间仍很大。但是由于人口压力等因素，人们加快了对土地开发利用的步伐，不仅平坝地区，山区和滨河湖地区凡是可以开垦的地方均分布着大量耕地。其结果就是土地可供开发的空间越来越小，故清乾隆三十一年（1766）时，已有官员发出感慨"滇省山多田少，水陆可耕之地，俱经垦辟无余，惟山麓、河滨尚有旷土"③的感慨。由此可见，明代至清代初年云南土地开垦的广度和力度很大。由于人口的增长，以及平坝地区土地有限，人们为了生存从平坝向山地进军，披荆斩棘、开垦山区。因此，不管是肥沃的平坝地区，还是贫瘠的山麓，无不得到开发利用。到了清末，云南土地资源进一步得到开发，部分地区的土地甚至达到了饱和的状态。但是，矿地的开发利用对生态环境造成的负面影响比较大。所以，康熙年间，有人再度提议开采双马槽厂金矿的时候，以其"利小害大"，遭到当地人的极力反对。④可以说，从清初开始，云南一些地区的土地资源已非明初模样，面临危机。

山林资源的破坏。元明清时期，尤其是清代，人们对山地开发的力度加大，一方面可以进一步开发利用山林资源，另一方面由于一些不合理的经济活动的增加，必然对山林资源造成破坏。人们在山地开垦的过程中，由于忽视了生态的规律，多采取掠夺式的开垦，对生态环境造成了比较严重的破坏。在一些生态环境比较脆弱的地方，这些破坏带来的后果更为严重，一旦遭到破坏，在短期内很难恢复。毋庸置疑，山地的开垦，需要铲除地面的林木杂草。随着人类对山地的进一步垦殖，一些山林的植被大为缩减。我们可以合理推测，在山地开发较多的地区，如洱海周边，由于毁林开荒，其对山林植被的破坏必然更加严重。山区矿产的开发也会对山林造成破坏。根据本章第一节的论述，元

①《明洪武实录》卷一百五十二，"洪武十六年五月丁卯"条。
②《明太祖实录》卷一百七十九，"洪武十九年年九月庚申"条。
③《清高宗实录》卷七百六十四，"乾隆三十一年七月丁亥"条。
④《封闭双马槽厂永禁碑记》，见杨世钰主编：《大理丛书·金石篇》（第十册），中国社会科学出版社，1993，第147页。

明清以来，云南矿业开发的力度远超过以往。这些矿产地大多缺乏天然气、煤矿等燃料，人们对矿产品的煎炼主要依赖于对木柴的砍伐。据杨伟兵的研究，开矿本身以及矿区取柴用薪都会对山林植被系统造成破坏，且前者造成的破坏更深。[①]

水资源的枯竭。以洱海地区为例。洱海地区的水资源原本十分丰厚。但是，明清以来，由于人们的垦殖活动，洱海地区有些地方出现了缺水的问题，有的水资源甚至开始枯竭。如地处洱海南面的蒙化太极山，原本"老树参天，泉水四出"。清末民初，有人在此毁林开荒，致使"深林化为黄山，龙潭变为焦土"。林木的砍伐缩减了森林的面积，破坏了其蓄水功能，太极山附近的泉水因此枯竭，再加上降雨量的减少，当地庄稼歉收。[②]又如洱海北面剑川州的老君山在康熙年间还是"层峦叠嶂，摩霄插汉，林树蒙茸，倏忽万状，人迹罕至"的一派景象。[③]到了乾隆年间，一伙强民盘踞山下，沿山滥砍滥伐，在此毁林开荒，"盘踞数十年之久，践踏数十里之宽"，"以致水源枯竭，栽种维艰"。[④]这些记载表明，随着人们对山区开发的推进，晚清时期洱海区域水资源枯竭的问题已比较突出。

自然灾害频发。在一些地区，由于过度的开垦，山林植被遭到破坏，森林调节气候的功能被大大削弱，不断出现旱灾。众所周知，森林具有一定的自我修复能力。但是当人口越来越多，山林资源遭到破坏的程度越来越大时，森林没有足够的时间来自我恢复，这样就会破坏生态系统，会引起比较严重的生态问题，进而影响到人类的生产和生活。以蒙化地区为例。从文献记载来看，清代蒙化的山林资源遭到破坏的程度很深，由于清代尤其是清后期人们对山林的肆意砍伐，严重破坏了山林植被，破坏了森林的调节气候的作用，以致清末民

---

① 杨伟兵：《云贵高原的土地利用与生态变迁（1659—1912）》，上海人民出版社，2008，第147~148页。

②《弥祉八士村告示碑》，见李荣高等编注：《云南林业文化碑刻》，德宏民族出版社，2005，第515页。

③ 康熙《剑川州志》卷二《山川》。

④《保护公山碑记》，见杨世钰主编：《大理丛书·金石篇》（第十册），中国社会科学出版社，1993，第173页。

初的蒙化"或三年一旱，或间年一旱"。[①] 由于森林遭到破坏，蒙化旱灾频仍。

总之，元明清时期，云南社会经济在深度和广度上虽然都获得了前所未有的发展，但是这种发展却是以对生态环境的破坏作为代价的。因此，这一时期，云南的生态环境发生了前所未有的剧烈变迁，也对云南及其周边地区的发展造成了不可挽回和不可估算的恶果。

### 四、云南经济发展内地化进程的加速及其影响

元代以前的历代中央王朝多将云南视为边野之地，其时云南虽然不乏与内地的交流往来，但是云南的内地化进程相对缓慢。到了元明清时期，中央王朝在云南设省施治，云南与内地的联系更加密切，其经济内地化的速度加快。

元明清时期云南经济内地化进程加速及其影响表现在多方面。农业发展即明显了体现了这点。大量移民的涌入不仅为云南的农业生产带来了大批劳动力，还带来了内地先进的生产工具、生产技术。如明政府在开展军屯时，把大量的耕牛和农具分配给卫所。虽然南诏时云南即有用牛的记载，但仅限于滇池和洱海地区一些先进的民族中。只是自明代"开屯设卫以来，江湖之民云集而耕于滇，即夷人亦渐习牛耕技术"，牛耕技术才在云南各族中普及。而且南诏时牛耕技术落后，为"前牵、中压、后驱"的二牛三夫式，明代大概由于犁铧、耙齿、犁架的改进，不再需"中压之人"，仅"前一人引之，后一人驱之"[②] 即可，大大提高了劳动效率。这些不仅促进了云南农业的发展，还加速了农业经济内地化的进程。

生产工具的改进、生产技术的提高，推动了农业生产的发展。以粮食产量的提高来说明。元泰定二年（1325），昆明《太华寺碑》记载该寺买田五百五十八亩八分，年收租粮三十三石一斗（包括夏秋之粮），亩均纳粮仅 0.059

---

① 民国《蒙化志稿》卷九《地利部·水利志》。
② （清）檀萃辑：《滇海虞衡志》卷七。

石；万历《云南通志》载南府学田四百八十三亩三分，坐落省城、安宁、寻甸等处，岁收谷二百五十九石五斗，亩纳谷 0.53 石。这说明明代亩纳地租较元代增加近十倍，地租量的增加相应地反映了粮产量的增加，因为地主不可能单凭主观愿望无条件地增加租率，而且从全国来看，元明二代，地租率基本保持不变。

农业发展的内地化还表现在地主制经济在云南的全面发展。元代，滇池和洱海地区已经确立了地主制经济。[①] 明代继续在云南普遍推行屯田。屯丁被国家世代束缚于驻地，使用自己和国家的劳动工具，耕种着国家划给的份地，至于收获物，起先是全部上缴国家、再由国家发放给勉以维持屯军及家属生活的粮食，后改为屯军在留下所需口粮后将余粮上交。[②] 很显然屯丁及其家属是依附关系较强的国家佃农。后军屯制弛坏，屯田开始由土地国有制向土地私有制的地主经济转变。清代，政府通过卫所归并州县、勋庄变价以及改土归流等政策和措施对云南的土地所有制进行了大幅度的调整，土地私有化进一步加深。这些都加速了云南各民族社会向地主经济全面发展，同时也推动了云南农业自身的发展。

元明清时期云南经济内地化进程加速还有一个重要的表现：从开发空间来看，除了靠内地区，滇南、滇东南、滇西等边疆地区也得到进一步开发。云南各地区的开发，在元代以前，主要集中在滇中一带以及以大理为中心的洱海地区。元明清以来，随着中原王朝统治的深入，尤其是清初改土归流打破民族交往的壁垒后，大量汉族移民进入滇南、滇西等边疆地区，促进了这些地区的开发及其内地化进程。

滇东南地区。清初改土归流后，汉族移民大规模进入广南、开化、普洱等府，与当地民众一起开发，对当地经济的发展起了积极的推动作用。道光《威远厅志》载："云南地方辽阔，深山密箐未经开垦之区，多有湖南、湖北、四川、贵州穷民，往搭寮棚居住，砍树烧山，艺种苞谷之类。此等流民，于开化、

---

① 林超民：《元代滇池地区地主经济的确立》，见《中国封建经济史研究》，云南人民出版社，1987。
② 天启《滇志》卷三十二《补事》。

广南、普洱三府最多。"① 道光《广南府志》说："广南南北境相距七百余里，东西境相距六百六十里，中间冈峦稠叠，鸟道崎岖。山地不自殖，租与川、楚、黔、粤贫民垦种，故近年民物繁滋。""楚、蜀、黔、粤之民，携挈妻孥，风餐露宿而来，既视瘴乡如乐土，故稽烟户，不止较当年倍蓰。"② 民国《广南县志稿》的记载则清楚讲述了移民开发的过程："在二三百年前，汉族人至广南者甚稀，其时分布于四境者，附郭及西乡多依人，南乡多僰僰，北乡多沙人。其人滨河流而居，沿河垦为农田，山岭间无水之地，尽弃之不顾。清康、雍以后，川、楚、粤、赣之汉人，则散于山岭间，新垦地以自殖，伐木开径，渐成村落。汉人垦山为地，初只选择肥沃之区，日久人口繁滋，由沃以及于瘠，入山愈深，开辟愈广，山间略为平广之地，可以引山水以灌田者，则垦之为田，随山屈曲，垄峻如梯，田小如瓦。迨至嘉、道以降，黔省农民，大量移入。于是，垦殖之地，数以渐增，所遗者只地瘠水枯之区，尚可容纳多数人口。黔农无安身之所，分向干瘠之山，辟草莱以立村落，斩荆棘以垦新地，自成系统，不相错杂，直至今日，贵州人占山头，尚为一般人所常道。"③ 开化府，与广南相邻，到道光初年，汉族移民已达 24000 多户，总人口不下 10 万。④ 由这些记载可知，清代迁入滇南各地的汉族移民数量相当可观。

滇南地区。元江、普洱改土归流后，汉族大量迁入。道光《元江府志》卷九记载："国初改土归流，由临元分拨新习营兵驻守，并在江左、黔、楚、川、陕各省有贸易客民于斯。于是人烟稠密，田地渐肝，户习诗书，士敦礼让，日蒸月化，骏骏乎具有华风。"⑤ "百数十年来，风俗人情，居然中土，而其质朴淳良，似犹过之。"⑥ 普洱府，道光年间各县人口如下：宁洱县有本土民众 4901 户，屯民 3036 户，客籍 3433 户；思茅厅有本土民众 1016 户，屯民 2556 户，他郎

① 道光《威远厅志》卷三。

② 道光《广南府志》。

③ 民国《广南县志稿》。

④ 道光《威远厅志》卷三。

⑤ 道光《元江府志》卷九。

⑥ 道光《元江府志》梁星源《序》。

厅无具体数据。① "屯户""客籍"指的都是汉族移民，移民数量已经超过本土民众。

滇西佤族、拉祜族地区，清代由于矿冶的兴起，也有大量汉族移民进入。清朝统治者对内地汉族擅自进入边疆土司地区开矿是明令禁止的，担心会引起民族间的纠纷惹出事端，然而该禁令有名无实。乾隆十一年（1746），云贵总督张允随上奏皇帝称：土司地区，"多系汉人赴彼开采，食力谋生，安静无事，夷人亦享其利"，虽然"定例禁止内地民人僭越开矿"，但"向来商贾贸易不在禁例"。② 因此，以商贸为名到边疆土司地区开矿的汉人为数众多。乾隆年间，阿佤山的茂隆银厂"打槽开矿及走厂贸易者，不下二三万人"，人数最多的时候，据称是"聚众数十万"③。澜沧的"募乃银厂，旺盛三十余年，故汉人络绎而往焉"④。汉族移民对滇西地区的开发也是功不可没。

汉族移民的大量进入改变了云南民族的分布。方国瑜说："元代汉人主要住在城市，明代主要住在坝区，清代则山险荒僻之处多有汉人居住，且在边境莫不有汉人踪迹。"⑤ 这一总结非常精辟，明确指出到清代，云南各地，无论城镇还是山区都有汉族移民的踪迹。这些移民与当地的傣、壮、苗、彝等族共同开发生产，促进了边疆地区经济文化的发展，加速了其内地化的进程。

总之，元明清时期，云南政治内地化的加速推动了云南经济内地化的进程，结果促使汉族地区以及云南靠内地区的社会经济文化、社会经济形态、阶级结构与生产力发展水平的差距日益缩小，并逐渐趋于一致，同时，滇西、滇南等少数民族聚居的边疆地区随着汉族移民的进入得到进一步的开发。这些为民族融合以及一体化政治、经济、文化的发展创造了条件，推动着各民族社会的变迁和发展，增加了少数民族社会经济的活力，促进了多民族政治、经济、文化等各方面共生关系格局的形成与演进。

---

① 道光《普洱府志》卷七。
②《清高宗实录》卷二百六十一，乾隆三十一年三月壬辰。
③《东华录》，乾隆十一年六月甲午张允随奏折。
④《滇云历年传》，雍正九年。
⑤ 方国瑜：《方国瑜文集》第三辑，云南教育出版社，2003，第332页。

第四章

元明清时期云南的
军事文化

自元朝设置云南行省始，云南正式纳入中央王朝的管理范围，然而元朝对云南的实际控制区域相对较小，不到今天云南的五分之一。而后明朝在云南建立了36个土司土官，真正确立了中央王朝对云南全境的有效控制。自清朝建立，中央政权对云南的统治依然占据主导地位，治理力度不断强化。正因为三个不同朝代、三个不同时期、三个不同族系的统治者对云南地区的认识不一以及云南地区对于三个朝代的战略地位不同，再加上当时云南地区面临的形势不同，三个中央王朝在云南地区建立的军事制度、设置的军事机构各有不同，最终形成了云南在三个不同时期相对独立却又相互联系的军事文化。

## 第一节　元明清时期云南军事制度的建立与发展

元明清时期，云南的军事制度伴随着中央王朝对云南的征服和治理而不断建立、强化和完善。加之云南特殊的地理位置，云南军事制度的内容不仅仅包括自身安宁和国家稳定的维护，也包括国家开疆拓土、不断向外辐射和征服的方针大略。因此，元明清时期云南的军事制度是国家对云南治理不断发展和完善的重要标志，也是云南政治制度史上浓墨重彩的一笔。

## 一、元代在云南的军事设置 [1]

元势力进入云南始于蒙哥汗时期。时诸王忽必烈、抄合、也只烈与大将兀良合台分三道攻下大理。事后忽必烈率大军班师，留兀良合台戍守，以刘敏中为宣慰使，与段氏共同经营大理地区。兀良合台被授予银印，加大元帅，镇守大理地区五年。之后十余年间，云南地区的军事实权始终被蒙古"大元帅""都元帅"所把持。

忽必烈夺取汗位后，正式开始对云南地区的军事经营。元帅府、都元帅府设置状况如下：中统三年（1262）八月，中央政府在大理设置元帅府。之后，随着元军对云南占领面积的日渐扩大，设置越来越多的都元帅府。至元五年（1268），大将爱鲁担任云南诸路宣慰使都元帅，并攻取金齿、白衣、缅、乌蒙、也可不薛等大片地区。[2] 建都地区也较早地设立都元帅府，至元十二年（1275）的长官为都元帅火你赤、副都元帅覃澄。大将脱列世官在这个时期担任罗罗斯副都元帅，同知宣慰司事。

至元十一年（1274），云南行省建立，赛典赤·赡思丁担任平章政事，"统合刺章、鸭赤、赤科、金齿、茶罕章诸蛮"。在宣慰司都元帅府之外，出现了另外一个拥有政军权力的机构。为处理复杂的政权机构的关系，元世祖下诏："以蛮夷未附者尚多，命宣慰司兼行元帅府事，并听行省节度。"[3] 但行省建立之时，云南地区又设有罗罗斯宣慰司、大理蒙化等处宣抚司等，一时行省、宣慰司、都元帅府并存，这种军事机构功能上的重复使得云南行省右丞纳速刺丁于至元十七年（1280）向元世祖建言："云南有省，有宣慰司，又有都元帅府，近宣慰司已奏罢，而元帅府尚存，臣谓行省既兼领军民，则元帅府亦在所当罢。"[4] 之后不久，都元帅府先后被撤掉。至元二十一年（1284），"罢云南都元帅府，所管

① 王玉朋：《元朝西南地区军事机构的设置及兵力的布置》，载《贵州文史丛刊》，2011（2）。
② （元）程钜夫：《雪楼集》卷二十五《魏国公先世述》（文津阁四库本），商务印书馆，2005，第655页。
③《元史》卷八，中华书局，1976，第160页。
④《元史》卷一百二十五，第3067页。

军民隶行省",次年（1285）"罢合剌章打金规（运）〔措〕所及都元帅〔府〕"。①

　　云南地方另一个不可忽视的权力系统便是镇戍云南的诸王。派遣诸王前往云南始于至元四年（1267）忽必烈封皇子忽哥赤为云南王。镇戍云南的诸王除拥有自己的军队外，还分享云南军队的军权，多少含有监视云南诸将的意图。至元二十二年（1285）云南的阿沙、阿女、阿则三部叛乱。大将脱脱木儿准备"遣人往召，如不至，乘隙伐之"。元世祖对于驻军未经云南王许可的行为表示反对，并敕谕之："事不议于云南王也先帖木儿者，毋辄行。"②事实上，驻守云南的元军大将与云南诸王存在着矛盾。

　　由于云南地区存在着元军将领、行省、镇戍诸王三个分享军权的主体，他们之间相互矛盾、相互配合、相互牵制，从而形成了一个稳固的制衡机制，最终确保元朝统治者在云南的绝对权威。元朝在云南主要的镇戍点包括以下地区：

　　大理地区：在元代文献里，大理又被写作哈剌章。大理是蒙古军队最早征服的云南地区，也是云南诸王重要镇戍点。元世祖夺汗位初期，就派出诸王镇戍大理并以大理作为基地来开拓云南的疆土。至元五年（1268），"上命（爱鲁）从云南王出镇哈剌章，管领怯薛丹及必阇赤，再授虎符充云南诸路宣慰使都元帅。攻取金齿、白衣、缅、乌蒙、也可不薛等国，战功为多"③。至元二十二年（1285），元世祖遣"雪雪的斤领畏兀儿户戍合剌章"④。次年二月，抽调驻大理的蒙古军千人付阿里海牙，使其跟随皇子脱欢征交趾，并赏银两千两。

　　罗罗斯地区：《元史》的《本纪》《列传》中多以"建都"称罗罗斯的一部或全部。至元四年（1267）八月，"命怯绵征建都"。次年三月，怯绵率军两千招谕建都，未果。八月，元中央王朝又命忙古带率军六千前去征讨。不料，对建都地区的兴师用兵屡遭败绩。至元六年（1269）六月，"以招讨怯绵征建都败绩，又擅追唆火儿玺书、金符，处死"⑤。之后，中央政府决定对建都大举用兵。

①《元史》卷十三，第 282 页。
②《元史》卷十三，第 280 页。
③（元）程钜夫：《雪楼集》卷二十五《魏国公先世述》（文津阁四库本），第 655 页。
④《元史》卷十三，第 280 页。
⑤《元史》卷六，第 121 页。

至元九年（1272）正月，忽必烈下令皇子西平王奥鲁赤、阿鲁帖木儿、秃哥及南平王秃鲁几路军马连同四川行省也速带儿部下，再加上忙古带等十八族、欲速公弄等吐蕃军同征建都。次年正月，因"也速带儿所部骑兵征建都未还，拟于京兆等路签军六千为援"。十月，对建都的战事取得成效，西蜀都元帅也速带儿与皇子奥鲁赤合兵攻下建都，擒酋长下济等四人。至元十一年（1274），"以忙古带等新旧军一万一千五百人戍建都，立建都宁远都护府，兼领互市监"[①]。次年，正式设立罗罗斯宣慰司，并以落兰为土长。至元十三年（1276）正月，以"不吉带所部戍军六百移戍建都，其兀儿秃，唐忽军前在建都者，并遣还翼"[②]。至元十四年（1277）正月，设建都、罗罗斯四路，以乌木等处为镇戍地，并设置官署。至元十五年（1278），亲王爱牙赤部队镇戍建都，元廷赐予军钞一千二百七十七锭。大德年间，平定宋隆济、蛇节起义后，元中央政府又调拨碉门的军队一千人镇守罗罗斯地区。

金齿：蒙古军队在大举攻缅期间，包括金齿土酋在内的"诸叛蛮据建都太公城以拒大军"。云南行省参知政事也罕的斤遣僧人前去招降，反为所害。也罕的斤"遂督其军水陆并进，击破之，建都、金齿等十二城皆降"。事后，至元二十年（1283）三月，以万户不都蛮镇守金齿。[③]次年十月，"增兵镇守金齿国，以其地民户刚狠，旧尝以汉军、新附军三千人戍守，今再调探马赤、蒙古军二千人，令药剌海率赴之"[④]。元成宗上台伊始，云南行省平章政事也先不花建言金齿叛服不常，乞调军。最终元中央政府又调军六千人镇抚金齿。

乌撒乌蒙地区：世祖、成宗时期，这个地区是没有戍军的。正如延祐初年云南省臣所言："乌蒙乃云南咽喉之地，别无屯戍军马"，但"其地广阔，土脉膏腴，皆有古昔屯田之迹"，乞立屯田。[⑤]于是，延祐三年（1316）冬十月，调四川军二千人、云南军三千人于乌蒙等处屯田，置总管万户府，秩正三品，设

---

① 《元史》卷八，第 153 页。
② 《元史》卷九，第 178 页。
③ 《元史》卷一百三十三，第 3227 页。
④ 《元史》卷九十九，第 2538 页。
⑤ 《元史》卷一百，第 2578 页。

官四员，隶云南。不过这些军队战斗力不强，于是云南省臣文如玉建议："乌蒙屯兵不利，宜州县犬牙制之势，分权削可无后虞。"其建议并未被采纳，结果文宗初年乌撒土官禄余作乱期间，"屯兵千人尽没"。

通过上文所述可以看出，元朝在云南省军事机构的设置上会因时、因地、因势而变，且不尽相同。但都是为了更好实现中央王朝的军事意图，使云南在国家政治一盘棋中的作用和影响发挥到极致，保持云南地区的稳定，震慑云南地区拥兵自守的土酋大姓以及动乱频繁的下层群众武装。

## 二、明代对云南的军事布防

明朝军队击败元朝在云南的残余力量后，沐英率所部留镇云南，为加强对云南的军事管理与边防，明朝在云南推行卫所军屯制度，开始了明朝对云南的政治统治和军事布防。

### （一）军屯的推行

在我国历史上，明代军屯推行范围最广，制度最完善，作用也最显著，这在云南尤为突出。[①] 明朝在平定云南的过程中便开始在云南部分地区屯田，在出动大军讨伐之前，往往先派部分军队前往屯田，以解决军粮的供应问题。洪武十九年（1386），明太祖正式"定云南屯田"，形成了"诸卫错布于州县，千屯遍列于原野"的局面。

有明一代，云南的卫所从洪武二十三年（1390）的十五卫一所，增加到以后的二十卫三御十八千户所（共一百三十三个千户所）、屯军则在万历（1573—1620）以前都保持在六万人以上。分布范围除丽江府（约今丽江地区）、永宁府（约今云南中甸县、四川木里县）、镇沅府（约今镇沅县）、元江府（约今元江县、墨江县、宁洱县、普洱市、江城县）、广南府（约今广南县、富宁县）、乌蒙府（约今昭通地区）、东川府（今昆明市东川区）、芒部府（镇雄一带）及一

---

① 秦树才：《明代军屯与云南社会经济的发展》，载《昆明师范高等专科学校学报》，1989（3），第113页。

些边境御夷府州、土司地区外，其余府州县都有卫所分布。①

明代的云南府是一个多民族聚居的地区。在明朝以前，云南府的一些少数民族聚居地都是少数民族人口占绝对多数，可谓"汉少夷多"。由于明代大规模实行军屯，加上民屯和商屯的开展，这种局面发生了变化，不仅汉族人口大量增加，而且促使云南府辖区的民族关系出现新的变化，大大加速了民族融合的进程。② 明代军屯的建立和推行，不仅带来了数十万劳动力，也带来了先进的生产工具、生产技术，带动了云南各族人民生产力的进步和发展，巩固了云南的封建生产关系，从而实现了云南农业、手工业、矿冶业的大发展，进而又推动了云南商业的发展，使明代成为云南社会经济发展史上的一个重要的转折时期。③

明代的卫所制不但巩固了明政府对地方的统治，而且由于它是一种有组织、有计划的地区间的人口迁移，导致了生产力、生产关系的横向流动，推动了落后区域经济的发展。云南便是如此，史载云南军屯"其利最善，而视内地相倍徙也"④。

（二）八关的设立

云南古代边防八关，是明正统年间任云南巡抚的陈用宾为抵御外侵者和"威定边疆"，奏请在云南边境门户要道上（在今盈江、陇川、瑞丽）边境要塞设立的神护关、万仞关、巨石关、铜壁关、铁壁关、虎踞关、天马关、汉龙关八个关口。

万历时，陈用宾驻守云南，根据云南边地的严峻局势，认为"云南之有缅，犹西北之有虏，东南之有倭，其为中国患，旧矣。彼其挟封豕长蛇之势敢与我抗，小则蚕食诸夷，大则寇边。即先年麓川之役，王师百万，三劳而下，卒莫能

---

① 秦树才：《明代军屯与云南社会经济的发展》，载《昆明师范高等专科学校学报》，1989（3），第113页。
② 王相虎：《明代云南府军事防御体系研究》，2010年云南大学硕士学位论文，第45页。
③ 秦树才：《明代军屯与云南社会经济的发展》，载《昆明师范高等专科学校学报》，1989（3），第118~119页。
④ 秦树才：《明代军屯与云南社会经济的发展》，载《昆明师范高等专科学校学报》，1989（3），第118~119页。

大创”①。

陈用宾镇守云南期间，"设八关于腾冲，立蛮哈、陇把守备，拨兵戍守。募人至暹罗，约夹攻缅。筑堡于猛卯，名曰平麓城。开二十四屯田"②。云南这八个关址全在山上，据险而立，易守难攻。同时，各关口建有四五丈高的楼台和一些建筑物，如士兵的营房、水井等，便于守关的士兵常年防守。

可见，八关设置的目的一是抵御缅甸，二是大兴屯田，解决军队开支问题，云南"边事旁午，饷费不赀，即转输米石，运价至十金，而值不与焉，编氓鬻妻子，诸郡邑不支"③。对于八关设置的影响，徐霞客说过："大概'三宣'犹属关内，而'六慰'所属，俱置关外矣。遂分华、彝之界。"④方国瑜先生也认为："八关原非设于边界，自明季国势衰替，边事渐不堪问，以至永腾防边，仅守八关。"⑤八关是不得已的消极的防御措施，至此，"三宣以外诸土司，和明代朝廷的关系就较以前疏远了"⑥。

应该说，云南八关的设立对于明朝的军事国防建设也具有积极意义，在明朝后期的中缅战争中，云南八关发挥了极其重要的作用，对后来中国西南版图的确立也产生了深刻影响。

（三）土司辖区及其布防

云南地区民族众多，社会经济发展也不平衡。明初，明太祖平定云南后，为了有效的管理地方，遂承袭元制，在边地民族地区广立土司。洪武初，"西南夷来归者，即用原官授之。其土官衔号宣慰司，曰宣抚司，曰招讨司，曰安抚司，曰长官司。以劳绩之多寡，分尊卑之等差，而府州县之名亦往往有之"。

① （明）刘文征撰，古永继点校：（天启）《滇志》卷二十二，《艺文志第十一》，佚名，《罢采宝井疏》，云南教育出版社，1991，第748页。

② （清）屠述濂纂修：《腾越州志》卷八，《陈用宾传》，光绪二十三年重刊本，成文出版社，1967，第93页。

③ （明）包见捷：《缅甸始末》，见（明）刘文征撰，古永继点校：（天启）《滇志》卷三十，《羁縻志》，第93页。

④ （明）徐弘祖著，朱惠荣校注：《徐霞客游记校注》，云南人民出版社，1999，第1061~1062页。

⑤ 方国瑜主编，徐文德、木芹纂录校订：《云南史料丛刊》第四卷，第657页。

⑥ 江应樑：《傣族史》，四川民族出版社，1983，第382页。

明代土司制度的兴盛对云南的发展益处颇多。据统计，明王朝设置土官进行管辖的云南府地方有安宁州、晋宁州、昆明县、宜良县、罗次县、禄丰县、易门县这几个区域，最终形成一土都指挥金事、一土知州、一土知县、一土县丞、七土巡检、一土驿丞的格局。[①]

在前朝招抚经营的基础上，明朝初期借其声威，积极招抚晓谕云南边区各族。洪武六年（1373），明太祖听说缅甸"尝通贡于元，因遣俨与、程斗南、张祎、钱允恭，赍诏往使"，进行招徕活动。[②]洪武十五年（1382），明朝平定云南后，便沿袭元制，设云远、木邦等府统治这些地区。洪武二十一年（1388），明朝设置了八百宣慰司，拉开了在边区设置土司的序幕。洪武二十一年始，明王朝先后在今云南边境以外的缅甸大部以及泰国、老挝北部设置了 11 个宣慰司、1 个宣抚司、1 个安抚司、6 个长官司、1 个土府。这些边区土司的设立将相关地区纳入了明朝的统治范围，稳固了中国的西南边疆，根据当时各司的影响力来看，可具体为 6 个司[③]，分别是孟养、木邦、缅甸、八百大甸、车里、老挝 6 个军民宣慰司。

云南土司制度及其边防对稳定南疆和对少数民族地区的统治，在设置的历史条件、制度内涵、实施管理方面，均与内地土司存在着不少差异，起了一定积极作用，对稳定边疆、巩固国防、维护国家领土与主权有重大意义，同时，对周边地区也是一种治理。但随着土司制度的发展，弊端也不断凸显。土司势力坐大，割据地方，仇杀、内讧时有发生，这也是后来改土归流推行的重要原因之一。

① 梁新伟：《明清时期云南府土司研究》，云南大学 2015 年硕士学位论文，第 17 页。
② （明）沈德符：《万历野获编补遗》卷四，《缅甸盛衰始末》；（明）刘文征纂、古永继校点：天启《滇志》卷三十《缅甸始末》；《明史》卷三百十四，《云南土司传·麓川列传》；《清朝续文献通考》卷二百四十三，《四裔考》"缅甸"条。
③ 《明史》卷三百十四，《云南土司传》。

### 三、清代云南的军事布防

清朝对云南的军事布防的强弱由中央王朝的实力和云南在国家治理中区位价值的体现而不断发生变化。

#### （一）云南土司军事布防

云南的土司制度在明嘉靖时期开始崩溃，但其体制比较完善。清初，土司制度在云南少数民族地区和边区一直被沿袭下来。

随着清朝实力的不断增强和云南各土司之间的纷争越来越多，清朝雍正年间，开始了大规模和比较彻底的改土归流，将世袭的土司改为由朝廷任免的流官。为了推行改土归流政策，清朝针对不服改流的土司发动多次战争，因此清朝时期云南军事布防体制与云南改土归流是密不可分的。

清朝云南土司的军事布防方面，主要表现在明清交替时期，八百地区被缅甸占领，但不能进行有效的控制所带来的军事布防，八百酋长曾依附暹罗，反抗缅甸的统治。清初，由于缅甸雍籍牙王朝纵容孟艮土司侵扰云南车里，清朝派兵反击。乾隆三十一年（1766），清军进入孟艮，孟艮掸族土司投向清朝，八百傣族土司主动归附。清朝在原八百土司区设置了整卖（今清迈）宣抚司、景线（今昌盛）宣抚司、六本（今南奔）土守备、景海（今清莱）土守备四个土司，归云南管辖。《清朝文献通考》对这四个土司的方位、范围、设置时间、土司姓名等，有明确的记载：整卖宣抚司"在孟艮土司西南境外，旧名景迈，即八百媳妇国，本朝乾隆三十一年，其头目召斋纳提举众内附，授宣抚司职"。景线宣抚司"亦古八百媳妇

图4-1：清代云南提督总兵官印，云南省博物馆藏，为清代咸丰云南提督总兵官印。云南提督总兵官节制滇省镇、协、营、汛各级绿营兵。（周智生　摄）

地，明嘉靖间，八百国为缅所侵，其酋避居景线，名小八百，其所属有十勐，地周一千八百余里，本朝乾隆三十一年，其头目呐赛举众内附，授宣抚司职"。"六本守备"即是"六本土司，本整卖之地，以地方辽阔，自分为一部，本朝乾隆三十一年，其头目召勐斋举众内附，授土守备职"。"景海土守备"即是"景海土司，亦在孟艮土司西南境外，本朝乾隆三十一年，其头目召猛彪举众内附，授土守备职"[①]。

随着清朝改土归流政策体制的全面深化，土司制度的逐步瓦解，清朝云南土司的军事布防也基本宣告结束。

### （二）云南绿营兵制的设立及布防

顺治元年（1644）清军入关以后，清朝中央政府为了弥补八旗兵力的不足，加强在全国的统治，遂招降明军，招募汉人，组建军队，以绿旗为标志，以营为建制单位，故称绿营兵，是清军正规军的重要组成部分。绿营完全由汉人充役，以步兵为主，也有部分骑兵和水军。嘉庆时有绿营兵六十六万人。

云南是清代绿营兵分布最多、最集中的省份之一。清朝为巩固西南边疆，非常注意云南绿营兵的布设。[②]顺治十六年（1659），清军在平定云南的过程中，经略湖广、广东、广西、云南、贵州等处地方总督军务的洪承畴便提出："幅员辽阔，非腹里地方可比，请敕议政王、贝勒、大臣密议，三路大兵作何分留驻守？"兵部讨论后认为"留拨大帅官兵镇守滇南，事关重大，请旨定夺"。几经商议，最后顺治帝决定于三藩内留"平西王驻镇云南"，统率驻滇藩兵及绿营兵。[③]后来，虽有吴三桂反清作乱，但清朝关注云南绿营兵营制以加强对西南边疆统治的思想一直沿袭不辍。如平定三藩之乱后，云贵总督蔡毓荣认为滇省东接东川，南达安南，四围边险而中间百蛮错处，种类繁多，最为叵测，故无在非险要之地，无地不需控御之兵，从而在云南绿营兵的布设上处心积虑，量地设防，从长布置，欲使绿营兵无事分扼要害，有事犄角相援，实现西南边疆

---

① 何耀华、夏光辅主编:《云南通史》第四卷，第 397 页。
② 秦树才:《绿营兵与清代的西南边疆》，载《中国边疆史地研究》，2004（2），第 22 页。
③《清世宗实录》卷一百二十四，"顺治十六年三月甲寅"条。

的经久而无患。

直到同治十二年（1873），云南巡抚岑毓英仍把已溃散不堪的云南绿营兵的整顿当作镇压杜文秀起义后治滇之首要任务，"臣查善后之要，首在遣散兵勇，招抚流亡，整顿绿营，清查吏治"[①]。由于有这样的认识，清朝在云南配置的绿营兵额颇高。从王庆云《石渠余记·列朝直省兵额表》看，云南的绿营兵额保持在全国第四至五的位置，若考虑到位居其前的陕甘（包括今两省之地），以及广东、福建、浙江则系绿营兵额复加水军兵丁之数等情况，云南一省绿营兵额实居全国前列。[②]因各级政府的重视，云南绿营兵在维持社会稳定、巩固西南边疆方面起到了较大作用。

云南的绿营兵始建于顺治十六年（1659），康熙元年（1662）其制始备。后历经康熙初年的裁减，康熙二十年（1681）吴三桂叛乱平息后的重建，雍正年间（1723—1735）随改土归流及迪庆归滇而向昭通、东川、普洱等府，维西、中甸等厅州的调派扩散，至乾隆三十五年（1770）根据中缅冲突后边防形势的变化，清政府又将云南内地绿营兵力进一步向滇西南的腾越一带调拨驻扎，绿营兵营制和分布遂步入其稳定发展阶段。乾隆末期，绿营兵自身纪律涣散、训练不实、战斗力低下等弊逐渐显露出来。嘉庆（1796—1820）初年，川楚白莲教起义后，全国经济衰退，军费供给日艰，加剧了绿营兵的衰亡。咸丰（1851—1861）、同治（1862—1874）年间，云南以杜文秀为首的各族人民反清大起义不但沉重打击了清王朝在云南的统治，加剧了云南经济的衰退，动摇了云南绿营兵的存在的根基，而且还直接瓦解了云南的绿营兵。战后，云南绿营兵屡兴屡裁，制度频繁更替，兵丁逐渐减少，终与清王朝一道走向灭亡。[③]

因绿营兵军事调动带来的移动性和"兵皆土著"原则决定的绿营兵丁及其家属的相对稳定性的有机结合，大量绿营军士从外省进入云南，并从云南腹里向边地驻守。这就使得大量的移民进入云南，并向边远地区移居，这不仅对云

---

① 方国瑜主编：《云南史料丛刊》第九卷，第 339 页。
② 秦树才：《绿营兵与清代的西南边疆》，载《中国边疆史地研究》，2004（2），第 22~23 页。
③ 秦树才：《清代云南绿营兵研究——以汛塘为中心》，2002 年云南大学博士学位论文，第 161 页。

南边地的稳定起了重要作用，而且推动了中原文化与云南文化的交融，促进了云南的开发与发展。

（三）关哨汛塘等制度的推行及防控①

"清代初年，云南各族劳动人民大规模地开发山区。康熙朝平定吴三桂的分裂割据势力，并消灭拥兵自雄的大土司武装后，进一步筹划在边远地区和险要山区广设军事据点，加强控制。这些军事据点分为汛、塘、关、哨、卡，统称汛塘。"②清代的绿营兵制将明代镇戍制下汛的概念加以发展，形成了汛塘制度。

云南是一个边疆省份，清政府既设云南绿营兵，必进一步设置汛塘控制各地，稳定边疆；云南又是多民族省份，清政府必将通过设置汛塘来有效控制云南各族交往。③

明代中后期云南镇戍制下形成的汛地，以及在各交通要冲广泛设置的哨戍，或在名称上，或在功能上，已初步显现出清代绿营兵制下汛塘的端倪，为清代汛塘制在云南的发展打下了基础。④与明代相比，清代的关哨汛塘出现以下特点：首先，将因边防形势变化而频频变更的汛地固定下来，成为相对稳定的绿营兵常年驻守之地；其次，明代从一镇之总兵到副将、参将、游击、守备等营级官员的防区都可称为汛地，清代则限定为从营协分拨出来的由千总、把总、外委等低级官弁率领部分绿营兵丁驻防的汛地，并在汛地下设塘，使汛成为一个固定的驻防等级；再次，将明代散乱的汛地发展为一个汛与汛相连、汛与塘相制的严密统治网。⑤随着绿营兵制的建立，汛塘制度也随之建立起来。顺治十六年（1659），云南始建绿营兵制，为有效控制云南各族人民，保证在当时夷汉聚居的情况下各族人民的和平相处，清政府在建立绿营之初便将其分汛设塘，"本朝兵威无外……于恢疆靖逆之日分设诸镇以守要冲……更在汛防将弁

---

① 秦树才：《论清初云南汛塘制度的形成及特点》，载《云南社会科学》，2004（1）。
② 方国瑜、缪鸾和：《清代云南各族劳动人民对山区的开发》，载《思想战线》，1976（1），第70页。
③ 秦树才：《论清初云南汛塘制度的形成及特点》，载《云南社会科学》，2004（1），第98页。
④ 秦树才：《论清初云南汛塘制度的形成及特点》，载《云南社会科学》，2004（1），第97页。
⑤ 秦树才：《论清初云南汛塘制度的形成及特点》，载《云南社会科学》，2004（1），第97页。

简阅精严，俾无虚糜。"说明绿营兵在"恢疆靖逆"平定云南之时即已分汛设塘了。①

"道光《云南通志》卷四十三详载汛、塘、关、哨、卡名目，全省总计三千五百多处。其《总叙》说：'设立哨塘，分置兵役，星罗棋布，立法至为周详。'在'腹里'地区，如云南府、曲靖府、澂江府、临安府、楚雄府、大理府、原鹤庆府、姚安府等明代广设卫所的地区，所属州县清代只设一汛驻城内，分设塘哨于山区；至于明代未设卫所的边远各府，清代设置的汛塘就很多。例如雍正七年改土归流的普洱府，领有一县三厅，共设十六汛、八十三塘、十五哨；雍正元年改土归流的丽江府，所属丽江县，设有十八汛、七十一塘、二十五哨；中甸、维西两厅共设八汛、六十六塘；清初设流的开化府，有十二汛、七十一塘、三十二卡，广南府有二十一汛、七十七塘、六十一卡。"②

关哨汛塘等制度的推行及防控不但使清政府实现了对云南的有效控制，也使绿营兵建立起了与地方社会广泛而密切的联系，从而对云南政治、经济、文化产生了重大而深远的影响。绿营兵通过存城防守与汛塘分防，实现了清王朝对云南从城市到乡村、从内地到边疆、从平坝到山区的最为广泛的控制，尤其是对边疆和山区的管控，是清代多民族统一国家发展巩固的一个重要内容。③

## 第二节　元明清时期的军事防守与边疆经营

西南地区，自古以来未构成对中原王朝的威胁，汉晋以来多实行羁縻政策。元朝开始实行土司制度，这种特殊的统治形式虽比羁縻之法前进了一步，但土

---

① 李玉军：《试论汛塘制度与清初云南经济的发展》，载《文山师范高等专科学校学报》，2008（1），第35页。
② 方国瑜、缪鸾和：《清代云南各族劳动人民对山区的开发》，载《思想战线》，1976（1），第70页。
③ 秦树才：《清代云南绿营兵研究——以汛塘为中心》，2002年云南大学博士学位论文，第162页。

司具有相对的独立性，因而叛服无常。明朝已开始改土归流，但对多数地区仍实行"或土或流，皆因其俗"的管理办法。清朝从雍正开始大规模地改土归流，实质上是推行地方行政机构的划减政策，因而在改流后广泛地设汛驻军，建造衙署，编制保甲，稽查户口，清理钱粮，兴办学校，修筑道路，发展经济，使西南民族地区在政治、经济、文化诸方面迅速向汉族地区接近，中央政府对西南民族地区也如同内地一样实行有效的管理。历代统治者对西南边疆地区的守备、经营与开发经历了一个由浅至深的长期过程，换言之，历代中央王朝对西南边疆地区的经营具有鲜明的时代性和显著的阶段性及继承性。[①]

## 一、元代的军事防守与边疆经营

元朝的军事戍防，大体可分为中央宿卫制和地方镇戍制两大类。在西南边疆地区实行宗王出镇制，加强对边疆地区的经营与治理。

蒙哥汗时期，忽必烈率大军灭大理之后，留大将兀良合台于云南，这是蒙元于云南驻军的开始。忽必烈取得汗位之后，又派出诸王到云南镇守。在灭宋战争结束伊始，至元十五年（1278）开始了对云南的全面占领和统治，"云南境土旷远，未降者多，签军万人进讨"[②]。同年"云南旧屯驻蒙古军甚少，逐取渐长成丁怯困都等军，以备出征……已签爨、僰人一万为军，续取新降落落、和泥等人，亦令充军"[③]。在经营云南同时，元朝统治者继续对邻境的缅甸、越南等国接连用兵。一时，云南地区镇戍压力陡增，元朝想尽各种办法充实云南的防卫。亡宋兵力不少被调往云南，"朝命征缅，行省尽发嘉定呼号军戍云南"[④]。

元朝出镇云南地区的宗王不限于一支，在60余年间，出镇宗王在云南王忽哥赤、梁王甘麻剌、西平王奥鲁王三系间曾更迭近十次。其间一度出现九王分

---

① 杨永福：《明、清西南边疆治理思想之比较》，载《广西社会科学》，2007（2），第95页。

② 《元史》卷十《世祖本纪七》，第199页。

③ 《元史》卷九十八《兵志一》，第2517页。

④ （清）李荣和修：《永济县志》卷十七，《裴参政神道碑》，刻本出版年不详。

镇的局面。但出镇云南者主要在云南王与梁王两系间更替。至元五年（1268），忽必烈封第六子忽哥赤为云南王，出镇哈刺章地区。当时云南尚未设行省，军政事务由都元帅府主持。云南王出镇滇地，成为当地最高军政长官，不久忽哥赤被毒死。事后，元廷诛罪犯，设立行省，重新抚治云南。至元十七年（1280）二月，忽哥赤之子也先帖木儿袭云南王。元廷敕云南行省，军事不议于云南王者勿行。然而云南王不谙军事，征缅大败，于是忽必烈又于至元二十七年（1290）冬封皇孙甘麻刺为梁王，出镇云南。此后，云南出镇宗王随各自与朝廷亲疏向背而更替。①

元朝在云南军事机构的设置上会因时、因地而变且不尽相同，但目的都是更好地实现中央朝廷的军事意图，保持云南及西南地区边疆的稳定和繁荣，震慑西南地区拥兵自守的土酋大姓以及动乱频仍的下层群众武装。

## 二、明代的军事防守与边疆经营

洪武十五年（1382），明军平定云南，开始对云南边地进行军事防守和经营。

明朝与元代对外扩张的思想和做法不同，明朝统治者形成了相对保守的"守备为本"的思想，"对西南边疆地区，明代统治者的基本原则是守境为安以免西南之忧"②，对边疆少数民族采取的"刚柔兼施""以夷制夷"的羁縻政策，利用各族各部之间的矛盾，分别对待，使其互相制约，既省事又省力，又能达到统治或控制边疆民族地区的目的。当然，各阶段具体的军事防守和边疆经营也跟当时统治者的思想有极大关系。有研究指出，元朝统治者的政治思想大致经历了三个阶段：一是大蒙古国时期基本上沿用蒙古民族原有的统治经验，对所征服地区进行残暴统治；二是自入驻汉地到元朝建立，忽必烈接受"用夷变夷"的建议，在政治制度和政策上注重灵活多变，因地制宜，统治中加以"仁"

① 毕奥南：《元朝的军事戍防体系与版图维系》，载《中国边疆史地研究》，2002（2），第 43 页。
② 杨永福：《明、清西南边疆治理思想之比较》，载《广西社会科学》，2007（2），第 96 页。

图 4-2：明代云南都指挥使司夜巡牌，云南　　　图 4-3：明代云南六凉卫指挥使司夜巡牌，
省博物馆藏。（周智生　摄）　　　　　　　　　云南省博物馆藏。（周智生　摄）

的成分；三是仁宗时期元统治者力主以儒术治国。[①]

　　明太祖曾说"帝王创业之际，用武以安天下；守成之时，讲武以威天下"，"御边之道，固当示以威武，尤必守以持重"，可见，从明太祖朱元璋开始，在疆域领土上始终继承的都是"守备为本"的思想。为平定和统一云南，朱元璋"制定了快速集结、强力征讨、少量留镇、分兵散守、主力撤回的战略，并打算在云南平定以后，只将征南大军中的少量兵力留镇于云南重要战略要地，主力则全部撤回内地"[②]。然而鉴于云南特殊的地理环境、民族情况及初平定后的各方势力的威胁，明太祖"果断调整了治滇方略，命其养子、征南右副将军沐英率部分征南军主力留镇云南，于洪武十五年（1382）二月，'置云南都指挥使司，命前军都督金事谢熊戈、预左军都督金事冯诚署司事。命都督府遴选致仕武官五十七员往守云南诸城'[③]。采取'大军屯聚'于重要战略城镇、交通干线，实施重臣镇守、留屯大军、移民实边的特殊措施"[④]，在边疆民族地区广泛设立

① 周芳：《元代云南政区设置及相关行政管理研究》，中国社会科学出版社，2009，第13页。
② 陆韧：《元明时期的西南边疆与边疆军政管控》，第80页。
③《明太祖实录》卷一百四十二，"洪武十五年二月癸丑"条。
④ 陆韧：《元明时期的西南边疆与边疆军政管控》，第80页。

了卫所，推行其卫所制度。自此拉开了明朝对云南的军事移民的序幕，并先后进行了四次颇具规模的军事移民。

与此同时，在平定云南边疆民族地区后，明朝完善和发展了元朝的土官、土司制度，在云南民族边地积极推行土司制度，在后期的统治中则一直贯彻这一制度，并在条件成熟的地方进行改土归流。

综上所述，在明朝的治边思想的指引下，明太祖对云南在内的西南少数民族地区非常重视，对云南边疆民族地区的民族治理政策也具有其倾斜性，并被以后的统治者所秉承，对云南经济社会的发展起到不可低估的作用。

### 三、清代的军事防守与边疆经营

清朝虽为少数民族所建立，但其完全继承了封建政权统治的传统。清统治者治边思想的核心仍是"守中治边""守在四夷"，也继承了明朝重视边疆地区治理与稳定的传统。[①] 在反对分裂势力和抵抗外来侵略，加强国家统一与边疆地区开发方面，清朝做出了重要贡献。

南明政权覆灭后，"三藩"逐渐坐大乃至成为清朝统治者的心病，这与清朝中央政府唯恐边疆动乱，宁授边将以重权的心态有极大关系。在"三藩"已成为国家重大隐患的情况下，不少廷臣仍以担心滇黔苗蛮造反，必驻重兵弹压为由反对撤藩，由此可见边疆稳定在清统治集团心目中的重要性。[②] 清政府对云南及整个西南边疆的政策是力争安定，期于无事。[③]

清前期对云南的管理与控制，主要是通过解决土司问题，亦即改土归流而达到目的的。清初，面对各地蜂起的抗清势力，清政府的全部精力要投入到武装镇压上，因而对土司问题无暇远顾，只能沿袭明制，凡表示投诚的土司一律予以承认，并准世袭。事实证明，出于稳定局势的形势需要，清政府对土司采

---

① 杨永福：《明、清西南边疆治理思想之比较》，载《广西社会科学》，2007（2），第96页。
② 方铁：《清朝治理云南边疆民族地区的思想及举措》，载《思想战线》，2001（1），第54页。
③ 李世愉：《清政府对云南的管理与控制》，载《中国边疆史地研究》，2000（4），第24页。

取的这种权宜之计，取得了明显成效，大批土司归顺清政府，保证了边疆地区的暂时安定，也使抗清势力孤立无援。总之，清初在云南地区保留土司，是当时特定环境决定的，相当一段时间内保持了边疆地区的稳定。

随着清朝政府实力的增强，统治者对边疆地区统治的要求更为强烈和土司制度的弊病更加突出，在康熙中期全国局势基本稳定之后，清政府改变了清初对西南边疆"宽容"的力争安定的策略，开始改土归流。从雍正四年至九年（1726—1731），清政府以武力征服，在云南、贵州、广西、四川等地进行了大规模的改土归流。其间，废除土司之多，新设流官之众，涉及地区和民族之广，都是以往任何时期无法相比的。这次改土归流给土司制度以沉重的打击。[①]

雍正朝在云南废除土司共计 18 家，其带来的结果是，土司所控制的地区大大缩减，土司势力膨胀的趋势从根本上得到了限制，从而使清政府控制了整个云南，实现了对西南边疆地区直接的、有效的统治。与此同时，为了巩固国防，清政府还把注意力放在临边的一些地方，注重控制边防重镇、战略要地，不仅在沿边地区设置府州县，派流官管辖，还在这里修建城池，设营驻兵。据《云南通志》卷十七统计，清朝复滇后，在云南所驻标兵、镇兵、协营兵共约 59000 人。不论是修城池还是派兵驻扎，都要花费大量国帑，而清政府不惜力量经营边疆地方，显然是为了国防的需要。由于清政府派兵、筑城，有效地控制了战略要地，国防力量大大加强。[②]

清廷以"守中治边""守在四夷"的传统思想指导治理边疆，在前期取得了较好的成效，而在后半期则遭遇了失败。在与西方列强交涉国界尖锐的斗争中，清廷仍死守"守中治边""恩泽徼外"一类的观点及做法，明显不合时宜，同时也成为步步妥协后退重要的思想根源。在处理与西南邻国的关系方面，清朝继承明朝的做法，封越南和缅甸为属国，与之保持宗藩领属的关系。清朝与老挝（南掌）和暹罗也建立过宗藩关系，双方之间主要是通过藩国入贡的形式，

---

① 李世愉：《清政府对云南的管理与控制》，载《中国边疆史地研究》，2000（4），第 25 页。
② 李世愉：《清政府对云南的管理与控制》，载《中国边疆史地研究》，2000（4），第 26 页。

来进行政治联系和经济文化方面的交往。在英法占领缅甸、老挝和越南后，这几个邻国与中国西南边疆的关系发生了重要变化。在此之前的数千年间，西南地区的边界在很长时期内处于有伸有缩的弹性状态，封建王朝则以"天朝"的姿态对西南徼外"施以恩泽"并接受其朝贡。英法占西南徼外诸国后开始染指中国西南边疆。经过复杂的谈判，清朝与英法控制下的缅甸、越南划定了边界，从此西南的徼外成为真正意义上的外国。

随后，英法继续通过缅甸、越南等国向中国西南边疆渗透。清朝迫于被列强瓜分的严重形势，将主要兵力先后布置在东南沿海和京师地区，对西南边疆出现的分裂危机已属力不从心而鞭长莫及。在这样的情况下，西方列强不断将其侵略殖民势力渗透到西南边疆，列强不断获得在滇的传教、通商、开矿、筑路等特权，划分其势力范围，西南边疆逐渐被西方列强蚕食殖民。

清政府对边疆地区的管理和控制比历代都要严格，其治边的总原则是"因地制宜""因俗而治"，即根据不同地区的不同情况，采取不同的治理办法。对云南则主要是通过解决土司问题而达到控制边疆地区的目的①，取得了明显成效。而后期，随着社会矛盾上升为民族矛盾，清政府的治边方略明显保守，致使对边疆的军事防守与经营力量明显弱化。

## 第三节　元明清时期云南军事布控的社会文化影响

云南是中国西南的门户，云南的稳定对西南边疆地区有着重要意义，因而我国历代统治者对云南的治理都很重视。由于历代的治边政策及采取的措施不同，因而效果也不尽相同。② 元、明、清被视为云南历史进程中最重要的三个

---

① 李世愉：《清政府对云南的管理与控制》，载《中国边疆史地研究》，2000（4），第22～23页。
② 李世愉：《清政府对云南的管理与控制》，载《中国边疆史地研究》，2000（4），第22页。

历史时期，在此阶段，汉族、蒙古族、满族等外来民族大量进入云南，与当地民族一起聚居，繁衍人口，云南"夷多汉少"的局面被打破，形成汉族人口占大多数的多民族融合格局。三个朝代分别对云南实施的一系列军事布控以及边疆经营政策，对当地社会各方面的发展产生了深刻影响。

## 一、元代对云南军事布控的社会影响

纵观元朝对云南的统治历史，应该说从最高统治者到封疆大吏，再到平民百姓，都做出了巨大而艰辛的努力。蒙古宪宗三年（1253），大理国被蒙古攻陷，宪宗七年（1257），云南全境平定，云南的小统一促进了此后全国的大统一。①总体上来说，在元朝对云南军事布控的统治下，云南在政治、经济、文化方面都取得了一定的成绩。

政治方面：政令得以统一，边疆得以稳定，各族人民和谐相处。蒙古灭大理国后，设置了云南行省，这是具有里程碑意义的事件，为后世奠定了治理云南的基础。② 至元十一年（1274），忽必烈派遣赛典赤到云南任行省平章政事，赛典赤到滇后注意处理好与宗王的关系，使得各项改革措施得以施行。当时云南军政不分，军人代政，政出多门，号令不行，赛典赤奏明忽必烈，把宣慰司和元帅府纳入行中书省管辖，云南政令得以统一。至元十三年（1276），赛典赤把云南万户府、千户所、百府所改为路、府、州、县。路设总管，府设知府，州设知州，县设县令或县尹，改变以军事管理行政的弊端。正式设立起云南行中书省，并把云南省的行政中心定为昆明。至此，昆明正式成为全省政治、经济、文化的中心，云南成为全国的 11 个行省之一。是年，赛典赤改昆明二千户为昆明县，改鄯阐万户为中庆路。

云南行省的设置意义重大，它在中央政府和地方府、州的中间增加了一个

---

① 成崇德：《18 世纪的中国与世界·边疆民族卷》，辽海出版社，1999，第 56 页。
② 吕文利：《论中国古代边疆治理中的"云南模式"》，载《云南师范大学学报》（哲学社会科学版），2014（4），第 33 页。

层级，使得中央政令上传下达，使得中央政府使用"臂指"更加灵活自如。另外，行省掌地方军政、司法刑狱，对地方上的官吏任用也起到很大作用。①赛典赤在滇期间，十分注意处理民族矛盾，化干戈为玉帛，各地土司纷纷归顺，全省各民族人民和睦相处的局面很快出现。

经济方面：兴修水利，经济快速发展。平定云南后，元朝统治者对云南的治理都认识到，要恢复和发展农业以巩固元朝在云南的统治。开始大力实施"减少赋税，招抚流亡人口，抚恤孤寡老人，兴办学校，倡导儒学，发展生产"的方针。一方面设立屯田区多处，垦田20万亩。元初，云南只能种植一些低级的粮食作物，在赛典赤的主持下引入中原地区的稻、桑、麻，同时引进先进技术，从而改善了人们的吃穿，同时发展畜牧业。另一方面大力兴修水利，修筑松华坝，疏通海口河，修浚金汁河、银汁河、马料河、宝象河、海源河、盘龙江，形成昆明地区的灌溉系统。再一方面，广设驿站，增进了云南与西南各省间的交通，对商业采取保护发展措施，采矿、冶金业、盐业已得到相当发展。

## 二、明代对云南军事布控的社会影响

明太祖朱元璋在推翻元朝统治后，展开收复云南的战争，于洪武十五年（1382）完成了对云南的统一。在统一的过程中，他在云南中心地区建立了一套军事防御体系，不仅加强了云南府军事控制，同时对云南地区政治、经济、文化的发展以及民族之间的融合产生了巨大的作用和深远的影响。

### （一）政治方面

全面巩固和加强明朝对云南地区的统治。为了巩固对云南的统治，明朝在云南地区派驻军队，设置军事防御系统，大规模开展卫所屯田。云南府军事防御体系的建立，各种军事设置广布各地，不仅使明朝中央政府的军事势力深入

---

① 吕文利：《论中国古代边疆治理中的"云南模式"》，载《云南师范大学学报》（哲学社会科学版），2014（4），第34页。

到各少数民族地区，而且促进明政府对少数民族地区的政治统治，改变了当地社会生产关系，削弱土司的统治和势力，加快了改土归流，维护了云南地区的安定发展，保卫了祖国的西南边疆。

（二）经济方面

全面促进云南地区的经济开发。明初，云南的社会经济发展水平还很低下，且极不平衡，随着明朝在云南地区修置军事设施，开展卫所屯田，"诸卫错布于州县，千屯遍列于原野"，不仅开垦了大量耕地，而且传入中原先进的生产技术，有力地推动了云南地区经济的发展。首先，农业有了很大的发展。其突出表现是大量的耕地被开垦出来。由于开展军屯，大量汉族卫军移居于此，荒地得到开垦。在开垦农田同时，农业生产技术也在不断地提高。随着明军的进入，中原先进的牛耕技术也逐步传入云南少数民族地区，"即夷人亦渐习牛耕"。其次，手工业也得到相应的发展，随着卫所屯田的开展，军民屯户在各地普遍树艺植桑，纺纱织布，推动了纺织业的发展。云南的许多府、州、县，"机杼之声夜闻"。制瓷业也在此时传入云南。万历时云南已开始征收"窑课"，说明瓷器生产已有一定的规模。此外，明代云南的矿产也开始大量开采，移民而来的军民及外逃军匹成为云南铁、铜、银以至玉石、大理石开采的主要技术力量。最后，商业也逐渐繁荣起来。随着农业、手工业的发展，商业日趋发展，在云南，迅速兴起一批商业城镇和集市，卫所驻地就成了当地的政治、经济中心，在一些卫所、屯堡和驿站，"夷汉不问远近，各负货聚场贸易"。万历《云南通志》曾记载说，"市肆，俗呼街子，日午而聚，日夕而罢，交易用贝，一枚曰庄，四庄曰手，四手曰苗，五苗曰索"，可见云南的商业发展水平取得了长足的进步。

（三）文化方面

全面推动了云南核心地区文化事业的发展。明代卫所设立及屯田的开展，有力地推动了云南核心地区及其周边地区文化教育的发展，使内地先进文化得到了广泛的传播。经过 200 多年的发展，整个云南边疆地区的文化事业有了长足的进步，出现了所谓"衣冠文物，济济乎与中土相埒"的景象。明代云南府军事防御体系对发展云南区地的文化作用，首先表现在卫学的设立上。明朝以前，云南地区的文化发展有限，这些卫学成为传播内地汉文化的重要阵地。从洪武二十七年（1394）至万历二年（1574）180 年时间里，云南各府共中进士161 人，其中出于卫所者 88 人，占总数的一半以上。以云南府为例，据康熙《云南通志》载，从洪武二十七年起，迄于明末最后一科崇祯十六年（1643）的癸未科，该府儒生共参加 38 科会试，有 50 人中进士，其中 34 人出于卫所，占所中进士总数的 68%。[①] 由此可见，卫学在发展云南边疆地区文化教育中发挥着不可替代的作用。云南府卫所学校和其他学校的兴起，对当地少数民族产生了很大的影响。

其次，军事防御体系的建立和卫所学校的开展，促使云南地区少数民族的风俗习惯发生了变化。由于军事防御系统建设需要大量开设军屯，以致大量汉族人民迁徙到云南偏远的少数民族地区，同少数民族人民共同生产、共同生活，少数民族受到汉族先进文化影响，从衣着服饰到生活习惯都逐步发生了变化。军屯的开展和卫学的兴起，使云南少数民族的风俗习惯逐渐汉化，不仅有许多人衣冠服饰、婚丧嫁娶之礼仪渐与汉人相同，而且还有许多人通晓汉文，习诗书，知礼义，表现出对汉文化的极大认同。

### 三、清代对云南军事布控及其在西南边疆发展中的作用 [②]

有清一代，朝廷通过绿营兵防守与汛塘分防完成对西南边疆地区的军事布控。清政府赋予了云南的绿营兵实现、巩固清王朝对西南边疆的统治的功能，绿营兵的布防与西南边疆的稳定是紧密联系在一起的。

首先，通过绿营兵的布控，清政府实现了对云南大局的掌控。顺治十六年（1659），清军由三路入滇，打败了抗清力量，控制了云南。在此过程中组建起来的云南绿营兵，兵额达 52000 名，是云南绿营兵发展史上兵额最重的时期。

---

① 覃远东：《明代西南边疆军屯的作用和影响》，载《中国边疆史地研究》，1992（1），第 41 页。
② 秦树才：《清代云南绿营兵研究——以汛塘为中心》，2002 年云南大学博士学位论文。

图 4-4：宣威可渡关关址

图 4-5：宣威可渡石桥

此时，云南绿营兵以控制云南大局、清剿散布于云南边境内外的抗清力量为主要目的。因此，平西王吴三桂所属援剿左右前后四镇、忠勇和义勇中前后左右共十营、督抚提三标、曲寻武沾镇、临元澂江镇、楚姚蒙景镇等云南绿营兵中的主要部分，集中分布于云南府、大理府、楚雄府、曲靖府、澂江府、临安府等云南传统腹心发达地区，在云南通往贵州、广西等内地省份的交通要冲罗平州也布设了广罗镇，在云南经滇东北通四川的交通要地宣威、寻甸一带设寻沾营，以上所设兵丁多达 44990 名，占当时绿营兵总数的 87%，对于保证清政府对初步平定后的云南的控制起到了至关重要的作用。[1]

其次，通过绿营兵的布控，促进了云南农业的发展。虽然绿营兵是清政府借以统治地方、实现中央集权的一种工具和手段，本身属上层建筑中的一个重要部分，但是在客观上绿营兵又对各地社会经济的发展起到了积极的推动作用。[2]绿营兵于驻扎地安家居住，逐渐成为当地社会的一部分，融入当地农业生产活动中去。除了绿营兵丁以家庭为单位开垦田地从事农业生产外，绿营兵各营协也有一些公有田产。此外，绿营兵及其家属由外省移入云南，由云南经济文化较发达的腹里地区移向边疆和山区，移向少数民族分布区，带来了农作品种、农业生产工具、生产技术的交流和发展，促进云南农作水平，尤其是各少数民族农业发展水平的进步。

再次，绿营兵的布控，促进了手工业、矿业的发展。从全国情况看，绿营兵"别营他业以自给"，从事其他手工业生产活动以求自存的现象较为普遍。在云南，绿营兵丁开展手工业生产，并且，绿营兵及其家属又成为云南手工业品销售的一大市场，促进云南手工业生产及商品经济的发展。由于绿营兵的军事需要，云南地方政府大规模进行矿产冶炼。矿产税课收入成为云南绿营兵饷的一大来源。绿营兵的布控，促进了云南商业的发展，对云南城镇的发展、繁荣起到了直接的促进作用。

---

[1]　秦树才:《清代云南绿营兵研究——以汛塘为中心》，2002 年云南大学博士学位论文，第 144~145 页。
[2]　秦树才:《清代云南绿营兵研究——以汛塘为中心》，2002 年云南大学博士学位论文，第 121 页。

总的来看，清朝对西南各省的统治更为深入，对云南的军事布控以及对西南边疆的发展都起到了积极的作用。

# 第四节　结　论

云南是祖国西南边疆的多民族省份，在中国古代，尤其是元朝之后，被列为行省，到清代，是为内地十八行省之一。这样的演变对地处边疆的云南而言，意义重大。于国家而言，云南占据非常重要的位置。云南地方历史的演变是国家整体历史的演变的一个缩影。

## 一、历史的跨越

1274—1366 年，元朝置行省于云南，将这一地区纳入中央集权的郡县体制体系，元朝也成为云南发展历史上的一个重要转折点。

云南行省建立后，在行政上实现了与内地的一致性，让云南直接在中央政府的领导控制下，云南与中央政府在政治上的关系取得了质的突破。而云南虽在行政设置上归入中央单一的行政体系下，但因其地理位置、民族成分和历史传统的特殊性，其在设置上仍有不同于内地的特殊性，表现在元中央王朝通过中央政府行政机构设置土官土司，同时也让流官进入少数民族边疆地区。

元代以前，因地处边疆，又是少数民族地区，同时地理环境恶劣、交通不便等，云南虽与内地联系不断紧密，但与内地相比，确实存在差异性。云南行省建立后，内地居民通过屯田、戍边、任职、充军、商贸等逐渐进入云南地区，带来了先进的生产技术和工具，同时还通过驿站和驿道的修建，更是加强了云南与内地经济文化的联系，缩小了云南与内地的差距，改变了云南的民族格局，出现了多民族融合的局面，为明清云南的发展奠定了基础，在一定程度上实现

图 4-6：云贵交界处的胜境关也称胜境关，位于云南富源，由黔入滇的重要关隘。（范建华　摄）

了云南历史上的跨越。

## 二、不断的巩固

明朝平定云南后，在政治上，一方面在条件成熟、经济较为发展的地方，设置与内地地区一样的行政建制；另一方面，完善土司制度，实施"军户""移民宽乡"等政策，这些举措为云南边疆民族地区社会秩序的恢复、政治上安定及随之而至的经济、文化、教育事业的发展奠定了基础。

值得一提的是，明朝对云南实施的移民政策创造出了"民族迁徙—打破民族地域界限—民族杂居—民族经济文化的交往—语言融合—生产生活方式的趋同化"的模式，是中国历史上民族融合、文化交融所必然经历的清晰的发展模式。明代围绕着包括军户、各类民户在内的汉民族迁入云南。各民族相互杂居、交融，汉民族先进的耕作技能不仅在汉族中得到继续传承与发展，对于增进族际间的交往也起着良好的桥梁作用，相互了解在加深，由民族间不理解、不信任而带来的民族隔阂逐渐被打破。

可以肯定的是，明朝对云南的统治及云南经济、社会、文化的发展贡献居功至伟。

## 三、巨大的进步

自顺治十五年（1658）始，清军自湖南攻入贵州和云南，清朝政府开始对云南实施统治，至1911年"重九起义"成功，清朝在云南的政权土崩瓦解，在清王朝对云南253年的统治期间，云南的经济社会取得了巨大的进步。

在清政府对云南253年的统治时间里，云南从一个半开发地区逐步发展成为西南边疆地区最重要的区域之一，这跟清朝中央政府采取的一系列措施有莫大的关系。在清朝中央政府的统治下，云南的社会经济得到了长足的发展，农业发展速度极快，粮食作物、经济作物以及农副产品的加工迅速跟进，云南的产业结构得到调整和优化。同时，随着农村集市的出现和商业城镇的发展，加快了城乡市场的联系和商品的流通。可以说，云南在清朝统治下，完成了一系列重大改革，为新中国的建立以及新中国建立后云南省的行政规划、区域经济发展奠定了良好的基础。

第五章

元明清时期云南的
民族文化

# 第一节　元明清云南民族文化

## 一、云南的汉族移民与移民文化

秦汉时期，中央王朝在云南推行郡县制，汉族人口开始迁入云南。[①] 蜀汉两晋以后，进入云南的汉族移民出现了"夷化"的趋势。南诏、大理国时期，内地汉族人口移迁云南总数不多。元朝在云南设置行省，大量的汉族移民迁入云南，汉族又经过明清的不断移入，逐渐在云南人口中占据多数。

### （一）元明清云南的汉族移民

1206 年，成吉思汗统一蒙古各部成为蒙古大汗后，开始向蒙古以外的地区扩张。从政治及地理条件来看，元朝统治者特别重视云南地区，将云南视为经营中南半岛地区的前沿。1253 年，忽必烈亲自率领军队平定云南，经过二十多年的军事统治，1274 年，忽必烈任用赛典赤·赡思丁为云南平章政事主政云南，着手建立行省，并将军事统治时期的万户府、千户所、百户所改设为路、府、州、县等行政机构。在这一过程中，行省以下的地方官员实行流、土之分，形成"土官制度"。此外，云南地处西南边陲，资源丰富，出于人文经济方面的考虑，行省官员大力兴修水利、推行屯田、设置驿传以及兴办儒学等，比较稳固地把云南统一起来，为明清时期向云南大规模移民创造了有利条件。

明朝时，朱元璋继承了汉族王朝"守在四夷"的治边理念，对西南边疆进

---

[①] 古永继：《秦汉时西南地区外来移民的迁徙特点及在边疆开发中的作用》，载《云南民族大学学报》（哲学社会科学版），2006（3）。

行积极的开拓与施治。① 在洪武初年，先后五次招降云南失败后，朱元璋决定武力攻取云南。云南平定后，政治上，明朝设置"三司"及其下属机构，与广泛分布的都司卫所互为表里，并利用广泛推行的土司制度，对当地进行严密统治，还在云南地区实施重臣驻守、留镇大军、移民实滇、开发生产等政策。由以上可知，明朝廷对云南进行大规模移民，其组织形式为军事编制，移民规模的宏大导致云南民族构成和社会经济发生了根本的变化。

清代，由于平定"三藩之乱"和改土归流等事件，云南人口锐减，土地荒芜，经济崩溃。面对这样的局势，主导清朝统治者治边思想的仍是"守中治边""守在四夷"的传统意识。② 云贵总督的设置、改土归流及汛塘制度的推行，为新的大规模的汉族移民的进入创造了条件。另外，矿业的开发、茶叶生产的兴盛、云南与东南亚贸易的增强，吸引了大量内地商人和劳动力进入云南，他们的进入带动了当地的经济发展，经济发展的同时为新一轮的移民提供了必要的经济基础。

从地理环境和自然条件上来看，云南地区境内高山河流纵横，资源丰富，其地宜居，其民宜养，为新迁入云南的汉族移民提供了丰厚优越的自然条件和生存资源。

（二）元明清时期的汉族移民文化

元明清时的云南地区，随着大量内地汉族移民的入迁，最终汉族成为云南的主体民族，汉文化成为云南的主导性文化。此时期，民族间的接触、交流也逐渐增多，从而导致当地少数民族在房屋建筑、生产工具、服饰、饮食和风俗习惯、宗教信仰、语言等物质文化及精神文化方面发生变迁，主要表现在以下几个方面：

1.汉字汉语在云南地区推行以及对当地辞赋的影响

元明清时由于大量汉族移民的涌入，其分布呈现出由中心城镇、交通干线

---

① 方铁主编：《西南通史》，中州古籍出版社，2003，第571页。

② 方铁：《清朝治理云南边疆民族地区的思想及举措》，载《思想战线》，2001（1）。

到广大坝区分布的特点，由此决定了其文化的发展也是不平衡的。虽然云南许多地区都通行汉语、汉文，但由于地区不同，云南汉语形成了不同的方言区。汉字、汉语普及的同时对当地的辞赋创作也产生了影响。

（1）汉字汉语在云南地区的推行

据史料记载，永昌府"其习尚与江宁相仿佛，是以号小南京，语言服食仪礼气习，大都仿佛江南"①。《滇略》载云南"土著者少，寄籍者多，衣冠礼法、言语习尚，大率类建业"②。从以上史料记载可知，云南地区当时的语言与南京地区相似，没有太大差别。从语言使用情况来看，汉族移民的进入对云南方言的影响十分明显，直到现在，云南大理以西及曲靖、陆良等地区的方言中还存古入声。③从现代方言上来看，直到现在云南方言仍带有十分明显的江南南京话特色，有的学者认为昆明方言到现在还与南京话有某些共同点。④

（2）对当地辞赋的影响

云南辞赋的发展主要是明清两代，辞赋的发展与汉族移民入滇有直接的联系。辞赋的内容亦很丰富。如明代，云南辞赋作家所作的辞赋关注面很广泛：有对政治的关注，如释法天的《征南赋》、禄洪的《战场赋》、肖崇业的《航海赋》；有对人民生活的歌颂，如杨一清的《味泉赋》、王廷表的《万象洞赋》；有对个人人生经历的感慨，如兰茂的《乐志赋》、向于宸的《忠赋》；也有对宗教的宣扬，如释法天的《法华经赋》。⑤清代在辞赋创作上更胜一筹，可见明清时云南大规模的移民改变了当地的民族结构，使汉文化在云南的发展得到进一步巩固。

2. 儒学教育在云南的兴起和传播

（1）元明清之前云南儒学教育情况

就云南而言，元代《故杨公孝先墓志铭》载，杨孝先的祖先杨蛮佑"累迁

---

① （清）刘毓珂等：光绪《永昌府志》卷八《风俗》，1936 年木刻。
② 方国瑜主编：《云南史料丛刊》第六卷，第 699 页。
③ 云南省地方志编纂委员会编：《云南省志》卷五十八《汉语方言志》，云南人民出版社，1989，第 3 页。
④ 鲍明炜：《南京方言的历史演变初探》，见江苏省语言学会主编：《语言研究集刊》（第一期），江苏教育出版社，1997，第 381 页。
⑤ 和丽娟：《明代云南辞赋对清代云南辞赋的影响和价值》，载《北方文学》（下旬刊），2014（3）。

崇文馆大学士，兼太傅、清平官"①。南诏时设立了专门教育子弟学习儒家经典的崇文馆，促进贵族子弟的道德人格培养。

（2）元代云南儒学教育情况

元代，赛典赤·赡思丁到云南任行省平章政事，在治理云南期间政绩卓著。诸葛元声《滇史》称其"设郡县，改置令、长，重婚姻、行媒妁，用棺椁，行祭奠，教播种，修陂池，建文庙，购经史，授学田，夷风巫变"。在兴办学校上，赛典赤积极带头捐钱，昆明创建孔庙的地皮是他"捐俸金"买的，其余费用由其部属捐出，1276年第一座孔庙落成。②随后赛典赤从陕西、四川等地邀请德才兼备的儒者当教师，购买大量孔孟之书作为授课教材。经过十几年的努力，云南的路、府、州、县大都建立了学校。"如在大理、永昌、丽江、鹤庆、楚雄、建水等地设立学庠，建盖孔庙，各地庙宇圣像一新。"③皇庆二年（1313）开科，昆明人王楫考中进士，这是云南有史可查的第一位进士。元朝时云南地区总共有六人考中进士。④这足以说明当时儒学在云南的传播取得了不错的成绩。

（3）明代云南儒学及书院教育情况

明代，太祖朱元璋即位后就下令大力建设学校，明朝在元代的基础上大力推广儒学，到处立孔庙、设学校、开科举，辅以佛教和道教。洪武十五年（1382），朱元璋平定云南后，次年颁布一份诏书至云南："府州县学校，宜加兴举。本处有司，选保民间儒士堪为师范者举充学官，使知礼义，以美风俗。"⑤推广传播儒学的重任就由沐英来做，据史料记载："筑城垣，设卫御，简官僚，抚酋土豪，兴学校，治水利，立屯田，定贡赋，均力役。……择民间俊秀及土官子弟，皆命入学肄业，使知礼义。"⑥诏书颁布后，当地在带领人民发展生产

---

① 杨世钰主编：《大理丛书·金石篇》（10），中国社会科学出版社，1993，第23页。

② 李清升：《赛典赤·赡思丁评传》，云南民族出版社，1998，第84页。

③ 马曜主编：《云南简史》，第87页。

④ 蔡寿福主编：《云南教育史》，云南教育出版社，2001年，第241~242页。

⑤ （明）张纮：《云南机务钞黄》，见李春龙主编：《正续云南备征志精选点校》（下编），云南民族出版社，2000，第190~191页。

⑥ （明）刘文征撰，古永继校点：《滇志》卷十，《官师志第七之一·总部宦贤》，第350页。

的同时，以儒家经典为教育内容，认真积极地开展教育事业。

明代云南儒学、书院的建设发展，由少到多，从无到有。据万历《云南通志》、天启《滇志》、《古今图书集成》等书有关于明代云南儒学的记载，可知明代云南共有六十六个府、卫、州、县先后建立了儒学。而最早的书院则创办于弘治年间，例如大理府城的苍山书院、浪穹县治的龙华书院、蒙化府城的明志书院、腾越州的秀峰书院等。相较元代、明代时的儒学教育无论在广度、质量等方面都有所提升。

祭孔是这一时期汉族移民进入云南传播儒学的另一个重要方式。自明朝起，云南昆明等地区每年都要举行隆重的祭孔大典。与中原一样，首先鸣礼炮三响，全副銮驾并文武乐队以及生员、舞佾等列队奏乐，然后恭请孔圣人先师像、天地同仁和四箴牌，由大成门正门迎请圣驾入庙登殿，最后全体人员行三鞠躬礼。在此期间，无论大人小孩儿都必须保持肃静。由此可见，当时云南地区的汉文化传入已进一步加深，在这个过程中，当地人也在不断认可和学习汉文化。

（4）清代云南儒学教育情况

在元明两代的基础上，又经过清代的发展，清政府在云南共设府州县书院有据可查的有 276 所。[①]自康熙初年义学始兴，于雍正元年正式批复在云南建立义学。明清时期，府、州、县的教学内容全是儒学经典及文史，据《皇朝文献通考》载为"'四书五经'《性理大全》《资治通鉴纲目》《大学衍义》《历代名臣奏议》《文章正宗》等书"，《大清会典》载为"《御纂经解理性》《诗》《古文辞》及校订'十三经''二十二史'等书"。[②]教育的发达与儒学的传播，促进了云南文化的繁荣。如少数民族在接受儒学教育之后甚至著书立说，生活在明嘉靖万历年间的白族学者艾自新、艾自修两兄弟，自幼苦读，艾自新著有《希圣录》《教家录》，艾自修著有《劝志十条》《家范四则》等。论著的兴盛从某种程度上也反映出儒学、学校、书院、义学等教育机构的完善，同时也说明云南境内的少数民族

---

① 蔡寿福主编：《云南教育史》，第 252 页。
② 李晓斌：《历史上云南文化交流现象研究》，民族出版社，2005，第 110 页。

已逐渐接受汉文化，中国古代以汉文化为中心的大一统思想不断深入人心。

3. 移民文化对云南风俗习惯的影响

伴随着内地汉族移民迁移至云南，汉族文化与当地文化相互交融，移民文化孕育而生。元明时期内地的汉族移民多沿交通沿线、城镇分布，及至清代则转向偏远地区。外地汉族移民进入云南地区之后，一方面保存了原来的风俗习惯；另一方面，外地汉文化的进入也促进了当地的文化发展。

由于当时云南社会政治经济发展极不平衡，导致文化的发展也不平衡。大理、永昌、建水、曲靖是当时发展较快的几个地区：

（1）元代时风俗情况

元代云南的风俗情况，许多地区的丧葬习俗发生了很大的变化。据史料载：元之前"云南俗无礼仪，男女往往自相配偶，亲死则火之，不为丧祭。无稻桑麻，子弟不知读书。赛典赤教之拜跪之节，婚姻行媒，死者为之棺悼奠祭，教民播种，为陂池以备水旱，创建孔子庙，明伦堂，购经史，授学田，由是文风稍兴"①。从史料中可知，随着移民的进入，经由赛典赤的一系列举措，汉文化在当地不断深入人心，被当地人们所接受，进而影响了云南大部分地区的丧葬习俗。

（2）明代时风俗情况

有明一代，是云南历史发展非常重要的一个时期。以"武功定天下，文教异化边人"是明太祖治国的政策。伴随着大规模的内地移民入迁之后，当时云南的政治、经济、文化在这一时期得到了根本性的发展，但是由于受到移民类型、移民分布、移民入迁地的开化程度等诸多因素的制约，云南各地区的发展极不平衡。

民俗方面：受汉族移民的影响，云南民俗与中原类似，但汉族文化与当地文化相交融，使民俗又具有本地特色。诸如每月戌日，在家祭祖；元旦、清明、端午、七夕、冬至，人们均作赤豆羹吃；婚不亲迎，丧则请僧忏悔，追荐为事，有棺悼坟茔封树之礼；正月初一、三月清明、七月中元、十月朔日、腊月末家

---

① 《元史》卷一百二十五《赛典赤·赡思丁传》。

家扫墓；元旦更桃符贺岁，上元观灯，清明插柳，四月八日浴佛，端午悬艾酌菖蒲酒，七夕乞巧，中元祭祀，中秋玩月，重阳登高，腊月二十四祀灶，除夕守岁饮酒、先少后老，"元夕，家家燃灯，亦月鱼龙走马之鳌山诸戏，然皆染纸为之，无他奇巧。市上结采为架，作松棚如小尾，燃炳灯其中，游人歌舞达旦"①。由上述材料可以看出，内地汉族移民进入云南后，同当地少数民族逐渐融合，在此过程中，当地少数民族吸收了汉移民的节日文化，并且将本民族的习俗逐步融入其中，加强了各地区各民族间的文化共性。一些本地风俗也对汉族移民产生影响。"三月三，耍西山"，这也是昆明的一个节日，每逢农历三月三，昆明居民除了在门上插莽菜花外，还要到西山游玩。"三月三，耍西山"其实是当地民族举行农业祭祀的一个活动。内地移民进入云南后受到少数民族的风俗影响而兴起的节日。不难看出，随着内地移民的迁入，为当地文化的多样性发展提供了契机，增进了彼此之间的认同感，为进一步的交流创造了不可或缺的条件。

婚俗方面：大量的汉族人口进入云南，给云南部分地区的婚俗带来重大变化，诸葛元声在《滇史》中说，洪武年间，安陆侯吴复在平滇中功勋显著，"复在镇宁州时，闻十二营长官司杨氏女之贤，礼聘娶之"。"而杨氏，为僰人也。"②又婚丧嫁娶日趋奢侈，如"婚礼亲迎于门，奠雁于庙"，婚姻论财，纳彩礼，"首饰炫金玉，筐筐耀绮罗"，其风"大半自士大夫始，而庶人效尤，近今靡然成俗。贫篓人不能其礼，以致内多怨女，外多旷夫"。③明朝时哨的设置使移民定居点不断向山区发展，定居点的范围在不断扩大，文化传播的范围也不断深入，由上述史料可知，受内地婚俗的影响，云南一部分地区的婚俗与内地逐渐趋于一致。

（3）清代时风俗情况

清承明制，基本上继承和发展了明朝统治云南的措施，一方面实行土司制

---

① 方国瑜主编：《云南史料丛刊》第六卷，第696页。
② （明）诸葛元声撰，刘亚朝点校：《滇史》卷十，德宏民族出版社，1994，第281、366页。
③ 方国瑜主编：《云南史料丛刊》卷十一，第253页。

度，另一方面在有条件的地方实行改土归流，这些措施均促进了儒学的传播，进而影响了当地人的生产方式、思想文化、风俗习惯等。改土归流仅仅在部分有条件的地方实行，所以就导致地方发展的不平衡性。实施改土归流的地区，儒学的传播也较深刻，当地的风俗习惯受汉文化的影响也比较深刻。如丽江地区婚俗习惯的变化：清代云南，特别是少数民族地区，婚俗基本上沿袭明代之习，婚姻自"改土归流"后也要求"从汉礼"，乾隆《丽江府志略》中就说当地民族的婚俗"今渐从汉礼"。[①] 而且，媒人往返于男女双方家，说合后则互报生辰八字，择定吉日良辰后，"先纳币，然后行亲迎礼，仪物丰俭一视其力。娶夕行合晋礼，三日庙见（即拜见公婆），弥月女子归宁"[②]。与元代相比，清代时当地的婚俗已经和汉人婚俗接近，首先是媒人说媒，互报生辰八字，选择良辰吉日，然后男方给女彩礼，要举行结婚仪式。

经过元明清三代的不断努力，以儒家思想为主导的汉文化对云南各民族的影响日见加深，与此同时，他们对中原王朝的认同感也在增强。儒学作为一种行之有效的纽带，将云南与中央王朝越来越紧地连接在一起，对多元一体的中华民族文化的形成发挥了重要的作用。

## 二、外来少数民族的移民文化与变迁

（一）元明清时期苗人、瑶人的文化变迁

1. 元明清时期苗人的迁徙情况及文化变迁

（1）苗人的迁徙[③]

人员众多、长距离、长时期不断频繁的迁徙，是整个苗族社会发展进程中最为显著的特点。

---

① （清）管学宣、万咸燕纂修：乾隆《丽江府志略》下卷《礼俗略·风俗》，丽江县县志编委会办公室1991年翻印，第207页。

② （清）陈燕等修，李景贤等纂：光绪《沾益州志》卷二《风俗》，清光绪十一年抄本影印。

③ 《苗族简史》编写组编写：《苗族简史》（修订本），民族出版社，2008，第15~24页。

南诏时不少"苗众"进而流入云南，成为南诏统治区域的少数民族之一。《蛮书》卷十也对此做了记载。元代，民族歧视与民族压迫较为严重，饱受苦难的各族人民频频反抗。持续的战争迫使苗人家破人亡、流离失所，部分迁移当地。据民国《邱北县志》载：该地"苗人二千余，明初由黔省迁入"①。这说明有很多苗民入滇是在明时。

"清康熙初年，吴三桂从川南征调3000苗兵讨水西，事平之后，其中一部就定居在大定府瓢儿井区的新龙、八普等六寨内，被后人称之为'六寨苗'。从广西征来'剿'水西的另一部分苗兵，事平之后定居修文、清镇、平坝、织金一带定居，人们称为'素苗'。原住普定、郎岱的许多苗人，在吴三桂'剿'水西时为避战乱而逃到云南文山地区。"②元明时期的苗民，为了逃避战争的屠戮而被迫迁入云南，有的甚至越出国境进入越南、老挝、泰国等东南亚国家。

清代改土归流时，以"伐山通道，穷搜窖宅"的办法对待黔南和黔东南苗人，幸存部分被迫"薙发而出佣内地"，部分被迫发配到各省充当奴隶，有的不愿受封建王朝的压迫而组织起来进行斗争。"乾嘉起义"失败后，灾区苗民不甘受此压迫，他们向黔南迁移，其中一部分经黔中南进入安顺，另一部分经兴义进入云南的文山地区。长期居无定所的苗人，无论迁徙到何处，都无法摆脱封建王朝和土司地主的剥削压迫。如滇东北地区的部分苗人，战乱后他们又迁往人少地荒的毕节、大方、黔西一带，但是由于土司、地主的沉重剥削，迫使他们不得不继续迁往偏僻的地区。清王朝加强了对西南少数民族的治理，清律规定："云南、贵州苗人，犯该徒、流、军遣，仍照旧例枷责完结。其情节较重，或再犯不悛，将本犯照例折枷后，仍同家口各就土流所辖一并迁徙安插。"③不难看出，在当时的历史背景下，苗族先民的迁徙是十分频繁的，但其总的趋势，先是由北而南，而后由东向西。正如许多地方志所载："苗人……即古之三苗，

① 徐孝喆等纂：《邱北县志》卷二，1926年石印本。
② 颜恩泉：《云南苗族传统文化的变迁》，云南人民出版社，1993，第11~12页。
③《钦定大清会典事例》卷七百四十一《刑部十九·名例律·徒流迁徙地方一》，方国瑜主编：《云南史料丛刊·第八卷》，云南大学出版社，2001，第303页。

自逐鹿战后渐次向南辟居以滇黔为最多。"[1] 民国《马关县志》也说："苗族，本三苗后裔，其先自湘窜黔，由黔入滇，其来久矣。"[2] 这些记载反映了苗族历史上迁徙的原因和大致的路线、方向。

（2）苗人文化变迁

入迁云南的苗人居地多处于崇山峻岭之中，交通闭塞，终年处于封闭落后的状态，很少与外界社会交流。

元时，在云南行省东南部的临安路（驻今通海县）边境（今文山壮族苗族自治州）的苗人，则唐朝时期以来就一直居住在这里。此时期，史载新入迁的苗人不多。他们大多保留原有的政治经济结构不变。散居云南的苗人在山区从事粗放的刀耕火种的农业生产，兼事狩猎，没有本民族的文字，只刻木以为书契。宗教信仰为原始的巫鬼教。[3]

明朝时期，苗人在云南的分布区域与元朝时期基本相同，多处于今文山壮族苗族自治州。由于有新的苗人迁入，因而又在元朝时期的基础上有所发展和扩大，滇东北等地也有了苗人的分布。此时期，由于明朝中央把大量的汉族人口以军屯和民屯的形式移入苗人聚居或散居的一些地方，加之原地的民族情况也很复杂，所以，各不同地区的苗人受到各种不同的影响，致使苗人中不同地区、不同部分之间，经济文化生活及习俗等既有共同之处，又有各自不同的地方性特点。散在云南境内的苗人，与贵州、广西境内的部分有共同处，也有地方性特点，且与之杂居的民族各处亦不相同。

清朝时期，《皇清职贡图》卷七载："苗人，相传为槃瓠之种，楚、粤、黔皆有之，其在滇省者，惟曲靖、东川、昭通等府花苗，随各属土流兼辖。"[4] 可见，随着清时苗人的大举入迁，云南苗人的分布已散及东部和东北部，并自滇东往

① 葛咏谷等采访：民国《郎岱县访稿》卷二《风土志·民族》，民国二十五年稿本，1966 年贵州省图书馆据安顺县图书馆藏稿本（编为八卷）复制油印本。

② 张自明修，王富臣等纂：民国《马关县志》卷二《风俗志·夷俗琐记·苗人》，1932 年石印本。

③ 尤中：《中华民族发展史》第 2 卷《辽宋金元代》，晨光出版社，2007，第 1215~1219 页。

④ （清）傅恒等撰，殷伟等点校：《皇清职贡图》卷七《曲靖等府苗人》，广陵书社，2008，第 469 页。

图 5-1：曲靖等府苗人

资料来源：《皇清职贡图》卷七，清乾隆十六至五十五年间彩绘绢本。

西散及大姚，滇东南的广南、开化两府并散及南部甚至越南北方等地。清时期，苗人受到统治压迫，居住偏塞，很少与外交流，仍保留着苗族独有的文化特色，如乾隆《东川府志》就载："有苗氏之遗，禹奉帝命徂征者也，至今其性犹善治田。东川在战国属楚地，故有苗人。所居树栅为墙，削树皮为壁，编叶为瓦，制度颇善。性懦而狡，善治田，为爨、僰服役。其男子青布帕首，青布长袴，跣足；妇人绣巾高顶，金银大珰，青布衣，桶裙。所食米，就地垒而炊。"①

2. 元明清时期瑶人的迁徙情况及文化变迁

（1）瑶人迁徙历史

据文献记载，瑶族最早的发祥地在黄河流域一带，到周朝时逐渐迁徙到长江中下游，并在闽（今福建）、浙（今浙江）、江淮（现安徽）一带生息繁衍，

---

① （清）方桂修，胡蔚纂：乾隆《东川府志》卷八《户口附种人》，乾隆刻本光绪重印。

后沿长江中上游西迁。到了秦汉时期逐渐聚居于湖南的湘江、沅江流域及洞庭湖沿岸地区，形成了以五溪、武陵等古长沙为中心的主要聚居区。后由于屡次与当地统治阶级发生利益冲突，受到统治阶级的多次镇压，继而大量南迁并逐渐进入广西、广东、江西等地。广东早期的瑶族即来源于此，也就是以往古书上所记载的"粤之瑶人出自武陵源"之说。但元代之前瑶人的迁徙不太频繁，史书记载的不是很多。

元时，瑶人开始形成大规模西移的趋势，湖南省境及湘桂粤三省交界地区虽仍为瑶人重要居地，然广西东部与部分西部地区，广东大部，贵州的八番、顺元、新添、思州等腹地以及云南南部也有瑶人分布。贵州自元代文献中始有瑶人记载，且深入到今贵阳、贵定等地。《元史》载：泰定元年（1324），"云南猛阿吾及歪闹为寇，行省督兵捕之"[1]。《蒙兀儿史记·昂霄传》载："延祐三年（1316），分成广南西道，从征叛瑶，斩其酋梁君正。"[2] 广南西道辖安宁（今富宁西南部）、罗佐（今广西田林西北）、上林（今广西田林东南）等五州，可知云南富宁在元代应已有瑶人居住。至此，瑶人在中国境内分布的大致格局基本形成。

明、清时瑶人分布的范围变动不大，向云南迁徙的趋势却加剧了。事实上，云南的瑶人多于明清时期由广西迁入，部分则由广东或贵州迁来。如民国《邱北县志》卷二载：瑶人"明初由邕黔交界迁入"[3]。清代开化府、广南府及邱北等地今均为云南文山州所辖，在明清时期或至少在清代是云南瑶人的主要居留地之一。文山州地处滇东南，紧邻桂、黔两省区，为瑶人迁入云南的必经之地，向西迁入红河州、思茅地区和西双版纳州的瑶人最先多曾留居这一地区，至今云南瑶族中的多数仍居于文山州。

瑶族迁入云南的路线有多条。如河口瑶族自治县的瑶族迁入路线大致有五条：一是从广西经文山到建水顺江河而下；二是从广西经文山直接进入；三是

---

① 《元史》卷二十九《泰定帝本纪一》。

② 屠寄撰：《蒙兀儿史记》卷九十四《昂霄传》，见方国瑜主编：《云南史料丛刊》第二卷，第 601 页。

③ 徐孝喆等纂：《邱北县志》卷二，1926 年石印本。

由广西进贵州抵蒙自后，过屏边入瑶山；四是从广西进越南再转入河口；五是由广东辗转迁来。从广西经文山的富宁、广南等地，继而向滇南移动，最后定居河口瑶山，是河口瑶族迁入的主线。云南瑶族经辗转迁移，最迟在清代中叶形成了今天大分散、小聚居的局面，成为云南少数民族中分布较广的一个民族。

因为瑶族对其他民族文化的包容和消化，进一步促进了自身传统文化的

图5-2：苗瑶斗牛图

稳固和发展。瑶族文化吸收其他民族文化的因素，并非生搬硬套，而是把借用的因素加以合理改造，与自己的相关传统因素相融合，从而使这些因素融入整个文化体系之中，成为自己传统文化的有机组成部分。

瑶人分布广，且都在山区。由于不同地区的生产、生活环境条件不同，直接接触的同一区域内的其他民族情况也不同等，所以分布在不同地区不同部分的瑶人中的政治、经济、文化生活既有共同之处又有地域性的差别。

元代，分布在云南山区的瑶人与其他地区相比仍然较落后，而且受所在地区的主体民族中的土官的统治。瑶人在文化生活习俗上，与湖广等地相似，《元一统志》卷十《湖广等处行中书省》说：瑶人"俗不知岁，惟用八月西日为腊"，婚姻习俗上，"每月中旬，年少女儿盛服吹笙，相召明月下，以相调弄，号曰夜泊以为娱。二更后，匹偶两两相携，随处即合，至晓则散。男儿以白布

为头布，女儿以布为衫"①。元朝时期云南的瑶人与其他地区一样，仍然没有本民族的文字，还使用着最原始的"刻木记事"。

明时期，因遗漏或瑶人一直处于迁徙状态之中，云南境内的瑶人不见于汉文记录，居住于云南的瑶人，其文化生活习俗应与元时相似，变化不大。②

清朝时期，瑶人的名称沿袭明朝时期未变。但由于原分布区域不同而产生不同的地域性文化生活特点，出现了一些不同的称呼。且长期的迁徙流动造成不同名称的瑶人的各个部分杂居，但其原有的文化生活却很少改变。在广南府，"瑶人，性犷悍，自谓盘瓠之后，自耕而食，少入城市，男女皆知书，多处深山，喜猎，善搏虎豹，衣服近汉人，长衫拖裙，婚用媒，死者骸骨不落地，火化收藏，不争讼，不喜淫；所居之处，不四五年即迁"③。开化府等地瑶人文化习俗与之相似。

### （二）元明清时期云南蒙古、满族的文化变迁

#### 1.元明清时期云南蒙古族的文化变迁

#### （1）蒙古族入迁云南的过程

蒙古族是从元以前的蒙古国时期开始进入云南地区的。蒙古宪宗三年（1253），忽必烈率蒙古大军兵分三路攻下大理城，结束了大理国的统治，这是历史上蒙古族首次大量进入云南地区。此后，随着蒙古族在云南统治地位的确立，越来越多的蒙古人以各种方式来到云南。明洪武十三年（1380），朱元璋下令征云南，30余万明军南下，当时驻云南的梁王巴匝剌瓦尔密无力抵抗，跳滇池自杀，元朝在云南的统治结束。蒙古族由原先的统治民族变为被统治民族。

元朝蒙古人进入云南的方式主要有：其一，征战戍守。《元史》载，云南八番等地，"虽非屯田之所，而以为蛮夷腹心之地，则又因制兵屯旅以控扼之"④。其二，分封藩镇。元朝建立后，忽必烈先后封自己的儿子为王，各自镇

---

① （元）李兰肹等撰，赵万里校辑：《元一统志》卷十《湖广等处行中书省·藤州·风俗形势》，中华书局，1966，第760页。

② 尤中：《中国西南的古代民族》，云南人民出版社，1980，第477~478页。

③ 方国瑜主编：《云南史料丛刊》第十三卷，云南大学出版社，2001，第284页。

④ 《元史》卷一百《兵志三》。

守一方，如封忽哥赤为云南王，镇守云南。其三，为官出仕。蒙古军每征服一地，总要派出达鲁花赤进行"监治"。至元二年（1265），元朝规定："以蒙古人充各路达鲁花赤，汉人充总管，回族人充同知，永为定制。"[①] 其四，遇难流离。忽必烈统治后期，蒙古草原天灾不断，很多蒙古人南迁避难。其五，谪居。

明清时期亦有大量的蒙古族进入云南。明时，朱元璋派 30 万大军于 1381 年征云南，有降于明的蒙古人也一同随军至滇。清代，满、蒙联姻，因而，清时当有部分蒙古人随清军入迁云南定居。

（2）云南蒙古族的文化变迁

在历史发展的长河中，入迁云南的蒙古族也随着社会环境的变化发生了一系列变迁。一方面是蒙古族人口大量融入汉族等其他兄弟民族中；另一方面，也有部分其他民族融入蒙古族中。如文山州一部分数百年与伙、余、旃姓通婚的汉、壮、瑶等民族就融入了当地蒙古族中。就连源于西夏国的朵姓，由于该国被成吉思汗率蒙古大军所灭，其先辈数人在元朝为宦，长期与蒙古族交往，元、明以来，朵姓中的一部分已融入蒙古族中。[②] 具体来说，元明清时期入迁云南的蒙古族大致发生了以下文化变迁。

生产方式的变迁：蒙古人进入云南后主要聚居在玉溪通海县，他们迁入之后，无论是自己还是当地的人们都或多或少发生了变化。由于无田地、无生产资料，当地的自然条件决定了他们赖以生存的经济活动主要是从事渔业。为了生存，他们学会了划船捕鱼，常年漂泊于杞麓湖上。云南蒙古人不论男女都会划船，都有较好的水性。迫于生活，他们白天捕鱼，晚上在湖边搭的草棚中过夜。故现在海东村、镇海附近有"渔夫堆""渔夫坟"，就是过去蒙古族人民在此生活寄宿及埋葬死者的历史痕迹。

建筑行业的变迁：蒙古人在北方原本是"居毡帐，逐水草"，在由游牧文

---

① 《元史》卷六《世祖本纪三》。

② 据清乾隆时修撰的《朵氏宗谱》记载，朵姓源于西夏，西夏国也是由党项、汉、回鹘、吐蕃、塔塔尔等民族组成。民国复光南：《元代云南史地丛考·元史滇官之列传》中近人李思纯将朵氏归为色目人。现朵氏子孙一部分为蒙古族。

化转为定居农耕文化的过
程中，入迁云南的蒙古人
为了适应生存求得发展，
根据社会的需要，跟其他
兄弟民族学会了房屋建筑
技术，并自己努力钻研，
提高了水平，他们成了滇
南一带建筑技术水平较高
的木、泥、石建筑工匠，
通海县的兴蒙蒙古族乡也
被称为"建筑之乡"。当

图 5-3：云南通海蒙古族的"那达慕"
资料来源：杨德聪主编：《图说云南历史文化》，第 158 页。

地不少技术水准较高的建筑均有蒙古人参加，如通海县城中的聚奎阁、昆明西
山脚下的西园、东风广场对面的震庄宾馆、南屏街口的新闻银行大厦、翠湖边
原云南省主席卢汉的公馆等。

　　语言文字的变化：700 余年前落籍云南的蒙古族，因与周围其他人口众多
的民族共同生活于一个地域，受白、彝、汉等民族文化的影响，原有的蒙古语
便发生了变化，形成了与北方蒙古语有渊源关系，但又不同于白、彝、汉语的
一种特殊的云南蒙古族语言。1976 年，内蒙古师范学院派人赴云南调查云南蒙
古族的语言，他们认为云南蒙古族的本民族语言大多数已不存在，但并没有完
全消失。云南蒙古族在语音系统方面，大多数短元音和辅音与北方蒙古语基本
相同，语法结构也与北方蒙古族相同，词汇中仍保留着一部分北方蒙古词语。
如"鼓""马""路""香烟""没关系"等。内蒙古师范学院蒙古语言学者哈斯
额尔顿认为，云南蒙古族有的民歌曲调保留了阿尔多斯成吉思汗卫队部落的民
歌特点。[1] 它曾源于蒙古语，又借助了彝、白、汉等民族的语言，既有别于汉

---

① 哈斯额尔顿：《云南蒙古族语言初探》，见内蒙古大学中文系、蒙语专业编：《云南蒙古族》（专辑），
　1976 年印。

藏语系藏缅语族彝语支的彝语，又与阿尔泰语系蒙古语族蒙古语支有着不可分割的联系，这就是在特定历史条件下所形成的云南通海蒙古族的语言。①

宗教信仰变迁：在历史上，蒙古族信仰萨满教（亦称博教），也信仰过景教（基督教的一个派）、伊斯兰教，后又信仰佛教。云南蒙古族的宗教信仰较为复杂，总的来看，以天地为主，信仰自然崇拜及祖先崇拜、多神崇拜、本民族历史上的英雄人物崇拜等。生活于不同地区的蒙古族，由于受佛教、道教影响，也由于受汉、壮、彝等民族影响的深浅不同，宗教信仰有所不同。如在文山州西畴县西洒镇等地的蒙古族，自迁入后受到周边汉、壮族同胞的影响，在家中堂屋祖先香位及天地国亲师牌位供桌下，均供有土地神位，其信仰变为多神崇拜。广南余姓蒙古族小部分居于县城，大部分居于山区，其宗教信仰有崇拜观音、龙王、财神、土地等。②

2.元明清时期云南满族的迁徙与文化变迁

满族先世可追溯到商周时代的肃慎、三国时代的挹娄、南北朝的勿吉、隋唐的靺鞨，以及金代、明代的女真人。17世纪初，建州女真首领努尔哈赤完成女真各部的统一，建立后金政权。皇太极改族称为"满洲"③，并逐渐形成满族。

云南满族大多是清朝时期来的。在镇压吴三桂叛乱的过程中，清军满族官兵是为赴滇治乱的主力。康熙二十年（1681），贝子彰泰率满、汉两族官兵围攻昆明。另外，清朝有相当一部分文武官员来云南任职。民国《新纂云南通志》第九十七卷、第九十八卷、第九十九卷记载了入滇为官的满族大小官员，仅满洲八旗、汉军八旗、蒙古八旗就有70人之多。时间从顺治到光绪年间，职务最高者为云贵总督，最低的是县、镇的总兵。虽大多任满回乡，但一部分却留在云南，其家眷不愿或不能返回。

总的来看，入迁云南的满族基本处于散居状态。他们在入迁云南后，由于在居住地域上分割为原驻地与迁移地两大不同的区域，其原本统一的民族文化

---

① 马世雯：《蒙古族文化史》，云南民族出版社，2000，第115页。
② 文山州民族事务委员会编：《文山少数民族风情奇趣》，云南民族出版社，1998，第105页。
③（清）《太宗实录》卷二十五，"天聪九年冬十月庚寅"条。

也在不同的自然环境与文化环境中成长变迁。

生产方式：入关前，满族先民女真为多种经济形式并存，既有游牧经济、渔猎经济，也有农业经济和部分手工业经济。在迅速变迁过程中，"满族社会经济由牧、猎、采为主，兼资农业的发展阶段，过渡到以农业经济为主，兼资牧、猎、采经济的发展阶段"[①]。今保山市的满族就从事水田旱地耕作，种植大米、小麦、玉米等粮食作物以及辣椒、豆类等经济作物。云南满族也从事工商业和小商小贩，从清朝同治年间起，就已经开始了食品业的生产经营。[②]

语言文字：生产方式的变迁必然会引起满族日常生活方式的变迁。入迁云南的满族，由于生活在广大的汉民族及当地各族的包围之中，其文化向汉文化变迁最明显也是最迅速的，表现为这部分群体的生活习俗日趋与当地的文化相一致，传统的民族文化已经逐渐消失殆尽。满族文化的这种变迁在语言使用上得以明显体现。入关后满族从单一使用满语发展到使用满汉双语，最后到完全转用汉语，时间大约在清中期以前。[③]

服饰：满族服饰——旗袍，继承了女真人的传统。入迁云南后，随着社会的发展，满族男子不再穿着旗袍，而女式旗袍却在不断演变中保存下来了，从宽腰直筒式变成了紧身合体的曲线型、流线型的款式。

宗教信仰：满族信奉萨满教，崇拜天地、山川、草木等各种自然及动植物神。入迁云南后，由于与汉族等族的文化交流，满族开始信佛教等。

丧葬：满族沿袭金代"烧饭"习俗，实行火葬，从贵族到旗民均是如此。乾隆年间始改为土葬。[④]

总之，从民族关系角度而言，入迁云南后的满族，开始大范围、多层面地与占全国人口绝大多数的汉民族接触。因而，迁入云南后，满族整体上进一步趋同于当地汉族等民族的文化。

---

① 滕绍箴、滕瑶：《满族游牧经济》，经济管理出版社，2001，第104页。
② 郭净等主编：《云南少数民族概览》，云南人民出版社，1999，第851~852页。
③ 郭孟秀：《试论清代满族文化的变迁》，载《满语研究》，2012（2）。
④ 郭净等主编：《云南少数民族概览》，第855~859页。

图 5-4：云南通海县河西镇下回村回族聚居区

### （三）元明清时期云南回族、普米族的文化变迁

1. 元明清时期云南回族的迁徙与文化变迁

元朝时，数量众多的信仰伊斯兰教的中亚、西亚各族人迁居中国内地，政府的官方文书及私家著述中按其职业称他们为"回族军""回族工匠""回族商人"和"回族掌教"等，他们与唐宋东来的被称作"大食"和"波斯"的蕃客、后裔等，同是回族的先民。明代以来回族开始形成，"回族"一词遂成为这一新形成的民族群体的称谓。①

元时的云南回族：在元军攻占大理国时，大量穆斯林被编入元军"探马赤军"中，占领大理后，大批回族军士在滇落籍，后又有大批回族军士被派驻云南。忽必烈任命回族能吏赛典赤及子孙长期在云南担任军政要职，其后裔繁衍

① 民族问题研究会编：《回族民族问题》，民族出版社，1980，第1~17页。

生息，成为云南回族的另一重要来源。

继元朝回族入滇之后，明清两朝仍然有回族人口不断进入云南，明军南征云南的军队中有很多回族军士，后这些回族军事屯田于滇，并带着大量家眷随从入滇。明时在云南的屯田，清时的汛塘，政府鼓励垦殖都使得大量的回族人口入滇。

回族进入云南后，不断吸收汉文化和当地民族文化，这就是俗称为"白回""彝回""藏回""傣回"（帕西傣）的社会现象的由来，他们在语言、服饰等方面受到当地风俗不同程度的影响。[1]

文化教育：赛典赤·赡思丁主政云南时，针对云南文化教育落后的状况，大力提倡汉文化教育，创孔庙、明伦堂、购经史、授学田，促成文风大兴的局面，回族也掀起学习汉文化的高潮，突出的是经堂教育的出现，用儒家理论论释伊斯兰教经典，用汉文译著教义进行教学，等等。

农业和经济：元代入滇的回族多来自中亚地区，他们精通水利灌溉技术，在赛典赤·赡思丁主政时，曾针对滇池水利设施年久失修、常年泛滥的状况，兴修水利工程，根治水患，促进了当地的经济发展。另外，回族同胞进入云南之后，带动了当地皮革业的发展。当时昆明的金牛街位于旧护城河边，背倚盘龙江，俗称"臭皮街"，有数十家制革专户，有名的回族熟皮业作坊有"永盛""全盛""义盛"等，产品颇负盛名。马帮运输也是云南回族从事对外贸易的一种形式。云南回族兴起扩大了马帮运输，成为民族经济发展的重要渠道。[2]

宗族制度：云南回族村社结构中的宗族制度变迁主要体现在纂修家谱上。回族沿仿汉民族习俗，为理清家族的历史源流，不辞辛劳搜集各方资料，撰修成谱本。修谱之风肇于明而盛行于清代，多由回族中的达官显贵及仕宦世家所为，后人撰述，代代相承并珍藏谱本。较著名的有《赛典赤家谱》以及腾冲《明·朱姓族谱》《马氏族谱》。[3] 入迁云南后，回族还受当地汉族等民族祭奠祖

---

① 马维良：《云南傣族、藏族、白族和小凉山彝族地区的回族》，载《宁夏社会科学》，1986（1）。

② 纳文汇、马兴东：《回族文化史》，云南民族出版社，2000，第 65 页。

③ 金少萍：《云南回族宗族制度探析》，载《回族研究》，1991（2）。

先的影响进而修建祠堂。通常，在回族同胞居住的村落中，一些较为发达的家族一般会建设祠堂，供家族集会、商讨家事、调解纠纷以及从事纪念活动。

习俗变迁：自回族同胞进入云南之后，由于受到当地地理、政治等因素的影响，当地的民俗文化中呈现出你中有我、我中有你，水乳交融的特色。如云南西双版纳州勐海县曼赛回、曼峦回寨的回族（帕西傣）也与当地傣族一样，住竹楼，着傣装，讲傣话，喜欢吃傣族的传统菜。但他们信仰伊斯兰教，严格遵守教规，寨子里有清真寺，不吃猪肉，喜喝浓茶，住宅虽和傣族的干栏式建筑相似，但又有自己的风格，婚俗丧俗既有回族的特色，又有傣族的特点。①

图 5-5："西番"
资料来源：《夷人图说目录》（《伯麟图说》），清嘉庆时彩绘本。

2. 元明清时期云南普米族（西番）的迁徙与文化变迁

普米族古称"西番"，在普米语中，"普"的意义为"白"，"米"即"人"，普米即"白人"，其先民随元军进入丽江、大理等滇西北地区。及至明清两代，仍有不少西番入迁云南。②

元明清时期，普米族先民西番入滇后也发生了文化变迁。大致有如下方面：

生计方式：乾隆《丽江府志略》记载西番迁入云南后的情况："西番，一

① 纳文汇、马兴东：《回族文化史》，第 121 页。
② 王树五调查整理：《宁蒗县永宁区托甸乡普米族社会历史综合调查报告》；见《民族问题五种丛书》云南省编辑委员会：《基诺族普米族社会历史综合调查》，民族出版社，2009，第 128~129 页。

名巴苴，喜居高山，……善用弩箭，种荞稗，牧牛羊为生。"①西番喜欢居住于高山，过着以游牧为主的生活，受汉文化的影响较少。到了清中后期，光绪《续修永北直隶厅志》记载兰坪西番："西番一种，卖竹营生，耕种度日。"②这时西番受汉文化的影响不断加深，其生计以农业种植为主。

宗教信仰：西番在迁入云南之后主要聚居于丽江、维西等少数民族地区，因此受汉族影响较小而受当地其他少数民族文化的影响则较多。西番的宗教信仰受到了这些少数民族的影响，信仰以万物有灵为基础的原始宗教，信奉多神，本无教主，但它们与藏传佛教融合后，便各自产生了传说的教主。这些教主又都是藏传佛教化的教主，其造型服饰与藏传佛教的神祇完全相同。③

（四）元明清时期侬人的迁徙及其文化变迁

侬人为壮族支系，来源于我国南方的古代越人。就云南来说，多分布在文山州、红河州、玉溪地区和思茅地区。壮族虽然在宋代就已经形成单一民族，但是分布在云南的部分，史家却称呼他们为侬人、沙人、土僚等。④元明清时期，侬人经历了迁徙发展的过程。

据《宋史》记载，侬智高于皇祐五年（1053）反宋"大败走"，"由合江口入大理国"⑤，人口逐渐繁衍增多。《元史》载，至元十二年（1275），"宋福州团练使、知特摩道事农士贵，率知那寡州农天或、知阿吉州农昌成、知上林州农道贤，州县三十有七，户十万，诣云南行中书省请降"⑥。其土官皆"为侬智高后裔"。

明代，广南府西部的临安府（驻今建水县）境内亦有侬人散居，《明神宗万历实录》卷三百七十二说："沙、侬二种，与思陀等九司（指今红河、元阳、

① （清）管学宣、万咸燕纂修：乾隆《丽江府志略》上卷《官师略·种人附》，丽江县县志编委会办公室1991年翻印，第138页。
② （清）叶如桐等修，刘必苏等纂：光绪《续修永北直隶厅志》卷七《人物志下·土司种人彝俗附》，光绪刻本。
③ 杨学政：《略论西藏佛教在云南的传播及演变特征》，载《云南社会科学》，1988（1）。
④ 王文光、龙晓燕编著：《云南民族的历史与文化概要》，云南大学出版社，2009，第148页。
⑤ 《宋史》卷四百九十五《蛮夷列传》。
⑥ 《元史》卷八《世祖本纪五》。

金平等县地）错址而居，其人固侬智高之余孽，其地盖广陵（明代属临安府，今越南莱州地）之绝徼也。"则在今文山州西部至红河州南部，并及于越南莱州省黑河北岸，明代时期均有侬人散居。

清代，侬人的分布面逐渐扩大。《皇清职贡图》说："侬人，其土酋侬姓，相传为侬智高之裔。……今广南、广西、临安、开化等府有此种。"① 则广南、广西（驻今泸西）、临安（驻今建水）、开化（驻今文山）境内都有侬人。此外，元江府境内也有侬人，康熙《元江府志》卷二《彝人种类》说："侬人，其种在元江与广南同俗，是侬智高之党窜于此者。"② 光绪《普洱府志》引《伯麟图说》："龙人……普洱府近郭有之。"③ "龙人"即侬人。

元代，侬人的文化习俗当沿袭于宋时，无大变化。④ 而明清时期，侬人的文化发生了一定程度的变迁：

经济上，"男女同事犁锄"⑤，说明明代时侬人在经济上以农业生产为主，而且纺织手工业在侬人中有所发展，"男子首裹青花帨，衣粗布如绤"⑥，正是用麻织品制成的。清代，广南府境内的侬人，"男女勤耕织，惯桃棉锦"⑦。《皇清职贡图》也说，广南、广西、临安、开化等府的侬人"岁纳粮赋"，可见，清代的侬人在农业生产方面应已有更好的发展。

建筑上，明代时，史载侬人"构楼为居"⑧，"楼居，无几凳，席地而坐，脱屦梯下而后登"⑨，表明明朝时期的侬人都普遍居住干栏式的楼房。清代的侬人在居室上仍然以楼居为主。

---

① （清）傅恒等撰，殷伟等点校：《皇清职贡图》卷七《广南等府侬人》，第 449 页。
② （清）章履成、张凤鸣纂修：康熙《元江府志》卷二《彝人种类》，传钞康熙刻本。
③ 邓启华主编：《清代普洱府志选注》七《南蛮志（种人志）》，云南大学出版社，2007，第 348 页。
④ 尤中：《中华民族发展史》第 2 卷《辽宋金元代》，第 1237 页。
⑤ （明）刘文征撰，古永继校点：《滇志》卷三《地理志第一之三·风俗》，云南教育出版社，1991，第 111 页。
⑥ （明）刘文征撰，古永继校点：《滇志》卷三十《羁縻志第十二·种人》，第 1001 页。
⑦ （清）李熙龄撰，杨磊等点校：道光《广南府志》卷二《风俗·种人附》，兰州大学出版社，2004，第 74 页。
⑧ （明）刘文征撰，古永继校点：《滇志》卷三《地理志第一之三·风俗》，第 111 页。
⑨ （明）刘文征撰，古永继校点：《滇志》卷三十《羁縻志第十二·种人》，第 1001 页。

图 5-6：广南等府"侬人"
资料来源：《皇清职贡图》卷七，清乾隆十六至五十五年间彩绘绢本。

　　服饰上，明初《景泰云南图经志书》卷三说，云南广南府的侬人，"男子束发于顶，多服青衣，下裙曳地，贱者掩胫而已。妇人散绾丝髻，跣足，裙带垂后，皆戴尖顶大笠。习俗俭约，大率与百夷（傣族）同"①。而明末天启《滇志》卷三十则说，侬人"其种在广南。习俗大略与僰夷（傣族）同。……妇人衣短衣长裙。男子首裹青花帨，衣粗布如绨"②。清代的侬人，"男子以青蓝布缠头，衣短衣，白布缠胫。妇束发裹头，短衣密钮，系细褶桶裙，着绣花履"③。与前朝相比，总体变化不大，但最主要的是妇女的穿着已从"跣足"变为"着绣花履"。

———————————

① （明）陈文修，李春龙、刘景毛校注：《景泰云南图经志书校注》卷三《广南府·事要·风俗》，第190页。

② （明）刘文征撰，古永继校点：《滇志》卷三十《羁縻志第十二·种人》，第1001页。

③ （清）傅恒等撰，殷伟等点校：《皇清职贡图》卷七《广南等府侬人》，第449页。

## 三、本土民族的文化与变迁

（一）白族、傣族（僰夷）、哈尼（窝泥）的文化与变迁

1. 白族的文化与变迁

元时期，白族的文化也有一定发展变化。

语言文字：白族有自己的语言，李京《云南志略》说："其称呼国主曰缥信，太子曰坦绰，诸王曰信苴，相国曰布燮，知文字之职曰清平官。"[①]白语中还吸收了不少的汉语词汇，如"着衣曰衣衣""樵采曰拆薪"等。白文和汉文都仍然在白族中同时并用，而且汉文的使用面有所推广。李京《云南志略》说："其俊秀者颇能书，有晋人笔意。蛮文云：'保和中，遣张志成学书于唐。'故云南尊王羲之，不知尊孔、孟。我朝收附后，分置省府，诏所在立文庙……"建文庙之后，又立学舍，"劝土人子弟以学"，这就进一步拓宽了汉文在白族中的使用面。

居室："三坊一照壁"的土木结构建筑。李京《云南志略》说，白族的"居室多为回檐，如殿制"。

服饰：李京《云南志略》说，白族"男女首戴次工，制如中原渔人之蒲笠，差大，编竹为之，覆以黑毡。亲旧虽久别，无拜跪，唯取次工以为礼。男子披毡，椎髻。妇人不施脂粉，酥泽其发，以青纱分编绕首盘系，裹以攒顶黑巾；耳金环，象牙缠臂；衣绣方幅，以半身细毡为上服"。而"其贵人被服，近年虽略从汉制，其他亦自如也"，即白族中的贵族分子，在元朝时期因为与汉族接触的机会多，故改依汉族服饰，一般老百姓的服饰则一依以往而不变。

宗教信仰：白族中崇信佛教的社会风气，是南诏、大理以来的延续和发展。《云南志略》载，白族中"民俗，家无贫富皆有佛堂，旦夕击鼓参礼，少长手不释念珠，一岁之中斋戒几半"。不过，南诏、大理国时期，白族信仰的佛教是属

---

① （元）李京：《云南志略·诸夷风俗》，云南民族出版社，1986。下文关于白族诸资料均见于《云南志略·诸夷风俗》。

图 5-7：景东文庙（邢毅　摄）

于密宗的阿叱力教。元朝初年，禅宗开始传入，自此，密宗和禅宗皆同时在白族中流传。

　　婚姻习俗：白族中一般行一夫一妻制，但婚前恋爱自由。李京《云南志略》说，"处子媚妇出入无禁。少年子弟号曰妙子，暮夜游行，或吹芦笙，或作歌曲，声韵之中皆寄情意，情通私耦，然后成婚"。

　　丧葬习俗：据李京《云南志略》说，"人死，浴尸，束缚令坐，棺如方柜。击铜鼓送丧，以剪发为孝，哭声如歌而不哀。既焚，盛骨而葬。"显然，元代实行棺葬与火葬相结合的丧葬仪式。

　　明时，汉族大量入迁云南各地，白人也普遍地与迁入的汉族相杂居，在原来白族的主要聚居区域内的白族，经济文化生活逐渐与汉族相接近。天启《滇志》卷三十说："（白人）古白国之支流也。旧讹僰为'白'，遂称其一类，实不相通。滇郡及迤西诸郡，强半有之。习俗与华人不甚远，上者能读书，其他力田务本，或服役公府，庶几一变至道者矣。"①但白人在文化生活中也仍然有自己民族的特点：其一，白语并未曾因与汉族接触的频繁而放弃，在自己民族内部仍使用白语；本民族内部也仍然在不同程度上使用白文，景泰年间，白族文士杨黼仍用白文写成《词记山花碑》（今陈列在大理市博物馆碑林）。其二，佛教在白族中仍然是带全民性的信仰，正德《云南志》卷六说："僰人与汉人杂居，俗最重佛。"②生活习俗风尚的变化情况，则随所处地区对外交通的不同、文化交流的各异而有所差别。嘉靖《大理府志》卷二《地理志·风俗》说："虽与宋儒裁定家礼仪文稍异，而至诚恻怛之心俨然可挹，似异而实同也。"③在白族士大夫和城镇居民与汉族接触较多的部分人中，生活习俗风尚变化较大。而在比较封闭的区域，则变化不太大，正如嘉靖《大理府志》所说："其山川各自为阿曲，民生其间，亦以土疆而异俗。"而东川府的白族，"椎髻披毡，戴毡竺，用毡裹其胫，蹑皮履"④，显然，不同区域的部分存在差别和不同。

清代，白人的分布区域沿袭明朝时期未变。《皇清职贡图》说："（白人）云南、临安、曲靖、开化、大理、楚雄、姚安、永昌、永北、丽江等府俱有之，……居处与民相杂。"所谓"居处与民相杂"，即在上述各府境内，白人普遍与汉族相杂居。《皇清职贡图》还说："（白人）居处与民相杂，风俗衣食悉仿齐民。有读书应试者，亦有缠头、跣足、衣短衣、披羊皮者。又称民家子。岁输赋税。"⑤说明清代白人的经济文化生活状况，是在保持本民族原有特点的基础之上，进一步与汉族趋于一致，或者说更为相近。绝大部分地区的白人文化生活方面除与汉族有共同处之外，仍然有自己的民族特点。乾隆《赵州志》说："（白人）有僰字，善夷语，信佛事巫，常持斋诵经。然性勤俭，力田，颇读书

---

① （明）刘文征撰，古永继校点：《滇志》卷三十《羁縻志第十二·种人》，第998页。

② 方国瑜主编：《云南史料丛刊·第六卷》，云南大学出版社，2001，第165页。

③ （明）李元阳纂：嘉靖《大理府志》卷二《地理志·风俗》，大理白族自治州文化局翻印，1983，第82、83页。

④ （明）刘大谟、杨慎等纂修：嘉靖《四川总志》卷十三《东川军民府·风俗》，明嘉靖二十四年（1545）刻本。

⑤ （清）傅恒等撰，殷伟等点校：《皇清职贡图》卷七《景东等府白人》，第443页。

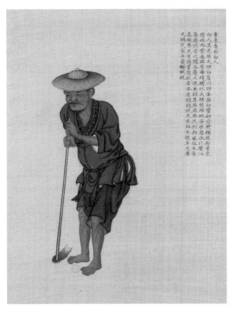

图 5-8：景东等府 "白人"

资料来源：《皇清职贡图》卷七，清乾隆十六至五十五年间彩绘绢本。

习礼教，通仕籍，与汉人无异。"[1] 康熙《楚雄府志》说："（僰人）别有乡语，居室器用与汉人同。"[2] 又嘉庆《楚雄县志》说："（僰人）服食器用与汉人同，而别有乡语。……好浮屠法，喜为僧，邑中之僧，十有九僰，积重难遽返。"[3] 可见，清朝时期，白人在文化生活方面除与汉族相同的部分之外，不同之处是：首先，有本民族的语言和文字。只是白文在清代已经很少使用，但白语在本民族内部仍然通行，与汉族交往则使用汉语汉文，即乾隆《蒙自县志》所说蒙自的白族："其言语有二：与汉人语则汉，与同类语则彝。""读书成名，均与汉同"，与汉族 "同处遂无所区别"[4]。其次，佛教在白人中是全民性的宗教信仰。另外还信

---

① （清）程近仁修，赵淳等纂：乾隆《赵州志》卷一《民俗·种人附》，清乾隆元年（1736）刻本。

② （清）张嘉颖等纂修：康熙《楚雄府志》卷一《地理志·风俗》，清康熙五十年（1711）刊本。

③ （清）苏鸣鹤修，陈璜纂：嘉庆《楚雄县志》卷一《天文地理志·风俗》，清嘉庆二十三年（1818）刻本。

④ （清）李焜纂修：乾隆《蒙自县志》卷五《土官·彝俗附》，清乾隆五十六年（1791）刊刻。

奉地方神本主。本主是各地方为人们所尊崇的历史人物。

2. 僰夷的文化及其变迁

唐代以来史籍称傣族先民为"黑齿""金齿""银齿"或"绣脚",又称为"茫蛮"或"白衣",宋沿称傣族先民为"金齿""白衣"等。自元至明,"金齿"继续沿用,并进而扩大作为地名,"白衣"则写作"百夷"或"佰夷"。至李元阳修万历《云南通志》将"百夷"误改作"僰夷",自此"僰夷"与特称白族先民的"僰人"便有混淆。清以来则多称作"摆夷"。①

经过汉、唐的设置,元、明以来的推动,自 13 世纪以来,整个傣族社会有了相当的变化。这种发展和变化不仅仅反映在政治经济方面,也反映在文化生活方面。

元时,据《云南志略》载:"西南之蛮,百夷最盛。北接吐蕃,南抵交趾,风俗大概相同。"元代时傣族初无文字,《云南志略》载:"金齿百夷,记识无文字,刻木为约。"②《马可波罗行纪》载金齿居民"……土人缔约,取一木杖,或方或圆,中分为二,各刻画二三符记于上。每方各执一片,负债人偿还债务后,则将债权人手中所执之半片收回"。③但自元中叶以后,文字开始在一些百夷地区出现了。《百夷传》记载,(百夷)"无中国文字,小事刻竹木,大事作缅书,皆旁行为记"。江应樑先生认为,所说"缅书",可能并不是缅文而是傣文。④另外,《招捕总录·八百媳妇》说,皇庆二年(1313),云南行省命法忽剌丁等使八百媳妇国,于延祐元年(1314)八月归来,及至九月四日,八百媳妇国主浑乞滥"手书白夷字奏章,献二象"⑤。可见位于今泰国北部地区的八百媳妇国的傣族已经有了文字,与其邻近的车里路(今西双版纳)的百夷也可能有了文字。但元代时傣族地区尚未普遍信奉佛教。《百夷传》称麓川等地的傣族"其

---

① 《傣族简史》编写组:《傣族简史》,民族出版社,2009,第 1~2 页。
② (元)李京撰,王叔武辑校:《云南志略辑校·诸夷风俗·金齿百夷》,云南民族出版社,1986,第 91~93 页。
③ 方国瑜主编:《云南史料丛刊·第三卷》,云南大学出版社,1998,第 147 页。
④ (明)钱古训撰,江应樑校注:《百夷传校注》,云南人民出版社,1980,第 80~81 页。
⑤ 《经世大典·招捕总录·云南·八百媳妇》,见方国瑜主编:《云南史料丛刊》卷二,第 630 页。

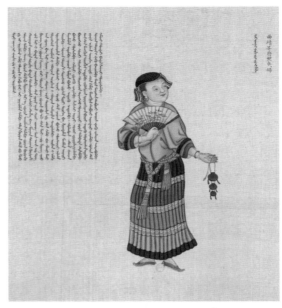

图 5-9：曲靖等府"僰夷"

资料来源：《皇清职贡图》卷七，清乾隆十六至五十五年间彩绘绢本。

俗，不祀先，不奉佛，亦无僧道"[1]。马可波罗目睹金齿宣抚司地区时也说当地"其人无偶像，亦无庙宇，惟崇拜其族之元祖"[2]。关于元时傣族的其他文化习俗，史籍记述也较详细。如服饰方面，李京《云南志略》说："金齿百夷……男子文身，去髭须鬓眉睫，以赤白土傅面，彩缯束发，衣赤黑衣，蹑绣履，带镜，……妇女去眉睫，不施脂粉，发分两髻，衣文锦衣，联缀珂贝为饰。"爱美观与喜修饰，有文身之俗。其他生活习俗上，李京《云南志略》说："金齿百夷……风土下湿上热，多起竹楼。居滨江，一日十浴。"受所居地环境湿热气候的影响，傣族先民居于"干栏"，且男女同川而浴。在育子方面，妇女"尽力农事，勤苦不辍。及产，方得少暇。既产，即抱子浴于江，归付其父，动作如初"[3]。这种夫

① （明）钱古训撰，江应樑校注：《百夷传校注》，云南人民出版社，1980，第98页。

② 方国瑜主编：《云南史料丛刊》第三卷，第147页。

③ （元）李京撰，王叔武辑校：《云南志略辑校·诸夷风俗·金齿百夷》，第91~92页。

妇颠倒关系的"翁产制"习俗产生于母权制社会过渡到父权制社会的期间，是百越系统僚人的共同风俗。男子要从女子那里把子女的归属权夺过来，乃用这种方式来表示子女是男人生的。这说明金齿百夷的社会生产虽然主要由妇女担当，但她们所处的社会地位仍十分低下。

　　明代百夷的分布区域，仍和元朝相同。但由于内部在政治上不统一，百夷仍然处于分化与重组的过程中，其文化上有共同之处，亦有各自特点。钱古训《百夷传》说，在麓川思氏统治的区域范围内，"俗有大百夷、小百夷、漂人、古剌、哈剌、缅人、结些、吟杜、弩人、蒲蛮、阿昌等名"，"小百夷居其境之东北边，或学阿昌，或学蒲蛮，或仿大百夷，其习俗不一"。"诸夷言语习俗虽异，然由大百夷为君长，故各或效其所为。"[①] 文字语言方面，明初《景泰云南图经志书》载，景东府"百夷不通汉书，惟用缅字"[②]。又，万历《云南通志》载景东府云："学校声教，渐迁其俗。民多百夷，性本驯朴。……昔惟缅字，今有书史。民风地宜，日改月化。"[③] 可见，明代中叶以后，接近汉族地区的百夷人汉、傣两种文字同时使用。但边远地区百夷仍不通汉文，所谓"记识无文字""无中国文字"等。明代百夷的衣饰，因地区不同而略异，然大体皆文身、文面、漆齿、黑齿、穿桶裙，基本上是一致的。《百夷传》就说："车里亦谓小百夷，其欲刺额、黑齿、剪发，状如头陀。"[④] 说明他们依然保持古"百越""俚僚"民族的服饰传统。《百夷传》又载："所居无城池濠隍，惟编木立寨，贵贱悉构以草楼，无窗壁门户，时以花布障围四壁，以蔽风雨而已。"[⑤] 而李思聪本《百夷传》则记为："头目、小民皆以竹为楼，如儿戏状。"[⑥] 看来明代百夷的居室始终保持传统的干栏

① （明）钱古训撰，江应樑校注：《百夷传校注》，第 42、99、105 页。
② （明）陈文修，李春龙、刘景毛校注：《景泰云南图经志书校注》卷四《景东府·事要·风俗》，第236 页。
③ （明）李中溪纂修：万历《云南通志》卷六《地理志·景东府·风俗》，民国二十三年（1934）龙氏灵源别墅重印本影印。
④ （明）钱古训撰，江应樑校注：《百夷传校注》，第 99 页。
⑤ （明）钱古训撰，江应樑校注：《百夷传校注》，第 82 页。
⑥ （明）李思聪：《百夷传》，见（明）陈文修，李春龙、刘景毛校注：《景泰云南图经志书校注》卷十《传》，云南民族出版社，2002，第 539 页。

式竹楼建筑。在宗教上，明末朱孟震在《西南夷风土记》说："俗尚佛教，寺塔遍村落，且极壮丽。自缅甸以下，惟事诵经。俗不杀牲，所以鸟兽与人相狎。凡有疾病祝佛，以僧代之，或一年、二年、三年，募人为之。"[1] 元时佛教传入傣族地区，当时信佛的还不多见，到明末民间已大多信仰佛教了，但同时兼行传统巫教和鸡卜。

清代，清人称傣族先民为"摆夷"，他们主要聚居在云南省西双版纳、德宏及耿马、孟连等地，其余散居于景东、普洱、澜沧、新平、元江、金平等三十多个县。较之明代，在文化上最大的变化就是随着南传佛教在傣族社会中的传播，南传佛教成为傣族重要信仰，并形成关门节、开门节、泼水节等一系列与南传佛教相关的节俗。

3. 窝泥的文化及其变迁

窝泥，即今哈尼族的先民，属氐羌民族。《尚书·禹贡》所记西南民族中的"和夷"，据认为包含有哈尼族的先民。[2] 和夷早在公元前 3 世纪已分布于今四川大渡河以南、雅砻江以东及安宁河流域。

元代，哈尼族被称作"斡泥"或"禾泥"，哈尼族已完全从乌蛮中分离出来，形成单一民族共同体，分布于云南南部红河下游与澜沧江之间的山地，和近代哈尼族的分布一致。李京《云南志略》说："斡泥蛮，在临安（今建水）西南五百里，巢居山林。"

明时期，哈尼族分布区域较之元朝有所扩大，主要分布在元江、临安等府境内，即红河下游与澜沧江之间的哀牢山与蒙乐山之间地带。此时期，哈尼族地区的商业交通，明代较元代有明显的发展。这里继续使用海贝为交易手段，同时又出现银钞。康熙《元江府志》卷二"彝人种类"载："卡惰（哈尼支系）：遇婚娶，通媒约之日议聘金，八九十两不等。"[3] 说明银钞使用情况的存在。明代哈尼族的文化也有所发展，主要表现在哈尼族上层子弟学习汉文、读书识字

---

① 方国瑜主编：《云南史料丛刊》卷五，云南大学出版社，1998，第491页。

②《哈尼族简史》编写组：《哈尼族简史》，民族出版社，2008，第1页。

③（清）章履成、张凤鸣纂修：康熙《元江府志》卷二《彝人种类》，传钞康熙刻本。

图 5-10：元江等府"窝泥蛮"

资料来源：《皇清职贡图》卷七，清乾隆十六至五十五年间彩绘绢本。

者日益增多，程度不断提高，如明永乐十一年（1413），八寨长官司土官龙者宁入贡京师，曾随从明成祖去参加京城的端午节盛会。返乡后，他仿照京都汉族的做法，每年五月初五在六诏山区举办端午节大会。① 这是哈尼族土官把汉族的节日文化引进到哈尼山区的例证。生活习俗上，分布在不同地区的哈尼族中的各个部分，生产生活环境不尽相同，与之接触的民族各异，受其他民族的影响也不同。因此，哈尼族分布在不同地区的不同部分，经济文化生活方面存在着不同程度的差异。

　　清朝时期的哈尼族仍处在迁徙、融合、分化与重新组合的复杂过程之中，分布面较之明朝时期有扩大和消失的现象，名称也较明朝时期更为复杂。哈尼族没有本民族文字，各种方言的差别很大，在本民族内部也很难通话，文化比

① 杨绍猷、莫俊卿：《明代民族史》，四川民族出版社，1996，第 478 页。

较落后，迄至清代，也只有口头文学传说、故事、诗歌等。一般食稻米、玉米，穿自己织染的藏青布衣服，住在依山建造的村寨里，住房为土墙草顶楼房，生活很俭朴。[①]到清末，哈尼族受到汉族文化的影响日益加深，《滇南志略》载："以火叫布及麻布为衣，男女皆短衫长裤，耕山牧豕，纳粮赋，与齐民杂处村寨；其俗，女适人，以藤束膝下为别，娶妇数年无子，则逐之；祭祀宴会击征鼓，吹芦笙为乐。"[②]

### （二）末些（么些、摩些）的文化与变迁

末些（么些、摩些、磨些）即今纳西族。纳西族源于南迁氐羌的一支——旄牛羌，晋代称为"摩沙夷"，唐代称为"磨些""磨些蛮"[③]。《蛮书》载其分布区域："磨蛮，亦乌蛮种类也。铁桥上下及大婆、小婆、三探览（在丽江境内）、昆池（今盐源）等川，皆其所居之地也。"[④]

元代，纳西族被称为"末些"。明代，丽江纳西族木土司崛起，向吐蕃地区拓展，曾夺取维西、中甸及今四川的巴塘、里塘地区，末些遂迁入这些地区，继而末些的分布面再次扩大。清代，纳西族先民末些的分布和名称都没有太大变化。

据丽江《木氏宦谱》的记载，阿良在元朝时期创造了末些字，但未在末些民众中推广。《云南志略》载："妇人披毡，皂衣，跣足，凤鬟高髻。女子剪发齐眉，以毛绳为裙……。既嫁，易之。……不事神佛，惟正月十五日登山祭天，极严洁。男女动百数，各执其手，团旋歌舞以为乐。俗甚俭约，饮食疏薄，一岁之粮，园根已半实粮也。贫家盐外不知别味。……人死，则用竹簀舁至山下，无棺椁，贵贱皆焚一所，不收其骨；非命死者，则别焚之。其余颇与乌蛮同。"[⑤]

至明朝，经济的持续发展也推动了当地文化的发展。统治者在今丽江兴办

---

① 杨学琛：《清代民族史》，四川人民出版社，1985，第447~448页。
② 方国瑜主编：《云南史料丛刊》卷十三，第107页。
③《纳西族简史》编写组编写：《纳西族简史》，民族出版社，2008，第1~3页。
④（唐）樊绰撰，向达原校，木芹补注：《云南志补注》卷四《名类第四》，云南人民出版社，1995，第57页。
⑤（元）李京撰，王叔武辑校：《云南志略辑校·诸夷风俗·末些蛮》，第93~94页。

图 5-11：丽江等府"么些蛮"
资料来源：《皇清职贡图》卷七，清乾隆十六至五十五年间彩绘绢本。

学校，不少末些人接受了汉文化教育，《明史》说："云南诸土官，知诗书，好礼守义，以丽江木氏为首云。"[1] 木氏封建主家族中先后出现一些人，使用汉字写了许多汉文诗文。然而，在民间，末些族文字却仍在推广使用之中，这种文字"迹专象形，人则图人，物则图物"[2]，这就是一直保留至近代的东巴文。

　　清朝时，末些族的文化相较明朝时有了进一步的发展，更趋于汉化了。据《皇清职贡图》载："麽些蛮，……今丽江、鹤庆二府皆有之。居处与齐民（汉族）相杂，性淳朴。……其读书入学者，衣冠悉同士子。……力作勤苦。……岁输粮赋。"[3] 又《丽江府志》说："麽些，……语带鸟音，安分畏法。务耕植、畜

①《明史》卷三百十四《云南土司传二》。
② 方国瑜主编：《云南史料丛刊》第十二卷，第 62 页。
③（清）傅恒等撰，殷伟等点校：《皇清职贡图》卷七《丽江等府麽些蛮》，第 481 页。

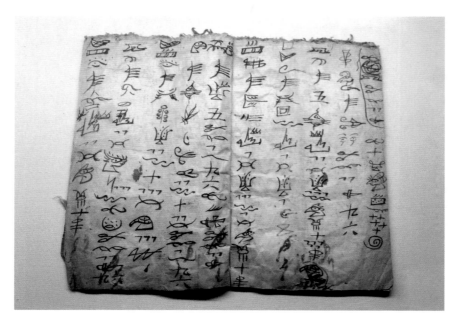

图 5-12：丽江么些文"喜事人情簿"，云南博物馆藏。（廖佳平　摄）

牧，善劲弩骑射。勤俭治生，……今则渐染华风，服食渐同汉制。"①

（三）峨昌、苦聪、蒲人的文化与变迁

1.峨昌的文化与变迁

峨昌即今天的阿昌族，属于氐羌系统民族。中华人民共和国成立后，将分布于盈江自称"户撒""腊撒"的两个支系识别为阿昌族。

该族自澜沧江以西至缅甸境内的分布情况，自南诏时期至元朝时期都很少变化。《元史·地理志》载："其地在大理西南，兰沧江界其东，与缅地接其西。土蛮凡八种：曰金齿、曰白夷、曰僰、曰峨昌、曰骠、曰缥、曰渠罗、曰比苏。"② 元代的阿昌族先民被称为峨昌，是以寻传蛮为主体发展而来的。明代《景

---

① （清）阮元、伊里布等修，王崧、李诚等纂：《道光云南通志·南蛮志·种人》卷185《种人三·麼些》，方国瑜主编：《云南史料丛刊》第十三卷，第 372 页。

② 《元史》卷六十一《地理志四》。

图 5-13：大理等府"峨昌蛮"

资料来源：《皇清职贡图》卷七，清乾隆十六至五十五年间彩绘绢本。

泰云南图经志书》载腾冲军民指挥使司时说："境内峨昌蛮，即寻传蛮也，似蒲而别种。"① 唐时的《蛮书》《新唐书》及《南诏德化碑》等都有关于南诏西部寻传之地的记载，"寻传蛮"即是因其居住在寻传地方而得名。

至元代，同南诏时期一样，峨昌主要是与金齿百夷等相杂居，还没有分化或融合形成稳定的民族共同体。关于峨昌的文化，不见元代史籍详载，只能根据明初史志记载略知其一二。明初李思聪版《百夷传》记载："阿昌，《云南志》作阿昌蛮者。男子衣帽类百夷，但不髡首鲸足，及语言为异。妇人以花布系腰为裙，胫裹青花行缠，余与蒲妇同。"又云："蒲人、阿昌、哈刺、哈杜、怒人，皆居山巅，种苦荞为食，余则居平地或水边也。言语皆不相通。"② 明末天启《滇

① （明）陈文修，李春龙、刘景毛校注：《景泰云南图经志书校注》卷六《腾冲军民指挥使司·事要·风俗》，第 341 页。

② （明）李思聪：《百夷传》，见（明）陈文修，李春龙、刘景毛校注：《景泰云南图经志书校注》卷十《传》，第 540 页。

志》卷三十载："（峨昌）一名阿昌。性畏暑湿，好居高山，刀耕火种，形貌紫黑。妇女以红藤为腰饰。祭之以犬，占用竹三十三根，略如筮法。嗜酒负担。弗择污秽，觅禽兽虫豸，皆生啖之。采野葛为衣。无酋长，杂处山谷，听土司役属。今永昌罗古、罗板、罗明三寨，皆其种。父兄死，则妻其母嫂。近有罗板寨百夫长早正死，其妻方艾，自矢不失节，遂饿而死，其俗渐革。"[1] 明天启间还有"父兄死，则妻其母嫂"的习俗，表明峨昌社会发展比较缓慢，由元代至明代无大变化，故从以上明人记载也可推知元代峨昌的生活情况。

清代称阿昌族为"峨昌"或"阿昌"，他们主要聚居于今德宏地区的陇川、梁河等地，山河之间形成户撒、腊撒平坝，大理云龙和永昌等地也有散居的阿昌族。有清一代，聚居户撒、腊撒地区的阿昌族发展较快，推其原因，主要受当地汉族的影响。随着他们与入迁汉族的接触日益增多，学会了汉族的文化及技术，如使用铁制农具，从事农耕生产，耕垦水田，种植稻谷等。只有居住山地的阿昌族，仍然采用刀耕火种的生产方式。另外，阿昌族居住地区受傣族土司的控制，自然受傣族文化影响。所以，清代阿昌族和汉、傣等族相互接近、相互学习，不仅农业有较大的发展，而且手工业发展也很快。[2]

2. 苦聪的文化与变迁

作为民族群体的名称，"苦聪"或者"苦葱"首见于清朝初年，分布在云南南部，与拉祜、哈尼、彝、傣等族相杂居。至近代，苦聪人的语言存在地方性的差别：一部分和拉祜族相近；一部分则与哈尼族相近。直到20世纪80年代以后，最终把苦聪识别为拉祜族。在此之前称"苦聪人"。

苦聪是氐羌系统民族，与乌蛮有直接的族属关系。远古时期，苦聪和拉祜族先民应该是一个近亲集体。《新唐书·南蛮传下》说，黎州（驻今四川汉源）、邓州（驻今四川越西县东北）"南有离东蛮、锅锉蛮，西有磨些蛮，与南诏、越析相姻娅"[3]。这里所说的"锅锉蛮"出现的时间是唐朝初年南诏还没有兼并越

---

① （明）刘文征撰，古永继校点：《滇志》卷三十《羁縻志第十二·种人》，第1001页。
② 杨学琛：《清代民族史》，第466~468页。
③ 《新唐书》卷二百二十二下《南蛮传下》。

图 5-14：临安等府"苦葱蛮"

资料来源：《皇清职贡图》卷七，清乾隆十六至五十五年间彩绘绢本。

析诏之时，地点是在金沙江南岸地带。《新唐书·南蛮传下》接着说："自浪稽以下，古滇王、哀牢杂种，其地与吐蕃接。"[1] 当时吐蕃正控制着今丽江地区，东南部是唐朝所设姚州都督府管辖的各部落，即今楚雄州西部和大理州各族地区，就是《新唐书·南蛮传下》所说的"古滇王、哀牢杂种"居住的地方。显然，锅锉蛮是滇西"古滇王、哀牢杂种"中的一部分，是从过去的叟、昆明族群中繁衍分化出来的，到唐朝初年时，他们已经自为一个集体，被称为"锅锉蛮"。南诏、大理国统治时期，锅锉蛮始终作为一个民族群体缓慢地发展着，居住区域逐步向南移动。分布在生产生活环境条件较好的地方的一部分，称为"倮黑"（拉祜族）；分布在生产生活环境条件较差的地方的部分，直接继承着原始古老的族称"锅锉"。"苦聪"乃"锅锉"同音译写字形之异。

---

[1]《新唐书》卷二百二十二下《南蛮传下》。

清代，分布在不同地方的苦聪经济文化生活并不完全相同。《皇清职贡图》说："苦葱，爨蛮之别种。自元时归附，今临安、元江、镇沅、普洱四府有此种。居傍山谷，男子椎结，以蓝布裹头，着麻布短衣，跣足，挟刀弩猎禽兽为食。妇女短衣长裙，常负竹笼入山采药。土宜禾稻。岁输粮赋。其在三猛者，以六月二十四日为年，十二月二十四日为岁首，至期烹羊豕祀先，醉饱歌舞。"①道光《云南通志》引旧《云南通志》说："（苦葱）性险，居山崖，种荞、稗度日。……衣服多同糯比（哈尼族中的一个支系）。"②可见，清时期苦聪人在经济文化发展方面还较缓慢落后，受他族影响不多，绝大部分则还处于相对封闭的发展状态之中，过着极不稳定的生活。

3. 蒲人的文化与变迁

蒲人亦被称为"蒲蛮""朴蛮""蒲子蛮""扑子蛮"，其先民即南诏时期的"扑子蛮"。扑与蒲实际上是同一个音，是不同的历史时期汉族史家对同一民族群体的不同记载。蒲人的族源可追溯到汉、晋及南北朝时期的"闽濮"。元代的蒲蛮，包括今布朗族和德昂族的先民在内，也就是说还没有分化为两个民族。明代蒲人，即今我国境内布朗、德昂等民族的先民。这两个民族的体质特征及文化生活很接近，故明代仍统称为"蒲人"。直至清末，才逐步分化为两个民族。

明朝时期的蒲人分布区域在今澜沧江和怒江中、下游东西两岸的广大区域范围内，与之相互交错杂居的民族甚为复杂。而其自身内部区域之间政治、经济、文化的发展也很不平衡。分布于滇西顺宁府的蒲人，《滇志》卷三十载："在顺宁沿兰沧江居者，号普蛮，亦曰朴子蛮，性尤悍恶，……不鞍而骑，徒跣短甲，不蔽颈膝，驰突迅疾，善用枪弩。男子以布二幅缝合挂身，无襟袂领缘。妇人织红黑布搭于右肩，穿左胁而扱于胸，别以布一幅蔽腰，见人不知拜跪。寝无衾榻，拳屈而卧。"散居于云南内地各州县司的蒲人，基本上保持与滇西边境地带蒲人一致的生活习俗，例如《滇志》卷三十载："（蒲人）即古百濮。……

---

① （清）傅恒等撰，殷伟等点校：《皇清职贡图》卷七《临安等府苦葱蛮》，第463页。
② 方国瑜主编：《云南史料丛刊》第十三卷，第380页。

图 5-15：顺宁等府"蒲人"

资料来源：《皇清职贡图》卷七，清乾隆十六至五十五年间彩绘绢本。

其流入新兴（今玉溪）、禄丰、阿迷（今开远）、镇南（今南华）者，形质纯黑，椎结跣足，套头短衣，手铜镯，耳铜圈，带刀弩长牌，饰以丝漆，上插孔雀尾。妇女簪骨簪，以丝枲织袈裟短裳，缘以彩色。婚，令女择配。葬，用莎罗布裹尸而焚之。不知荷担，以竹篓负背上。或傍水居，不畏深渊，能浮以渡。在蒙自及教化三部（今文山）、十八寨（今弥勒虹溪），皆号野蒲，桀骜甚诸夷。"[①]

可见，明代蒲人在文化方面大体有如下六个特点：其一，经济上绝大多数从事刀耕火种的原始农业，兼营渔猎；其二，蒲人内部已有明显的贫富分化，富者项戴很多彩色串珠，并用彩色丝绒镶其衣边，贫者少戴甚至不戴串珠，只用黑白线缝其衣边；其三，居住茅屋山寨；其四，节庆宴饮群聚吹芦笛，跳孔雀舞；其五，行火葬，用莎罗布裹尸而焚之；其六，饮食不用筷条，而用手捻饭成团食之。

---

[①]（明）刘文征撰，古永继校点：《滇志》卷三十《羁縻志第十二·种人》，第 1000～1001 页。

蒲人清代与明代时的居住区大体相同。清代前期，顺宁一带的蒲人已习农耕，大多采用刀耕火种式粗放经营，产量极低。随着内地与边区民族交往日益频繁，并且汉人迁居顺宁地区，定居从事农业者多，汉族文化的传入，对蒲人经济的发展起到一定积极作用。正如《皇清职贡图》所载：蒲人"常负米入市，供赋税"①，与粗放农业、"渔猎辅之"的时代相比较，大大前进了一步。而散及其他地区的蒲人，其经济文化方面大略与所在地区各民族情况相似。

图 5-16：清代的"倮黑"
资料来源：《夷人图说目录》（《伯麟图说》），清嘉庆时期彩绘本。

（四）倮黑、罗罗的文化与变迁

1. 倮黑的文化与变迁

倮黑即今拉祜族先民，是云南境内最早的本土民族之一，拉祜族被认为是以古代氐羌为主体发展演变而来的民族。拉祜语属于彝语支，与彝族是近亲关系。清代之前史书中没有相关记载。

据清代史料记载，拉祜族先民多分布在楚雄府、顺宁府、普洱府境内。康熙《楚雄府志》卷一记载说："倮黑，居深箐，择丛篁蔽日处结茅而居，遇有死者，不殓不葬、停尸而去，另择居焉。"②从以上记载大体可以知道，居住在楚雄府境内的拉祜族通常居住在大山深处，人死后不安葬，将死者留在原地后重

---

① （清）傅恒等撰，殷伟等点校：《皇清职贡图》卷七《顺宁等府蒲人》，第 451 页。
② （清）张嘉颖等纂修：康熙《楚雄府志》卷一《地理志·风俗》，清康熙五十年（1711）刊本。

新寻找新的住处。光绪《续修顺宁府志》则说："（俅黑）亦蒲、僰之异派，其俗与僰人不甚相远。蜂蛇鼠蛤，无所不啖。然勤于耕作，妇人任力，男子出猎。多居山箐间。"[1] 居住在顺宁府境内的拉祜族与蒲人、僰夷杂居，生活习俗有某些相似之处，但不相同。他们从事农业生产，妇女耕作，男人狩猎。居住地仍然是大山深处。清代的《普洱府志》也载："俅黑系属化外，性情顽劣，罕事耕作，以捕猎为生，男女皆短衣裤裙，遇有仇隙，以勇悍为能。"[2] 可知，普洱府的拉祜族以捕猎为生，很少从事农业活动，男女身穿短衣裤裙。

从以上可以大致看出，同为拉祜族，由于分布在不同的地域，其生产活动，文化习俗不尽相同。

2. 罗罗的文化与变迁

"罗罗"即彝族先民在元时的称谓，是由南诏、大理时的乌蛮发展而来。除了"罗罗"这一称呼外，史料记载的明确称呼还有"摩察""罗婺""些么徒（撒摩都）"等。明朝时期彝族先民仍然称为"罗罗"，但是分布在川、滇、黔三省交接地带的罗罗有"黑罗罗"和"白罗罗"这样的贵贱之分。[3]

罗罗是云南人数最多、分布最广的民族，元明清时期其文化也发生了不同程度的变迁：

元时，分布在自顺元路经乌蒙至越巂的罗罗，带有更多的原始社会痕迹。据李京《云南志略》记载："男女无贵贱皆披毡，跣足……夫妇之礼，昼不相见，夜同寝。子生十岁，不得见其父。……有疾不识医药，惟用男巫，号曰大奚婆，以鸡骨占吉凶，酋长左右，斯须不可缺。事无巨细，皆决之。……凡娶妇，必先与大奚婆通，次则诸房昆弟皆舞之，谓之和睦；后方与其夫成婚。"[4]

明朝时期，由于统治的深入，罗罗的文化生活状况相较元朝有所发展变

---

① （清）党蒙等修，周宗洛等纂：光绪《续修顺宁府志》卷三十四《杂志一·种人》，清光绪三十一年（1905）刻本。

② 邓启华主编：《清代普洱府志选注》卷七《南蛮志（种人志）》，云南大学出版社，2007，第340页。

③ 尤中：《云南民族史》，第373页。

④ （元）李京撰，王叔武辑校：《云南志略辑校·诸夷风俗·罗罗》，第89页。

图 5-17：曲靖等府"海俣罗"

资料来源：《皇清职贡图》卷七，清乾隆十六至五十五年间彩绘绢本。

化，部分地方，本民族文字所谓"爨字"正在推广使用。这种文字"如蝌蚪，凡十千八百四十有奇，名之曰鼪书"①。另据《景泰云南图经志书》卷四说："定远（今牟定县）之民有曰撒摩都者，即白罗罗之类，近年以来稍变其故俗，而衣服、饮食亦同汉、僰，更慕诗书，多遣子入学，今亦有中科第者。"②从以上可知，撒摩都在明朝时期已经接受和使用汉字了。

清朝时期，居住在平坝地区的罗罗汉化明显，如《皇清职贡图》载："海俣罗，惟曲靖府有之，一名坝俣罗。居平川，种水田，土人以田亩广延者为海，或呼为坝，故得名，或云即白俣罗也。与齐民杂处，其服食、语言俱相似，惟

① （清）李焜纂修：乾隆《蒙自县志》卷五《土官·彝俗附》，清乾隆五十六年（1791）刊刻。

② （明）陈文修，李春龙、刘景毛校注：《景泰云南图经志书校注》卷四《楚雄府·事要·风俗》，第206页。

与同类语则有别。勤于耕作，急公输税，间有读书者。"①溯其原因，与明朝政府在西南边疆的政策有关。随着明军进入云南，卫所制度相应设立，彝族居住区自然成为明朝政府管辖之地。这样，汉族人口大量入迁彝族聚居区，汉族的经济文化持续影响彝族地区的发展，至清初，滇中、滇东等地平坝区的彝族发展水平已逐渐接近当地汉区。

彝族中的大部分已与汉族相杂居，只是在山区仍保持局部的聚居。他们大部分在经济文化生活方面与汉族之间的联系更为密切，所以有"知读书"或"间有读书者"。与明朝时期相比较，彝族习用汉语汉文的面有所增广，但在其内部仍然保持着本民族的语言。"爨字"（即老彝文）却不复见于推广，只是在"毕磨"（巫师）中保留下来，一般人民则不复认识这种文字。②

（五）"野蛮"、仲家的文化与变迁

1. "野蛮"的文化与变迁

"野蛮"即今景颇族先民，属于氐羌民族，清代仍然沿袭明代的称呼，称景颇族的先民为"结些""遮些""野人"。但景颇族自称则是"景颇""载佤""喇期""浪峨"。属于"结些"的部分，农业和手工业都已经有所发展，并产生了阶级分化；而被称为"野人"的部分却还比较落后，甚至连阶级分化都没有产生。③

元时，李京《云南志略》载："野蛮，在寻传以西，散居岩谷。无衣服，以木皮蔽体……男少女多，一夫有十数妻。持木弓以御侵暴。不事农亩，入山林采草木及动物而食。无器皿，以芭蕉叶藉之。"④从以上史料可以看出，元时其经济、文化生活仍处于一种落后的原始状态。

明时，谢肇淛所撰《滇略》卷九说："茶山、里麻之外，又有一种野人，赤发黄睛，以树皮为衣，首戴骨圈，插雉尾，缠红藤，丑恶凶悍，登高涉险如飞。

---

① （清）傅恒等撰，殷伟等点校：《皇清职贡图》卷七《曲靖府海俣罗》，第 489 页。
② 尤中：《云南民族史》，第 534~535 页。
③ 尤中：《云南民族史》，第 386、387、548、549 页。
④ （元）李京撰，王叔武辑校：《云南志略辑校·诸夷风俗·野蛮》，第 95 页。

图 5-18："野人"
资料来源:《夷人图说目录》(《伯麟图说》),
清嘉庆时期彩绘本。

男女渔猎为生,……夜宿树上,……无酋长约束。二长官司(指茶山、里麻二长官司)为所戕破,至避之滇滩关(今腾冲西北瑞滇西部之水城)内。"① 从以上史料来看,这一时期的"野蛮"在经济、文化上变化不大,仍然比较落后。

至清代,云南境内的景颇族主要分布在永昌府(驻今保山)属土司地区(今德宏州);同族的其余部分则在茶山、里麻之外的缅甸境内(今缅甸克钦邦)。② 被称为"野人"的部分比较落后。如楚雄府姚州的"野蛮",到清末还处于游动的状态,生产生活水平也很低,"多以树皮障风雨,刈收毕,便徙去;取鱼则垂藤,人附以入江,最贫苦,畜牛一二头便称极富;饥亦远去劫掠,先世屡剿之,以恃地险,汉人至,则避迹无野,盖因地在蜀之极边,与西番联姻戚,故习遂难遽革"。当然,也有一些开始了定居,"铁锁箐之稍近白井者、渐知居处"③。另据史料载,分布在永昌府境内被称为"遮些"的部分在经济文化上则较为先进,如道光《云南通志》引伯麟《图说》所说,遮些"男女皆穿耳,性奢,彩衣盘旋,饮食必精洁。善用火器及弩。永昌府属有之"④。

① 方国瑜主编:《云南史料丛刊》第六卷,第 779 页。

② 尤中:《云南民族史》,第 548 页。

③ 方国瑜主编:《云南史料丛刊》第十三卷,第 145 页。

④ 方国瑜主编:《云南史料丛刊》第十三卷,第 390 页。

## 2. 仲家的文化与变迁

仲家即今布依族先民。"仲家"这一名称始于宋代，在元明清时期都被称为"仲家"，而自称"布依""布依饶"。由于多种原因，在仲家内部还有不少其他称呼，如"羿子""龙家""八番子""补笼""卡尤""穿青"等。

元代，云南的仲家分布在临安道宣慰司管辖的广西路（今师宗、弥勒、泸西、丘北等县）。到了明代，除原来就居住在云南的布依外，又有部分布依陆续从贵州和广西迁入罗平州境内定居。[①] 至清朝时期，则广西府、曲靖府平彝县（富源），以及昭通府、东川府都有一部分布依族散居。

云南境内仲家主要分布于曲靖与贵州相连地区。仲家内部各地区之间经济文化发展不平衡。元朝时期，由于居住分散、本民族自身内部并不统一，仲

图 5-19：曲靖等府"仲人"
资料来源：《皇清职贡图》卷七，清乾隆十六至五十五年间彩绘绢本。

---

① 王文光、龙晓燕编著：《云南民族的历史与文化概要》，云南大学出版社，2009，第 150 页。

家虽有自己的语言，但还没有创造自己民族的文字，在与汉族直接接触时，有条件的地方便直接使用了汉文，不再创造自己民族的文字。明代变化不大。清时，《滇南志略》载："仲人，与黔省仲家苗同一族，宋时隶摩弥部，其人好楼居，男子缠头，短衣跣足，妇女以青布为额箍，如僧帽然，饰以海巴，耳缀大环，衣花布缘边衣裙，富者或以珠缀之，白布束胫，缠足著履；男女皆力耕作，输赋税，嗜食犬、鼠，风气朴陋，病不服药，惟务祭鬼，习俗大约与沙人同。"[1]《滇南志略》又载："（昭通府镇雄州）种人有沙兔，语言难晓，置业不喜依岩谷，择沃腴始家焉，勤耕织布，粟恒有余；……羿子，一名沙兔，与诸夷通婚姻，故又名仲家苗。"[2] 今滇东北（昭通）的仲家苗由于与"诸夷通婚姻"，因此出现了民族融合，现在昭通地区已经没有布依族。

（六）么些古宗、西番、力些的文化与变迁

1. 么些古宗的文化与变迁

明朝时期称云南境内的藏族为"古宗"。《滇志》载：古宗，"西番之别种。滇之西北与吐蕃接壤，流入境内，丽江、鹤庆皆间有之"[3]。唐以来，汉称藏族为"吐蕃"。唐代史载有一部分藏族居住在滇西北，明朝时期始称居住在滇西北的藏族为"古宗"。元明时期，云南境内"古宗"的经济文化生活状况，"大抵与西番同"，即与当时聚居在今西藏境内的藏族相同。天启《滇志》卷三十说，他们食生肉，披长毡裳，种植蔓菁、青稞。[4] 虽然以农业为主，但畜牧业在经济生活中仍占相当重要的地位。政治上则"随各属土流兼辖"，即分别受丽江、鹤庆的土官或流官统治。

清代，《滇南志略》载："古宗有二种，皆无姓氏；近城及其宗喇普，明沐氏屠未尽者，散处于么些之间，谓之么些古宗。……么些古宗，大致同么些，

---

① 方国瑜主编：《云南史料丛刊》第十三卷，第 158 页。

② 方国瑜主编：《云南史料丛刊》第十三卷，第 252 页。

③（明）刘文征撰，古永继校点：《滇志》卷三十《羁縻志第十二·种人》，第 1000 页。

④（明）刘文征撰，古永继校点：《滇志》卷三十《羁縻志第十二·种人》，第 1000 页。

图 5-20：鹤庆等府"古宗番"

资料来源：《皇清职贡图》卷七，清乾隆十六至五十五年间彩绘绢本。

惟妇髻辫发百股，用五寸横木于顶，挽而束之，耳环细小，与么些异。"[1]其文化方面与今西藏境内的藏族相似。

2. 西番的文化与变迁

西番（巴苴）即今普米族先民，属于氐羌系统民族，"普米"是他们的自称。一般认为，他们是在 13 世纪中叶随忽必烈的蒙古兵一起进入云南的，主要分布在维西、中甸、丽江、宁蒗等地。明代时史书中仍记作"西番"，清代云南境内的西番又称"巴苴"。[2]

作为早期游牧民族，"逐水草而居"的游牧生活是他们的一种基本生活方式。元时，来到云南行省境内的西番，仍然是一些从事畜牧业生产的部落，并

---

① 方国瑜主编：《云南史料丛刊》第十三卷，第 194 页。
② 方国瑜主编：《云南史料丛刊》第十二卷，第 64 页。

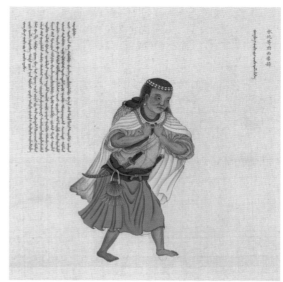

图 5-21：永北等府"西番"
资料来源：《皇清职贡图》卷七，清乾隆十六至五十五年间彩绘绢本。

未曾改变他们原来的生产和生活方式。<sup>①</sup> 元朝统治者曾用少数西番首领为下层地方官，便于其统治。据《土官底簿·云南土官·永宁府知府》载："卜都各吉，澜沧卫西番人，先系本州土官，洪武十六年，征南将军札拟本州知州。"<sup>②</sup> 卜都各吉是西番人，可见元代丽江路永宁州（今宁蒗）的土官，已由西番中的贵族担任。

明代，西番中的很大一部分仍然从事元代以来的游牧生活。史载明初永宁府（今宁蒗县北部），"所辖四长官司多西番，民性最暴悍，佩刀披毡，无室屋，夏则山巅，冬则平野以居，而畜多牛马，有草则住，无草则移，初无定所。妇人以松膏泽发，搓之成缕，下垂若马鬃然。又有所谓野西番者，则长往而不可制"<sup>③</sup>。明中期后，一部分西番开始定居，他们在畜牧的同时，也从事农业生产。

---

① 尤中：《云南民族史》，第 313 页。

② 方国瑜主编：《云南史料丛刊》第五卷，第 404 页。

③ （明）陈文修，李春龙、刘景毛校注：《景泰云南图经志书校注》卷四《永宁府·事要·风俗》，第 245 页。

天启《滇志》卷三十说："（西番）住山腰，以板覆屋。俗尚勇力，善射。和酥酪于茶（以食）。……随畜迁徙。又有野西番者，倏去倏来，尤不可制。"他们"和酥酪于茶（以食）"，说明已种植青稞，即在从事畜牧的同时，也从事农业生产。"又有野西番者"，说明西番中发展有差距。此时，藏传佛教开始在西番中流传，据天启《滇志》说，西番"有缅字经，以叶书之"①，所谓"缅字经"，实为用藏文书写的佛经。明朝，纳西族及普米族人被委任为土司职务，纳西族首领授封世袭土司职衔，统治着纳西族、普米族等各族人民。②

清代时，农业生产在西番中较之明朝时期有进一步的发展。他们种植的农作物主要是荞、稗；同时也仍然"牧牛羊为生"③，畜牧业生产在经济生活中占一定的比重。在文化习俗上，史载："西番，性畏炎热，住必高山，无论春夏皆毡裘，椎髻，行必带刀、执棍以为卫护，遇有怨仇，不知鸣官，惟以报复相寻。"④由于他们与氐羌同源，从以上史料记载可知，他们的生活中或多或少还有氐羌同胞的文化痕迹。其信仰受藏传佛教的影响，史载丽江府西番："尚力善射，与牧迁移，间有向学者，以贝叶写西方经，祀神诵焉。"⑤

3. 力些的文化与变迁

力些即傈僳族先民，属氐羌民族⑥，南诏、大理时称"施蛮""顺蛮"，后被称为"卢蛮"。元朝时期沿袭不改。⑦明朝时期，被称为"栗些"。"些"与"粟"同声，"栗些"即"栗粟"。⑧清朝时，力些的记录和现代的记录差不多，记为"傈僳"。

清朝初年，大部分傈僳族较以前有所发展，但据史料记载，其仍然是刀耕

---

① （明）刘文征撰，古永继校点：《滇志》卷三十《羁縻志第十二·种人》，第 1000 页。
② 尤中：《云南民族史》，第 390 页。
③ （清）阮元、伊里布等修，王崧、李诚等纂：道光《云南通志·南蛮志·种人》卷一百八十五《种人三·西番》，见方国瑜主编：《云南史料丛刊》第十三卷，第 377 页。
④ （清）刘慰三撰：《滇南志略》卷四《东川府》，见方国瑜主编：《云南史料丛刊》第十三卷，第 244 页。
⑤ （清）刘慰三撰：《滇南志略》卷三《丽江府》，见方国瑜主编：《云南史料丛刊》第十三卷，第 194 页。
⑥ 王文光、龙晓燕编著：《云南民族的历史与文化概要》，第 192 页。
⑦ 尤中：《云南民族史》，第 310 页。
⑧ 尤中：《云南民族史》，第 383 页。

图 5-22：姚安等府"傈僳蛮"

资料来源：《皇清职贡图》卷七，清乾隆十六至五十五年间彩绘绢本。

火种，农作物只有荞、稗。另外清代的傈僳族中仍然没有文字，而只是"刻木为契"。[1] 提及力些的文化，不得不涉及居住在楚雄境内的力些，因其与汉族接触的程度不一样，吸收汉化的程度也不尽一致，所以又被汉族史家分为"生力些"和"熟力些"两种。《滇南志略》载："力些，迤西皆有之，在州者名傈僳，有生、熟二种，男囚首跣足，衣麻布衣，披毡衫，以鼍为带束其腰，妇女裹白麻布，善用弩，发无虚矢，每令其妇负小木盾，经三四寸者前行，自后发弩，中其盾，而妇无伤，以此制服西番。"[2]

## （七）卡瓦、基诺的文化及变迁

### 1.卡瓦的文化及变迁

卡瓦即今佤族先民。佤族的先民在唐朝时期被称为"望蛮"，是由闽濮为

---

① 方国瑜主编：《云南史料丛刊》第十二卷，第 65 页。

② 方国瑜主编：《云南史料丛刊》第十三卷，第 145 页。

主体发展而来的民族。至元朝时期为记录所忽略。明朝，佤族先民有了新的发展，有关的记录也不断增多，这时期的称呼包括"哈瓦、古剌、哈剌、哈杜"。虽有这么多名称，但都是同一民族，仅是分布地不同而已。清代，"哈剌、哈杜"的民族名称消失，而又称为"戞喇""卡瓦"。实际上，戞喇就是明代的古剌，卡瓦就是明代的哈瓦。清代戞喇与卡瓦的分布区域与明代哈喇、哈瓦的分布区域相同，所以仅仅是汉族史家记载的不同而已。[①]

　　明代，佤族先民的称呼复杂，说明其内部的政治、经济、文化发展的不平衡。一般说来，分布区域稍靠内者，由于受汉、白等族的影响而较之过去有所变化，如正德《云南志》记载腾冲军民指挥使司境内各族"风俗渐变"时说，当地"俗甚陋，自本朝立学以来，民间俊秀子弟奋发，以读书自励，科不乏人，而其父兄亦各向慕，革其旧染矣"[②]。包括当地的哈剌，在文化生活方面也受到汉族一定的影响而有所改变。而居住在更接近边疆的部分，则仍然比较原始落后，天启《滇志》卷三十就说："哈喇，……又有古喇，……种类略同。哈杜，亦类哈喇，居山，言语不通。"[③]古喇、哈杜的分布区域靠近边疆，即今德宏

图 5-23：清代的佤族
资料来源：《滇省夷人图说》。

① 王文光、龙晓燕编著：《云南民族的历史与文化概要》，第 166 页。

② 方国瑜主编：《云南史料丛刊》第六卷，第 223 页。

③（明）刘文征撰，古永继校点：《滇志》卷三十《羁縻志第十二·种人》，第 1001 页。

和临沧地区南部边境地带，他们当时散居在边疆的山区，显然较之靠内的哈喇落后，所以虽与哈喇为同一民族而"言语不通"，方言差别较大。方言的差别，是经济文化生活上存在差别的反映。《百夷传》说："哈杜，巢居山林，无衣服，不识农业，惟食草木禽兽，善骑射。冷则抱巨石，山坡间往复奔走，以汗出为度。"① 哈杜与古喇共同居住在边疆的山区，但较之古喇更为原始落后。他们仍然从事原始的狩猎生活，农业和纺织手工业都还没有发展起来，物质生活条件很差，以至"惟食草木禽兽，……冷则抱巨石，山坡间往复奔走"，以抵御饥饿和寒冷。因此，在他们中间还谈不上贫富的分化和阶级的产生。哈杜仍然处在完全的原始社会之中。

清代，《滇南志略》载："卡瓦，……男穿青蓝布短衣裤，女穿青蓝布短衣裙，均以红藤缠腰，耕种杂粮，暇则佩刀持枪，捕猎为食；在思茅者稀入城市，在宁洱者应役当差。"③ 从以上史料可知，卡瓦主要分布在普洱府的宁洱县和思茅厅，他们捕猎为食，虽有耕作，但是仅有杂粮，由此可见他们的生活水平不高。在永昌府内的山区，今佤族先民被称为戛喇，自称阿瓦，从文献所载来看，不同的支系有一些差异，《滇南志略》载："戛喇，永昌、腾越内外境俱有之，耕种类阿昌，形状似倮罗，凶悍善斗，妇女斜缠锦布于腰，居山巅，户不正出，迎山开门，迁徙无常，不留余粟。"这些佤族先民居住在高山，没有余粮，说明生活水平仍然不高，可能还处于游耕状态。而处于定居状态的部分则又有不同："阿瓦种类，其人体肥力健，男子束发，戴黑漆帽，裹幅布于身，妇人挽髻，窄袖短衣，缘边桶裙，编竹丝为器，盛食物，状如葫芦，俗勤耕织，输粮赋。"④ 这部分阿瓦的生产发展水平虽然不高，但已生活在以地主经济为基础的流官政权的统治区域内，已像汉族农民一样地对官府"输粮赋"了。

2. 基诺的文化及变迁

旧称之"三撮毛"即今基诺族先民。关于"三撮毛"的记录始于清代，汉

---

① （明）钱古训撰，江应樑校注：《百夷传校注》，第104页。
③ 方国瑜主编：《云南史料丛刊》第十三卷，第200页。
④ 方国瑜主编：《云南史料丛刊》第十三卷，第212页。

族史学家根据他们的发型特征称呼其为"三撮毛"，自称则为基诺。

清时，他们主要居住在普洱府，清末的《滇南志略》载："三撮毛，种茶，好猎，剃发作三撮，中以戴天朝，左右以怀父母。"[①] 从以上可知，他们的头发剃为三撮的意思分别是：中间的一撮表示拥戴王朝的统治，左右两撮表示对父母的敬重之意。另外可知"三撮毛"日常种茶、狩猎以补贴家用，茶作为一种经济作物，可以明显提高他们的生活质量，狩猎也是重要的经济来源。此外，道光《普洱府志》也载："三撮毛，即倮黑（即拉祜族）派，其俗与摆夷（即傣族）不甚相远，思茅有之。男穿麻布短衣裤，女穿麻布短衣桶裙。男以黑藤篾缠腰及手足，发留中、左、右三撮，……以捕猎取野物为食，男勤耕作，妇女任力。"[②] 可见，清代基诺族中"男勤耕作，妇女任力"，即男女都共同从事农业生产。纺织手工业生产发展水平并不高，只能织造麻布。服饰等习俗文化方面与傣族相似，平时穿短衣、桶裙等。

图5-24：清代的"三撮毛"
资料来源：《滇省夷人图说》。

（八）俅人、怒子的文化与变迁

1. 俅人文化与变迁

"俅人"或者"撬族"即今独龙族先民。"俅"与"撬"同音异写而已。俅

---

① 方国瑜主编：《云南史料丛刊》第十三卷，第203页。
② 邓启华主编：《清代普洱府志选注》卷七《南蛮志（种人志）·三撮毛》，云南大学出版社，2007，第349页。

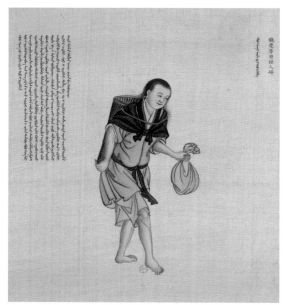

图 5-25：鹤庆等府"俅人"
资料来源：《皇清职贡图》卷七，清乾隆十六至五十五年间彩绘绢本。

人居住区域在丽江府俅江流域一带，至近代则逐渐集中到俅江下游以西南的独龙河流域地带，因而称为"独龙族"。[1]

　　史书对俅人的记载较少。元朝时仅《元一统志》丽江路军民宣抚司"风俗形势"条中说，丽江境内有"撬"即俅人与"磨些""白""罗落""冬闷""峨昌""土蕃""卢"等民族群体"参错而居"。[2] 由此可知，俅人当时与同区域内的磨些、吐蕃等有接触。但俅人一直以来居住闭塞，不与外族来往，也不为外人所知。[3] 至明朝时期，有关的记录中不复见有俅人。但至清朝时期复见。则明朝时期俅人应仍然分布在元朝时期的老地方，其情况较之元朝时期没有什么

[1] 尤中：《云南民族史》，第 545 页。
[2]（元）孛兰肹等撰，赵万里校辑：《元一统志》卷七《云南诸路行中书省·丽江路军民宣抚司·风俗形势》，中华书局，1966，第 561 页。
[3] 尤中：《云南民族史》，第 312 页。

变化。[①]

至清朝时,《皇清职贡图》说:"俅人……种黍稗,刳黄连为生。"从记载中可以看出,他们当时种植黍稗,生活水平不高,农业生产不发达。又说:"男子披发,著麻布短衣裤,跣足。妇耳缀大铜环,衣亦麻布。"手工业生产则仅能织造粗麻布。这样的生产水平,当然还不可能出现贫富分化和阶级剥削,所以《皇清职贡图》说他们"无贡税"。俅人中有一部分甚至还"居山岩中者,衣木叶,茹毛饮血",生产生活仍然比较原始,所以说他们是"宛然太古之民",还说"俅人与怒人接壤,畏之,不敢越界"[②]。由于生产落后,所以原始的氏族、部落制度仍然在俅人中很牢固地保持着。

2. 怒子的文化与变迁

怒子,即怒族。明朝开始出现关于怒族的记载。据李思聪版《百夷传》载:"怒人,颇类阿昌",怒人与蒲人、阿昌、哈剌、哈杜,"皆居山巅,种苦荞为食"[③]。而百夷(傣族)则居平地或水边。这部分怒人与阿昌(景颇)杂居在一起,也就是分布在今缅甸克钦邦东北部与中国云南怒江州连接地带。他们和同区域内的阿昌相似,在山区种植苦荞,从事着比较粗放的农业生产。明末天启《滇志》也说:"(怒人)男子发用绳束,高七八寸,妇人结布于发。其俗大抵刚狠好杀,余与磨些同。惟丽江有之。"[④] 这条史料记载的是分布在丽江府西部,即今维西、兰坪、碧江、福贡、贡山一带的怒人。这部分怒人的西边即与前述《百夷传》中记载的那部分怒人的分布区相连接。从记载来看,丽江府西部的这部分怒人在许多方面与末些相同。有一定的农业和纺织手工业,但经济发展不平衡,有的仍然保留着更多的原始社会生活习俗。

清朝时期,怒人的分布区域进一步明确,主要居住于今怒江州及境外的缅

---

① 尤中:《云南民族史》,第 388 页。
② (清)傅恒等撰,殷伟等点校:《皇清职贡图》卷七《鹤庆等府俅人》,第 455 页。
③ (明)李思聪:《百夷传》,(明)陈文修,李春龙、刘景毛校注:《景泰云南图经志书校注》卷十《传》,第 540 页。
④ (明)刘文征撰,古永继校点:《滇志》卷三十《羁縻志第十二·种人》,第 1000 页。

图 5-26：丽江等府"怒人"
资料来源：《皇清职贡图》卷七，清乾隆十六至五十五年间彩绘绢本。

甸克钦邦。怒人在这些地区与傈僳族、独龙族先民交错杂居在一起。[①]与明朝时期相比较，怒人的农业和手工业生产都有所发展。农产品的种类增多了，除明时期种植的苦荞之外，还增加了黍麦、薯、芋等，但农业生产水平不高，需经常"猎禽兽以佐食"，可见狩猎也仍然是怒人经济生活中不可缺少的部分。手工业方面的发展较快，产品有竹器、红文麻布等，其生产技术已达到一定水平，丽江的末些对这些产品也"不远千里往购"。雍正八年（1730），怒人中的头人听闻维西改土归流，"相率到康普（在今维西县）界，贡黄蜡八十斤、麻布十五丈、山驴皮十、麂皮二十，求纳为民，永为岁例"。怒人地区即归鹤庆管辖，乾隆年间改属丽江府。此后，怒人便经常"以所产黄莲入售内地"。而内地的"夷人"即末些等族人民亦"多负盐至其地交易"。从怒人主动向维西厅纳贡及与

---

① 尤中：《云南民族史》，第 544 页。

末些等族展开交易的情况看，其内部生产的发展已能够提供一定数量的剩余产品。但仍然未曾完全进入阶级社会，内部的阶级分化还不剧烈，各个氏族或村社分别居住在一个地区范围之内，过着原始的民主生活，因而其地"无盗，路不拾遗"，对外地来的商人则"敬礼而膳之，不取值。卫之出"①。然而，还有一部分怒人在清朝初年以后流入丽江府靠内的各州、县，在其所到之处，"以弓矢射猎，……常负筐持囊剧黄莲，亦知耕种"，仍然保持着原聚居区的生产生活方式。但政治上则"随二府（即丽江、鹤庆）土流兼辖"②，受所在地区的土官或流官的统治。

# 第二节　元明清云南民族的婚丧文化

## 一、元明清云南民族婚姻风俗的变迁

元明清时期，随着各族社会经济的发展，云南各民族的婚姻风俗也在发生变化。

元代，李京的《云南志略·诸夷风俗》对居住在云南境内的白人、罗罗、金齿百夷、末些蛮、土僚蛮、野蛮、斡泥蛮、蒲蛮诸族的风俗作了一些描述③，这成为我们考查元代云南各民族婚姻等习俗文化的重要依据。在李京的描述中，白人婚俗"处子孀妇出入无禁。少年子弟号曰妙子，暮夜游行，或吹芦笙，或作歌曲，声韵之中皆寄情意，情通私耦，然后成婚"。分布在顺元、曲靖、乌蒙、乌撒、越巂等地的罗罗，即乌蛮，其婚俗，"夫妇之礼，昼不相见，夜同寝。子生十岁，不得见其父。妻妾不相妒忌。嫁娶尚舅家，无可匹者，方许别

---

① 方国瑜主编：《云南史料丛刊》第十二卷，第 65 页。
② （清）傅恒等撰，殷伟等点校：《皇清职贡图》卷七《丽江等府怒人》，第 453 页。
③ 下文史料参见（元）李京撰，王叔武辑校：《云南志略辑校·诸夷风俗》，第 86~96 页。

娶"。又说"有疾不识医药，惟用男巫，号曰大奚婆，……凡娶妇，必先与大奚婆通，次则诸房昆弟皆舞之，谓之和睦；后方与其夫成婚。昆弟有一人不如此者，则为不义，反相为恶"。在其一夫多妻的婚制中，"正妻曰耐德，非耐德所生，不得继父之位。若耐德无子，或有子未及娶而死者，则为娶妻，诸人皆得乱，有所生，则为已死之男女。酋长无继嗣，则立妻女为酋长，妇女无女侍，惟男子十数奉左右，皆私之"。金齿百夷，其婚俗"嫁娶不分宗族，不重处女……女子红帕首，馀发下垂。未嫁而死，所通之男人持一幡相送，幡至百者为绝美。父母哭曰：'女爱者众，何期夭耶！'"临金沙江，居住于与吐蕃接界地的末些蛮，"妇女披毡，皂衣，跣足，凤鬟高髻。女子剪发齐眉，以毛绳为裙，裸露不以为耻。既嫁，易之。……男女动数百，各执其手，团旋歌舞以为乐"。从以上《云南志略》所记载的情况来看，无论是白人中的"处子孀妇出入无禁"，"暮夜游行，……情通私耦，然后成婚"，还是罗罗娶妇中的"和睦"之俗，以及末些中"男女动数百，各执其手，团旋歌舞以为乐"等习俗，反映了元代时这些民族在其婚俗中仍保有不重处子，甚至有的民族还有种种群婚的迹象。此外，罗罗中还存在着"嫁娶尚舅家"，这种"姑舅表亲"的存在说明其社会中存留着以母系血缘为主的家族内婚。

　　明清时期，云南各民族的婚姻习俗相比元代时又呈现出不同的状况，最主要的原因在于此时期大量外来移民入迁云南，对云南的社会发展影响巨大。移民中的相当部分为有文化高素养之士，他们将熟悉的思想文化施之于当地、影响于当地，对云南地区各民族的风俗习惯产生了重大影响。此外，当地民族众多且社会发展程度参差不一的情况也使云南各民族呈现多种婚俗并存的局面。

　　明初，云南的汉族和少数民族的文化差异十分明显，所谓"华夷错居，习俗各异"。《云南图经志书》载明前期云南各地的文化习俗，云南府"夷汉杂处。云南土著之民不独㸑人（白族）而已，有曰白罗罗（彝族）、曰达达（蒙古族）、曰色目（主要为回族），及四方之为商贾、军旅移徙曰汉人者杂处焉"①。沾益州：

① （明）陈文修，李春龙、刘景毛校注：《景泰云南图经志书校注》卷一《云南府·事要·风俗》，第4页。

"罗罗以黑、白分贵贱，其婚娶论门第，财礼用牛马，以多者为贵。……室女环极大，谓之纳采，许嫁则易之。"①楚雄府："汉、僰同风。府治之近，多旧汉人，乃元时移徙者，与僰人杂处，而服食器用及婚姻丧葬、燕会馈饷之俗，大抵同风。""定远之民有曰撒摩都者，即白罗罗之类，近年以来稍变其故俗，而衣服、饮食亦同汉、僰，更慕诗书，多遣子入学，今亦有中科第者。"②大理府："俗本于汉。……其尚浮屠，贵食生，祀祖为节，大抵与云南府同。"③云龙州："不婚别类。峨昌虽与蒲蛮杂处，而婚娶不杂，惟求其同类而已。其聘礼用牛、马，贫富有差，宴待必杀狗。"④蒙化府："俗变故习。近城居者多汉、僰人，男女勤于耕织。会饮序齿而坐，婚姻必察性行，皆非前代之故习矣。盖自开设学校以来，闻礼义之教，且近于大理，其亦有所渐染者欤。"⑤鹤庆府："习俗少变。近府治而居者，皆汉、僰人，今乐育教化，渐被华风，而言语、服食、吉凶、庆吊之俗，俱变其旧矣。"⑥等等。从中可看出，在明初时，云南有的地区的民族仍保持着宋元时代的遗风，即使与他族杂处，也仍然"不婚别类"，在婚姻等各种习俗上变化不大。但是，随着内地移民影响的增强，在"夷汉杂处""汉、僰同风"之中，也不乏"稍变其故俗""乐育教化，渐被华风"之类新气象的产生，表现在婚姻上，一些民族"婚娶论门第，财礼用牛马，以多者为贵"，已有门第贵贱之分，而且有了一定的婚姻仪式礼俗。

---

① （明）陈文修，李春龙、刘景毛校注：《景泰云南图经志书校注》卷二《沾益州·事要·风俗》，第125页。

② （明）陈文修，李春龙、刘景毛校注：《景泰云南图经志书校注》卷四《楚雄府·事要·风俗》，第206页。

③ （明）陈文修，李春龙、刘景毛校注：《景泰云南图经志书校注》卷五《大理府·事要·风俗》，第261页。

④ （明）陈文修，李春龙、刘景毛校注：《景泰云南图经志书校注》卷五《云龙州·事要·风俗》，第283页。

⑤ （明）陈文修，李春龙、刘景毛校注：《景泰云南图经志书校注》卷五《蒙化府·事要·风俗》，第298页。

⑥ （明）陈文修，李春龙、刘景毛校注：《景泰云南图经志书校注》卷五《鹤庆军民府·事要·风俗》，第303页。

图 5-27：阿成婚俗。"阿成，勤俭畏法，婚必以羊酒，娶时抱瓢水倾女足前，谓之压性，开化府属有之。"阿成为今彝族一支系。婚礼以羊、酒为聘。

资料来源：《滇省夷人图说》。

图 5-28：子间婚俗。"子间，久沐浓化，服食同中华，嫁娶必乘马，平时负薪以行也，云南府属有之。"子间为今天彝族的一个支系。婚礼中以牛作为聘礼。

资料来源：《滇省夷人图说》。

图 5-29：阿系婚俗。"阿系，他方人入夷地，久遂家焉，通言语，务耕种，聘妇富者以金银，贫者以牛，开化府属有之。"今属彝族阿细支系。婚礼中"富者以金银，贫者以牛"作为聘礼。
资料来源:《滇省夷人图说》。

图 5-30：花土僚婚俗。"花土僚，男衣彩布，女服绣褐，婚不亲迎，妇翁携酒饮婿家，正月之二月老幼击鼓喧舞相娱嬉，开化府属有之。"花土僚为今壮族支系。婚礼以酒为聘。
资料来源:《滇省夷人图说》。

图 5-31：麦岔婚俗。"麦岔，聘妇用牡牛，吹笙、酌斗以娱客，终岁勤动恬如也，临安府属有之。"麦岔为今天彝族的一个支系。婚礼以牛、酒为聘，婚礼中吹笙助兴。

资料来源：《滇省夷人图说》。

图 5-32：阿哂婚俗。"阿西（哂），居山凹，勤于治生，择婿必其家去水远者，俾女于负水时织线以为私蓄也，广西州属有之。"阿哂为彝族一支，广西州位于云南东部南盘江中游一带。不同的生活环境导致其不同的通婚圈的选择。

资料来源：《滇省夷人图说》。

图 5-33：普列婚俗。"普列，性质直，勤于耕，婚必媒妁，善鸡卜，有疑，取鸡骨卜之辄兆，开化府属有之。"普列今属彝族支系。受汉文化影响，部分少数民族"婚必媒妁"。

资料来源：《滇省夷人图说》。

图 5-34：卡惰婚俗。"卡惰，性纯，喜歌舞，婚用媒妁而聘必多金，其俗重生女也，元江州属有之。"卡惰今属哈尼族支系。他们受汉文化影响，"婚用媒妁"，并以金银货币作为聘礼。

资料来源：《滇省夷人图说》。

随着大量的汉族等内地人口进入云南，至明代后期，民族间的居住方式出现更多交错杂居的格局，这样的居住格局给云南各族的婚姻等习俗带来重大变化。明人谢肇淛在《滇略》中说："高皇帝既定滇中，尽迁江左良家闾右以实之，及有罪窜戍者，咸尽室以行，故其人土著者少，寄籍者多，衣冠礼法，言语习尚，大率类建业；二百年来，熏陶所染，彬彬文献与中州埒矣。"[①]

在婚俗上，诸葛元声在《滇史》中曾记载洪武年间，安陆侯吴复在平滇中功勋显著，"复在镇宁州时，闻十二营长官司杨氏女之贤，礼聘娶之""而杨氏，为僰人也"[②]。这种"礼聘娶之"的方式，不但出现于族际通婚中，也当为各民族婚娶的常见方式，且日趋奢侈，如明末天启《滇志》记载，通海的阿者罗罗"婚以牛为聘，婿亲负女而归"，干罗罗"婚嫁尚侈，诸种人所不及"[③]；顺宁的僰夷"婚聘用牛，贫不能具者，佣女家三年"，姚安的僰夷"婚用牛羊"[④]；沙人"婚丧以牛为礼"[⑤]；"腾越州虽远阂两江，衣冠文物不异于中土，冠婚丧祭皆遵礼制，节令、服食、货贝等俗与列郡同"[⑥]。可见，在外来内地移民文化习俗的影响下，云南一些民族的婚俗亦与内地渐趋一致。当然，也有一些民族仍然保留着传统的婚姻习俗，如爨蛮"嫁娶尚舅家，无可配者，方许别婚"[⑦]，白罗罗"婚姻惟其种类，以牛马为聘，及期，聚众讧于女家，夺其女而归"[⑧]。

清代的云南，史志书记载各民族婚姻习俗的颇多，如澄江府的"黑、白罗罗，……婚姻惟其种类，以牛、马为聘"[⑨]。遍居滇西及滇西北的傈僳，余庆远在《维西见闻纪》说："采山中草木为和合药，男女相悦，暗投其衣，遂奔而从，

① 方国瑜主编：《云南史料丛刊》第六卷，第 699 页。

② （明）诸葛元声撰，刘亚朝点校：《滇史》卷十，第 281、366 页。

③ （明）刘文征撰，古永继校点：《滇志》卷三十《羁縻志第十二·种人》，第 996 页。

④ （明）刘文征撰，古永继校点：《滇志》卷三十《羁縻志第十二·种人》，第 998 页。

⑤ （明）刘文征撰，古永继校点：《滇志》卷三十《羁縻志第十二·种人》，第 1001 页。

⑥ （明）李中溪纂修：万历《云南通志》卷二《地理志·永昌军民府·风俗》，民国二十三年（1934）龙氏灵源别墅重印本影印。

⑦ （明）刘文征撰，古永继校点：《滇志》卷三十《羁縻志第十二·种人》，第 994 页。

⑧ （明）刘文征撰，古永继校点：《滇志》卷三十《羁縻志第十二·种人》，第 995 页。

⑨ （清）李星沅等修，李熙龄等纂：道光《澄江府志》卷八《种人》，道光刻本复印。

跬步不离。婚以牛聘……"[①]新平的摆夷"婚无媒妁，以正月子日用色线结球抛之，两相愿者接而为夫妇"[②]；开化府的依人"婚姻以歌唱私合，始通父母议财礼"[③]；广南府的依人"如缔婚姻，则以歌唱私合，始通父母，议财礼"[④]；镇雄州的苗人"婚姻不先媒妁，每于岁正，择地树芭蕉一株，集群少，吹芦笙，月下婆娑歌舞，各择所配，名曰'扎山'。两意谐和，男女归告父母，始通媒焉。以牛马、布帛为聘，嫁娶迎送亦以人多为荣"[⑤]；居顺宁的浦人，据道光《云南通志·种人》转引《顺宁郡志余钞》载："婚娶无礼文，惟长幼跳踏，吹芦笙为孔雀舞。男以是迎，女以是送。至婿家，立标竿，竿上悬荷包、锦囊，藏五谷、银器。复取脂抹其竿使滑，令人难上。而后男女两家大小，争上取之，得者为胜。"[⑥]从以上可知，云南的许多民族在清代尤其是改土归流以前，婚姻习俗是比较自由的，很多民族还保留着本民族中不通媒妁、婚姻自由的传统礼俗，即"男女婚配无媒，听自择，不计同族尊卑"[⑦]。

但是，在改土归流后，随着汉文化的融入，云南各族的婚俗情况发生了很大变化，"父母之命，媒妁之言"逐渐成为各地各族婚姻制度中的戒律。如丽江的纳西族在改土归流后，婚俗上出现了汉化，具体表述就是"从汉礼"，乾隆《丽江府志略》中就说："夷俗男二十岁以上始戴帕，卷发辫簪之，有冠礼遗意。求婚请人至女家致辞，宴酒即为允诺，以尺帛银饰为定。二姓男女互相往来，名曰任门。娶之前一日，遣人牵羊一，负萝米、瓶酒往，不亲迎。今渐从

① 方国瑜主编：《云南史料丛刊·第十二卷》，第 65 页。
② （清）李诚纂修：道光《新平县志》卷六《土司·种人附》，道光六年抄本。
③ （清）汤大宾、周炳纂，娄自昌、李君明点注：道光《开化府志》卷九《风俗·种人》，兰州大学出版社，2004，第 244 页。
④ （清）李熙龄纂，杨磊等点校：道光《广南府志》卷二《风俗·种人附》，兰州大学出版社，2004，第 74 页。
⑤ （清）屠述濂：乾隆《镇雄州志》卷三《风俗（夷俗附）》，见《昭通旧志汇编》编辑委员会编：《昭通旧志汇编》（四），云南人民出版社，2006，第 1002 页。
⑥ （清）阮元、伊里布等修，王崧、李诚等纂：道光《云南通志稿》卷一百八十五《南蛮志·种人二·浦人》，清代刻本复印。
⑦ （清）董善庆撰：《云龙记》，见方国瑜主编：《云南史料丛刊·第十一卷》，第 330 页。

汉礼。"① 在有的民族中，婚姻的缔结过程还需媒人作中线，媒人往返于男女双方家，说合后则互报生辰八字，择定吉日良辰后，"先纳币，然后行亲迎礼，仪物丰俭一视其力。娶夕行合卺礼，三日庙见（即拜见公婆），弥月女子归宁"②。云南各少数民族原来的婚姻形式已注入汉式婚俗的许多内容，被内地传统的婚姻形式所取代，这也反映出内地汉文化在少数民族地区的广泛传播。

　　总之，元明清时期云南各地区各民族的婚俗不尽相同，既有共同的特点，也有自己民族的特色。在汉族移民较多的地区，婚俗受汉族的影响较大，其程式趋同于汉民族；在边地民族地区，受汉族影响较小，保留着本地区、本民族的特色。

## 二、元明清云南民族丧葬风俗的变迁

　　南诏大理时期，乌蛮和白蛮的丧葬已经形成了差异。据《蛮书》卷八《蛮夷风俗》载："西爨及白蛮死后，三日内埋殡，依汉法为墓。稍富室广栽杉松。蒙舍及诸乌蛮不墓葬。凡死后三日焚尸，其余灰烬，掩以土壤，唯收两耳。南诏家则贮以金瓶，又重以银为函盛之，深藏别室，四时将出祭之。其余家或铜瓶铁瓶盛耳藏之也。"③ 从这则记载来看，当时以白蛮为主体的西爨地区与汉族地区一样盛行墓葬，而乌蛮则盛行火葬。从地理分布来看，《蛮书》卷四《名类第四》："西爨，白蛮也。东爨，乌蛮也。当天宝中，东北自曲靖州，西南至宣城，邑落相望，牛马被野。在石城、昆川、曲轭、晋宁、喻献、安宁至龙和城，谓之西爨。在曲靖州、弥鹿川、升麻川南至步头，谓之东爨，风俗名爨也。"④ 从以上分布来看，西爨主要分布在曲靖、昆明、马龙、晋宁、澄江、江川、安

---

① （清）管学宣、万咸燕纂修：乾隆《丽江府志略》下卷《礼俗略·风俗》，丽江县县志编委会办公室1991年翻印，第207页。

② （清）陈燕等修，李景贤等纂：光绪《沾益州志》卷二《风俗》，清光绪十一年抄本影印。

③ （唐）樊绰撰，向达原校，木芹补注：《云南志补注》卷八《蛮夷风俗第八》，云南人民出版社，1995，第118页。

④ （唐）樊绰撰，向达原校，木芹补注：《云南志补注》卷四《名类第四》，第47页。

宁、禄丰等地区。研究表明，白蛮向西还分布到了洱海地区，这些地区的白蛮都盛行墓葬。① 故唐代梁建方的《西洱河风土记》记载："至于死丧哭泣，棺郭袭敛无不毕备。三年之内，穿地为坎，殡于舍侧，上作小屋，三年而后出而葬之，蠹蚌封棺，令其耐湿。"② 乌蛮主要分布在曲靖、宣威、沾益、寻甸、嵩明、建水及洱海四周的六诏。乌蛮是今天彝族的主体来源，其源于氐羌系统民族，自古以盛行火葬为主。

大约在唐末和宋代，由于佛教和彝族先民火葬风俗的影响，白蛮逐渐开始盛行火葬。罗开玉先生的研究表明，云南氐羌系统的火葬区主要分布在滇西高原，时间上从先秦两汉至宋明。藏传佛教系统以西藏为中心，遍及滇西北高原等地，时间主要是宋元至今。另外，佛教密宗主要分布在滇中、川西南地区，时间主要是宋元至明代。③ 在云南和四川西昌发现了许多大理国和元明时期的白族火葬墓，而元代李京《云南志略·诸夷风俗》"白人"条记载："人死，浴尸，束缚令坐，棺如方柜，击铜鼓送丧，剪发为孝，器如歌而不哀，既焚，盛骨而葬。"④ 此则史料还说明元代的白人施行火葬，并拾骨灰埋葬。明代景泰、天启等地方志都记载当时的白蛮盛行火葬。如《景泰云南图经志书》卷一载："土人……死则浴尸束缚置方棺中，或坐或侧卧，以布方幅，令有室僧名阿吒力者，书梵咒八字其上，曰'地水风火，常乐我净'，而饰以五采，覆之于棺，不问僧俗，皆送之野而焚之，或五日或七日，收骨贮瓶中，择日而葬之。"⑤ 天启《滇志》卷三十载："爨蛮……死以豹皮裹尸而焚，葬其骨于山，非骨肉莫知其处。"其中"白倮倮……丧无棺，缚以火麻，裹毡，……焚之于山"⑥。

---

① 田怀清：《南诏大理时期的丧葬习俗》，见杨仲录等主编：《南诏文化论》，云南人民出版社，1991，第550~564页。

② 方国瑜主编：《云南史料丛刊·第二卷》，第219页。

③ 罗开玉：《古代西南民族的火葬墓》，载《四川文物》，1991（3）。

④ （元）李京撰，王叔武辑校：《云南志略辑校·诸夷风俗·白人》，第88页。

⑤ （明）陈文修，李春龙、刘景毛校注：《景泰云南图经志书校注》卷一《云南府·事要·风俗》，云南民族出版社，2002，第3页。

⑥ （明）刘文征撰，古永继校点：《滇志》卷三十《羁縻志第十二·种人》，第995页。

　　除以上外，元代的土僚人流行崖葬。土僚蛮为今仡佬族、壮族先民。元代的土僚人大致在叙州南、乌蒙北，即今四川宜宾和今云南昭通等地。关于土僚人丧葬习俗，《云南志略》中说："人死，则以棺木盛之，置于千仞颠崖之上。"①

　　明清时期随着汉民族的大量入迁云南，汉民族的丧葬制度多多少少影响到当地的少数民族，而汉民族也不免受到当地少数民族丧葬风俗的影响，故其丧葬方式在不断发生变化。景泰时云南部分罗罗已经开始用板行土葬，一时间云南"棺椁、坟茔、封树之礼，埒于中华"②，发展至今，许多民族的传统丧葬方式已经与现代这些民族的丧葬方式有了较大的变化了。如上，白族在明代仍是以火葬为主，但清代则以土葬为主，如刘慰三《滇南志略》载永昌府、普洱府等地白人其"丧葬与汉礼相去不远"③。彝族传统一直是以火葬为主的，如明末天启《滇志》卷三十载"爨蛮……死以豹皮裹尸而焚，葬其骨于山，非骨肉莫知其处。"其中"白倮倮……丧无棺，缚以火麻，裹毡，……焚之于山""黑倮倮……葬，贵者裹以皋比，贱者羊皮，焚诸野而弃其灰""罗婺……葬用火化"但清代的彝族却以火葬和土坑葬并行，如云南府武定的罗婺"葬用火化"④，开化府的"花朴喇，丧亦用棺，葬不忍火，且论山向，自谓不似诸夷，各有古礼，语言亦微异"⑤。则滇东南的花朴喇由于吸收汉文化较多，清代时已经放弃火葬的文化传统，改为棺葬，而且还有风水的讲究。拉祜族原始游猎时期较长，传统以火葬为主。由于无固定的住地，也无固定的丧葬活动。清代时，火葬和土坑葬皆有。清康熙《楚雄府志》卷一记载："倮黑，……遇有死者，不验不葬、停尸而去，另择居焉。"⑥反映了拉祜族原始游猎时期的丧葬情况。清代刘慰三《滇南志略》卷四载，永昌府内有一些倮黑受汉文化影响很深，"婚姻、丧葬与

① （元）李京撰，王叔武辑校：《云南志略辑校·诸夷风俗·土僚蛮》，第 94 页。
② （明）谢肇淛撰：《滇略》卷四《俗略》，见方国瑜主编：《云南史料丛刊》第六卷，第 696 页。
③ 方国瑜主编：《云南史料丛刊》第十三卷，第 226 页。
④ 方国瑜主编：《云南史料丛刊》第十三卷，第 46 页。
⑤ 方国瑜主编：《云南史料丛刊》第十三卷，第 232 页。
⑥ （清）张嘉颖等纂修：康熙《楚雄府志》卷一《地理志·风俗》，清康熙五十年（1711）刊本。

汉礼相去不远"[1]。纳西族古代也通行火葬。天启《滇志》卷三十载:"磨些,……人死,以竹簀舁至山下,无贵贱皆焚之。"[2] 清代,《道光云南通志》引《永北府志》载永宁纳西族"殁后剜木为棺,焚化弃骸,不行掩埋"[3]。由于清朝屡次明令禁止焚尸,故纳西族在清末逐步革除旧俗。哈尼族传统是以火葬为主,清代以土葬为主。其他仡佬族、苗族、瑶族传统葬俗较复杂,如仡佬崖葬、悬棺葬、石棺葬并行,清代以土葬为主。苗族以土葬和崖葬为主,后以土葬为主。瑶族原以火葬和土葬并行,后以土葬为主。傣族和布依族原二次捡骨葬风俗,后多改为土葬。

从云南地区各民族丧葬风俗发展来看,总体上是渐趋统一的,如从复杂纷繁的船棺葬、悬棺葬、大石墓、石棺葬、瓮棺葬、崖葬、火葬日趋统一于土坑棺木堆土葬。这种发展既有各民族经济文化发展到一定阶段的因素,也有各民族互相交融的因素,也是元明清以来中央王朝明令各民族禁止水葬、火葬的结果。

---

① 方国瑜主编:《云南史料丛刊》第十三卷,第 226 页。

② (明)刘文征撰,古永继校点:《滇志》卷三十《羁縻志第十二·种人》,第 999 页。

③ (清)阮元、伊里布等修,王崧、李诚等纂:《道光云南通志·南蛮志·种人》卷一百八十五《种人三·麽些》,方国瑜主编:《云南史料丛刊》第十三卷,第 372 页。

第六章

元明清时期云南的
宗教信仰文化

# 第一节　元代云南的宗教信仰文化

至元十一年（1274），元朝在云南建立行省，其中共设了 37 路、2 府、3 属府、54 属州和 47 属县。从此结束了南诏和大理对云南 500 余年的统治。元朝时期的云南行省，版图辽阔，族群杂居，文化差异明显。除了以往的本地民族以外，又迁入部分蒙古、回、西番、汉族人口，云南的宗教格局也出现了新的变化。

## 一、白族、罗罗、金齿百夷等民族的宗教信仰文化

### （一）白族与佛教信仰

元朝的白族是由秦、汉时期的僰人发展而来，分布区域则是从叙州往南转西至永昌、腾越一带。[①] 阿吒力，亦作阿阇梨，意思是"轨范师"或"导师"。阿吒力属于印度密教，其于公元 7 世纪末至 8 世纪初传入云南，南诏、大理时期，受到统治上层的崇信。经过与本土巫教的融合，与儒家思想的交会，慢慢衍化为具有白族地方特色的信仰形式。《大理行记》说："（白人）佛教甚盛。戒律精严者名得道，俗甚重之。有家室者名师僧，教童子，多读佛书，少知六经者；段氏而上，选官置吏皆出此。民俗，家无贫富皆有佛堂，旦夕击鼓恭参礼，少长手不释念珠，一岁之中，斋戒几半。诸种蛮夷刚愎嗜杀，骨肉之间一言不合则白刃相戕；不知事神佛，若枭獍然。惟白人事佛甚谨，故杀心差少。由是

---

① 尤中：《尤中文集·云南民族史》第一卷，云南大学出版社，2009，第 222 页。

言之，佛法之设，其于异俗亦自有益。"①

元代，佛教成为白族的全民信仰，其最大特点是宗教导师"师僧"，他们往往既习诵儒家诗书，又懂得持咒念经。另外，随着白人进入内地学习禅宗经典，禅宗也与开始在白族地区传播，《华严经》《般若经》《宝积经》《楞严经》等一些汉文大藏经也被信徒们使用和刊印。

（二）罗罗的巫鬼信仰与末些的自然崇拜

罗罗由南诏时期的乌蛮衍化而来，其主要分布区域是云南东北部、川南和川西南相接的一片地方。除了"罗罗"这一泛称外，在省内的一些地方还有：摩察（巍山、凤庆）、罗婺（武定）、些么徒（呈贡、澄江、阳宗、玉溪、华宁、建水）等称呼。对于顺元路经乌蒙至越巂的部分，李京这样记述他们的宗教生活："有疾不识医药，惟用男巫，号曰大奚婆，以鸡骨占吉凶；酋长左右斯须不可阙，事无巨细皆决之。……酋长死，以豹皮裹尸而焚，葬其骨于山，非骨肉莫知其处。葬毕，用七宝偶人，藏之高楼，盗取邻近贵人之首以祭。如不得，则不能祭。祭祀时，亲戚毕至，宰祭牛羊动以千数，少者不下数百。每岁以腊月春节，竖长竿横设一木，左右各座一人，以互相起落为戏。"②

可见这一部分罗罗在医疗、占卜、婚丧等仪式中都有大量的巫鬼信仰存在。他们的男巫师称作"大奚婆"，每遇部落中的疾病、问卜，民众的嫁娶庆典都有其参与。另外罗罗部落的酋长死后，还必须用人首进行祭祀。

元代的末些蛮，南诏、大理时期称施蛮、顺蛮和卢蛮。其在丽江路，即今丽江地区、怒江州和迪庆州南部广泛分布，与独龙、藏、峨昌等族群参错而居。《云南志略》说："末些蛮，在大理北，与吐蕃接界，临金沙江……不事神佛，惟正月十五日登山祭天，极严洁。男女动百数，各执其手，团旋歌舞以为乐。"③

元时的末些蛮不崇佛道，而是有祭祀天神的自然崇拜传统。其源于末些族群对宇宙万物，特别是天的莫大敬畏感。他们认为苍天在上威力无穷，男女们

---

①（元）郭松年撰，王树武校注：《大理行记校注》，第 87 页。
②（元）李京：《云南志略》，《诸夷风俗》。
③（元）李京：《云南志略》，《诸夷风俗》。

纷纷团旋，以歌舞的形式愉神。

（三）金齿百夷的宗教信仰

元代黑水（澜沧江）以西、红河以北的地方，是百夷分布最密集的区域，其包括滇西、滇南的大部，以及中南半岛北部的一部分地区。而这一时期正是百夷土司之间相互掠夺金银、土地、人口的大规模战争时期："金齿百夷……略有衅隙，互相戕贼。遇破敌，斩首置于楼下，军校毕集，结束甚武，髻插雉尾，手执兵戈，绕俘馘而舞，仍杀鸡祭之，使巫祝之曰:'尔酋长，人民速来归我！'毕，论功名，明赏罚，饮酒作乐而罢。"①

在李京的记载中，百夷酋长在破敌之后杀鸡祭祀以扬威，表明巫鬼信仰已经在军事活动中予以应用。另外马可波罗行至保山、德宏时，也写道："在这个地区，既没有庙宇也没有偶像。人们只崇拜家中的长者和祖宗。他们认为自己的生存是来自祖宗。自己所有的一切，都是祖宗赐给的，所以应该感恩戴德。"②可见这一时期，德宏和保山地区的金齿百夷存在一些祖先崇拜的宗教现象。

## 二、外来移民与宗教信仰

### （一）聂斯托利教的传入

唐宋以降，云南凭借着西南丝绸之路的便利，一直与南亚、东南亚保持着紧密的经济、文化联系。之后，随着蒙古军队横跨欧亚的大规模军事行动，又打通了云南与中亚、西亚和欧洲的联系，也使得当时的云南成为各种文化的汇集之处。特别是随着外域朝贡使者、教士、商队的涌入，云南的宗教形态也日趋多元。马可波罗在行至哈剌章省府鸭赤城时说："城中有商人和工匠。这里人口杂居，有佛教徒、聂斯托利派基督教徒，撒拉逊人或伊斯兰教徒。但是佛教人数最多。"③

---

① （元）李京:《云南志略》,《诸夷风俗》。
② 陈开俊等译:《马可波罗游记》，福建人民出版社，1981，第 148 页。
③ 陈开俊等译:《马可波罗游记》，第 144~145 页。

其中聂斯托利派基督教又称"景教"或"十字教"，其信徒称为也里可温，元代时云南已有也里可温的活动了。诸如马薛吉斯的著名"也里可温"世家成员亦开始到云南做官。《宝山县志》载有关于云南诸色人户纳税的圣旨："元典章卷二十四载元贞元年（1295）闰四月，圣旨曰：云南田地里，和尚、也里可温、生生、道士、答失蛮，拟自元贞元年正月以前应有未纳税土地，尽行免除税石。"①

另外，元至顺《镇江志》卷九《镇江大兴国寺记》中也提到，至元九年（1272），曾有聂斯托利教徒马薛里吉到云南传教。此外大理崇圣寺至大四年（1311）以及昆明筇竹寺延祐三年（1316）的圣旨碑刻中，均有"也里可温""可温"的称呼。②从上述零星材料中，元代云南的聂斯托利传播的情况可窥见一斑。

（二）伊斯兰教的传入

虽然学术界对于伊斯兰教传入云南的具体时间还存在争论，但是究其大规模传播的动因，当与元代回族大量入迁云南有关。13世纪上半叶，成吉思汗的蒙古军队攻克了中亚、西亚和阿拔斯王朝的部分地区。伴随着蒙古铁骑跨越大陆的东征西讨，一些被俘的穆斯林色目人被大量裹挟加入蒙古的"探马赤军"，并参加了蒙古军队攻占全中国的战争。

宪宗三年（1253），忽必烈统率蒙古精兵和色目人军队渡过金沙江，占领云南，进而形成对南宋的战略性包围。这正是伊斯兰教传入云南的正式开始。之后又有近十万人的回族士兵、工匠等群体性地进入云南。据姚继德等学者研究，这个过程大概可分为三个主要阶段：第一阶段即上文提到的跟随忽必烈与兀良合台攻占大理国期间入滇的西域穆斯林；第二阶段是忽哥赤管辖云南时带入的回族降民；第三阶段是随赛典赤·赡思丁进入云南的回族穆斯林。③

其中，第三阶段尤为重要，赛典赤身为五朝老臣，官拜云南行省平章政事，

---

① 《宝山县志》卷十四。
② 杨学政：《云南宗教史》，347页。
③ 姚继德等：《云南伊斯兰教史》，云南大学出版社，2004年，第56~59页。

他的统治集团与家族所具有的优越政治地位，以及在实际政治活动中所扮演的角色，无疑为伊斯兰在滇的立足和顺利发展提供了保障。其后其家族继续担任云南省内各要职，如其长子纳速刺丁任云南行省平章政事，次子哈撒曾管理临安、元江、广南，三子忽辛任云南行省省丞，五子马速忽任云南行省平章政事；长孙忽先任云南行省平章政事，忽辛子塞伯抗管辖中庆路，孙子沙的任云南行省省丞等。伴随着他们对云南的治理，伊斯兰教通过回族穆斯林的屯垦点、驿站和急递铺，沿滇西、滇中、滇南三迤交通在云南开始扎根。在这一过程中，清真寺也依托回族军屯点不断建立起来。

云南的清真寺始建于赛典赤父子治滇时期，明代学者李元阳在《云南通志》中作了如下记述："清真寺有二，一为崇正门内，一在崇正门外，俗呼礼拜寺。俱元平章赛典赤建。"[①] 民国《昆明县志》卷四《祠祀》条说："清真寺凡二，一在南门内，一在鱼市街，俱元平章政事赛典赤·赡思丁建。"[②]

除了省城昆明，赛氏父子还在省内的主要治所修建过清真寺。民国《建水县志稿》记载："回族随大吏赛典赤·赡思丁到建水。信奉回教，奉阿訇、穆罕默德为教主，教义阐发《古兰经》，以清真为宗旨，所在之处有清真寺。"[③]

此外，滇西重镇大理是元初云南省的政治经济中心。早在忽必烈占领大理国时，就留戍了大量军队于此。据记载，大理城内玉龙清真寺系赛典赤长子纳速刺丁迁大理路宣慰使都元帅时修建。另据当地穆斯林故老相传，西门清真寺、四牌坊清真寺亦建于元代。[④]

由于元代回族穆斯林移民分散于兵营和屯田营中生活，所以他们以清真寺为中心定居，以此保持自己的中亚伊斯兰教文化，和周围居民的多神信仰文化保持一定的距离，以免被同化。[⑤] 嘉靖《寻甸府志》上卷载："色目人，头戴白布小帽，不裹衣，身穿白布短衣，不缘领……多娶同姓，诵经，以杀牲为斋。

---

① （明）李元阳：《云南通志》卷一"寺观"条。
② 民国《昆明县志》卷四《祠祀》。
③ 民国《建水县志稿》。
④ 姚继德等：《云南伊斯兰教史》，第 72 页。
⑤ 王建平：《元代穆斯林移民与云南社会》，载《青海民族学院学报》，1999（2）。

埋葬以剥衣为净，无棺以送亲，无祭以享亲……"①

迨至明代，很多回族士兵就地"入社"，成为"编民"，回族穆斯林的人口和社区也不断扩大，以至于出现开篇我们所讲马可波罗在云南看到众多回教徒的景象。

# 第二节　明代云南的宗教信仰文化

明代，通过各种方式从内地迁入云南的汉族移民，在数量和规模上都超过了以往的朝代。迨至明末，位于坝区和城镇的汉族移民人口已经超过了本土人口的数量。这样的聚居结构的变化，就为内地宗教信仰文化的传入打下了广泛的信众基础。同时由于汉族移民与云南的各族群交错杂居，所以使得靠近内陆府州治所、军事屯戍点的本土民众，较多吸收到汉人的信仰文化；而远离府州治所、不在坝区的，则更多地保留了鸡卜、巫鬼等原初信仰模式。从而整个云南呈现出"汉夷杂处、宗教相融"的多元信仰局面。

## 一、汉族移民的宗教信仰与文化

### （一）明代云南的汉族移民

明代从内地迁入云南的汉族移民，在数量和规模上都超过了以往的朝代。据统计，极盛时期，明代云南总人口在 350 万以上，而移民约占其中的四分之一，即 100 万左右。其中，明代汉族的移民途径大致分为军事留戍、行政安置与自发流移、仕宦任职、谪迁流放和商人流寓这五种形式。②

军事留戍源自明初定制，《明史》载："从征者，诸将所部兵，既定其地，

---

① 嘉靖《寻甸府志》上卷《风俗·种类》。
② 古永继：《元明清时期云南的外地移民》，载《民族研究》，2003（2）。

因以留戍。"[1] 伴随着明初卫所的广泛建立，相当时期内云南留戍军士不低于 15 万人，这一数字还未包括军籍制下随军屯戍的军户家属的数量。从行政安置上看，云南地广人稀，开发较晚，明廷平滇以后，即实行"移民就宽乡"的政策，由官府组织大量移民入迁云南，发展生产。

仕宦任职是指在云南任职的外省流官及家属，也包括世袭镇守总兵沐氏家族。另外，明时的云南被称瘴疠蛮荒之地，因此成为官府安置贬谪官吏和罪犯充军的重要地区。从自发留移上看，有的是文人因学流寓，有的则是避中原战乱而入滇的。同时，明代，大量外地客商进入云南，其中以江西、浙江、湖广、闽粤等地为主。从云南腹地的各府州县至边境的"三宣六慰"地区，都可见到这些外省籍商人的活动踪迹。

从分布上看，明代云南的汉族移民，有重要军政城镇的屯聚、适宜农耕的坝区，有沿交通线分布、有边地新开发地区；并有从中心地区的云南、大理、澄江、楚雄、曲靖等府，向传统的少数民族山区和边远地区推进的趋势。[2]

迨至明末，位于坝区和城镇的汉族移民人口已经超过了本土原有人口的数量。这种聚居结构的变化，就为内地宗教信仰文化的传入打下了广泛的基础。特别是随着儒学教育和科举制度的推广，汉族移民中士绅阶层逐渐兴起，他们纷纷捐资田产，布施功德，广建庙宇，供养僧道。无论崇道或是崇佛，这些倡导宗教之教化功能的举措，配合着"用夏变夷"的观念，使得汉地宗教在云南的乡土社会中开始扎根。

### （二）汉地佛教的传入

由于文献无征，加上各种附会传说，对于汉地佛教入滇的起始时间，学术界目前还没有统一的结论。对纷繁错乱的记叙，方国瑜先生也感叹道："佛教传至云南，不详其始。"[3] 但我们可以肯定的是，到了元明时期，由于上层统治者的支持，士大夫阶层的倡导，汉地移民的涌入以及高僧大德辈出，云南的汉传

---

[1] 《明史》卷九十《兵志二》。

[2] 陆韧：《变迁与交融——明代汉族移民研究》，云南大学 1999 年博士论文，第 318 页。

[3] 方国瑜：《中国西南历史地理考释》（上），中华书局，1987，第 8 页。

佛教进入全面发展时期。

其一，为了加强对僧人的管理，充分发挥僧人导化民众的作用，明洪武十五年（1382）即开设府、州、县三级僧官：府设僧纲司，有都纲 1 名，副都纲 1 名；州设僧正司，有僧正 1 名；县设僧会司，有僧会 1 名。据明万历《云南通志·寺观志》记载，云南 19 个府、28 个州、31 个县都设有僧官，其中以大理地区最多，滇池地区次之。接着，洪武十年（1377），朱元璋颁行圣旨，布告天下："禁治诸色人等，毋得轻慢佛教，骂詈僧侣，非礼搅扰，违者本处官司约束。"①

其二，洪武二十一年（1388），明廷又颁布圣旨，命凭僧司行文书各处，僧去但有讨度牒的，二十以上者，发往乌蒙、曲靖等处，每三十里造一庵寺，自耕自食，拓荒垦殖，教化当地居民。②有了皇帝的支持，府、州、县、官吏的护法，明代云南佛教达到极盛阶段。③

其三，很大程度上，滇释之盛与士绅阶层的倡导与推广亦不无关系。例如明代世袭镇守云南的沐氏家族就是护持佛教的典型代表，他们对昆明地区的佛教发展起到了重要的作用。滇池地区的筇竹寺、正觉寺、海源寺、大德寺、五华寺、圆通寺、华亭寺等一批寺庙均有沐氏兴寺或重修的载记。而在李元阳等一大批士大夫阶层的扶持下，滇西大理方向，宾川鸡足山也继内地佛教四大名山之后成为又一中国佛教道场。

有明一代，云南高僧辈出，涌现出如玄鉴、崇照、善坚、彻庸这样一批禅宗大师。平民百姓与王公贵族也无不乐善愿施、建寺造像。以至近人陈垣先生评述道："若以住持三宝、开宗立教论，云南佛教固较逊于他省，若以佛化之普及论，众生崇信三宝之广，遵行遗教之虔诚，则较他省有过之而无不及。"④《万春山真觉寺碑》记载："佛法入中国千余年来，华人尊崇之谨犹一日也，远而至于

<hr />

① 葛寅亮：《金陵梵刹志·钦录集》。
② 杨学政主编：《云南宗教史》，第 100 页。
③ 黄海涛、陈洁：《明代边地佛教述评》，载《云南民族大学学报》，2007（2）。
④ 陈垣：《明季滇黔佛教考》，中华书局，1962。

图 6-1：始建于元代的圆通寺（邢毅　摄）

殊方绝域之处，又至于深山穷谷之间，人迹不到之地，亦奔走崇奉如是之笃也。"[1]

又明万历《云南通志》记载："家无贫富皆有佛堂，少长手念珠，一岁之中，斋戒居半。"[2]另明成化二十年（1484），唐瑜迁在《建观音寺记》载："云南俗善佛教，虽衣食弗继，而崇奉之者不少。"[3]明沈德符撰《万历野获编》也对感通寺有所记载："杨用修戍滇中，寓此寺最久，写韵楼即其卧室。寺产茶甚佳。"[4]

上述史料集中反映了明代云南佛教深入发展的史实，以及汉族移民信众丰富的宗教生活。随着佛教信仰的传播，云南佛寺的建造非常兴盛。据统计，至

---

① 刘景毛等点校：《新纂云南通志 5》卷九十三《金石考十三》，云南人民出版社，2007，第 264 页。
② 万历《云南通志》卷二大理府《风俗》。
③ 刘景毛等点校：《新纂云南通志 5》卷一百零一《宗教考一》，第 477 页。
④ （明）沈德符：《万历野获编》卷二十七《释道》。

图 6-2：昆明筇竹寺（周智生　摄）

清代末期犹存的明时所建佛寺就多达 432 所，相比隋唐时期有了跨越式的增长，其中单鸡足山境内，明时兴建大小寺庙就有 270 余座。[1]

（三）内地道教的传入

道教最初在云南境内的活动，与东汉末年五斗米道在蜀中的活动不无关系，隋唐至两宋时期，云南道教有了进一步的发展。元代，全真教传播到全国各地，但是云南境内见于记载的道教活动却很少。

明代以后，朝廷逐步重视对西南地区的垦殖，大批汉人涌入云南。随着兴建宫观，供奉神灵等一系列宗教活动的展开，内地移民们将其原先信奉的道教信仰携带至云南各府州县。如四川客民在昆明兴建了川主宫，湖广商人在永昌修建了吕祖楼，鲁甸矿工兴建许祖庙、老君庙、文昌宫、财神庙、城隍庙、关帝庙等道教神祀。[2]

---

① 段玉明：《西南寺庙文化》，云南教育出版社，1992，第 56 页。

② 郭武：《道教在云南的传播与发展》，载《云南社会科学》，1993（4）。

图 6-3：鸡足山金殿（范建华　摄）

　　如前所述，宫观是道宫和道观的合称。它是道士修道、祀神和举行仪式的场所。以《新纂云南通志》所记为限，建于明代的道观计有 103 所。[①]洪熙、宣德年间，在世袭镇守云南的沐氏家族的支持下，以昆明三清阁为代表的建筑组群不断兴起。

　　明末，徐霞客游太华山，称寺观"如蜂房燕窝，累累欲堕"[②]。另外，镇远青龙洞和巍山道观建筑群也颇为壮观。明时，巍山县东南方向，复建的道观就有准提阁、甘露亭、报恩殿、文昌宫、主君阁、玉皇阁、斗姥阁、三皇殿等大小 20 余所，成为西南地区仅次于青城山的道教名山。

　　除了汉族道教信徒迁入云南，不少中原高道如刘渊然等也纷纷于明清时入滇弘道，并培养出了一些在国内影响较大的高徒。《新纂云南通志·释道传一》记载，刘渊然于明洪武二十五年（1392）从武当山到云南弘道："昆明礼诰、迎

①　段玉明：《西南寺庙文化》，第 76 页。
②　《徐霞客游记》，《滇游日记一·游太华山记》。

图 6-4：巍山玉皇阁

资料来源：云南省宗教事务局编：《云南宗教场所佛教道教》，云南民族出版社，2012，第 615 页。

神、祷雨辄应，始于三丰。"①

　　刘渊然世居江西，系道教长春派，明初朱元璋闻其名，擢为道录司右正一；后因触怒权贵而谪至龙虎山，后又移居昆明龙泉观传道。其在云南百姓中有着很大影响："凡滇民有大灾患者，咸往（龙泉观）求济，无不得所愿欲。"②

　　洪熙年间，刘渊然被诏回京师。宣德年间，刘渊然奏请立云南、大理、金齿三道纪司传教。他门徒众多，尤以邵以正、蒋日和、芮道才最为著名。百姓凡遇事，多往求祷问卜。

　　整个明代，云南道教确有发展，衍生出了众多流派；很多道教经籍传入云南，还被云南道徒加以翻印；道教信众也逐渐增多。明末，徐霞客行至宾川鸡

①《新纂云南通志》卷二百五十九《释道传一》。

② 陈垣：《龙泉观长春真人祠记》，见《道家金石略》，文物出版社，1988，第 1261 页。

足山真武阁时，他见到"参扣男女满其中"；腾冲保山一带，民间道士也颇受崇信。由此可窥得滇民信仰道教之程度。再有，为了加强管理，明廷在"府"一级的地方专设"道纪司"，"州"一级设"道正司"，具"道会司"管理道教事务。另外，白族地区巫道合流已久，为了便于管理，明代曾在大理府设"朵兮薄道纪司"，在太和县设"朵兮薄道会司"统管他们。但是从全省范围来看，明代云南道教的发展并不平衡，且影响力远不如儒释两家大。

## 二、各族群的本土宗教信仰

### （一）么些的原生信仰

元朝时的"末些"，明朝时被写作了"么些"，除元朝的分布地方仍旧外，另有局部的变动，但其祭天崇拜和圆圈舞仪式却在记载中保留了下来。《景泰云南图经志书》卷五说："摩些蛮不事神佛，惟每岁正月五日具猪羊酒饭，极其严洁，登山祭天，以祈丰禳灾。祭毕，男女百数执手圆旋，歌舞为乐。"[1]

近人学者认为这种自然崇拜和万物有灵的观念，在纳西族的东巴教中仍有痕迹，亦未可知。

### （二）侬人、土僚的原生信仰

明代，壮族先民被称为侬人、沙人或土僚，其主要聚居区在广西，但在云南境内仍有部分分布。他们的风俗与百夷大略相同，也存在祭鬼的习俗，《景泰云南图经志书》卷三说广南府侬人："疾病不服药，惟务祭鬼而已。"[2]另外一些土僚则保存了用犬祭祀的习俗，《景泰云南图经志书》卷三说："（师宗州）得犬方祭，州之夷民有曰土僚者，以犬为珍味，不得犬则不敢以祭。"[3]据尤中先生考证，这一古代风俗初见于《魏书·獠传》（卷一百零一），该书记有獠人嗜犬

---

[1]《景泰云南图经志书》卷五《丽江军民府》。
[2]《景泰云南图经志书》卷三《广南府》。
[3]《景泰云南图经志书》卷三《师宗州》。

的风俗，其与该地土僚长时间停留在这一封闭地理空间有关。[①]

（三）罗罗与巫鬼信仰

明朝时罗罗的分布区域与元朝时大体相同，但因滇黔两省政区的变动，使得一部分罗罗横跨川、滇、黔三省。在这一区域的中心区，普遍存在着奴隶制度。《景泰云南图经志书》卷二中记载，位于滇东北曲靖军民府的罗罗的风俗信仰："卜用鸡骨，土人称巫师为大奚婆。遇一切大小事，怀疑莫能决者，辄请巫师，以鸡骨卜其吉凶。"[②] 这一记述与元人李京的记述差异不大，用鸡骨占卜，以及名为"大奚婆"的巫师仍见于记载。而这样的巫鬼信仰，同样存在于罗雄州（今罗平县），《云南志略》记录道："（州多夷罗）凡有疾病不信医药，惟祭鬼，或以诸虫瞻之。"[③]

罗平地区的罗罗在医疗实践中存有巫鬼信仰，他们通过祭鬼或以"诸虫"占卜的办法去除疾病。除了分布在川、滇、黔交界地带的罗罗，云南其他地方亦有分布，所谓"名号差殊，言语嗜好亦因之相异"。比如刘文征在天启年间《滇志》就记有妙罗罗："惧棰挞而不畏死。祭以羊豕，捶死不杀。"白罗罗："祭以丑月廿三日，插山榛三百枝于门，列篾笼地上，割烧豚，每笼各献少许，侑以酒食，诵夷经，罗拜为敬……信鬼畜蛊。"爨蛮："病无医药，用夷巫禳之。巫号大觋皤，或曰拜祃或曰白马。取雄鸡雄者生剉，取其两髀束之，细刮皮骨，有细窍，刺以竹签，相其多寡向背顺逆之形。其鸡骨窍各异，累百无雷同，以占吉凶。或取山间草，齐束拈之，略如蓍法，其应如响。有夷经，皆爨字，状类蝌蚪。精者能知天象，断阴晴，在酋长左右，凡疑必取决焉。民间皆祭天，为台三阶，亦白马为之祷。"其中，爨蛮包括白爨和黑爨，白爨即白蛮，黑爨即乌蛮。爨蛮乃彝族与白族先民的统称。在天启《滇志》中，爨蛮的巫师叫"大觋皤"，或曰"白马"；书中有其用鸡骨占卜的描述，比前代几本方志更为详尽。

---

① 尤中：《尤中文集·云南民族史》第一卷，云南大学出版社，2009，第 298 页。

② 《景泰云南图经志》卷二《曲靖军民府》。

③ （元）李京《云南志略·诸风俗》,《罗雄州》。

而白罗罗和妙罗罗则以羊和猪作为牺牲来祭祀,刘文征甚至说他们"信鬼畜蛊",其中不乏想象成分。[①]

### (四)百夷的原生信仰

明朝时期,傣族先民被称为"百夷",他们的居住区主要分为靠近边疆和靠近内陆府州两个部分。像湾甸、景东、镇沅等一些靠内地府州县,当地百夷保留了更多的原生信仰至更为晚近的时代。

在迁移过程中,部分零散的傣族群体定居在滇中、滇东、滇东北的一些飞地之中,因而较少受到东南亚的佛教影响。据《景泰云南图经志书》卷四记载,镇源府百夷:"信巫祀鬼,郡中多百夷,有病不用医药,惟信巫祀鬼,以祈福而以。"[②] 又刘文征(天启)《滇志》说镇康州的百夷:"遇有事,鐵鸡骨卜吉凶,病不服药,专祭鬼。"其在镇南州者:"每村植树以为神,未月念四日,集众燃炬,哗而赛神。"[③]

而在边疆地区,明朝设立了"三宣六慰"进行管辖,其范围包括了今天的滇南、滇西以及中南半岛北部的一些区域。明初,李思聪和钱古训随军途经这些地区时,把沿途所见百夷的信仰习俗记录在《百夷传》里,他们描绘道:"父母亡,用妇祝尸,亲邻咸馈酒肉,聚年少环尸歌舞宴乐,妇人击碓杵,自旦达宵,数日而后葬……其俗,不祀先,不奉佛,亦无僧道……诸夷言语习俗虽异,然由大百夷为君长,故各或效其所为。夷人有名不讳,无姓。无医、卜等书。不知时节,惟望月之盈亏为候。有事惟鸡卜是决。疾病不知服药,以姜汁注鼻中。病甚,命巫祭鬼路侧,病疟者多愈,病热者多死。"[④]

德宏百夷地区,南传上座部佛教的传入时间较晚,约在 15 世纪有零星传播,到了 16 后半叶才有大规模传播的迹象。从上文中可见,14 世纪早些时候,这一地区还广泛流行着"娱尸""巫鬼""鸡卜"等原生信仰形式。

---

① (明)刘文征:天启《滇志》。

②《景泰云南图经志书》卷四。

③ 以上其见于(明)刘文征:天启《滇志·种人·爨蛮》。

④ (明)钱古训:《百夷传》。

## 三、宗教信仰的交融与变迁

（一）儒、释、道三教融合

云南儒、释、道三教的融合，早在南诏、大理时期就已经开始，这在《南诏德化碑》和大理国国师董迦罗的事迹中，可窥见一斑。至明代，云南儒释道三教融合的程度又进一步加深。云南各地的道观、佛寺、文庙等三教建筑交相杂处；儒、释、道三教圣人的偶像也常常不分场所地供奉。

首先，云南道家对儒家的影响，主要表现为一些儒士接纳了许多道家思想，典型者如李元阳。李元阳系大理人，嘉靖五年（1526）中进士，得授翰林院庶吉士。他曾主校刻过《十三经注疏》，辞归故里后，成为滇中名声显赫的大儒。他乐于与道流交往，如四川道士邓豁渠等；又曾尽捐家资修建大理瑞鹤观；还套用道家思想，在《天地世界图序》中阐述天地结构；晚年时还曾专心修道求仙，颇有建树。

其次，明时云南道教与佛教相融混的现象也很普遍，表现在宗教义理相杂，寺院住持往往难辨僧道，云南信众也常常是佛道不分的。从《徐霞客游记》所记可知，当时云南各地寺观多交错杂居，难分彼此。如昆明的太华山梵宇仙宫中，雷神殿、三佛殿、寿佛殿、关帝殿、张仙祠、真武宫等次第连缀。

再次，儒教和佛教的融合状况，相比前代程度愈深。以白族为例，宋代以降，阿吒力教不断吸收汉地佛教和儒家思想，形成了颇具特色的"儒僧"传统。虽然明太祖特申禁令，不许传授密教，但云南地方政权仍专设阿吒力僧纲司管理其事务。

最后，白族知识分子入学、中举、考取进士，甚至到内地做官者不在少数，他们的文化修养丝毫不逊于中土儒士。而伴随着晚明以来，士大夫厌世辞官、逃禅入佛的风气，云南许多儒士还纷纷广结禅缘，布施建寺，吸收佛家思想，这就进一步促进了云南儒释二教的交融。

（二）汉夷杂处与信仰变迁

自明代以后，汉族大量移居内陆府州县，与云南原先的各族群交错杂居。

如当时的云南府就有相关记载："夷汉杂处：云南土著之民，不独僰人而已，有曰白罗维、曰达达、曰色目及四方之为商贾军旅移徙曰汉人者，杂处焉。"①

随着以儒学为代表的文教事业的推动，以及经济、祭祀活动的开展，汉族的宗教信仰文化开始在当地各族群聚居地区传播，并与各族群固有的习俗相融合。《景泰云南图经志书》中记载了大量明代云南地方志中，各府州县汉夷信仰交融的情况："（安宁州）风俗：献饭祈年，土人于每月朔望日，合同村之人，各具素饭，从以时果，相率登山顶陈献跪拜。祝曰：时和岁丰，国泰民安。献毕，各以饭果相邀，共食之而散，余俗及夷汉杂处，大略与府同。"②"（镇南州）风俗戌日祀祖：境内僰人，风俗大抵与云南府同，但每月以戌日祀祖，及每岁伏月、腊月二十四日，具酒馔上坟，告曰某节之期至矣，敢情回家享祭。告毕相聚饮宴而散。"③

正德《云南志》中："（楚雄府）好讼崇释，《元志》民好嚣讼争斗，然崇重释教亦喜为善。""（大理府）观音街子：旧俗每年三月十五、六、七三日，云南各州县商旅各预赍货物，至期毕集于城西教场内贸易，号'观音街子'。""（蒙化府）近城居者，多汉、僰人……盖自开设学校以来，闻礼仪之教，且近于大理，其亦有所渐染者欤！其余，星回、接祖、鸡卜等项与各府大抵相同，不能尽变矣。""（澄江府）汉夷杂处，人非一类，僰人与汉人杂居，俗最重佛，每年二月八日为赛佛会，佛车、纸塔填塞道路，男女纵观，亲戚相贺，七日方罢。""（金齿军民指挥使司）夷俗丕变。司境土人有三种，曰僰人，曰阿昌，曰蒲蛮。僰人与汉人同风，阿昌初无人礼，蒲蛮居险为恶。今近城居者咸汉俗，而吉凶之礼多变。""（云南府）俗尚浮屠，旧《志》：僰人无间贫富，家有佛堂，老幼手不释数珠。一岁之间斋戒俱半。朔望则裹饭袖香入寺礼佛饭僧。其僧有两种：居山寺者曰净戒，居室家者曰阿拶哩，土人事之甚谨。二月八日为迎佛会，率率罄其赀以从事，虽费万钱莫之惜。近时官府尝节约之，此会少

---

① 《景泰云南图经志书》卷一《云南府·风俗》。
② 《景泰云南图经志书》卷一《安宁州·风俗》。
③ 《景泰云南图经志书》卷四《镇南州·风俗》。

已。"" （鹤庆军民府）习俗尚异。凡近州治而居者，多汉、僰人，稍知向学，而其习俗与山后人及罗罗、么些不同，盖亦杂处而不能尽变也。笃信巫鬼，州与浪穹接境，亦有山后人。凡有争讼不告官，必杀鸡狗誓神，以求平其曲直。有病不服药，亦惟祭鬼，虽死不悔。"①

　　以上记述反映出下面几个特点：首先，靠近内陆府州治所、军事屯戍点、汉人城镇的族群，他们较多吸收汉人信仰文化，如云南各地的僰人崇佛、祭祖、上坟、朔望日祭、庆岁时、赶庙会等均属此类；其次，远离府州治所、不在坝区的族群，如部分罗罗、百夷、阿昌、蒲蛮、土僚等则更多地保留了鸡卜、巫鬼等原初信仰模式。总的来说，整个云南境内，汉夷杂处之地，当地族群渐被华风，习染文教；远离交通干线与行政治所的居民，则不事神佛，不信医药，笃信巫鬼，杀鸡狗誓神；而位于两者之间的地带，传统信仰与汉地宗教兼而有之，呈现出"俗不能尽变"的多元信仰局面。

# 第三节　清代云南的宗教信仰文化

　　清代的云南宗教在元明以来的格局上有所变化和发展。其一，源自汉地的儒、释、道三教进一步融混，逐渐世俗化和本土化；其二，相比汉地佛教的衰落，藏传佛教和南传上座部佛教在滇西北和滇南地区繁盛起来，并在一定区域内朝"政教合一"的方向演化；其三，随着经堂教育和云南学派的发展，元时传入云南的伊斯兰教，本土化进程加快，大量修建清真寺，宗教制度也进一步完善；其四，清中晚期以后，西方殖民主义逐步向西南地区扩张，大量传教士得以进入云南传教，迨至民国时期，天主教和新教在云南的汉地和少数民族地区已有传播。综上，清代云南各宗教，既有内部派别的消、长，又有外来宗教

---

① 均见于（明）周季凤：正德《云南志》。

的传播，以及彼此之间的相互融合，呈现出一幅富有张力的纷繁图景。

## 一、清代云南的佛教信仰

### （一）汉传佛教

清初的云南汉传佛教，保持了前代迅猛的增长势头，在昆明甚至出现了"无山不寺、无寺不僧"的局面。至道光年间，云南共有 1650 所寺庵，其中仅在昆明四区内的就有 180 余座。[①]另据《新纂云南通志·寺观志》记载统计，可以肯定云南境内建于清代的佛寺有 587 所，所谓"寺观庵观遍于全省"[②]。

咸丰、同治以后，由于社会动荡，兵戎相扰，匪盗为患，大量寺庙在战火中被焚毁，僧尼也随之流失。《顺宁县志初稿·宗教》记载："……其它诸山开建，各有尊宿，载在志籍，可睹顺邑前代佛教之盛况矣。咸丰兵燹后，梵刹虽有修复，殊觉凋零。"[③]《续云南通志长编》载："云南佛教，在清末极为式微，各大丛林颓毁，而住持僧宝尤为罕觏。"[④]

清中晚期，随着寺院庙宇的倒塌焚毁，寺院经济日趋萧条，加之社会动荡，民众无力供养，大量僧尼居无定所，四散流失。很多宗派本无本宗寺庙，出现了各宗僧人共居一寺的现象，而且精通经典、深研义理的高僧就更少了。伴随着清末至民国"寺产兴学"及一系列时代因素，传统寺院寺产被提充办学经费，寺院殿宇则被改为他用。从总体上看，云南汉传佛教呈现一片萧条景象。

### （二）藏传佛教

清代汉传佛教的影响远不及滇西北的藏传佛教、滇西南的南传佛教。藏传佛教是由印度佛教传入西藏后与当地固有原生宗教长期融合而形成的。公元 8 世纪中期，吐蕃王朝赞普赤松德赞派使者前往尼泊尔请来印度佛教密宗大师莲

---

① 杨学政主编：《云南宗教史》，第 142 页。
② 段玉明：《西南寺庙文化》，第 60 页。
③《顺宁县志初稿》卷十七《宗教·佛教》。
④《续云南通志长编》卷七十六。

花生在藏区传教，同时还派遣藏僧到印度取经留学。至公元 9 世纪前期，由于吐蕃王朝的推崇，这一时期被称为西藏佛教传播的"前弘期"。

公元 9 世纪中叶，吐蕃赞普朗达玛兴本灭佛，佛教在藏区的流传被迫中止。公元 10 世纪后期，佛教在藏区复兴，开始了所谓的"后弘期"。从 11 世纪中叶以后，多种密教经典被翻译出来形成"新密法"。而伴随着各大封地领主控制佛教，不同领主辖区内佛教团体的相互竞争，藏传佛教各地高僧在教义、仪轨等方面产生分歧，至 15 世纪陆续形成了宁玛派、噶举派、萨迦派和格鲁派等不同派别。这一过程中，各教派为扩大自身影响力，先后到藏区以外的地区进行传教。

滇藏相接，自古就有文化接触，公元 7 世纪时，吐蕃王朝势力已达云南西北部直至洱海北部地区。宋元时期，宁玛派、噶举派、萨迦派陆续传入滇西北。各派广修庙宇，在各族群中发展信徒，初显兴盛局面。到了元代，随着忽必烈收复大理，统辖藏区，受皇朝扶持的萨迦派大为发展。明代，丽江木氏土司势

图 6-5：清光绪年间所塑的筇竹寺五百罗汉（周智生　摄）

力强盛，向北吞并了康南藏地。因木氏土司的支持，噶玛噶举在丽江地区广为传播。

　　到了清代，由于和硕特部和五世达赖的经营，加之清皇室的扶持，15世纪初格鲁派开始在滇川边境兴盛起来。伴随着三世达赖喇嘛索南嘉措的建寺活动，16世纪末传入云南的中甸、德钦等藏族地区，传入路线一为西藏，二为四川的巴塘、理塘地区。1643年，蒙古和硕特部进兵西藏，并于康熙六年（1667）占领中甸，开始在当地建立起以格鲁派为主的政教合一政权。

　　清康熙年间，噶举派、宁玛派和本教影响逐渐减弱。格鲁派势力增强，兴建起一批寺院，如德钦地区的噶丹·德钦林、噶丹·羊八景林和噶丹·东竹林，以及中甸地区的噶丹·松赞林。

图6-6：官渡古镇上的金刚塔。又名"穿心塔"，始建于明天顺二年（1458），清康熙五年（1696）重修。为典型的喇嘛式佛塔。

　　《维西见闻录》记载了清代格鲁派在当地的情况："黄教喇嘛，番僧也，……阿墩子之寿国寺、杨八景寺，奔子栏之东竹林寺千余人皆是也。礼佛诵经，其经译似华语，皆与中土同，惟无《楞严经》，盖佛产天竺，即缅甸与吐番界，相传达摩阐教于其地而佛教兴，至今已千六百余年矣。黄教喇嘛起最后，阔袖长衣，隆冬亦露两肱，着古宗靴而不衣裤，衣黄衣、冠黄冠，故谓之黄教。初红教强，欺黄教。第五世达赖喇嘛预识我大清之必抚有中土也，于太宗文皇帝时，取道蒙古，入贡盛京，获封号，延至今。黄教在维西者，皆达赖喇嘛法子。"①

　　清中叶以后，格鲁派在云南迪庆藏区不断发展强盛。一方面，它与当地土司政权相互依存，逐步完善其寺院经济，进而发展出严格的僧侣等级和学位制

---

① 余庆元：《维西见闻录》。

图 6-7："小布达拉宫"——迪庆州噶丹·松赞林寺（范建华　摄）

度，并受到广大民众的崇信。另一方面，康熙时，格鲁派开始扩散到"三塘"地区的云南摩梭人和普米族之中。至雍正年间，宁蒗地区的扎美戈寺扩建改宗为格鲁派寺院。至此，格鲁派藏传佛教成为滇西北藏区第一大教派。

## 二、清代云南的道教信仰

道教在东汉末年即已传入云南。唐宋时期，昆明、大理、保山、建水、昭通、曲靖等地都修建了一批道观。元明时期，全真道等道派曾繁荣一时，全真教中的龙门、天仙、神霄、真人、金山、西河等流派陆续传入云南。明以后，统治者逐步重视在西南的垦殖，大量汉族军民入滇定居，道教在云南的传播范围也随之扩大。

明清时期，云南道教与儒、释两家逐渐合流，同时随着正统道教逐渐衰落，云南道教日趋走向民间化和世俗化，衍生出纷繁复杂的教派，以及形形色色的

图 6-8：巍宝山长春洞（范建华　摄）

民间秘密宗教，并开始与云南的原生宗教相融混。从整个西南地区的情况看，四川、贵州的道教各派逐渐衰落，受制于道教影响的宫观兴建也随之气数将尽。但由于云南远离中原地区，加之清末社会纷乱，道教重新抬头。清时云南的道观兴建基本保持了前代势头，据《新纂云南通志》记载，清末云南地区共有道观 465 所，可以确定其中 141 所建于清代，且多修建于嘉庆年间。[①]

　　有清一代，云南境内道教传播范围大大扩张，而且其内部分宗衍派，形成了各式各样的道派。大体上，当时滇省道教可大致分为"正一"和"全真"两系。其中在云南活动较广的是"正一派"，他们撵鬼驱邪、禳灾祈福，散居云南各地。该派道士可娶妻生子，道门多父子相传，俗称"火居道士"。"全真派"在滇派影响力亦不弱，其在云南支系颇多，如流传于巍山的天仙派；在昆明、保山、巍山流行的龙门派；还有龙门派支派西竺心宗以及长春派等。

---

① 段玉明：《西南寺庙文化》，第 60 页。

在内部，云南道教诸流派往往相互融混，不分"正一"和"全真"；在外部，云南道教与儒、释二教渐渐合流。道教与儒教的合流，主要体现在云南儒士崇道或接受道家思想。清代的典型人物为高奣映，高奣映系姚州土府同知之子。他幼时喜好读书，过目成诵，后考取进士。《姚安县志》曾记载高奣映晚年住在结璘山，号结璘山叟，每日专事丹铅之术，习老庄之精义，并著有《增订来氏易注》《太极明辨》。① 在这种道教内部、外部不断"融混"的背景下，云南境内出现了许多既具有地方特色，又兼有三家思想的民间宗教组织，如圣谕坛、洞经会、青莲教、同善社、普缘社、常斋教等。

岁时风俗是人们在一年中特定时日内举行的某种习惯性活动，其可包括节日庆典、一般性的娱乐及祭祀、祈禳等。② 由滇民崇道而演变成的岁时民俗即清代云南道教世俗化的另一个重要表现。从当时云南各地的史志中，我们可窥出道教对云南民俗影响之广。

乾隆《东川府志·风俗》载："二月三日上金钟山，会泽县许肇坤建文昌祠、魁星阁于其顶，郡人祀之。……三月三日谒青龙寺，游人具酒食，登山皋饮眺。……六月六日为土地诞日，府县衙署各有仓神祠，牲醴致祭，合衙供演梨园数日。七月中元祭先祖，焚冥衣楮镪，又于城隍庙祀神三日，郡人络绎，香火最盛。八月三日城隍庙祀灶神，省民寓东川者皆集，香火次于中元。腊月二十四日祀灶。"③

雍正《阿迷州志·风俗》载当地风俗："正月元日祀天地祖宗，换春联门丞。……十三日庆关帝会。十五日上元，合州焚香修善，晚夕张灯宴饮，庆赏元宵，次夕出行，插香于道以祛百病。二月三日庆文昌会。……六月朔日至六日拜礼南斗。九月朔日至九日拜礼北斗。……（十二月）二十四日祀灶。"④

雍正《续修建水州志·风俗》载："二月士夫率农民祭八蜡祠祈年。六月朔

① 杨学政、刘婷：《云南道教》，宗教文化出版社，2004，第28页。
② 郭武：《道教与云南文化——道教在云南的传播、演变及影响》，第261页。
③ 雍正《东川府志·风俗》。
④ 雍正《阿迷州志》卷十一。

日至六日里中礼斗祈年。中元前二日设酒馔瓜果祀祖。……九月朔日至九日里中礼斗祈年。……（十月）二十四日扫舍宇，暮设果糈饴糖祀灶。"①

道光《普洱府志·风俗》言当地风俗："（正月）朔九日上帝圣诞，宁洱士庶集迥龙山寺进香庆祝，道流诣古坪会馆备仪仗迎神，请水建醮。各厅正月内建太平清醮祈年。……二月二日乡村祭龙。三日文昌帝君圣诞，士庶集梓潼观庆祝。十五日太上老君圣诞，致斋禁宰。三月三日修禊温泉祓除。清明日插柳于门，老幼偕往祭墓，择日行古傩礼，延僧、道设醮，扎龙船，装方相以逐疫。六月初一至初七朝礼南斗。……九月初一至初十朝礼北斗。"②

戴䇲帆于道光二十一年成书的《昆明县志·风俗志》中也提供了昆明地区的崇道时俗："岁元日晓起，人家张灯烛，爇香楮，设米花、黄果、干柿之属以供天地祖先。……（正月）九日谒城南之玉皇阁。……二月三日谒宝城外文昌宫，观剧，游龙泉观，还憩石觜庄，临江酾饮，觞咏为乐。……二月三日谒真武庙，西则于罗汉壁，东则于鸣凤山之铜瓦寺。旧志云：'或先期走嵩明中和山，虽裹粮行数日程，不惮也。'……（三月）二十八日谒城东之东岳庙。……腊八日作五味粥，二十三日祀灶，除夕祀先，购酒肉，蔬果之属必具，易桃符。……每岁以六月始朔日至六日礼南斗祈年，九月始朔日至九日礼北斗祈年。"③

光绪《鹤庆州志·近俗》云："元旦为素食，供天地祖宗，焚纸钱、燃爆竹于门前。端阳插蒲剑艾人，午时贴天师像；以五色线为续命线，系小儿臂。……父老引子弟郊外间游，谓之走百病。"④

以上诸志中所记"庆三元""赶庙会""拜文昌祠、魁星阁、真武庙、玉皇阁"等活动，以及"祭灶神""祭龙王""祭南北斗""贴天师像""易桃符""做斋醮"等民间习俗均反映出浓烈的道教色彩。其他各府州县诸志中也有关于这些崇道岁时风俗的记载，内容大体相似，兹不赘述。

---

① 雍正《续修建水州志·风俗》。
② 道光《普洱府志》卷九《风俗》。
③ 道光《昆明县志·风俗志》。
④ 光绪《鹤庆州志·近俗》。

图 6-9：大理双廊魁星阁，为典型的道教建筑。（周智生　摄）

　　明清以降，云南道教不仅在汉族移民中传播，还对彝族、白族、瑶族、纳西、阿昌等族的宗教信仰和日常生活产生了广泛的影响。彝族与道教和道家的关系源远流长，从彝族先民的神话、宇宙观、所奉神灵，及其所翻印的道经，便可看出这样的关系。据学者邓立木在昆明地区彝族撒尼支系撒梅人中所做的调查发现，撒梅人在供奉太上老君、元始天尊、雷神星官等大量道教神灵的同时，还对中原道教的神仙体系、经文、仪轨进行了一定的改造发挥。邓立木认为："撒梅人的西波教是在彝族原始宗教的基础上融合了道教的某些成分形成的。"[①]

　　瑶族与道教的关系也甚为密切，我们可以从其仪式专家的性质、所奉的经典和神灵中看出来。道教对瑶族影响之深，以至于学术界有了"瑶传道教"的

--------

① 邓力木：《撒梅人的西波教》，载《云南民族学院学报》，1985（3）。

说法。云南瑶族的仪式专家有道公和师公之分，二者须经过"度戒"以后才能有资格主持法事。同时"度戒"也是瑶族男性的成年礼和入道仪式。另据学者金少萍和黄惠焜调查[①]，富宁、河口、金平等地瑶族还供奉三清、三元、四帅、雷神、灶王、天师等神祇。不仅如此，瑶族宗教经典中还反映出大量道教的长生成仙思想。

除了瑶族和彝族以外，道教还对云南白族、纳西族、阿昌族和壮族等少数民族产生过影响。道教传入白族地区始于唐代，明代时大理白族地区已设有"道纪司"管理道士活动。之后，白族所奉本主中开始渗入不少道教神灵，白族本土巫师"朵兮波"也深受道教影响。在吸纳道教元素的同时，民间信众还为一些道教神灵专门设立了神祠。这样的情况也反映在纳西族和阿昌族的宗教信仰之中。东巴经里，有所谓"精威五行"之观念。纳西族的洞经会中，信众们往往会念诵道经，供奉神仙，道教色彩极浓。[②]

而在陇川县的阿昌族地区，寨神"色曼"、地方神"色猛"与道教神灵，以及南传上座部神灵同时得到供奉，并且在祭拜仪轨方面有融合之处。学者刘扬武先生据有关碑文考证，户撒金凤山皇阁寺建于明洪武年间，于清乾隆，嘉庆、同治年间有过三次重大修整。[③]解放初，学者发现皇阁寺道士所用经典为《玉皇经》《太上玄门早晚坛功课经》《觉世真经》等。[④]

综上所述，清代云南道教在本土族群中广为传布，这也从另一个侧面反映出明清以来道教不断世俗化的趋势。道教的传入不但影响了本土民族的宗教信仰，还不断地融入到其日常习俗之中。对于这种信仰交融的现象，郭武认为："道教对云南少数民族宗教产生影响时，并非原封不动地被少数民族接受，而是在与各民族传统宗教相融合的基础上被接受的；也就是说，道教在对云南各少

---

① 见金少萍：《富宁县团结堡蓝靛瑶宗教调查》，《云南少数民族社会历史调查资料汇编》（五），云南人民出版社，1991；黄惠焜：《屏边瑶山瑶族自治区社会历史调查》，载《云南苗族瑶族社会历史调查》，云南民族出版社，1982。

② 郭武：《道教与云南文化——道教在云南的传播、演变及影响》，第 254~257 页。

③ 刘扬武：《阿昌族宗教信仰调查》，见《云南民族民俗和宗教调查》，云南人民出版社，1985。

④ 郭武：《道教与云南文化——道教在云南的传播、演变及影响》，第 258 页。

数民族产生影响的同时，自己也曾受到各少数民族宗教的影响而发生了变化，产生出了一些与中原道教不同的特点。"①

### 三、清代云南的伊斯兰教信仰

经元明两代的大规模移民屯垦，回族在云南逐渐定居繁衍。到了清代，云南伊斯兰逐渐地方化、社会化，开始注重宗教理论学说的研究和发展。这种转变最突出的体现便是经堂教育的出现和伊斯兰云南学派的形成，以及汉文译著经典的出现和学术活动的繁荣这几个方面。②从教派上看，在清中叶以前，云南的回族穆斯林主要信仰格底木教派（Qadim）。清中叶以后，云南伊斯兰教格底木教派一支独大的局面开始改变，先后有格底林耶、哲赫林耶、虎非耶和伊赫瓦尼传入云南，其中哲赫林耶和伊赫瓦尼流传至今。

嘉靖、隆庆年间，陕西渭城人胡登州（胡太师）将传统的清真寺教育与中国的私塾和书院教育相结合，开创了中国伊斯兰经堂教育的雏形。学者纳忠认为，云南的经堂教育始于咸阳王赛典赤抚滇之时。③在一些清真寺碑刻中，也可窥见清代云南经堂教育的情景：

"师夫""经馆""束脩""学堂""义学"等字眼均是伊斯兰经学与儒学教育合流的明证。光绪以后，云南伊斯兰经堂教育管理模式上均采用"五掌教"制，办学层次上，共分为初级、中级、高级三个层次。

经堂教育与云南伊斯兰学派的形成，是一个相辅相成的过程。明末清初，中国伊斯兰学派开始出现，其历史背景是当时的中国穆斯林为了更好地融入汉文化社会、消除与周边族群的隔阂而主动进行的"以儒诠经"的文化调适。这一方面比较有代表性的著作有：马注的《经权集》《清真指南》等，马复初的

---

① 郭武：《道教与云南文化——道教在云南的传播、演变及影响》，第 260 页。
② 杨学政主编：《云南宗教史》，第 545 页。
③ 纳忠：《清代云南穆斯林对伊斯兰学问的教学与研究》，见《清代中国伊斯兰教论集》，宁夏人民出版社，1981，第 124 页。

《宝命真经直解》《天方性理第五卷》《大化总归》等。

## 四、清代云南基督教的传播

### （一）天主教

天主教是广义基督教的一个派别，与东正教、新教并称基督教的三大派别。如前所述，元时疑有"也里可温"教在云南活动的痕迹。但是由于记述不详，尚须进一步的考证。直到明末清初，天主教才又开始在川滇邻境萌芽。1640 年，葡萄牙耶稣会教士利类思率先入川开教，之后巴蜀地区天主教不断发展。1644年，张献忠起义军攻占成都，逃迁人群中就包括一些天主教徒，他们开始在滇东北地区定居。1658 年，永历帝流亡昆明，一大批皇室成员和随行人员先后皈依天主教。尔后，南明政权败亡，这些天主教徒也逐渐散布到民间。

从传播过程看，17 世纪末，在教徒"拜孔祀祖"的问题上，教会内部发生了"礼仪之争"。随着争论扩大化，演变成康熙帝与罗马方面的对立，清廷甚至禁止天主教在华传播。乾隆年间，四川宜宾等地的唐、吕等姓教徒迁辗转至川滇邻境，以躲避官府的查禁。滇东北大关县龙潭乡龙台场教堂就建于这一时期。之后，龙台场教徒又秘密地在邓川寅塘里小米庙、永胜马上、巧家大屏子等地建立教堂。还有，嘉庆年间，因禁教期间不愿放弃信仰，广东麦、李、梅姓教徒被发配云南，途经永胜、片角、华坪、挖色而至大理。这样天主教便从滇东北传至滇西等地。[①] 咸丰年间，由于云南发生大规模战乱，新任云贵总督劳崇光逗留贵阳，不敢入滇就任，滇省士绅邀传教士古若瑟（Fenouil Jean Joseph）入黔迎接。为表感谢，劳崇光将平政街一处公馆赠予教会，昆明地区教徒自此不断增多，尔后滇中教区由此形成。

在教会不断"南下北上、东进西联"的扩张中，传教士也开始进入少数民族地区传教。从道光开始，西方传教士就欲进藏活动，均遭到藏族僧俗大众的

---

① 李飞泉：《大理天主教区概况》，见《大理州文史资料》第 6 辑，1989。

抵抗，最为剧烈的体现便是光绪时英军入侵西藏期间。虽然传教士始终未能打通入藏的通道，但迫至清末民初，却在滇西北藏区边缘的贡山、维西、德钦等地，发展了不少怒族和傈僳族教徒。在滇中路南圭山路美邑地区，法籍传教士邓明德通过重点发展单一族群教徒，使得天主教传布到该地区彝族（撒尼人、阿细人）民众之中。

在19—20世纪之交的帝国主义瓜分中国狂潮中，法国视云南为其势力范围，并通过各种手段谋求在滇利益。此时，天主教的扩张速度进一步加快。在这一过程中，传教士、教徒与官绅士民的矛盾逐渐激化，先后发生了浪穹、德钦、昆明、昭通等大小教案。教会亦借教堂被毁、教士被杀诸借口向清政府大量勒索钱财。之后因反对教会的呼声高涨，法方始实行政教分离，减少对天主教的支持和利用。再次，天主教内部也开始审视过去的某些做法，淡化政治，凸显宗教，加强对教士的管理和约束。这些做法使得教会、教徒与民众的关系一定程度得到缓解，但抵制现象仍不同程度地存在。[①]

从所建教堂看，1840年以前，云南全省共有教堂5座，较乾隆年间增加了4座。其中滇西地区邓川州1座，滇东北大官厅3座。[②] 两次鸦片战争后，传教大门洞开，据光绪《续云南通志稿》相关资料统计，1860—1875的15年间，云南新建天主堂8座，其中滇西太和县、姚州、大姚县各1座；滇东北恩安县、镇雄州各1座；滇西北维西厅2座，永北直隶厅1座。[③] 同治年间，教会中心迁至昆明后，天主教快速发展，在光绪二年（1876）至十一年（1885）的十年里，又新建了19座教堂，其中滇西6座，滇东北5座，滇中4座，滇东3座，滇西北1座。[④]

随着教堂的兴建，教徒的增长也较为明显。1840年，云南教区独立时，约有教徒4000人，外籍与华籍传教士各一二人。光绪十五年（1889），云南有天

---

① 秦和平：《基督宗教在西南民族地区的传播史》，四川民族出版社，2003，第234页。

② 刘鼎寅、韩军学：《云南天主教史》，云南大学出版社，2005，第73页。

③ 刘鼎寅、韩军学：《云南天主教史》，第88页。

④ 刘鼎寅、韩军学：《云南天主教史》，第91页。

主教徒 10252 人、外籍传教士 25 人、华籍神职人员 9 人。光绪二十六年（1900），云南天主教徒增至 11390 人、外籍传教士 55 人、华籍神职人员 8 人。至宣统元年（1909），这一数字始有所下降。①

从教区沿革过程上看，17 世纪，法人入侵越南，积极推行天主教。1658 年，罗马教皇任命陆方济为安南东京宗座代牧，兼辖川、滇、黔省教务。1696 年，罗马教廷传信部在中国添设云南等 9 个代牧区，于卜善任云南教区宗座代牧。之后天主教内部各国修会彼此博弈，争夺教区控制权。1752 年巴黎外方传家会接管云南传教事务，云南教区归并四川。嘉庆年间，为便于管理，四川教区采取分区定人的方式，由川南区落壤沟修道院刘翰墨神父负责云南传教事务。

道光年间，马伯尔出任四川主教，委任华籍黄姓神父巡视云南各地，联络教徒。道光二十一年（1841），马伯尔拟重设云南教区，向教廷推荐袁绷索担任主教。1850 年，袁绷索祝圣主教后，驻盐津，管理滇东北和滇中地区；丁硕卧任教区副主教，驻大理，负责滇西地区教务。同治年间，云南教区主教迁至昆明，古若瑟、金梦旦、雍守正先后担任主教。之后，昭通教区和大理教区先后成立，与昆明教区并列。至 1946 年，圣统制实施，云南被列为第二十教省，三教区隶云南教省管辖之下。

（二）新教（基督教）

15—16 世纪，为迎合一部分新贵族和上层市民的需求，欧洲各天主教国家相继发生了脱离罗马教廷的宗教改革运动，并派生出了一些新的宗派。这些宗派在中国一般被称为"基督教新教"，以区别宗教改革以前的罗马天主教。② 鸦片战争以后，基督教陆续传入中国。

1860 年，清政府分别与英、法、俄三国签订了《北京条约》，英、法传教士得以公开地进入云南、西藏等内地。云南、西藏进入西方殖民者的视野，并成为列强争夺的目标。英国于 19 世纪初侵入缅甸后，即计划开辟印度、缅甸到

---

① 秦和平：《基督宗教在西南民族地区的传播史》，第 231~232 页。
② 杨学政主编：《云南宗教史》，第 459 页。

中国云南的交通，以便进一步染指中国西南和长江流域。法国殖民者在占领越南后，立即将枪口直指中国的广西和云南，并在中越边境发动了"中法战争"，企图进一步将中国云南与越南连成一片。[①]《辛丑条约》签订后，西方大量新教传教人员开始进入西南地区。

清光绪三年（1877），英国内地会传教士麦嘉底（John Mc Corthy）从江苏镇江出发，循长江而上，经重庆至滇黔地区，成为新教进入云南传教的第一人。继麦嘉底之后，又有康慕伦（Cameron）等其他传教士进入云南。而早在麦嘉底之前，据传，内地会教士索尔陶（Soltau）和史蒂文森（Stevensen）原打算从缅甸八莫入滇，但由于"马嘉理事件"的发生，该计划搁浅。《烟台条约》签订后，英国政府解除禁止传教士由缅甸进入云南的禁令，二人遂于1881年完成由缅甸入云南抵重庆的行程。

随着内地会在云南的早期活动，一些传教站也不断设立起来。清光绪七年（1881），美国内地会传教士乔治·克拉克（George Clark）夫妇从上海出发，辗转到滇，在大理租用吉祥巷许姓宅作为布道所。之后英国传教士花果香（G.W.Clark）夫妇在大理苍坪街购得宋姓宅，开始传教。通过"习华语，穿汉服"，积极融入当地，滇西大理教会率先在云南站稳脚跟。[②] 光绪末年，又有英国传教士马锡龄夫妇，英国传教士安选三、盖吉士和加拿大医生赖洪恩到大理传教。1907年，安选三借助英国驻滇领事和地方官员的帮助，购得大理北门金箔街房产作为内地会福音堂，传道人数不断增多。

1882年，继大理教会建立后，内地会传教士又在昆明武成路中和巷租赁住房，在升平坡设立了第一个教堂，并建立起了云南的第二个基督教会。1886年，圣经基督教会英国传教士托马斯·万斯通，加入云南内地会工作。1888年，圣经基督教会英国传教士柏格理也来到昆明，与万斯通夫妇一同传教。1890—1892年，万斯通夫妇及柏格理先后离去。之后内地会英国传教士又有贝洋人、

① 肖耀辉，刘鼎寅：《云南基督教史》，云南大学出版社，2007，第13~14页。
② 段丽本：《大理基督教会简史略稿》，见《大理州文史资料》第2辑，1984。

童毓秀、孙道忠等陆续来到昆明传教。[1] 据《续云南通志稿·洋务志·教堂》记载，截至 1893 年，昆明城内有耶稣堂三座，分别是光绪十一年（1885）所设瞻华街升平坡耶稣堂，光绪十三年（1887）所设马市口福音堂，光绪十一年（1885）所设蒲草田救恩堂。

在滇东北昭通汉族聚居地区，1883 年英国卫斯理派循道公会传教士索里仁（Thorned）和托马斯·万斯通首先由上海经四川宜宾到昭通开辟传教点，因当地人的嘲笑和反对，收效甚微。1885 年，基督教循道公会在东川设教会。1887 年，英国循道公会派传教士伯格里（Samuel Pollard）和台慕廉（Frand Dymoud）等再次由四川进入昭通传教，同时他们还施医施药，为当地人治疗天花等疾病。[2] 至民国初年，昭通汉族聚居地区发展了 30 名教友，并在县城集贤街建立了几座教堂、医院和学校。但就传教效果看，汉族聚居地区发展缓慢，远不及民国初年，循道公会在云南昭通和贵州威宁县石门坎的苗族地区的传教情况。

再看滇北苗族和彝族聚居地区的传教活动。1903 年内地会英国传教党居仁（J.R.Adams）首先在昆明中和巷建立云南内地会总会计处，统一指挥内地会在云南的传教活动。清光绪三十六年（1906），总会计处滇北传教区监督，澳大利亚传教士郭秀峰（Arthur G. Nicholls）在石门坎接受培训后，在武定普洒山苗族地区开办教会，并以此为中心逐渐在武定滔谷、老把、阿过咪和禄劝撒老坞、寻甸新哨等地设立传教总堂，并扩展到邻近各县，发展教徒数万人。

早在 1887 年，基督教会浸礼会就在缅甸克钦族地区开办教会。1895 年，缅甸教会浸礼会开始向中国景颇族聚居地区派遣传教士，1907 年传入瑞丽，之后逐渐发展到陇川、盈江和路西各县。滇西南地区的传播，19 世纪末，基督教浸信会随英国殖民者进入缅甸景栋地区，随即开始向中缅边界南段传播。1905 年，美国传教士永伟里（William Young）到双江帕结寨传教，发展了一批教徒。到 1919 年帕结寨建立教堂，此后教会势力逐步深入拉祜族和佤族聚居地区，共

---

① 肖耀辉，刘鼎寅：《云南基督教史》，第 28 页。
② 贺以明：《英国传教士伯格里》，见《昭通文史资料选辑》第 6 辑，1991。

设教堂百所，发展信徒万人，并培养了大量本民族传教士（撒拉）。滇西北方向，从 1913 年开始，缅甸内地会和浸礼会向怒江流域的傈僳族和怒族地区传教，此后神召会、滇藏基督教也先后传入开办教会。

总体上说，20 世纪头十年，中国社会政治局势动荡，西方差会加大了对中国西南的传教力度，新教在云南的传播取得了显著的成果，在少数民族地区尤为明显。迨至民国时期，部分少数民族地区的新教传播已初具规模。民国时期，学者据相关资料估计，30 年代云南境内新教教堂数目在 65 所以上，40 年代达到 77 所。[①]

## 第四节　元明清时期云南宗教文化并存共生格局

云南山河相间，多山地少平原，自然地理呈现立体多样、纵横分割的特点。云南境内近 94% 是山区，只有约 6% 的山间平原"坝子"。"云南的人口的分布大体以坝子为核心，以坝子边缘山地为外围，形成一个个相对孤立的社会文化地理单元。"[②] 这就为云南本土民族保持稳定而丰富的原生信仰文化，提供了适宜的自然地理土壤。

另一方面，从文化圈上看，云南位于"中原汉文化的西南边缘，青藏文化的东南边缘和东南亚南传佛教文化的北部边缘"[③]，处在多种文化的交汇地带。[④] 元明清时期，伴随着中央王朝对云南的开发及移民屯垦，以及周边国家及区域的族群整合进程，西域的伊斯兰教，汉地的儒、释、道三教，藏地的藏传佛教，东南亚的上座部佛教先后传入云南。

---

① 段玉明：《西南寺庙文化》，第 89~90 页。
② 王声跃主编：《云南地理》，云南民族出版社，2002，第 298 页。
③ 金泽、邱永辉主编：《中国宗教报告（2010）》，社会科学文献出版社，2010，第 282 页。
④ 张庆松：《云南多元文化、多元宗教共处的历史回顾和现状分析》，见何其敏、张桥贵主编：《流动中的传统——云南多民族多宗教共处的历程及主要经验》，宗教文化出版社，2011，第 15 页。

清中晚期以后，中国逐步沦为半殖民地半封建国家。在 19-20 世纪之交的帝国主义瓜分狂潮中，西方殖民者视云南为其势力范围，并通过各种手段谋求在滇利益。此时，随着大量传教士的进入，基督宗教在西南地区的扩张进一步加快。综上，经历了元、明、清三代长期的并存共生，云南的本土信仰和外来宗教彼此融混，最终形成了多元的宗教文化格局。

## 一、云南多元宗教文化并存格局的形成和发展

### （一）元明清时期云南本土民族的原生信仰

元明清时期云南本土民族的原生信仰，囊括了多种多样的内容和形态："自然崇拜、动植物崇拜、图腾崇拜、鬼魂崇拜、祖先崇拜、生殖崇拜、灵物崇拜、精灵崇拜等。与此相关的祭仪有：狩猎祭祀、农业祭祀、畜牧业祭祀、生育祭祀，以及建房、婚丧、出行、战争、贸易等生产生活的祭仪和习俗。"[①] 元明时期，么些的天神崇拜，以及罗罗、百夷、土僚等族群在医疗、婚丧、占卜和军事活动中所反映的巫鬼信仰，当属多元信仰的最佳佐证。

同时，各个本土民族皆有相应的祭司、巫术、经典、法器、法衣等。例如罗罗的巫师称为"大奚婆""大觋皤"，或曰"白马"，鸡骨通常是他们占卜所用的工具。另外，"云南民族的原生信仰在其发展过程中，还与后来传入的佛教、道教出现互相融合的现象"[②]。如元以后，白蛮的阿吒力教继续与汉地的儒、释两家融合，形成了富有特色的"师僧"传统。

到了明代，针对白族地区巫道合流的状况，朝廷在大理府分别设"朵兮薄道纪司"和"朵兮薄道会司"进行管理。迄至清代，道教进一步对瑶族、彝族撒梅人、纳西、阿昌等族群产生了一定影响。但需要注意的是，本土民族并非被动接受来自汉地的宗教，大量道教神祇以及经典、仪轨被这些族群改造后，

① 杨学政、袁跃萍：《云南原始宗教》，宗教文化出版社，2004，第 4 页。
② 牟钟鉴、刘宝明主编：《宗教与民族》第四辑，宗教文化出版社，2006，第 119 页。

吸收到自身的信仰体系之中。

### （二）元明清时期云南的外来宗教

#### 1. 佛教

佛教传入中国时间久远，且部派齐全，派系繁多。在其传播过程中逐渐形成了汉传佛教、南传上座部佛教和藏传佛教等三大部派。汉传佛教，约公元7世纪传入云南，大理段氏时期得到了重要的发展，元明时达到鼎盛，形成了与中国佛教四大名山齐名的鸡足山道场。清代中叶后，由于社会动荡，兵戎相扰，匪盗为患，僧尼大量流失，汉传佛教逐步衰落。总的来说，汉传佛教主要集中在滇中、滇西、滇南和滇东北等地，为汉、白、彝等族群信仰。

南传上座部佛教源于古代的部派佛教，主要传布于南亚、东南亚国家。上座部佛教约于公元7世纪经由缅甸、泰国传入云南西双版纳，明中后期又逐渐传入德宏、临沧、思茅等地区。经过清代的不断发展，上座部佛教与傣、布朗、阿昌族、德昂族等少数民族的原生信仰相融合，并对他们的社会、政治、经济和文化方面产生了重大影响。

公元7世纪时，随吐蕃王朝势力达至云南西北部直至洱海北部地区。宋元时期，藏传佛教宁玛派、噶举派、萨迦派陆续传入滇西北。到了元代，随着忽必烈攻克大理，统辖藏区，受皇朝扶持的萨迦派大为发展。明代，因木氏土司的支持，噶玛噶举在丽江地区广为传播。到了清代，由于和硕特部和五世达赖的经营，加之清皇室的扶持，15—16世纪初格鲁派开始在中甸、德钦，以及川、滇交界的藏、普米等族群及摩梭人中传布，并成为滇西北地区的第一大教派。

#### 2. 伊斯兰教

伊斯兰教在云南的传播与发展，主要与元明时期穆斯林大量随军入滇和屯田戍边有关。而且清以前的云南伊斯兰教主要是通过保持穆斯林的生活方式、生活习俗而得以延续。1253年，忽必烈入云南后，多次派军戍守和屯垦，大批回族军士、工匠落籍云南。尔后，元世祖忽必烈派赛典赤·赡思丁主政云南六年。

由于赛典赤家族的社会影响力和穆斯林的背景，伊斯兰教在云南得以立足，云南各地回族聚居区始建清真寺。明洪武年间，一部分穆斯林军士随军入滇。

往后，随着屯田制度的实施，又有大批回族军士、工匠和商人落籍云南各地，形成了穆斯林第二次大规模入滇的高潮。

经元明两代的大规模移民屯垦，回族穆斯林在云南逐渐定居繁衍。到了清代，云南伊斯兰逐渐地方化、社会化，开始转变为注重宗教理论学说的研究和发展。这种转变最突出的体现便是经堂教育的出现和云南学派的形成，以及汉文译著经典的出现和学术活动的繁荣这几个方面。

3. 基督宗教

"基督教于 19 世纪正式传入云南，在经历了 100 多年的传播、发展后，已成为云南信徒较多，影响较大的宗教，尤其对傈僳族、怒族、苗族、景颇族、拉祜族、彝族等十多种少数民族的部分人群产生了重要影响。"[1]1896 年，清政府在甲午战争中失败，帝国主义掀起了瓜分中国的狂潮，英美等国传教士开始进入滇缅边境传教。总体来说，基督教于晚清，在帝国主义入侵中国的背景下传入云南。

在 19—20 世纪之交的帝国主义瓜分狂潮中，天主教"南下北上、东进西联"，扩张速度进一步加快，传教士开始进入怒、傈僳、彝、藏等少数民族地区传教。这一过程中，曾先后发生了浪穹、德钦、昆明、昭通等大小教案。教会亦借教堂被毁、教士被杀诸借口向清政府大量勒索钱财。之后因教会加强对教士的管理和约束，使得教会、教徒与民众的关系一定程度得到缓解，但抵制现象仍不同程度地存在。

## 二、云南宗教文化多元共生格局形成因素分析

### （一）移民入迁云南与信仰格局演变

移民的入迁是元明清时期外来宗教进入云南的首要特征。伴随着外来移民的进入，聂思脱里教、伊斯兰教、汉地宗教传至云南。

---

① 云南省政协文史委员会编：《云南文史集粹·民族宗教》（第九卷），云南人民出版社，2004，第 527 页。

1. 回族入迁与伊斯兰教的传入

元朝时期的云南行省，版图辽阔，除了以往的本土民族以外，又迁入部分蒙古、回等族群人口，云南的宗教格局也出现了新的变化。随着蒙古精兵和色目人军队渡过金沙江占领云南，伊斯兰教正式传入。之后又有近十万回族士兵、工匠等群体性地进入云南。

明洪武年间，沐英和蓝玉随傅友德征战云南，以及后来明政府实施屯田，大量的穆斯林军士、工匠和商人入滇，很多回族士兵就地"入社"，成为"编民"，回族穆斯林的人口和社区也不断扩大，伊斯兰教沿滇西、滇中、滇南三迤交通在云南开始扎根。

2. 汉人入迁与宗教的融混变迁

明代以后，通过各种方式从内地迁入云南的汉族移民在数量和规模上都超过了以往。迨至明末，位于坝区和城镇的汉族移民人口已经超过了本土人口的数量。据统计，极盛时期，明代云南总人口约有 350 万以上，而移民约占其中的四分之一，即约 100 万。这样的聚居结构的变化，就为内地宗教信仰文化的传入打下了广泛的信教基础。特别是随着儒学教育和科举制度的推广，汉族移民中士绅阶层逐渐兴起，他们纷纷捐资田产，布施功德，广建庙宇，供养僧道。无论崇道或是崇佛，这些倡导宗教之教化功能的举措，配合着"用夏变夷"的观念，使得汉地宗教在云南的乡土社会中开始扎根。

通过明清两代的移民活动，汉族大量移居内陆府州县，向传统的少数民族山区和边远地区推进，并与云南原先的各本土族群交错杂居。随着以儒学为代表的文教事业的推动，以及经济、祭祀活动的开展；内地高道、高僧各门派入滇弘道、传法；汉族的宗教信仰文化开始在少数民族地区传播，并与各本土族群固有的习俗相融合。如此，形成了白族的"师僧"和"朵兮薄"传统、彝族的西波教，以及瑶传道教等丰富多彩的融合信仰模式。

3. 移民入迁与基督宗教的传入

唐宋以降，云南凭借着西南丝绸之路的便利，一直与南亚、东南亚保持着紧密的经济、文化联系。之后，随着蒙古军队横跨欧亚的大规模军事行动，又打通了云南与中亚、西亚和欧洲的联系，也使得当时的云南成为各种文化的汇集之处。特别是随着外域朝贡使者、教士、商队、官员的涌入，聂思脱利教开始传入云南。

明末清初，天主教开始在川滇邻境传播。1640 年，葡萄牙耶稣会教士利类思率先入川开教，之后巴蜀地区天主教不断发展。1644 年，张献忠起义军攻占成都，战乱将川省居民驱之四散，逃迁人群中就包括一些天主教徒，他们开始在滇东北地区定居。1658 年，永历帝流亡昆明，一大批皇室成员和随行人员先后皈依天主教。尔后，南明政权败亡，这些天主教徒也逐渐散布到民间。

由于康熙时的"礼仪之争"，清廷禁止天主教在华传播。乾隆年间，四川宜宾等地的唐、吕等姓教徒辗转至川滇邻境，以躲避官府的查禁。滇东北大关县龙潭乡龙台场教堂就建于这一时期。嘉庆年间，因禁教期间不愿放弃信仰，广东麦、李、梅姓教徒被发配云南，途经永胜、片角、华坪、挖色而至大理。这样天主教便从滇东北传至滇西等地。综上，这几股移民潮都为之后基督宗教大规模传入云南打下了基础。

（二）多种宗教合流与信仰的本土化、世俗化

不同宗教之间的融合是元明清时期云南宗教文化另一大特色。而伴随着外来宗教之间，外来与本土之间的融混，云南宗教体现出了第三个特色，即信仰的本土化、世俗化的倾向。

1. 儒、释、道合流与民间信仰的出现

自宋代理学形成以来，儒、释、道三教已开始了全面的融合；至明清时期，这种融合进一步深化和成熟。其主要表现是，三教之间几乎完全消除了思想壁垒，原为某家所独有的思想竟成为三家共同的主张。其结果是使三教之个性几近泯灭，思想面貌彼此混同，以至于你中有我、我中有你而难辨彼此。[①]

明清时期，云南各地的道观与佛教寺院及儒家文庙、学校等交相杂处的现象非常普遍，儒、释、道三教圣人的偶像也常常不分场所地得到了供奉；甚至

---

① 郭武：《道教与云南文化——道教在云南的传播、演变及影响》，第 137 页。

一些地方还出现了以"三教"为名称的寺院。另外，从如李元阳、高奣映等一些大儒的思想中，我们可以看出道教对云南儒学的影响痕迹，一些云南佛教僧人也曾精研道教义理，并撰有阐释道经的著作。

在三教内部分宗衍派，外部不断融混的背景下，采借三教特色，杂糅多种神灵体系的民间宗教应运而生。可以说，民间宗教运动是伴随着封建社会走向没落，封建社会意识形态不断衰微的背景而出现的。据统计，清代中国约有200余种民间宗教和秘密会社，仅云南地区便出现过圣谕坛、洞经会、大乘教、青莲教、同善社、普缘社、常斋教、归根教、青斋道、一贯道、哥老会等形式。

2. 以儒诠经与伊斯兰教的本土化

"以儒诠经"是中国伊斯兰经学术语，"专指明清两朝由回族伊斯兰经师王岱舆、马注、刘智和马复初四人为代表的用中国儒家思想诠释伊斯兰教哲学教义的研究、翻译、著述和教学活动"①。"以儒诠经"运动是在明末清初发展出现的。

元明之际，云南的穆斯林人口有了迅速增长。由此，云南永昌府回族学者马注、大理府回族学者马德新等经师，也积极投身到了"以儒诠经"文化运动之中。这一方面比较有代表性的著作有：马注的《经权集》《清真指南》等，马复初的《宝命真经直解》《天方性理第五卷》《大化总归》等。

伴随着伊斯兰教云南学派的出现，清代云南伊斯兰经堂教育逐步繁盛起来。嘉靖、隆庆年间，陕西胡太师将传统的清真寺教育与中国的私塾和书院教育相结合，开创了中国经堂教育的雏形。至清代，云南"凡清真寺所在，无论通都大邑，穷乡僻壤，靡不设学施教"②。在一些清真寺碑刻中，频繁出现"师夫""经馆""束脩""学堂""义学"等字眼，均是伊斯兰经学与儒学教育合流的表现。

---

① 昆明市宗教事务局，昆明市伊斯兰教协会编：《昆明伊斯兰教史》，云南大学出版社，2005，第60页。
② 开远大庄清真寺《赛君文华张君怀瑛捐租助学碑序》，见答振益、安永汉主编：《中国南方回族碑刻匾联选编》，宁夏人民出版社，1999，第189页。

第七章

元明清时期云南的

文化教育

# 第一节　元明清云南儒学教育与科举文化

云南教育始于何时，众说纷纭。有学者考证，云南有学校，从东汉初年开始。《后汉书·西南夷滇王传》、万历《云南通志·学校志》等资料载明其建立时间为汉章帝元和二年，设立者为益州太守王阜。虽文献记载中未见其教育措施，但开创建学之风的重要地位则毋庸置疑。三国时，诸葛亮在南中"立法施教"。两晋南北朝，相关记载显示滇东北的朱提郡有设学，且有《孟孝琚碑》遗存；此时，南中大姓势力崛起，文化优势凸显。由此，云南兴建学校较多、文化水平较发达的地区，多为汉族移民聚居的主要地区。另一方面，从文献记载来看，大多数地区还没有学校，不具备办学条件。这一时期，虽然有汉族移民进入，学校建立，儒家文化开始传播，但由于影响力有限，受正式教育的范围小，人数少。甚至有的移民被当地居民同化的例子也屡见不鲜。

南诏大理时期，政权上，云南与唐宋相对独立；文化上，与中原文化趋同，又有自己明显的文化特色。南诏政权采取了许多措施来发展经济文化及教育，包括注重与唐朝的交往，大力提倡学习唐朝文化，模仿唐制、崇儒兴学，普遍推行和学习汉文化。另一方面，唐朝也积极向云南推行文教政策，并宣扬王权。许多流传至今的历史文化遗迹对研究云南历史文化有重要作用，如崇圣寺三塔、南诏德化碑、剑川石钟山石窟、大理段氏与三十七部盟誓碑等。

自宪宗三年（1253）忽必烈占领云南建立"行省"，将云南与中原的政治体制、文化教育逐步统一起来，云南的儒学教育得到空前发展。《道园学古录》载："世祖皇帝之集大统也，实先自远外始。故亲服云南而郡县之，镇之以亲王，使重臣治其事，自人民、军旅、赋役、狱讼、缮修、政令之属，莫不总焉。"①统治者在滇池周边设置万户、千户、路、府、州、县等统治机构，但由于洱海周边的大理段氏势力犹存，政治文化中心还处于从洱海向滇池周边转移的过渡时期。总体来说，云南教育的范围逐渐扩大，教育体系渐与内地趋于一致，接受汉文化教育的阶层开始多极化。

至明代，明朝军队平定云南，在元代云南行省基础上，设三司，且均设在昆明。省之下，各类行政、军事管理机构的设置，滇池附近的数量也远远多于洱海地区，明代政治文化中心移至滇池地区。但无论滇池地区、洱海地区，所设教学机构、培养的进士举人都得到较大发展。明代统治者在恢复元代所建学校的同时，新设一批府州县学。官学、私学的发展，使云南知识分子群体增多；同时他们又带动云南教育的发展。明代由于移民的增多，汉族人口尤其是接受儒学教育的汉族学子人数处于优势，为云南文化教育注入更多新的元素。清代，在平定三藩之乱和改土归流后，云南教育进入文化发展的又一个高峰。表现在教育机构增多，范围由中心地区向边远地区延展，由汉族地区向少数民族聚居区扩散。学校及书院、学人、文献资料等的数量都达到前所未有的新高度。

综上，元以前，云南文化带有深厚的地方色彩，虽也有儒家文化传入，但传播范围有限。元代，虽然中央专门针对云南的文教诏令较少，但地方官员大力提倡儒学教育，受教育的群体多集中在上层。明代，移民增多，政治集权加强，中央对云南教育的重视程度也随之加强，专门诏令增多，不仅对汉族聚集地，对土司、少数民族地区也有相应的政策进行学术鼓励。清代，改土归流政策的实施，官员、行政机构设置更完善，儒学文化传播更深入，教育机构除府州县学、学院、私学、社学等，还增加义学，文化教育的普及达到一个新高度。云南的学校教育、科举文化经历了一个从初步传播、逐步普及到全面繁荣的发展过程。在与中原趋同的情况下，也产生新的特点。

---

① （元）虞集：《道园学古录》卷五《送文子方之云南序》。

## 一、元明清云南的文教政策

元代，在地方尚未设置专门的教育机构前，有关教育之事，由地方行政长官直接处理。《临安府志·附夷俗》曾载："夷民不知文法，每长官司有所征发则用木刻书爨字于其上。"[1] 元世祖平定云南后，至元十一年（1274）任命赛典赤·赡思丁为行省平章政事，据《元史·赛典赤·赡思丁传》载："云南俗无礼仪……亲死则火之，不为丧祭，无秔稻桑麻，子弟不知读书。赛典赤……教民播种，为陂池以备水旱；创建孔子庙、明伦堂，购经史，授学田"[2]，于是"北人鳞集，爨僰循礼，渐有承平之风，是以达官君子，绍述成轨，乘驲内地，请给经籍。虽穷边蛮僚之乡，咸建庠序矣。"[3]

延祐元年（1314）设立云南行省专门的教育管理机构：儒学提举司，使儒学的传播有新发展。《元史·百官志》载："各处行省所置之地，皆置一司，统领诸路、府、州、县学校祭祀、教养、钱粮之事，及考校呈进著述文字。每司提举一员，从五品；副提举一员，从七品；吏目一人，司吏二人。"[4]《续文献通考·学校考》谓："提举为学校长官，掌管本路诸儒学。"[5] 而教师的升迁，名儒耆宿的月俸，据《庙学典礼》所载，皆由提举按实情决定呈报。云南学额据《滇云历年传》载，官家子弟"上路二人，下路二人，府一人，州一人。余民间子弟。上路三十人，下路二十五人"[6]。云南官员的倡导促进元代儒学的发展，如至元二十四年（1287），云南行省参政郝天挺首倡大理路儒学，云南诸路提刑按察司判官赵世延根据路总管府官员的意见，督促兴建府学三门。成宗朝，行省左丞汪惟勤倡言重修中庆儒学泮宫，云南廉访使王彦特撰写《重修泮宫记》。

---

① 嘉庆《临安府志·附夷俗》。
②《元史》卷一百二十五《赛典赤·赡思丁传》，第 3063 页。
③ 引自方国瑜主编：《云南史料丛刊》第三卷，第 276 页。
④（明）宋濂等：《元史》卷九十一《百官志七》。
⑤（清）乾隆官修：《续文献通考·学校考》，浙江古籍出版社，2000。
⑥《元史》卷八十一《选举志一·学校》。

仁宗朝，云南行省左丞阿昔思创修圆通寺，行省左右司郎中秦俨新建文昌祠。①

　　元代，云南除了在中庆路、大理府建儒学外，据乾隆《云南通志》记载，还在澄江、邓川、永昌府、鹤庆府等地都建立过庙学。在行省大力推行儒学教育的影响下，一些土司也主动兴办儒学，如姚州路总管高明，欧阳玄《升州为路记》言其"近聘荆益关陕之士以为民师，远购洙泗濂洛之书以为民学，异时烨然声容文物之盛，非蜀之文翁、闽之常衮欤"②。

　　综观元代，虽也奉行尊孔的政策，但由于蒙古族本身具有的游牧民族文化的影响，以及元统治者信佛敬神，儒学的政治地位较前代有所减弱。

　　朱元璋吸取元朝重武轻文的教训，十分重视文化教育，据《明史·选举志一》载，他主张"治国以教化为先，教化以学校为本。京师虽有太学，而天下学校未兴。宜令郡县皆立学校，延师儒，授生徒，讲论圣道，使人日渐月化，以复先王之旧"③。全国各府州县纷纷设学，使明代学校从中央延伸到各地州县等行政区，构建一个文化教育网络。就云南的儒学教育而言，据张纮《云南机务钞黄》所载，统治者较为重视，曾诏令"府、州、县学校宜加兴举，本处有司选保民间儒士堪为师者，举充学官，教养子弟，使知礼仪，以美风俗"④。

　　在行政机构和官员设置方面，各省设儒学提举司，正统元年，设提督学校官，由按察司副使、金事担任。当时各府、州、县有儒学53处。府设教授，州设学正，县设教谕各1人；各级学府设有训导：府4人，州3人，县2人。至永乐以后，各级学府培养了众多学士，以至"云南的人才，几乎与中原并列"。《明英宗实录》多有记载，如景泰年间，云南按察司提调学校副使由姜浚担任；天顺五年，"升教授邵玉为云南金事，提调学校"⑤。洪武年间，重置大理府、云南府、楚雄府、蒙化等儒学；永乐年间，武定、寻甸、广西等府设学校，儒学开始在云南扩展开来。

———————————————

① 李治安：《元代行省制度》下，中华书局，2011，第562页。
②（明）陈文修，李春龙、刘景毛校注：《景泰云南图经志书校注》，第226页。
③《明史》卷六十九《选举志一》，中华书局，1974。
④ 李春龙主编：《正续云南备征志精选点校》（下编），云南民族出版社，2000，第190~191页。
⑤《明英宗实录》。

此外，明代积极采取措施来推行土司地区的儒学。《明太祖实录》载，洪武二十八年明令：“云南、四川边夷土官，皆设儒学，选其子孙弟侄之俊秀者以教之，使之知君臣父子之义，而无悖礼斗争之事，亦安边之道也。”①《明史·职官志四》：“其后宣慰、安抚等土官，俱设儒学。”②在儒学教育的传播过程中，选用土司地区的文人担任学官，《万历野获编补遗·土教官》谓：“滇蜀皆有至，然皆夷方也。”③明廷采取的鼓励措施，在许多地方效果表现不明显，便发布较为强硬的诏令，《明史·湖广土司列传》有载：“以后土官应袭子弟，悉令入学，渐染风化，以格顽冥。如不入学者，不准承袭。”④此措施在强化土司地区政治归属的同时，带动了文化教育的发展。

随着明代儒学教育的不断推行，云南文化教育水平有较大发展。如《景泰云南图经志书》载，“澄江府郡多僰人，而汉人杂处其间，初不知学，今以岁久，渐被文教，有以科第跻膴仕而封及其亲者。于是闾里翕然向学，相率延师训子，而家有诵读之声，皆乐于仕，非复昔之比矣”⑤。明朝统治者注重对少数民族的教化，使云南儒学有较大的发展，在很大程度上改变了云南边疆民族地区的教育境况。

清朝对儒学的教育，在明代基础上又进一步发展。清朝统治者一方面尊孔读经，笼络汉族文人；另一方面，大兴文字狱，实行文化专制。清初，朝廷颁布《圣谕十六条》，无论是对云南汉族集中的地区或是土司地区，在文化教育方面，都具有特殊意义。至雍正二年（1724），清廷在《圣谕十六条》的基础上颁布《圣谕广训》，其成为学校教育和社会教化的重要内容。

在行政机构的设置上更为完备。清代管理地方学校，各地都设有专职的学官。清初，各省设提学道，带按察司金事衔，康熙年间，改称提督学院或学政，

---

①《明太祖实录》卷二百三十九，“洪武二十八年壬申”条。

②《明史》卷七十五《职官志四》，中华书局，1974，第1852页。

③（明）沈德符：《万历野获编补遗》卷四《土教官》，第41页。

④《明史》卷三百一十，《湖广土司传》，中华书局，1974，第7997页。

⑤（明）陈文修，李春龙、刘景毛校注：《景泰云南图经志书校注》，《风俗·闾里设学》，第106页。

非进士出身者不任。依规定，云南设提督学政一员，掌一省学校、士习、文风之政令等。学政对于地方设立的府州县学，定期举行岁考、科考两种考试，照例每岁应按临一次。按临时，应有讲学之仪，令诸生复讲律例。清代对学官的考核也较为严格，《朱批奏折》乾隆七年五月廿四日云南巡抚张允随奏中曾规定："年力衰颓，贪恋禄位及庸劣无能，不称师儒之席者，咨部罢斥。"[①]各地官学，府设教授，州设学正，县设教谕，均各为1人。此外，各学设训导1人，协助教授、学正、教谕教导学生。

　　清代是云南历史上外来移民最多的朝代，一方面与清初政局有关。顺治三年（1646），南明永历帝开始逃亡生活。当永历帝从昆明动身时有从者十万人，颠沛流离到达缅甸时，只剩下六百四十六人。据学者研究，十万人除了自然减员外，大多数流落到了沿途的少数民族地区，定居下来。这必然给这些少数民族地区的思想文化和生产经济方面带来极大的影响。另一方面延续明代的军屯、民屯、商屯，甚至更为普遍。加之康、雍改土归流政策的实施，云南的文化教育得以更进一步发展。更多移民涌入，打破过去由土司控制相对封闭的群体，形成西南较开放的地域。此外，在边疆地多人少，刚好可以解决内地地少人多的矛盾，所以，越来越多的内地劳动者来到云南谋生。他们带来的内地经济因素，也必然对云南造成更多的影响，为多元文化的交流创造客观条件。云南儒学经由历代发展，加上统治者对儒学教育极为重视，以及汉族人口的迁入，促成元明清儒学教育的空前繁荣。

## 二、元明清云南教育机构的发展

　　云南学子接受儒学教育的机构有中央的国子监学，地方的府、州、县卫学、学院、社学、义学、私学以及清末的新式学堂等。云南的古代教育，最初有私学，始于西汉元狩二年（前121）；地方官学稍晚，始于东汉元和二年（85）；

---

① 《朱批奏折》，乾隆七年（1742）五月廿四日，云南巡抚张允随奏。

书院始于明代景泰年间。其中地方官学是云南的官办学校，是主要的教育机构，而学校教育机构的完善是影响教育发展的重要因素之一。针对元明清时期云南教育机构的发展情况，略述如下：

（一）国子监学

元代的中央官学有国子学、蒙古国子学、回族国子学。国子学主要指代汉学，与后两者区别开来。《元史·选举志·学校》曾载，太宗六年（1234），将金朝的中都燕京的枢密院改为宣圣庙，设国子学，令侍臣子弟入学。至元七年（1270），世祖创立国子学。至元廿四年（1287）正式成立国子学，以耶律有尚为祭酒，设博士通掌学事；复设助教，同掌学事；学正、学录申明规矩，督习课业。

至明代，朱元璋改应天府学为国子学，设博士、助教等官，教授胄子和品官子弟。明朝开国后，国子学屡经扩建，仍满足不了人才培养的需求。洪武十四年（1381），重建国子学，次年，将国子学改称国子监。据《南雍志》卷一载，按洪武十四年官制，国子学设祭酒1人，司业2人，监丞2人，博士5人，助教15人，典簿1人，学正10人，学录7人，典籍1人，掌馔2人，共计46人。国子监的官员虽很少有全额设置的时候，但类似祭酒、司业等正官，多选用学术名流担任，多为翰林出身，其他属官，也多从地方官中挑选。如此较为完备的学官设置，足见统治者对儒学教育的重视。

同时，国子监学生对门第的要求，也较唐宋大大降低，明代反映较为明显，既包括官子弟、靠父辈品官业绩入监的荫监，也有土官子弟、外国留学生、岁贡生、援例生等。云南较明显的是土官子弟进入国子监，如洪武二十四年（1391），仅云南乌撒军民府的土官子弟就超过45人。据载，洪武二十六年（1393），因云南等处众多土官生、民生入读国子监，朝廷在监新造房屋100间供其居住。此外，土官子弟在国子监学习，也极受重视，朱元璋敕国子监："今西南夷土官各遣子弟来朝，求入太学，因其慕义，特允其请，尔等善为训教，俾有成就，庶不负远人慕学之心。"[1]学成后，有的世袭土司职务，客观上加强

①《明太祖实录》卷二百零二，"洪武二十三年五月己酉"条。

了明朝对云南土司地区的统治。

清承明制，仍由礼部掌管全国的学校、贡举。雍正三年（1725），国子监由监事大臣、祭酒、司业等掌管。乾隆时期，国子监的各项制度基本稳定，后来未有大变动。清代国子监生徒的选拔也沿袭旧制，有贡、有监。贡生凡六，曰岁贡、恩贡、拔贡、优贡、副贡、例贡。监生有四，曰恩监、荫监、优监、例监。荫监有二，曰恩荫、难荫，二者都谓之国子监生。

（二）府、州、县卫学

云南官学之始，据《后汉书·南蛮西南夷传》载，为东汉元和二年（85），蜀郡王阜为益州太守。在滇池地区"始兴起学校，渐迁其俗"①。唐玄宗先天二年（亦即开元元年，713），南诏晟罗皮立孔子庙于国中，阮元声《南诏野史》记为开元十四年（726）。穆宗长庆五年，南诏设学校，置教官两人：益州人张永让、国人赵永本。元代地方行政区域分路、府、州、县等，各级地方政权都设有学校，分别有路学、府学、州学、县学等。

元世祖中统二年（1261），据《续文献通考·学校考》载："诏立诸路提举学校官。凡诸生进修者。严加训诲，务使成材，以备选用。"②至元十三年（1276），赛典赤为云南行省平章政事，"创建孔子庙、明伦堂，讲经史，授学田，由是文风稍兴"③。《元史·选举志·学校》载："至元十九年（1282）夏四月，命云南诸路皆建学以祀先圣。"④《新元史·选举志》载，至元二十八年（1291）三月，"命各路各县学内设立小学，选请老成之士教之，或自愿招师，或自从其父兄者听便。其他先儒讲学之地，与好事之家出私钱嘱学者，并立为书院，书院设山长一员"⑤。至元二十九年（1292）四月，"设云南诸路学校，其教官以蜀士充"⑥。

① 《后汉书》卷八十六《南蛮西南夷列传》，中华书局，1973 年点校本，第 2847 页。
② （清）乾隆官修：《续文献通考·学校考》，浙江古籍出版社，2000。
③ 《元史》卷一百二十五《赡思丁·赛典赤传》。
④ 《元史》卷八十一《选举志·学校》。
⑤ 《新元史·选举志》，引自云南省地方志编纂委员会编撰：《云南省志》卷六十《教育志》，云南人民出版社，1995，第 119 页。
⑥ （清）魏源：《魏源全集》第 8 册《元史新编》，岳麓书社，2004，第 138 页。

成宗大德九年（1305），云南行省命诸郡邑遍立学校。元代云南中庆路学的规模较大，《新纂云南通志·金石考十四》中记载，当时包括爨僰子弟约有一百五十名。初期，中庆路有八双学田，后置学田五百九十二双，至正十六年间（1356），没官田二百一十九双三角，增租一百三十八石六斗。

天启《滇志》载，云南有 16 个府学，包括云南、大理、临安、澄江、蒙化、鹤庆、永昌、楚雄、曲靖、姚安、广西、寻甸、武定、景东、元江、顺宁府，其中有六府学是在元代基础上建立，其余为明代新建。据学者统计，有元一代，云南设学宫计 11 座，按可考年代依序为：云南府学，建于元（世祖）至元十九年至二十二年（1282—1285），由总管张立道建设，兼置学舍，平章赡思丁又继而拓之，大理府学元（世祖）至元二十二年（1285）参政郝天挺建；临安府学，元（世祖）至元二十二年（1285）宣抚使张立道建，泰定二年（1325）金事杨祚增建，至正十年（1350）平章汪惟勤继修；澄江府学，元大德年间（1297—1307）总管魁纳建；安宁州学，元大德年间建，（顺帝）至元年间宣威将军达鲁花赤增建；河西县学，元泰定年间（1324—1228）建；石屏州学，元代至正年间（1341—1371）建；嵩明州学，元至正八年（1347）同知阿罗哥室里荡建。此外，大理府邓川州学、鹤庆府学、永昌府学，亦均为元代创建。范围遍及云南六个府。

明代，是云南全面建设学宫的时期。明代的学校，一是恢复元代因失修荒废的 10 余所，二是新建，这一部分学校数量较多，达 63 所，加重建或恢复的元代学校，共达 73 所。如云南府学，明洪武初（1368）西平侯沐英因旧址建庙学；景泰年间（1450—1456）巡抚郑颐建"成德""达材"二坊；天顺五年（1461）都督沐瓒又一次兴修；弘治十五年（1502）巡按何琛建讲堂、聚奎楼、增设号舍；正德年间（1506—1521）重修；嘉靖十年（1531）建启圣祠、敬一箴亭及视听言动心五箴碑；万历元年（1573）巡抚邹应龙凿泮池；明末毁于兵燹。

明代军屯成为移民的一种重要形式，卫所制度随之广泛建立。英宗正统年间诏令军卫皆立学，《明英宗实录》载："设云南景东卫儒学，置教授一员，训导二员。"① 后又建立平夷卫儒学和六凉卫儒学。此外，明初还在昆明设立了一所缅学馆，专门学习缅文，这是云南历史上培训翻译人员的第一所学校。云南教育机构的多样化，极大推进云南文化教育的发展。

清代对各府、州、县学的规定更加详备。《清会典事例·学校》记载："今后直省学政，将'四子书'、'五经'、《性理大全》《资治通鉴纲目》《大学衍义》《历代明臣奏议》《文章正宗》等书，责成提调、教官，课令生儒诵习讲解，务俾淹贯三场，通晓古今，适于世用。坊间书贾，止许刊行理学政治有益文业诸书，其他琐语淫词，通行严禁。"②

清统治者为巩固、加强边远地区的统治，更加重视文化教育，在西南等教育相对薄弱地区陆续设立新学。尤其是康雍年间改土归流完成后，一些明代由土司控制但并未设学的地区，也相继设立学校。府学，如康熙六年（1667）朝廷将原临安所属的教化、王弄、安南新设为开化府，革除土官，设立流官，并建立儒学，是清代较早在少数民族地区设立的学校。据《清圣祖实录》有关记载，康熙三十三年（1693），设曲靖、澄江、广西、元江、开化、顺宁、武定、景东等八府府学。康熙四十二年（1703），东川府改流后设立东川府学。丽江府儒学，《大清一统志》卷三百八十二载，在府治北，康熙三十六年初建于府治东，雍正三年改迁今地，原入学额数十五名，乾隆三十五年添设丽江县，分拨七名，存府学八名。康熙四十四年（1705），设立广南府学。雍正六年（1728），昭通府改流后设立昭通府学等。还有厅学，中甸厅儒学，道光《云南通志》载："乾隆二十四年，同知海米纳始建大成殿，东西两座，大门牌坊规模鹿就"；光绪《云南通志》又载："道光二十九年同知汪梅改建正殿"，"光绪八年巡抚杜瑞联奏准设学"；维西厅儒学，光绪《云南通志》载："清光绪八年，巡抚杜瑞联奏准添设学。"③

---

① 《明英宗实录》卷一百四十，"正统十一年四月乙丑"条。
② 《清会典事例》卷三百八十八《学校》。
③ 李春龙、王珏点校：《新纂云南通志（六）》卷一百三十二《学制考二》，云南人民出版社，2007，第498页。

依据《新纂云南通志》统计，至清末新式学堂建立前，清代儒学共计约101 所，其中府学 14 所，州学 29 所，县学 34 所，厅学 12 所，提举司学 3 所，以及光绪八年（1882）定有学额但未建孔庙的厅学、县学 9 所。

（三）书院

书院肇始于私人讲学，是培养后辈人才之所，可"辅学校所不及"。但随着书院制度的确立，日趋官学化。就全国而言，宋代是书院制度的确立时期，同时也是传统儒学复兴与新变的时期。袁枚《随园笔记》曾载："书院之名，起于唐玄宗时丽正书院、集贤书院，皆建于省朝，为修书之地，非士子肄业之所也。"[1] 元代书院趋于官学化，被纳入服务于科举的教育体系，而元代科举的最大特色就是确立朱熹之学在考试内容中的核心地位；明代书院总体来说，仍延续官学化的趋势，以应对科举为要务，通过考试的形式培养人才；清代书院的官学化程度则远超前代，而且多数书院与科举制度紧密相连。[2]

据相关文献记载，元代以前云南尚无标准的书院。从明代中后期开始，云南各地才出现了有关"书院"设立的记载。如昆明的五华书院即为明嘉靖年间由巡抚王启文初建。此外，罗茨的碧城书院，晋宁的梅谷书院，安宁的云峰书院和泊阳书院，大理的中溪书院、桂林书院、玉龙书院，宾川的秀峰书院等，皆记称明代所建。据学者统计，云南书院共计 57 所，其中 26 所书院分布于 14 个府治中，其余 31 所分布于 23 个属州、县、卫中。

云南书院发展的主要特点是：第一，明朝景泰以前云南尚无书院，上述书院大多记为嘉靖时地方官所建。故隆庆《楚雄府志》、万历《云南志》等始有"书院"之记。第二，天启《滇志》的统计大体可见终明一朝云南书院的基本情况，总数不足 50 所，而至雍正修志时统计，即已增加一倍多，至清末则增加了五倍多，足证云南书院主要为清中叶以后所增建。第三，从明朝开始，云南书院虽然渐从靠内区和中心城市向外扩展，但始终以大理府和云南府较多。特别

① （清）袁枚：《随园笔记》，转引自赵吉惠、郭厚安主编：《中国儒学辞典》，辽宁人民出版社，1988，第 477 页。
② 刘玉才：《清代书院与学术变迁研究》，北京大学出版社，2008。

图7-1：清乾隆丽江府儒学记印（周智生　摄）

图7-2：清道光镇源直隶厅儒学记印
（周智生　摄）

是大理府的书院数，始终居全省第一。这除了反映书院与官学体系关系密切之外，也说明元朝乃至南诏、大理时期文化教育对这一地区的某些历史影响。

　　书院最初为私人所办。明清之后，渐渐纳入官方或半官方教育体系。云南书院发展的历史也复如此。如清代《经正书院条规》记载，该院初建之时，云南布政司、盐法道即奏称，为进一步推广书院教育体系，为地方服务，建议各地方学官"于岁、科试择其质堪造就者，就近录送各府、直隶州书院肄业"①。仿照经正书院章程，给予入学者资助，并规定了各地书院的"学额"。同时规定，"按月由各府、厅、州将课卷封送省城经正书院评阅，以备择补省院缺额"②，这就形成了以经正书院为上级书院，以各地书院为下级书院的官方控制下的教学和考试网络。

　　虽然如此，沿自唐宋的书院又具有自己悠久的教育、教学特点和组织原则，一直具有不同于官学，甚至不同书院之间也互不相同的特点。大体说来，书院主持人称"山长"，必须聘用德才兼备、学有声望之人充当，一般不用在职官员。山长也是书院的"主讲"。山长之下设监院、管事等职，负责庶务，可一年

①《经正书院条规》，光绪十七年滇南盐署刻本。
②《经正书院条规》，光绪十七年滇南盐署刻本。

一换，也可连任。书院的常任教师由山长聘任，也可以邀请其他有才学之人前来讲学。同时，书院要接受地方行政长官的讲课和考试。"教职人员之下设'学长'2—3名，负责管理学生，也由学生中产生，条件是'开大理西云书院课考列超等，拣有才干者'充当。"①

不同书院的学生来源各不相同，但大多必须通过一定程序的考核。例如，经正书院初创之际，将学生分为"内课"和"外课"两种。内课生又称"高材生"，他们先由地方学政"按临三逅时，择文行兼优者送省"，再会同省级大员复核录取，共24名。他们是从官学中挑出的优秀学生。而外课生则"准其随时报名应试"，由书院直接考试后录取，设80名，"照给膏火，以资劝勉，以宽其格，以养中材也"②。又如，大理西云书院的学生，最初由"教官协同绅士举送，颇有滥竽之消"，后来采取"责成地方官会同教职，于该处月课屡列前茅，情愿远学、才堪造就之士，具文申送书院"的考选办法。③

清政府对书院比较重视，一切书院均由官办，使书院逐渐变成政府的教育机构。据《新纂云南通志》考，清代云南共设书院约193所，其中，昆明、大理地区的数量较多，曲靖等地次之，而一些偏远地区也出现相当数量的书院，如丽江府的雪山书院、玉河书院，开化府的开阳书院、文山书院、萃文书院、凤鸣书院、江那书院，广南府的青莲书院、莲峰书院、培风书院等。不仅云南本地书院表现出地域发展的不平衡性，从全国范围看，清末内地儒学日趋没落，但云南还增设了近30个书院，方兴未艾，表现出云南与内地发展的不平衡。

五华书院，始建于明代嘉靖年间，清雍正九年总督鄂尔泰改建五华山麓。雍正十三年（1735），长白尹继善为五华书院制订教规，撰有《新书院碑记》，对书院及士子情形记录甚详，"学使所取前列诸生颇为优待，并通饬各属地方首长举报文行兼优之士加以考验，拔选优者收入书院肄业。并酌定书院守约，日有课、月有试。训诲有程、勤惰有别。""凡滇人士之略俊才者，无不招而纳之

① 海淞主编：《云南考试史》上卷，云南人民出版社，2012，第113页。
②《经正书院条规》，光绪十七年滇南盐署刻本。
③《西云书院章程》，光绪十八年刻本。

院中，一则由督学政岁科录送，一则乡试荐，……每科榜中式率三十人，少亦二十人云。"① 其中以"五华五子"最著名。

经正书院，由云贵总督王文韶、云南巡抚谭钧培奏请设置。依《经正书院条规》："经正书院盖以储经纬史之才。与他书院异者有二：他书院兼课制艺，仅按月课试；经正书院则以古学为主，遂（逐）日立课，以督其所学，一也。他书院除月课外诸生不常进见山长；经正书院则堂课加详，使一堂晤对，既收讨论之功，复有熏陶之益，二也。"② 书院原藏书 73 部，主要是经史典籍。另据李坤《经正书院藏书记》相关记载，其后"又购书于沪、于粤、于楚、于金陵，先后凡数十万卷"③。经正书院创建虽晚，却培养出了大批人才。如清末云南经济特科状元袁嘉谷毕业于经正书院。地方知识分子秦光玉曾是书院的佼佼者，其主持云南教育厅期间，创办了许多公立、私立学校，为云南近代文化的发展做出了重大贡献。光绪二十九年（1903），经正书院改名为云南高等学堂。

（四）社学与义学

社学，主要进行启蒙、初等教育。据《续文献通考》载："洪武八年（1375）正月，诏天下立社学，而乡社之民未睹教化，有司其更置社学，延师儒以教民间子弟，导民善俗……"④ 有关云南社学的情况直至成化年间才有明确记载。天启《滇志·学校志》记，定边知县冯源广于成化八年（1472）建社学⑤，到嘉靖年间，云南各地建社学者尤多，在云南府、姚安府、腾越州、弥勒州、罗次县、归化县、阳宗县等府州县乡镇都建起了社学。经万历朝的增建，明代在云南所设社学约 163 所，分布于 55 个府州县卫治所。据万历《云南通志·学校志·云南府社学》所载统计，昆明的社学约有 27 所，其余府州县也有数量不等的社学设立，如永昌府社学，原都在城内，"嘉靖二十六年（1547），兵备副使韩廷伟

① 李春龙、王珏点校：《新纂云南通志（六）》卷一百三十四《学制考四》，第 522、524、527 页。
② 《经正书院条规》，光绪十七年滇南盐署刻本。
③ 见李希泌、张椒华编：《中国古代藏书与近代图书馆史料（春秋至五四前后）》，中华书局，1982，第 67 页。
④ （明）王圻：《续文献通考·学校考》。
⑤ 方国瑜主编、徐文德、木芹等纂录校订：《云南史料丛刊》第六卷，第 625 页。

又于老姚、施甸、阿思郎、木瓜郎四寨各设社学"①，为儒学的推广及社会各阶层子弟求知习文提供了条件。随着明代云南各级行政机构的健全，云南官学体系也随之健全。

清前期，加强在各地设置，康熙九年（1670），诏令"凡府、州、县每乡均设置社学，选择文艺通晓、行谊谨厚者充社师"②。凡担任社师者，可免除徭役，并由政府发给薪俸。康熙五十二年（1713），又命各省府州县"多立义学"，延师教读。社师教学有成效者赏，如"怠于教习"，则予免职。如据《大清会典则例·礼部·学校三》言，乾隆九年（1744）题准，每乡置社学一区，择文艺通晓行谊谨厚者，考充社师，免其徭役，给廪饩优膳，学政按临日造姓名册申报考察。此外，清廷还曾规定：云南威远等少数民族地区官立义学教师，教学有成效者，"准作贡生"。

相较而言，顺治时朝廷下令在全国各地设立社学，主要分布于汉族地区的城乡；以后义学大量出现，多设在边疆少数民族地区。明代云南的社学较普遍，清代义学分布较广。义学是清代儒学比明代更盛的表现之一，多由官员、地方士绅等捐助，如康熙三十二年（1693），由云南知府张毓碧捐资设立云南府义学，每年束脩京石米二十四石，每年知府加捐银二十两。目的以识字为主，主授《三字经》《百家姓》《四书》等内容。云南少数民族地区多设义学。《清朝文献通考·学校考八》载，"（雍正）三年议准云南威远地方，五年议准云南东川土人"③，建立义学。《清史稿·陈宏谋传》有言，乾隆间，云南布政使陈宏谋设"义学七百余所，令苗民得就学，教之书"④。又见《清朝文献通考·学校考八》，雍正曾规定："先令熟番子弟来学，日与汉童相处，宣讲圣谕广训，俟熟习后，再令诵习诗书。以六年为期，如果教导有成，塾师准作贡生，三年无成，该生发回，别择文行兼优之士。应需经书日用，令该督抚照例办给。俟熟番学业有

---

① 林超民主编：《滇云文化》，第 431 页。
②《大清会典则例》卷七十《礼部·学校三》。
③《清朝文献通考》卷七十《学校考八》。
④《清史稿》卷三百零七《陈宏谋传》。

成，令往教诲生番子弟，再俟熟习通晓之后，准其报名应试。"①

据学者不完全统计，清代云南设义学 800 多所，并有以下几种情况：一是没有学校而设义学者，如维西厅、中甸厅。据《新纂云南通志·学制考》所载，维西厅共设义学 5 所，一在永安村，一在其宗村，一在康普叶枝，一在阿墩子，一在奔子栏。中甸厅义学，光绪《云南通志》载：该厅义学"一在大中甸，一在小中甸，一在江边，一在格杂，一在泥西俱。乾隆二十二年裁去格杂、城西二馆，余三馆"②。龙陵厅原有龙山书院，后改为义学。二是书院的建立较晚，在边地多设义学，据《新纂云南通志·学制考》所载，腾越厅设义学 60 所，丽江县设义学 27 所。道光《广南府志》《开化府志》记载，广南府、开化府设义学数量分别为 9 所、12 所。三是土司以及社会形态落后地区无义学。

（五）私学

有知识分子在云南办私学，"居乡训徒，名士皆出其门"，"灌蔬课子，科第蝉联"。私学对云南儒学教育的发展起着重要的作用。元世祖至元二十八年（1291），"令江南诸路学及各县学内，设立小学，选老成之士教之。或自愿招师，或自受家学于父兄者，亦从其便"③。元代私学发展有许多有利条件，譬如元朝统治者提倡、因战外地知识分子乱流落云南、云南本土知识分子对私学的发展。但所见元代云南私学的相关文献记载较少。

陆卫在《明代云南的私学教育》一文中讨论了明代云南私学教育范围的类别：一是教授乡学的学馆，如昆阳人李尚文"博学多文，不乐仕进，偕子沧过留都，购子史千余卷于家，以教授乡里人"④。永昌人丁嵩，开馆教里中子弟，从者如云。永昌人杨元，隐居不仕，从学者甚众。昆阳人李资坤历官郡守，明世宗时孝儒吏为天下第一，性刚介寡合，不诣公府，居家置义塾教子弟。另据天启《滇志》所载，大理府人杨贤、临安府人张文礼、永昌府人张昺，皆因居

① 《清朝文献通考》卷七十《学校考八》。
② 光绪《云南通志·义学·中甸厅》，见《新纂云南通志》卷一百三十五《学制考五》。
③ （明）刘文徵：天启《滇志·人物志》卷十四。
④ 白华、耿嘉主编：《云南文史博览》，云南人民出版社，2003，第 49 页。

家兴办私学而名重一时。二是教家族和自家子弟的私塾。如赵州人邹尧臣"设义田以惇宗族，立家塾以训后人"。云南府人傅澄，年轻时从张英学《易》，自私门出任四川中江教谕，见其子良弼聪颖过人，便"绝意仕进，请老归田课其子"①。何氏父子的家学教育以及对云南文化的教育都极具代表性。详见第三节。据《滇云文化》所述，私学还存在一种类型，虽无学馆、家塾之设，但存在明显的教与学的师承关系，其存在条件较简单。

清代云南私学教育得到更充分的发展。以大理地区为例，《滇系·学校考》载："宜乎深林密箐之间，弦诵之声，不绝于耳。"②周宗麟、杨楷等在1914年编纂成书的《大理县志稿》中亦谓："明以迄满清，学风日盛，人才蔚起。"③剑川张元浩，从清代中叶起，五代耕读相承，以教授为业，为发展桑梓教育做出了贡献；其曾孙张宽毕业于云南优级师范学堂，也终身从事私学教育。此外，蒙化陈用久甚至于宣统元年（1909）在县城独创女塾一所，专门从事女子教育。

私学教材，蒙学阶段有的沿用汉唐时期教授的《急就篇》《开蒙要训》，多半则使用较晚的《千字文》《百家姓》《三字经》《昔时贤文》《幼学琼林》《古文释义》《古文观止》及"四书五经"等，因地、因时、因人而异。云南的私学具有不同的办学目的，形成鲜明的地方民族特色，是云南文化教育的重要组成部分，对儒学在云南的传播、汉族与少数民族间文化的交流起着重要的作用。

（六）云南新式学堂

云南从光绪二十八年（1902），即"癸卯学制"颁布后，才奉旨将筹办新学列上议事日程。次年，成立云南高等学堂。三十二年（1906），云南奉旨成立学务处，总管全省学政。此外，尚有审定处、文案处、会计处，分管庶务、文牍工作。光绪三十三年（1907），奉命设提学使司，以提学使取代学政，将"学务处"改称"学务公所"，隶属提学使司。学务公所设议长1人，议绅4人。后设总务课、专门课、普通课、实业课、图书课、会计课等。三十五年（1909），根

---

① 以上资料见于万历《云南通志》卷十一《人物志》。
② （清）师范撰：《滇系·学校考》。
③ （民国）周宗麟、杨楷等编纂：《大理县志稿》。

据学部所颁《劝学所章程》，云南省属各厅、州、县设立劝学所，以地方官为监督，设劝学总董 1 人，总理地方教育事务①。总体来说，云南的新式学堂教育发展较慢，办学水平不高，主要原因是绝大多数学堂多从旧式大小书院改建，其教育理念、校舍、教具、图书、设备等多不能适用于新式学堂之用；另一方面，新式学科教学教师匮乏，尤其是高等学校教师，甚至至清末民初，云南讲武堂、高等学堂、法政学堂等都不得不聘请日本等外国教师担任自然科学和外语课教师②。尽管如此，云南新式学堂的设置，在清末为云南文化教育贡献了力量。后民国年间，云南分别设有大学、中等学校、小学、教育中心区等，并有计划的实施义务教育、边疆民族教育、社会教育③等，这也是在清末新式学堂创建基础上充分发展起来的。

### 三、元明清云南的科举文化

元代前期，虽有统治者诏令、有识之士的进言，但科举制度一直未能启动，究其原因，与元朝实施的带有民族歧视的政策有关，一方面压制汉族势力的扩张，一方面保护蒙古贵族的特权，避免他们通过科举与汉族知识分子竞争。但随着元朝统治不断巩固，对人才的需求增加，客观上突显了科举选拔人才制度的重要性。

与儒学相对应的科举考试制度，在元代史料中也有较为详细的记载，如阮元声《南诏野史》载："皇庆二年（1313），翰林李孟奏准开科，三年一试。"④ "皇庆三年（1314）八月，天下郡县举其贤能者，充赋有司。次年二月，会试京师，中选者朕将亲策焉，科场，每三岁一次开试。"⑤ 可见，云南的科举考试时间和

① 云南教育司编印：《云南教育概况》，铅排本，1923。
② 海淞主编：《云南考试史》，第 123 页。
③ 郑子健：《滇游一月记》，中华书局，1937，第 54~60 页。
④ 方国瑜主编：《云南史料丛刊》第四卷，第 771 页。
⑤《元史》卷八十一，《志第三十一·选举一》，第 2018 页。

全国一样。从科举考试名额的分配上看，据《元史·选举制一》记载，云南乡试的考试内容："乡试，八月二十日，蒙古、色目人，试经问五条；汉人、南人，明经经疑二问，经义一道。二十三日，蒙古、色目人，试策一道；汉人、南人，古赋诏诰章表内科一道。二十六日，汉人、南人，试策一道。"①录取名额：蒙古人一名，色目人两名，汉人两名，云南当地的少数民族居民未参加科举考试。这也间接反映出元代的选士制度具有局限性。有关元代云南的乡试资料有限，相关研究较少，如命题、考试、监考、读卷、发榜以及考生报名、审核、组织等问题讨论不多。但元代能在云南边地开科取士，在云南文化教育史上已然是值得记录的一笔。元代云南考中进士者，景泰《云南图经志·科甲》载共计五人，分别是王楫、李近仁、李郁、段天祥、李天佑等，且都是昆明籍人。其记载如下："王辑，字汝舟，以《书经》登第三甲，赐同进士出身，授将仕郎，晋宁州判官，终美县县尹。李敬仁，字德元，以《书经》登第三甲，赐同进士出身，授将仕郎，四川云阳州判官，终大理宣慰司副使。李郁，以《书经》登第三甲，赐同进士出身，授将仕郎，晋宁州判官，终理问所知事。段天祥，以《易经》登第三甲，赐同进士出身，授将仕郎，甘肃行省管勾，终本省都事。天佑，字元吉，以《书经》登第三甲，赐同进士出身，授将仕郎，嵩明州判官，终云南行省都事。"②

《新纂云南通志》中又增记"苏隆"其人："赵州人，中统科，年份无考。"③以上对六人中试的科序、籍贯等的记载，反映出元代云南儒学教育的整体水平以及省内地域发展的不平衡。

元代云南开科取士的影响较大。一方面，隋唐科举制兴起，但由于政治分裂等原因，云南并未将儒学教育与官吏甄选通过科举的形式结合起来。至元代，云南在儒学教育、政策实践上与全国逐步靠近，对巩固统治、稳定边疆有重要作用。另一方面，元朝通过推行儒教和科举考试，推动云南人士读书习文的风

---

① 《元史》卷八十一，《志第三十一·选举一》，第 2020 页。
② （明）陈文修、李春龙、刘景毛校注：《景泰云南图经志书校注》，《科甲》，第 42 页。
③ 李春龙、王珏点校：《新纂云南通志》卷十六《历代贡举征辟表》。

气，为明清云南文化的发展奠定基础。

　　明代在大力发展社会经济的同时，也积极推进文化教育事业。科举制度发展到明清，未脱离其"学而优则仕"的目的，也逐渐显现出弊端，但对于尚待开发的云南来说，对于文化教育的发展和文人的产生，却有其积极的方面，为云南的学子入仕广开了途径，激发他们能参与到国家政治和改变自身命运的科举中去。按照明制，科举乡试三年一次在各省会举行，当时云南学校新设，云南读书人必须到应天府参加乡试。远赴万里之外去考试的云南学子在的当时仍是凤毛麟角。洪武时，云南产生举人 4 名、进士 3 名。又《明通鉴》载："云南以本年〔永乐六年（1408）〕八月举行乡试"①，此次中举者约 30 人。永乐九年（1411），在云南府设贡院举行乡试。洪熙元年（1425）礼部议定："凡乡试取士……云南交趾十人"②，开始确定云南举额。据嘉靖十四年（1535）定"其解额，云南四十名"③，万历元年（1573），增加 5 名。土司子弟可通过特恩、岁贡、选贡等途径进入国子监深造。据《明会典·礼部·贡举岁贡》载，明初，曾先后令云南、广西等土官衙门，"生员有成材者，不拘常例，以便选贡"，"免考送监"。④

　　据《清朝文献通考·学校考》，顺治十八年，"令滇省土官子弟，就近各学立课教诲"⑤。又见《新纂云南通志·学制考三》引《清会典》，康熙二十二年题准"云南土官族属子弟并土人应试，附于云南等府，三年一次，共考取二十五名，另行开附于各府学册后，照例解送礼部礼科查核其土司无用流官之例，应将土生不准科举，并不准礼廪出贡第，将文义通达者考取，若取不谙经书不通文义者，将试官参处，如不愿考试亦不必令应考"⑥。《清朝文献通考·选举考二》

① （清）夏燮撰；王日根等校点：《明通鉴》上，《纪十五》，岳麓书社，1999，第 489 页。
② （清）谈迁、罗仲辉、胡明校点校：《枣林杂俎》，《枣林杂俎圣集·科牍》，中华书局，2006，第 167 页。
③ 《明会典》卷七十七《礼部》。
④ 《明会典》卷七十七《礼部》。
⑤ 《清朝文献通考》卷六十九《学校考·直省乡党之学》第一册，第 5489 页。
⑥ 李春龙、王珏点校：《新纂云南通志（六）》卷一百三十三《学制考三》，第 511 页。

载，康熙四十四年，批准"土司子弟中有读书能文者，注入民籍一同考试"①。乾隆元年（1736），科举中式名额，云南与四川、广西、贵州等省，比例为十五取一。

至清光绪时，据学者统计，云南文进士682人，武进士141人，文举人5697人，武举人5659人，另有钦赐进士19人，钦赐举人125人。②而且清代云南进士的地域分布较明代广，如景东直隶厅、镇沅直隶厅等地都有进士产生，这些说明清代云南的儒学教育传播地域更广泛。清代的教育无论在置学范围、学校数量、入学生员的数量还是在进士、举人的数量上，较前代都有很大发展。

清代生员的学习科目有四书、五经、性理、习字等科。后将《钦定四书文》分颁太学诸生，作为"举业指南"。

云南科举经过上百年的发展后，随着举额的增加和举类的增多而日趋完备，非科举不得为官才真正在云南形成制度，云南的文化也因此得到了进一步的发展。科举的选拔虽然禁锢举子们的思想，不利于文人的创作，但是科举本身就培养了一些著作家。因为在科举制度相对公平竞争的鼓舞下，更多出身寒微的考生通过自己的努力可以取得成功，在这一奋斗过程中，他们打下了坚实的文化功底。考生们要赶考，必然要行万里路，这就为古代处于相对闭塞的环境中的知识分子提供了看世界的机会，开阔了他们的视野，丰富了他们的生活内容，这也是非常有利于创作和著书立说的。科举制度能够在云南发展，与移民、改土归流政策不无关系。自元代始，尤其是明清两代，大量的内地汉族移民进入云南，明代以军屯为主，清代移民主要是自发性的。明朝，派遣重兵，结合土司管理制度，加强对云南统治，后来三征麓川，并对部分土司地区改流，保证统治权力的稳定与转移。清雍正年间，大规模的改土归流，更加重视云南的稳定。清末，统治者、边疆大吏都意识到云南地理位置的重要性。统治者加强对云南政治统治的同时，也加强云南与内地的经济联系，推进以

① 《清朝文献通考》卷四十八《选举考二》。

② 杨永福、邱学云：《明清云南地区治理思想与治策及其比较》，载《文山师范高等专科学校学报》，2006（3）。

儒学教育为中心的文化教育活动。

## 四、元明清时期云南儒学教育与科举文化的发展特点及其影响

自元代起，中央在云南设立行省，加强民众一统化意识。教育上，统治者颁布各类诏令、教育制度，希冀通过广设教育机构、科举考试的方式，以达到儒学思想在边远地区的深入传播，官员的多层次选拔。其中，从官方教育来说，"学校为养贤之地，风化之原，迄古迄今，有土有民者，莫此为先务也"[1]。以政治人才培养与选拔制度为核心的儒学教育及科举制度逐渐在云南展开。

元明清时期云南儒学教育和科举有自身的发展特点，我们可从以下几方面来认识：

### （一）云南各地儒学发展显示出不平衡性

以明代为例，《明代云南儒学文化的地域差异》中，以各地进士总数比例呈现出儒学发展的差异性，划分出儒学发展水平不同的四类区域，即核心区域、外围区域、边缘区域及空白区域。这四个区域的差异可分述如下：一、核心区域。它既是儒学文化的发达区，又能对周围地区儒学发展产生影响。该区域包括云南、临安、大理、永昌四府。其特征是产生的进士数量多，进士出现的时间早。永昌府出进士的时间虽晚至明中叶，但进士分布面广，人数较多，特别是有一批著名的文化人物，故把它列入该区域。核心区域在地域上正好分为东、西两片，即滇东的云南府、临安府和滇西的大理府、永昌府。云南府进士占全省进士总数的27%。临安府儒学的发展速度较快，所辖七个州县除熠峨一县外，都有进士产生。大理府与云南府早在元代就设置有儒学提举，永乐年间，云南首举科举，大理府得中三名进士，超过云南府，以后直到万历年间，文化发展一直兴盛不衰。永昌府在明代初年屡遭兵扰，文化发展极为有限。洪武至正统间，大量军队涌入。正统初，社会开始渐趋稳定，兴起儒学，文化出现转机。

---

图7-3：今云南大学内的云南贡院遗址

成化间，永昌始有中进士者，随后"决科登仕者，代不乏人"①。终明之世，永昌也出有不少著名学者，如郡人杨元、张志淳等。二、外围区域。该区域指澂江、曲靖、楚雄、鹤庆、蒙化、姚安、北胜、广西、丽江九府州。这个区域的儒学文化大致到明中叶后发展起来，九府州均出有一定数量的进士，但进士数合计共52人，与核心区相比差距甚远。三、边缘区域。这类区域包括寻甸、武定、顺宁、景东四府，其中前二府位于腾冲、元江一线之东北，后二府位于该线西南，其特点是虽然没有进士出现，但也受儒学的影响。四、空白区域。有许多地区盛行的是与儒学文化迥然有别的少数民族风尚。如地处滇西北的永宁

① 康熙《永昌府志》卷五。

府、大理府云龙州和永昌府保山、腾冲以西直抵茶山司、里麻司一带，永昌府东部、广西府盘江以南，临安府东部以及广南府，腾冲、元江一线以西南。

综上，明代云南的儒学发展，呈现出水平相差较大的四个区域，大体以腾冲、元江一线为界，该线以东北为儒学分布的地区，该线以西南为儒学空白区。儒学分布区又可分为三个不同的等级，云南、临安、大理、永昌四府为儒学文化发达区，即核心区域；曲靖、澄江、楚雄、姚安、鹤庆、蒙化、北胜、丽江、广西九府州为儒学文化次发达区域，即外围区域；寻甸、武定、景东、顺宁四府为儒学文化有一定发展的区域，亦即边缘区域。其余地区均为儒学空白区。

（二）土官管辖区多设卫学、义学

不设流官的地方土府、土州，因卫军进驻较多，故多配设卫学；少数民族聚集区，设置虽不完备，但也通过增加学额、科举中试比例、设义学等方式，以兴教化。再次，官学带动私学的兴盛。以科举考试为目的的官学教育和以启蒙教育为目的的私人教育，为云南的科举考试提供条件。同时，云南自元代开科考试起，边远地区各民族的知识分子有进入中央职官体系的可能，又反过来促进云南民族地区的“汉化”进程。在科举考试的刺激、民众教育的推行下，各民族中产生了文人群体，如云南白族的杨南金、杨黻；丽江木氏土司中的木公、木青、木增；蒙化左氏家族等。此外，各朝至云南为官的边疆大吏、府州县官员、学官以及流寓人士积极采取各种教育措施，与本地知识分子产生思想文化的交流，使儒学思想、一统思想更深入人心。云南各阶层人士产生文化认同感的同时，有了新的生存方式。

科举制度作为古代中国最重要的文化制度之一，对中国古代社会的发展产生了巨大而深远的影响。云南科举取士从元代开始实行，到明清时期实施得最为充分。科举制在云南的推行，对明清云南社会发展的影响是多方面的。高明扬在《科举制对明清云南社会文化的影响述略》中展开过较为深入的讨论，可供参考。其影响可从以下几个方面来看：

1.促进明清云南教育事业的发展

自科举制创立以来，中国古代教育便开始围绕它而运行，并主要为朝廷输送人才。科举制的创立和逐步健全，有力地促进了教育事业的发展。明以前，学校乃为科举输送考生的途径之一。自明始，政府从教育体制上把科举与教育整合为一体，使选才标准与育才标准统一。到了清代，在明代的基础上兴办了更多的学宫、书院和义学，"有清学校向沿明制"，"府、州、县、卫儒学，明制具备，清因之"。[①]明清府州县学教育完全被纳入科举系统之中，地方的教育政策和内容均围绕科举进行，科举为教育的发展注入强劲动力。在此背景下，云南官学获得了充分发展，各种民间教育也大放异彩，云南文化教育出现了全面繁荣的局面。

2. 提高了云南整体文化水平

明清科举对教育的强大推动功能，使得当时中国教育呈现出空前的繁荣，为唐宋以来所不及。由明至清，云南科举稳步推进，考试竞争也日趋激烈，教育受到公众广泛而普遍的重视。参加府、州、县学考试的人数相当可观，因此，明清官学办学屡屡突破其初始规模，儒学、社学、书院、义学因此而蓬勃发展。与此同时，遍布城乡的私学也空前繁荣，为云南子弟提供了良好的学习场所。这样一来，云南入学生员猛增，接受文化教育的人更多，其直接结果就是文化教育基础的扩大。科举制在明清云南的施行，客观上加速了云南地区的文化普及，提高了云南整体的文化水平。同时，明清朝统治者在科举考试中对少数民族士子采取优惠政策，也促进了这些地区一心向学良好社会氛围的形成，使文化知识得以在少数民族地区传播。

3. 促进了读书尚文风气的形成、社会风俗的改变

科举制以儒家思想为指导，通过教育来改造社会风俗。科举制对于知识的普及和民间的读书风气形成，亦起了相当的推动作用。科举入仕成了风尚，极大地激发了社会各层努力向学的热情。同时，边疆少数民族子弟也能潜心钻研儒家经典，接受儒家思想熏陶，这对于改变地区的风俗习惯也起到了积极的作用。随着社会风气、道德观念的变化，少数民族的风俗习惯、日常生活如衣着

---

① （民国）赵尔巽等：《清史稿·选举志·学校一》，中华书局，1977，第 3099 页。

服饰、生活习气、语言文字、思想观念等也发生了或多或少的变化。如大理地区的白族"其平日之语言衣食悉耻其陋而革之，以游于礼教之域"①。由此，以"儒家礼义"为核心的汉文化的普及面也更加广泛，这无疑加快了云南民族融合的进程。

　　元明清时期云南儒学教育形成以上特点及影响，有很多原因，最主要的原因便是移民。移民对云南社会经济的发展进化，起着很重要的作用。元明清入居云南的移民构成，除自由迁来的商人、农民和手工业者外，数量最多的还是政治移民。江应樑先生对此问题亦进行研究，认为政治移民的来历主要有四类：戍军、地方官吏、民屯户、罪犯遣戍。戍军移民的数量较多，如明代沐英于洪武十四年（1381）留镇云南时，统率明军30万。次年，全国各地的众多逃兵谪戍到云南来，人数不少。后来又有8万多陕西等地的各卫所军队调到云南来搞屯田戍守。《明实录》等史书记载："留沐英镇云南。案三将军入滇，率师三十万……傅（友德）、蓝（玉）既归，将卒皆属于沐……乃自明迄今，滇人溯远祖，皆云随沐入滇，无一方随傅、蓝者，殆由傅、蓝既遭刑，沐又世显，威德震俗，上官积威，下民趋势，不敢不作是言也。""洪武十五年（1382）九月……命天下卫所凡逃军既获者，谪戍云南。""洪武二十年（1387）冬十月……诏长兴侯耿炳文率陕西土军②三万三千人往云南屯种听征。""洪武二十一年（1388）二月……耿炳文承旨遣陕西都指挥同知马烨，率西安等卫兵三万三千屯戍云南。"③据洪武二十三年（1390）统计，至云南卫戍的各地卫所明军官1035人，士卒达87370人，加上随傅友德、蓝玉、沐英征滇的30万大军，明初屯戍云南的明军近40万人，确是一支宏大的卫戍力量，又是发展云南经济的生力军。明代的戍军不是轮戍，而是使戍军附着在土地之上定居下来，世代相沿，久而久之就成为当地的农民了。据《明史》卷九十《兵志·卫所》载："天下既定，度要害地系一郡者设所，连郡者设卫。大率五千六百人为卫，千一百二十

---

① （清）谢圣纶辑，古永继点校：《滇黔志略点校》，贵州人民出版社，2008，第76页。

② 即地方军。

③ 《明太祖洪武实录》卷一百四十八、一百八十六。

人为千户所，百十有二人为百户所，所设总旗二，小旗十，大小联比以成军。其取兵有从征，有归附，有谪发。从征者，请将所部兵，既定其地，因以留戍，归附者，胜国及僭伪诸降卒，谪发，以罪迁隶为兵者。其军皆世职。"①

此外，这些官吏和戍军都不是只身入滇，而是以政府的力量资送其家眷一起到云南来的。《明实录》载，洪武十七年（1384）七月，廷议云南、两广、四川、福建官员家属赴任所者给舟车。又二十年（1387）八月，"诏在京军士戍守云南，其家眷俱造诣戍所，户赐白金十两，钞十锭，令所过军卫相继护送"②。又二十四年（1391）七月，"赐云南大理六凉诸卫士卒妻子之在京者，白金八十两，钞十锭，仍给以官船送往戍所"。又同年，"复赐鞑军幼子钞锭。初，鞑军之戍云南者，诏遣其妻子与俱，其有幼子不能往者，至是令其亲属送之，各赐钞十锭"③。这样一来，云南移民不仅数量大为增多，并且由于家眷同来，因而大多在云南后就安家落户了。明代屯田除军屯外，尚有民屯与商屯。元代虽已有省外人口流入云南，但人数不多，尚未形成规模移民。至明代，迁移至云南的内地汉民累计三四百万之众。史载："云南既平，上谕傅友德留江西、浙江、湖广、河南四都司兵守之，并徙江南大姓实滇。此等留戍官兵将士，皆各率妻孥，移殖云南。故在此时期中，中原人民之移殖于云南者，又不下数十万人，其所占领诸地，则皆膏腴沃壤。本地土著以被征服者之地位，渐次居于边远山中，各县平原肥沃之区，皆变为官兵汉人屯防移殖之地。"又云："清兵入关以后，明永历帝被逼入滇，故老遗民，相随以偕来者，实不可以数计。"④诸葛元声《滇史》也说："洪武十七年（1384），……初移中土大姓以实云南，时各府设卫所，然屯伍空虚，上欲实之，故巨族富民一有过犯，即按法遣戍云南。"⑤有的史书记载更为详尽："（洪武）二十二年（1389），（沐）英还镇，……奏请移山东、山西、江西富民六十余万户以实滇。并请发库帑三百万两。帝均允

①《明史》卷九十《兵志·卫所》。
②《明太祖洪武实录》卷一百八十四。
③《明太祖洪武实录》卷二百一十、二百一十四。
④ 谢晓钟著：《云南游记》，中华书局，1938，第100页。
⑤（明）诸葛元声撰，刘亚朝校点：《滇史》，1994。

之。""英还滇，携江南江西人民二百五十万人入滇，给予籽种、资金，区划地亩，分布于临安、曲靖……各郡县……镇滇七年，再移南京人民三十余万。"[①]这些从内地迁来的军民人口，不但自身素质较高，而且带来了中原及江南诸省先进的生产技术，极大地促进了云南各地的经济，尤其是农业生产的发展。

明清在云南还广泛地发展"民屯"，将之作为军屯的一种补充形式。明代，朱元璋积极鼓励人民开垦荒地，作为自己的"业田"，并规定"永不取科"，这对民屯的发展起了促进作用。尤其从洪武年间开始，"移中土大姓以实云南"，数以百万计的内地汉族迁到云南边疆，和当地民族相结合，对云南社会经济的发展产生了深远的影响：他们带来了先进的生产技术，使用先进的生产工具，促进了生产力的发展。从某种意义上说，明代实施的军屯、民屯和商屯及大量内地汉族的迁入，对云南政治、经济、文化的发展，具有划时代的作用，从而缩小了云南边疆和内地先进地区的差距。

## 第二节　元明清知识分子群体与云南多元文化发展

元明清时期，知识分子士绅阶层在云南社会广泛勃兴。大规模汉族移民进入云南不仅促进了经济的发展，而且促进了云南文化的兴盛。一方面，他们将内地的文化带到云南，另一方面，通过儒学教育和科举考试，改变自己在中原的身份，如世袭军籍，汉族移民成为云南士绅阶层最重要的人口基础。更重要的是，经过长期在云南发展，移民群体逐渐产生"云南人"的认同感和归属感，在面对中央调任到云南做官、贬谪、流寓的群体，有了与此同时，到云南做官、游历、寓居的知识分子（如沐英、陈用宾、杨慎、阮元等）与云南本土知识分子间的交流，也对云南的儒学教育起到极大的推动作用。

---

① （民国）吕志伊，李根源：《滇粹一册》，古旧书店，1981，第 24 页。

## 一、云南本土知识分子群体与云南文化教育

云南本土知识分子中，有的通过儒学教育与科举考试，在外为官，直接或间接在中原文化与云南文化间架起交流的桥梁；有的云南士绅致仕或其他缘由返回乡里，继续教授乡里；有的家族群体家学渊源深厚，影响四里；等等，他们对云南的文化教育做出极大贡献。文中列举一二。

### （一）在外为官或致仕归乡者

王升，字彦高，号止庵，昆明县利城坊人，通经术，能文章，由教官历任至云南儒学提举，曲靖宣慰司副使，授朝列大夫。《元宣慰副使止庵二公墓志铭》载其生平："其初学于杨贤先生，受经于张子元大尹，学诗于仲礼宪副，学文于李源道学士……源道参滇省大政，举为曲靖宣慰司教授，庠序大振……穷发之地，首倡吾道，似先生者不数人。"[1]

杨一清，字应宁，号石淙，其先世本云南安宁人，父杨景致仕居巴陵，遂为巴陵人。明成化八年进士，累官户部尚书兼武英殿大学士、吏部尚书、华盖殿大学士。卒谥文襄。代表著作有《西征日录》一卷、《车驾幸第录》二卷、《关中奏议》十卷、《关中奏议全集》十八卷、《明伦大典》二十四卷、《制府杂录》一卷、《石淙类稿》四十五卷、《石淙诗稿》二十卷、《石淙诗钞》十五卷、《吏部题稿》五卷、《杨文襄奏议》三十卷、《安宁杨文襄公文集》一卷、《督府稿》一卷等。[2]

严清，字公直，昆明人。嘉靖二十三年（1544）进士。授官富顺知县。公正清廉，体恤百姓，政绩声誉大举兴起。由于丁忧而回乡，补任邯郸知县。入朝担任工部主事，曾任郎中。监督京师外城的工程，修建九陵，小吏无法侵占掠夺，工程完成，严清增加俸禄。连续为父亲和母亲丁忧，服丧期满，补任兵部郎中，被擢升为保定知府。依照旧例，每年登记百姓充任京师的仓库杂役，

---

① 刘景毛等点校：《新纂云南通志五》，云南人民出版社，2007，第 283 页。
② 寻霖、龚笃清编著：《湘人著述表一》，岳麓书社，2010，第 417 页。

严清将其取消，赈济灾荒，消弭盗贼，人们把他比作前知府吴撖。先后升迁为易州副使，陕西参政，四川按察使、右布政使，由于高洁美好的名声，推荐严清的奏章十余次进上。

吴宗尧，字协卿，嘉靖癸卯（1543）举人。历马湖府伺知，复补延平。所至有贤声，"终养而归，尝从湛甘泉、蒋道林游，讲明正学，腾子弟多师之"[1]。尝刻《道南录》。沈祖学之修《志》也，稿皆出协卿手，叙述详尽，有断制，又生长边陬，熟悉于山川形势、夷情险易，所议诊皆切实可施行。其所作《近腾诸夷说》《腾越山川封土形势道里通论》者，"皆筹边大计，虽至今可行也"[2]。

李元阳，字中溪，太和人。嘉靖五年（1526）进士。官至翰林院庶吉士，历任分宜知县、江阴知县、户部主事、江西道监察御史、荆州知府，因直言不讳致仕途受挫。《新纂云南通志》言其归乡后"尝建宾苍阁，读书鸡山者数年"[3]。潜心著述，他作诗文"初不经意，援笔辄就，世以白香山、苏东坡拟之"[4]。他的诗文集有《中溪漫稿》《艳雪台诗》等，刻为《中溪家传汇稿》十卷，今名《李中溪先生全集》收入《云南丛书》。他潜心研究儒学理论，著有《心性图说》（已佚），"与罗念庵洪先、王龙溪畿相印可"。任瀚评价他的学说为"中溪晚年之学，如霜清岁晏，万象森严，长松在壑，剥落英华，收敛神气，复归乎其根也"[5]。他编修的嘉靖《大理府志》，是明代云南为数不多的传世的州、县方志之一。而另一本方志万历《云南通志》体例完备，资料丰富，有所创见，是明代云南较好的省志之一，对后世方志的编纂有很大的影响。他在佛学方面也很有研究。同时与学人相交，教邻里子弟。与中原人士杨慎、王畿、罗洪先、唐顺之、罗汝芳、李贽、张居正、任瀚等，云南本地士人如杨士云、张含、朱光霁诸学者都有交游，有利于不同地域间文化的交流。

---

① （明）刘文征：天启《滇志》卷十四《人物志》。
② （清）屠述濂修；张志芳点校主编：《腾越州志点校本》，云南美术出版社，2007，第 184 页。
③ 刘景毛等点校：《新纂云南通志五》，第 553 页。
④ （明）李元阳：《李元阳集诗词卷》，李选《侍御中溪李公行状》，云南大学出版社，2008，第 588 页。
⑤ （明）刘文征：天启《滇志》卷十四《人物志》，第 472 页。

王崧，字乐山，浪穹人。家世袭土职，雄殖赀产，多藏书。崧少颖，博学强记，深通经、史、百家。嘉庆初，成进士，出为山西武乡令，主讲晋阳书院。崧说经宗汉儒家法，著《说纬》六卷，析诸儒之异同，而补其阙短，多采子史，取证古训，务详实折衷群经。罢归里，参与纂修道光《云南通志稿》，并刊刻《云南备征志》等。

刘大绅，字寄庵，宁州人。少力学，工为诗古文词。乾隆中，举进士第，历山东新城、曹二县令。其为人清方明敏，尤洁廉自刻。政崇温和，备御旱涝，甚有方略，百姓归仰。其在新城时，教士子，自《小学》应对洒扫，以至大成务践修德行，戒无以记诵词章诡取功名，学风向淳。掌教五华书院，时士习卑靡，干禄之文外，不知有学。大绅始以经、史、诗、古文教授诸生，曾选诸生诗刊之，曰《五华诗存》。又选其尤异者戴纲孙、杨国翰、池生春、李於阳、戴淳五人之诗刊之，曰《五华五子诗选》。著有《寄庵诗文钞》若干卷。道光八年卒，从祀乡贤、名宦二祠。

（二）家族群体

何氏家族"一门五代"，不仅是私学教育的典型，也是家族群体对云南文化教育有突出贡献的代表。何思明，字志远，浪穹人。嘉靖癸卯（1543）举人，曾任营山、重庆教职，仪陇知县、乌蒙通判等职。少孤家贫，然力学，致仕归乡后，家徒壁立，仍好学不止。其子何邦渐，字北渠，又字文槐，万历间由选贡历官无为、下邳知州，皆有声。其官无为，未一载，调邳州，民惜之，为留浃旬而去。抵邳州，未逾年告归。居里刚介端方，人咸敬畏。倡修学宫、武庙。县旧无志，邦渐始纂辑之，曾纂修万历《浪穹志》、天启《浪穹县志》。凡征役、水害重为民累者，悉请于官而调平焉。能为诗，浪邑诗学实自邦渐倡之。邦渐子鸣凤，能世其学。鸣凤字巢阿，万历乙卯乡试第二。崇祯间，知四川郫县，当奢酋蹂躏后，尽心教养，表彰杨雄、何武旧迹。升安徽六安知州，值流寇围城，鸣凤日夜督队防守，贼莫能破，民创生祠祀之。归置万卷书，以诱掖后进为己任。著有《半留亭稿》《嵩寮集》。清初，题准入祠。邦渐孙星文、蔚文。星文，崇祯间岁贡生，有《道德经赞颂》一卷、《何氏琴谱》一卷、《素书明解》二卷。蔚文，字稚元，鸣凤第五子。生而颖悟，读书过目不忘，九岁能诗文，尤好读古书。与兄星文辈居宁湖，尝曰："吾生时，父梦金花豹入室，盖先作南山雾，隐兆矣。"咏歌自适，与江蛟、许鸿、释普荷辈诗笺往来于苍山洱海间。著有《浪楂稿》，年七十三而卒。邦渐曾孙素珩，字尚白，蔚文从子。读书自娱，无志进取。爱宁湖之胜，于江干沙洲构小屋居焉，自号茈碧渔家。往来乘一小舟，以琴樽自随，出入烟波中，有诗云："湖头草绿雨初收，携鹤囊琴自放舟。朱弦不入时人调，一曲平沙天地秋。"其高致不减蔚文。

丽江木氏土司可以说是土司地区的典型，《明史·云南土司传》称："云南诸土官，知诗书，好礼守义，以丽江木氏为首云。"[1] 经历元明清三朝，传世22代，其中以木公、木增成就最为显著，他们与当时的知识分子相交甚多，作品颇丰，有的也收入到《四库全书》中。木氏家族将汉文化和纳西文化进行了很好的融合，为保留云南特色的文化教育提供了典范。

## 二、外地知识分子群体与云南文化教育

外地知识分子群体，包括到云南为官、被谪贬、流寓者。他们不仅为云南注入了新的文化气息，同时在与云南学者交游的过程中，促进了云南文化的交流、传播。

### （一）在云南为官者

这类群体的身份虽然是官员，但他们主要通过科举考试走上仕途，亦是知识分子中的精英阶层。他们既是中央政令的代言人、文教政策的传播者，又扮演着连接中央儒学与地方民族文化的中间人，其在儒学教育的传播方面起到极为重要的作用。

张立道，至元十五年（1278），被任命为中庆路总管，他上任后，建孔子庙，取缔大理国时期鄯阐人所尊崇的王羲之；建学舍，鼓励士人子弟就学，一

---

① 《明史》卷三百十四《云南土司二》。

时"人习礼让，风俗稍变"①。万历《云南通志·学校志》载："云南府儒学，在府治东南""元至元间总管张立道，复置学舍，建文庙。后平章政事赛典赤拓大之""滇自元张立道修建学校，五六百年来人文鹊起"。②《元史·张立道传》谓张立道"官云南最久，颇得土人之心，为之立祠于鄯善城西"③。

赛典赤，"行云南中书省事，治中庆路……暇日，集僚佐而言曰：'夷俗资性悍戾，督不畏义，求所以渐摩化其心者，其惟学乎！'乃捐俸金，市地于城中之北偏，以基庙学。"④后来，赛典赤与中庆路总管张立道在中庆路、大理等地建孔庙，设庙学，购置大量经典史籍。《元史·张立道传》言其："劝士人子弟以学，择蜀士之贤者，迎以为弟子师。"⑤《元史·赛典赤传》载："云南俗无礼仪，赛典赤……创建孔子庙、明伦堂，购经史，授学田，由是文风渐兴。"⑥王彦《中庆路重修泮宫记》："赛典赤分省此方，创学宫，举师儒。"⑦赛典赤在云南大力兴办教育事业，从主观上讲，是为了改变夷俗，教化夷民，从而巩固元朝的统治。然而，在客观上，赛典赤兴办教育又起了推广汉族先进文化和培养少数民族人才的积极作用，这一点对于云南的开发具有极为深远的意义。

此外，元代还有如郝天挺、赵世延等相继出任地方官员，掌教风化，建立孔庙，还留下不少金石碑铭和地方文献，为推动地方教育事业的发展做出贡献。

明朝，沐氏家族对云南文化教育的发展有着重要的贡献。沐英在元朝云南府学旧址上，重建云南儒学。他认为"首善之地，风化攸出不可后也"⑧。他还将获得的《太极图》善本并白鹿洞规刻石放到文庙中，将之作为师生的行为准则。作为沐英的次子，镇守云南四十余年的沐晟也十分重视云南的学校建设和

① 《元史》卷一百六十七《张立道传》。
② （明）邹应龙、李元阳：万历《云南通志》卷八《学校志第五·云南府》。
③ 《元史》卷一百六十七《张立道传》。
④ （元）郭松年：《创建中庆路大成庙碑记》，转引自方国瑜主编：《云南史料丛刊》第三卷，第275页。
⑤ 《元史》卷一百六十七《张立道传》。
⑥ 《元史》卷一百二十五《赛典赤·赡思丁传》。
⑦ （元）王彦：《中庆路重修泮宫记》，见《景泰云南图经志书》卷八。
⑧ 正德《云南志》卷十九上《列传四·名宦四》。

科举的发展。他"建学立师以教导其人。使归于善，尤孜孜不倦"①。发现"学舍敝陋"，他就自己出资，派人修葺，"不以烦下"，还"以旧学规制颇隘，得城西高亢地议欲迁之"②。其兴学之心，令人赞叹。他在景泰年间以右军都督同知"充总兵官"镇守云南时，曾经于天顺五年（1461）重修洪武年间由沐英修建的云南府儒学校舍和景泰年间由云南巡抚郑颙在云南儒学校址上所立的"成德""达材"两个牌坊。沐琮在镇守云南之时，"或修学宫，绘圣贤像……给学田，展解额"③。据《明孝宗实录》载，每当到了朔望之时，沐琮都会"谒孔子庙"，然后"退坐明伦堂。使诸生执经讲解"④。

### （二）被贬官员

云南的儒学发展，与谪流之人的文化传播有密切关系。云南是历代谪贬罪犯的重要地区之一。《明史·食货志·户口》载，太祖时徙民最多，其间有以罪徙者。凡官吏违法，人民犯罪，皆谪戍云南、辽东两地，又以云南为最。《明实录》记，洪武二十四年（1392）正月谕兵部臣说："往者官军有犯法当死者，朝廷贷之，谪徙云南，今已久，必知改过，可岁以半俸给之。"⑤据《明史·刑法志》载，洪武二十六年（1394），应充军者"如浙江、河南、山东、陕西、山西、北平、福建、直隶、应天、庐州，……徐州人，发云南、四川属卫；江西、湖广、四川、广东、广西……安庆人，发北平、大宁、辽东诸卫"⑥。又二十二年九月，"诏五军都督罗揖等：凡至京比试军士……射不中者，军移戍云南，官谪从征，总小旗降充军伍"⑦。自洪武年间开始，直到明末，因罪而谪贬云南的人士络绎不绝，成为云南军民中不可或缺的组成部分。据天启《滇志》记载，明代流寓云南的知名人士44人，其中现职官吏因罪谪迁者占29人。其职务有御史、翰

---

① （明）王直：《定远忠敬王庙碑》，见正德《云南志》卷二十六《文章四》。

② （明）王直：《金齿司儒学记》，见正德《云南志》卷三十三《文章五》。

③ （明）谢缵：《太师武僖沐公神道碑》，见正德《云南志》卷二十七《文章十一》。

④ 《明孝宗实录》卷一百十七，"弘治九年九月庚辰"条。

⑤ 《明太祖实录》卷一百九十七，"洪武二十四年正月"条。

⑥ 《明史》卷九十三《刑法志》。

⑦ 《明太祖实录》卷一百九十七，"洪武二十二年九月甲戌"条。

林学士、侍读、修撰、太子傅、会试官、布政使、参政、部郎、主事、佥事、长史、中书舍人、起居注、给事中、知府、知县等。其籍贯有浙江、江西、湖广、河南、福建、江南、山西、山东、四川等地。不仅文武官吏犯罪者谪戍云南，宗室有罪，也连同僚属并迁云南。据《太宗永乐实录》记载，建文初即位，有人告周王朱橚不法，遣兵围王府，执祷及王府僚属，削王爵为庶人，与僚属俱迁云南。此外，岷王梗，汝南王有勋，都曾谪居云南。谪流之人中，有很多是熟谙儒家经典的文人学士和上层人物，政治上的失意并没有使他们颓丧消沉，相反，僻居云南边陲，政治监控的松弛，风土人情的鼓舞，使他们"一时乐居绝徼"，继续延伸其学术生命，他们与行政官员的教化交相辉映，相得益彰，正是因为这些人的劳绩，云南儒学才保持着一种前行的张力。江应樑先生曾对此有专门论述。起到过重要推动作用的代表人物，如平显、陈振铸、史谨、楼琏、郑旭、董伦、李贽、费良弼、杨慎等。

（三）流寓士人

地方志中多有"流寓"类目，收录相关流寓人士资料。寓居于云南的官宦士人总体数量虽不太多，实为外来移民中的精英一族，这些在云南游历、寓居的学者，在云南发挥所长，与云南本土士人相交，或受聘，或设塾授徒，成为推动云南文化发展的重要力量。流寓者，以明代武定府收录为例：程济，编修，变姓名为道人，婉转尽力，不辞险困，始终保护。雪和尚郭节、编修程亨、焦云等各至滇一次，史仲彬曾至滇三次等。

## 三、知识分子群体与云南多元文化发展

知识分子群体对汉文化在云南的传播极具重要性。从宦滇群体的角度来看，在云南传播汉文化，不仅意味着云南已纳入中央王朝、作为正式的行政区划，更重要的是潜移默化地在滇人心中树立起大一统的意识。但汉文化的传播只靠宦滇群体还远远不够。内地汉族迁入云南后，多居住在交通沿线，最初，官员的统辖范围也主要在要道的相关区域，导致其传播的范围、影响力有限，所以

图 7-4：清孙铸花卉图轴　　　　　图 7-5：清李诂山水图轴

中央采取的更有效的方法是在当地设立学校，培养出本地知识分子，进而由他们担任传播汉文化的任务。

　　从云南本地士绅、学人的角度看，他们从心底接受汉文化，认同中央的政治、文化，接受儒学教育，参加科举考试，自发地、积极地向主体文化靠拢。提高汉文化水平，就有发展政治仕途的可能性，对个人、整个家族，甚至是整个地区而言，都有无比的荣誉感。此外，提高云南整体的文化教育水平与汉文化的传播也密切相关。云南是少数民族聚居区，虽历代都有汉文化的进入，但如前所述，元明清以前，由于统治区域主要在交通要道，文化的传播也主要在这些地区。随着移民的深入，汉民族逐渐发展成云南的主体民族，对汉文化有此需求。

图 7-6：清周其淳牡丹图轴　　　　　图 7-7：清李诂山水图轴

　　知识分子群体在汉文化传播、教育中起到了重要作用。无论作为宦滇、流寓的知识分子，抑或本地士绅、学人，都为汉文化在云南的传播架起桥梁。官员颁布教令、重修庙学、考察授课等。流寓知识分子广交游，著书立说。著名者如杨慎、李贽、罗念庵、阮元等，杨慎在滇 35 年，与其交游、切磋，受其教益、启发、影响的云南学者遍及三迤，引领了一代学风。本地士绅中致仕者在书院讲学，参与志书编纂，在外为官的也广泛传播他地文化，进而融合。本地学人积极到官学、私学中接受儒学教育，参与文献的编纂。此外，僧侣群体往往被忽略，自南诏、大理以来，汉文化在云南传播的主体就是云南僧侣，如明初云南僧人无极，到南京主动朝觐，对佛教经典例如《华严经》《法华经》都有研究，并著有《法华经注解》，他通过与中原交流、在云南传经、著书立说的方式发挥作用。

　　知识分子群体对少数民族文化传承也起了很大的作用。元设立行省，云南文化与中原文化交流的壁障渐渐被打破。尤其清代官员推行改土归流，改变云南民族分布格局，如滇东北一带不再是彝族的聚居区，渐形成"大分散，小聚居"的特点，汉族与少数民族的文化传播网络逐渐形成。汉文化及汉族在云南的地位、作用和影响增强，不仅没有抑制少数民族的发展，而且在很大程度上促进和推动少数民族文化共同发展。如白族，明代是儒学和汉文化迅速发展的时期，白族的教育和文化也得到迅速发展。明清以来，涌现出许多著名学者，如李元阳、杨南金、艾自新、艾自修、王崧、赵藩等。同时，他们也引领了明清云南的学风。

　　汉文化与少数民族文化存在巨大差异，但在交融的过程中，本地知识分子或宦滇官员也意识到汉文化处于相对较高水平、更为先进，很容易使少数民族受其影响。但其差异性会造成文化传播的局限性，使地方民族文化并未完整接受汉文化的影响。

　　元明清时期云南的文化教育，在中央儒学政策、教育机构、科举选官制度的推动下，在汉文化为主导的传播过程中，汉人居住区、少数民族地区逐渐向中原文化靠拢；云南逐渐产生一批批知识分子、地方官员，他们直接或间接地为云南与外地文化的交流做出贡献；与此同时，外来或本地的群体为云南文化留下许多宝贵的地方文献资料，涵盖经史子集诸内容，为后世文化教育、学术研究提供极大便利。

第八章

元明清时期云南的
文化交流与交融

# 第一节　元明清时期云南的民族文化交流与交融

元明清时期云南的文化交流可分为少数民族与汉族的交流、少数民族之间的交流两种情况。

## 一、元明清时期少数民族与汉族的文化交融

元明清时期，"统治阶级以兵威夷的民族政策使少数民族恐为夷类；汉族文化的正统性评价使少数民族耻为夷类；汉族地区较为发达的社会经济对少数民族具有较强的吸引力，少数民族因此而产生了接受汉族文化并与汉族认同的愿望"[1]。正是在此情况下，云南的少数民族开始在心理上进行调适，进一步倾向于汉族。如明清时期白族的民族名称变化就反映了白族文化心理的调适。

白族的民族名称，在明前期所有记录中，仍然写作"僰人"，但是当时白族知识分子受汉族文化的影响，不愿意使自己的民族与同区域内其他的少数民族一起被视为"夷人"，因而，白族知识分子李元阳在万历初年编成的《云南通志》中，用"僰夷"记录当时被称为"百夷"的傣族，而把"僰人"（白族）称作"郡人"，使自己的民族脱离"夷人"之列。明中期，白族中出现了"民家"的称呼。白族自称民家，是为了甩掉被歧视的"夷户"的帽子，同时，表示与同区域内汉族中的民户在经济文化生活上都相一致，没有差别。

另外，这一时期，许多云南少数民族的族源往往有祖籍南京的说法。他们

---

[1]　谢国先：《明代云南地区的民族融合》，载《思想战线》，1996（5）。

坚持祖籍南京之说实际上正反映了明清时期云南部分少数民族逐渐认同汉文化的过程中文化心理不断调适的过程。

这一时期云南少数民族心理上的调适既是此时期云南部分少数民族开始汉族化进程的表现，又为进一步加深与汉族的交融创造了条件。

明清时期，云南各少数民族政治、经济、文化的发展仍然不平衡，各民族与汉族的交融也有很大差异，下面择其代表者分述之。

白族。这一时期白族的生活习俗有了很大变化，据李京《云南志略》载："白人，有姓氏，……男女首戴次工，制如中原渔人之蒲笠差大，编竹为之，覆以黑毡。亲旧虽久别，无拜跪，惟取次工以为馈。男子披毡椎髻。妇人不施脂粉，酥泽其发，以青纱分编，绕首盘系，裹以攒顶黑巾，耳金环，象牙缠臂，衣绣方幅。以半身细毡为上服。处子孀妇，出入无禁，少年子弟，号曰妙子，暮夜游行，或吹芦笙，或作歌曲，声韵之中，皆寄情意，情通私耦，然后成婚。居屋多为回檐，如殿制。食贵生，如猪、牛、鸡、鱼，皆生醢之，和以蒜泥而食。每岁以腊月二十四日祀祖，如中州上冢之礼。六月二十四日，通夕以高竿缚火炬照天，小儿各持松明火，相烧为戏，谓之驱禳。……人死，俗尸束缚令坐，棺如方柜，击铜鼓送丧以剪发为孝，哭声如歌而不哀，既焚，盛骨而葬。……其贵人被服，近年虽略从汉制，其他亦自如也。"① "可以看出，白族的生活习俗实介乎'夷'、汉之间，元朝时期又进一步与汉族的生活习俗相接近。"②

明清时期，随着大理地区大规模改土归流的进行，内地人民大量入滇，大理白族地区学风日盛，读书仕进蔚然成风。正德《云南志》卷三载：大理"郡中汉、僰人，少工商而多士类，悦其经史，隆重师友，开科之年，举子恒胜他郡"③。乾隆《赵州志》也说："白人，颇读书，习礼教，通仕籍，与汉人无异。"④与之相适应，大理地区白族在明清科举制中取得文举人、文进士资格和写有文

---

① （元）李京：《云南志略·白人风俗》。
② 尤中：《云南民族史》，第303页。
③ 正德《云南志》卷三《大理府风俗》。
④ 乾隆《赵州志》。

章著述的人数也大幅度增加。正如康熙《大理府志》卷十二《风俗》所描述的达到了"理学名儒项背相望"的程度。

综上所述，明清时期，大理地区白族的文化生活发生了变化，这种变化从总的趋势上来看是进一步内地化。较之前代，白族的各个阶层——从读书进仕的文人、士大夫，到一般的老百姓，都更多地接受了汉文化，更深地受到儒家思想的影响，与内地的文化差异进一步缩小。

蒙古族与回族。元明清时期，蒙古族、回族的汉化程度较深，其原因在于，两个民族与汉族有着基本相同的分布区，在人口分布密度上也基本一致。在汉族聚居的地区蒙回两族也同样形成聚居；在汉族人口稀少之地，蒙回两族也很少进入。这种分布特点使蒙回两族与汉族能保持着密切的文化交流，因而文化交流程度较深。

但二者汉化的程度并不相同。蒙古族与回族进入云南，为适应新的地理环境，他们都出现了文化变迁的倾向。但蒙古族的二元性民族政策，使他们对"华夷有别"与"内华夏、外夷狄"的封建正统观念较为淡薄。明清时期，蒙古族在生计类型、政治地位上进一步变化，在这些因素的作用下，蒙古族的文化心理素质发生了很大的改变，云南蒙古族文化因而出现了较大变迁。回族共同经济生活的发展、强化，政治地位的稳定以及伊斯兰教所形成的心理纽带对民族体的维系作用使回族文化的变迁较为稳定。因此，蒙古族与汉族的文化涵化深于回族。到清代，流散于云南各地的蒙古族已基本与汉族或云南各少数民族相融，仍聚居保留下来的，只有滇南河西县的部分蒙古族且民族特征丧失较多。回族虽然汉化程度也较深，但基本保持着其民族特征且不断融合其他民族而日渐壮大。

傣族。元代聚居于边疆的金齿百夷的分布状况是"东接景东府，东南接车里（今西双版纳），南至八百媳妇（今泰国北部之清迈、清莱）、西南至缅国（今缅甸曼德勒地区）、西连戛里（今缅甸上钦敦县），西北连西天古剌（今印度），北接西番（今西藏），东北接永昌（今保山县）。"[①]元朝在上述傣族分布区

---

① 正德《云南志》卷四十一《诸夷传六》。

都建立统治机构。

　　为了巩固统治，元朝在设立机构的这些地区派驻了大批蒙古、色目及契丹人的军队戍守。随着这些北方少数民族的到来，在他们文化的影响下，金齿百夷的文化发生了变迁。据元李京《云南志略》载，（金齿百夷）"男女文身，去髭须鬓眉睫，以赤白土傅面，采缯束发，衣赤黑衣，蹑履"，"妇女去眉睫，不施脂粉，发分两髻。衣文锦衣，联缀河贝为饰"。[1] 而元以前的情况并不如此。唐樊绰《蛮书·名类》载："黑齿蛮、金齿蛮、银齿蛮、绣脚蛮、绣面蛮，并在永昌、开南，杂类种也。黑齿蛮以漆漆其齿，金齿蛮以金镂片裹其齿，银齿以银。有事出见人则以此为饰，寝食则去之。皆当顶上为一髻。以青布为通身，又斜披青布条。绣脚蛮则于踝上腓下，周匝刻其肤为文彩。衣以绯布，以青色为饰。绣面蛮初生后五月，以针刺面上，以青黛涂之，如绣状。"[2]《蛮书》和《云南志略》的不同记载说明，元代金齿百夷在服饰、发式方面出现了变化。

　　明初，这一变化更趋明显，钱本《百夷传》载："男子衣服多效胡服，或衣宽袖长衫，不识裙袴，其首皆髡，胫皆黥。不髡者杀之，不黥者众叱笑，比之妇人。妇人髻绾于后，不谙脂粉，衣窄袖衫，皂统裙，白裹头，白行缠，跣足。"[3] 李本《百夷传》载："男子皆衣长衫，宽襦而无裙，官民皆髡首黥足。有不髡者，则酋长杀之；不黥足者，则众皆嗤之曰：'妇人也，非百夷种类也'，妇人则绾结髻于脑后，以白布裹之，不施脂粉。身穿窄袖白布衫，皂布桶裙，白行缠，跣足，贵者以锦绣为桶裙，其制作甚陋。"[4] 两本《百夷传》对此百夷服饰、发式的记载基本一致，而与《云南志略》比较可知其服饰、发式又发生了变化。而钱本《百夷传》则明确指出其变化的趋向是"多效胡服"。这种趋向于"胡化"的变化不仅表现在服饰、发式方面，在百夷的礼俗方面也是如此。钱本《百夷传》说："凡相见必合掌而拜，习胡人之跪。"[5] 李本《百夷传》说：

---

① （元）李京：《云南志略》，《金齿百夷》。

② （唐）樊绰：《蛮书·名类》。

③ （明）钱古训：《百夷传》。

④ （明）李思聪：《百夷传》。

⑤ （明）钱古训：《百夷传》。

"其相见有合掌之拜、屈膝之跪，而无端肃拱揖之礼。"①

　　显然，元代由于蒙古等北方少数民族进入金齿百夷地区，在他们影响下，金齿百夷在服饰、发式、礼俗等方面出现了文化变迁的现象。

　　散居于内地的傣族，主要分布于云龙、邓川、大姚、建水、石屏、蒙自、泸西、武定、北胜等处②，由于与汉族杂居，这部分傣族受汉文化影响较大。《大理府志》说宾川傣族"俗尚鬼，病则禳之。近亦稍稍从汉也"③。《重修邓川州志》说，邓川傣族"性柔怕事……俱服州管，近亦有读书进取者"④。

　　靠内地区的傣族主要分布于湾甸（今昌宁县南部）、大侯（今元县）、顺宁（今凤庆）、保山、景东、镇源、威远、宁洱（普洱）、马龙他郎甸（今墨江、新平）、元江等地。⑤明初，这部分傣族与汉族接触较少，时间也不长，故受汉文化影响较小，李本《百夷传》说："百夷无中国文字，小事则刻本为契，大事则书缅字为檄。"⑥明中期以后，随着与汉族接触交流增多，在汉文化影响下，"学校声教，渐迁其俗。民多百夷，性本驯朴。昔惟缅字，今有书史。民风地宜日改月化"⑦。嘉庆《景东直隶厅志》卷二十三则清晰地勾勒出这一过程："明初，原隰多僰夷，山多罗罗，是为土著。自设卫后，卫所官兵皆江右人，并江右、川、陕、两湖各省之贸易地者多家焉。于是，人烟稠密，……士敦礼让，家习诗书，土俗民风，日蒸月化。"⑧

　　清代改土归流后，这部分傣族中的封建领主制被废除，地主经济确立，与汉文化的交流也进一步深化。雍正《顺宁府志》卷九说，这部分摆夷"解汉语，习俗多效汉人，……亦有识汉字作华言，冒籍于近方之彝，卒难与辨"⑨。康熙

---

① （明）李思聪：《百夷传》。
② 尤中：《中国西南民族史》，第 629~622 页。
③ 康熙《大理府志》卷十二《风俗》。
④ （明）艾自修：《重修邓川州志》卷一《地理志·族类》，洱源县志办公室翻印，1986。
⑤ 尤中：《中国西南民族史》，第 619 页。
⑥ （明）李思聪：《百夷传》。
⑦ 万历《云南通志》卷四《景东府·风俗》。
⑧ 嘉庆《景东直隶厅志》卷二十三《风俗》。
⑨ 雍正《顺宁府志》卷九。

《元江府志》卷二说："僰夷，……近城居者，慕汉俗，婚丧葬祭渐易，游泮子弟亦彬彬可观焉。"①

彝族。元明清时期，彝族人口较众，分布较广，称谓复杂。受汉文化的影响也各不相同。如以摩察、母鸡、车苏为代表的这部分彝族多居山区，以采集、打猎和游耕为生。天启《滇志》卷三十说："摩察，黑罗之别类，在大理、蒙化。执木弓药矢，遇鸟兽，射无不获。所逢必劫，遇强则拒。在武定一曰木察，稍习柔善，巢居深山，捕狐狸、松鼠而食之。"又如母鸡，天启《滇志》卷三十说"（母鸡）蓬首椎结，标以鸡羽，……妇女尤甚，挽髻如角向前，衣文绣，短不过腹，项垂璎珞饰其胸。迁徙无常，居多用竹屋。耕山食荞麦，暇则射猎，捕食猿狙。佩利刀，负强弩毒矢，伺隙剽卤，飘忽难御。"②明清时，母鸡分布于滇南、滇东南的广阔地区，但居山区，采集打猎游耕的特点都一样。万历《云南通志》卷二临安府引《旧志》说："近郡之夷名乌爨、母鸡、仆剌、些袁等蛮杂处，藏匿山林，惟事剽掠"，而以"刀耕火种为食"。③康熙《蒙自县志》卷三记载，这一地区的母鸡"居必负险"。雍正《阿迷州志》卷十一说，这一地区的母鸡居于山区"耕山食荞，暇则射猎"④。再如山苏，《景泰云南图经志书》卷三马龙他郎甸（新平、墨江）说："境内有车苏者，居高山之上，垦山为田，艺荞稗，不资水利。然山地硗薄，一岁一移其居，以就地利。暇则猎兽而食之。大略与罗罗风俗同。"⑤天启《滇志》卷三十说："扯苏，在楚雄郭雪山，居于山巅。无陶瓦，木片覆屋。耕山，种荞麦。片履布衣。器以木摆锡为饰。新化州亦有之。又一种，曰山苏。"⑥由于这部分彝族居于山谷，远离屯田及汉移民聚集的地区使他们很难同汉文化交流，加之居住在山区的地理环境更适于游牧、采集、狩猎生计类型地位的保持而不利于农业的发展，因而明清时期这部分彝

① 康熙《元江府志》卷二《彝人种类》。
② 天启《滇志》卷三十。
③ 雍正《临安府志·风俗》卷七。
④ 雍正《阿迷州志》卷十一。
⑤《景泰云南图经志书》卷三《马龙他郎甸》。
⑥ 天启《滇志》卷三十。

族受汉文化影响而出现的文化变迁很少。另外，狩猎、采集、游耕的生计类型也造成他们游动性大、扩散快、分布面广的特点。如摩察在元代分布于蒙化州，到明清时，摩察除在蒙化分布外已遍及大理府、楚雄府、姚安府、武定府等地。又如朴剌，清代的朴剌比明代分布更为广泛地分布于石屏、开远、蒙自、峨山、文山、砚山、马关、河口、屏边、金平、广南、西畴、邱北、泸西、师宗、元江等县。再如车苏，车苏原分布于马龙他郎甸（今新平、墨江）山区，清中期后，就已先后散及楚雄郭雪山、峨县及元江府、普洱府的广泛地区。① 由于这部分彝族"居必负险"，其地理环境具有很强的封闭性、独立性，而他们游动性大、扩散快、分布面广的特点往往造成两种结果：支系的再分化或与其他支系的融合，前者如罗婺、鲁屋、聂素，后者如母鸡。

元代，罗婺主要分布于武定地区。天启《滇志》卷三十说："罗婺本武定种，古因为部名。"为此，"嘉靖中改归流官，其部落入云南、大理、楚雄、姚安、永昌、景东七府。"② 其中一部分自武定迁出之后，与所到达区域的其他支系的彝族有了交流、接触，而封闭的地理环境又使其原为同一支系的各部分联系非常困难。原有文化生活特征的相对弱化与其他支系文化的影响使这部分迁出的彝族与仍然居住在武定的部分有了差别，因而形成了彝族中的另一个支系——聂素。

元代，母鸡主要分布于滇南、滇东南的临安路、府一带，到清中期，已向北扩散及于滇东的广西直隶州。在这一扩散过程中，"清代记录中广西州的母鸡已消失，当融合入同区域的其他部分彝族之中。母鸡的语言与朴剌有二分之一相同，这是长期与朴剌接近的结果。"③

除上述居于山区，从事采集、狩猎、游耕的这部分彝族外，元明清时期另外还有一部分与汉族、白族杂居于平坝或半山区的彝族，这部分彝族从事农业，受汉文化影响比较深，他们以撒摩都、海罗罗为代表。

---

① 尤中：《中国西南民族史》，第 530~540 页。
② 天启《滇志》卷三十。
③ 尤中：《中国西南民族史》，第 536 页。

明中期，撒摩都的一部分受汉文化的影响已经比较明显。《景泰云南图经志书》卷四说楚雄府的撒摩都"近年以来，稍变其俗，而衣服饮食，亦同汉、僰。更慕诗书，多遣子弟入学，今亦有中科第者，夷中之善变者矣"①。明朝末年，其汉化程度日益加深，天启《滇志》卷三十说，撒摩都在"云南、澄江、永昌、临安者，渐习王化，同于编氓"②。清代其汉化程度在明代基础上进一步发展。雍正《顺宁府志》说："顺宁府撒摩都肯读书，舌音轻便，多冒汉人。"③雍正《云南通志》说："海罗罗，亦名坝罗罗，以共居平川种水田而得名也。土人以平原可垦为田者呼为海，或称为坝，故名。与汉人相杂而居，居处、饮食、衣服悉如汉人。"④又《皇清职贡图》说："海罗罗，一名坝罗罗，或曰即白罗罗也。与齐民杂处，勤于耕作，急公输税。"⑤

元明清时期，尽管彝族各部发展程度不一，与汉文化的交流也各不相同。但从总体上看，从明至清，特别是改土归流实行后，彝族与汉族相互交融的趋势是不断增强的。从地域范围的变化上看，明代受汉文化影响较大的彝族地区主要是在当时汉族流官统治的云南府、大理府、临安府几个地区，而清代改土归流后，不仅居住在滇中滇西平坝区的彝族的地主经济已发展到了较高水平，而且在彝族聚居中心的山区，如昭通东川等地，也已确立地主经济。乾隆《东川府志》说："干罗罗，最勤苦，近皆畏威怀德，一洗从前旧习，……刀耕火种，农隙则樵牧渔猎。"⑥随着地主经济在更广阔的地域中的确立，彝族与汉文化的交流接触也在更广阔的空间中进行着。

纳西族。元明清时期，藏传佛教由北往南传到丽江为界。但在丽江的影响已远远不如其在同为纳西族分布区的永宁地区的影响，其重要原因，与汉文化在丽江纳西族地区的传播有关。明清时期汉文化在丽江纳西族地区的传播，占

---

①《景泰云南通志》卷四《楚雄府·风俗》。

② 天启《滇志》卷三十。

③ 雍正《顺宁府志》。

④ 雍正《云南通志》卷八《海㑩罗》。

⑤《皇清职贡图》卷七。

⑥ 乾隆《东川府志》。

据了有限的文化空间，一定程度上抵制了藏传佛教在丽江的大规模传播。

在永宁地区，藏传佛教与土司实行政教合一，可以想见藏传佛教南传势头之强劲，影响之深入，因而，能对藏传佛教的南传势头形成阻挡，则说明汉文化在丽江地区也具有一定影响。

据《明太祖实录》卷二百三十九载，洪武二十八年（1395）六月，朱元璋谕礼部："其云南、四川边夷土官，皆设儒学，选其子孙弟侄之俊秀者以教之。"① 《明史·职官志》说："其后宣慰、安抚等土官，俱设儒学。"② 丽江府正是此时设立儒学，《明史·云南土司传》谓："永乐十六年（1418）检校庞文郁言，本府及宝山、巨津、通安、兰州四州归化日久，请建学校从之。"③ 部分纳西族开始接受汉文化，尤其是木氏封建领主，学习汉文化更为积极。《明史·云南土司传》说："云南诸土官，知诗书，好礼守义，以丽江木氏为首。"④ 清雍正二年（1724）丽江土府改流后，汉文化的影响日渐深入，纳西族的文化、生活习俗更趋于与汉族接近。在文化上，《皇清职贡图》说，丽江、鹤庆二府的纳西族"居处与齐民相杂，其读书入学者，衣冠悉同士子"⑤。在生活习俗方面，农牧兼营的生活方式逐渐为汉族男耕女织的方式取代。雍正《云南通志》说，在改土归流前，纳西族的情况是"妇女布冠，好畜牛羊。男勇厉，善骑射"⑥。乾隆《丽江府志》也说"夷民不习纺织，男女皆刀耕火种，力作最苦"⑦。改土归流后，地方官大力倡导"男耕女织自古常经，今永郡以不产棉花，尽弃纺织，尺布寸帛皆买外来，以致妇人女子竟无专事"⑧。由于地方官的大力倡导，汉族男耕女织的分工模式才得以在丽江纳西族中确立。道光《云南通志》载丽江府风俗说："妇女初习纺织，近日府城内外，各设立机坊，竞相师法，纺绩之声延渐广。又

① 《明太祖实录》卷二百三十九。
② 《明史》卷七十五《职官四》。
③ 《明史》卷三百十四《云南土司传二》。
④ 《明史》卷三百十四《云南土司传二》。
⑤ 《皇清职贡图》，见道光《云南通志》，《南蛮志·种人·麽些》。
⑥ 雍正《云南通志》。
⑦ 乾隆《丽江府志略》上卷，《官司略·种人附》。
⑧ 《永北府志·风俗》卷六。

从前城乡妇女服饰殊异，奢而非制。嘉庆二十四年，署知府王厚庆曲为化导，簪环服饰，悉遵体制，焕然改观矣。"①

满族。云南的满族是清朝初年进入云南的。"自康熙征三藩时，用旗、绿兵至四十万，云、贵多山地，绿营步兵居前，旗兵继之，所向辄捷。"②这支大军在定远平寇大将军固山贝子彰泰、征南大将军赖塔率领下，扫荡吴三桂手下残余，战事结束后，据说"有八旗仆从不随师凯旋，潜匿滇境者"③。此外，整个清代来云南任职的满族文武官员相当多。据不完全统计，有总督 34 人，巡抚 11 人，布政使 16 人，按察使 11 人，其他盐、粮道使 25 人，知府 64 人，其他府官 57 人，知州知县 141 人，提督 8 人，镇总兵 63 人，督标 7 人，协营将领 160 人。其中 16 人被《新纂云南通志》列为名宦。"随满族官员来云南的许多满族同胞也有在昆明定居的，现在昆明如安街华兴巷由于以前曾经是满族聚居地方，所以华兴巷当时曾称为满州（洲）巷。"④部分官员及其属员任职期满后，即离开云南，但也有留下来的。合香楼胡家就是一例。

这批留在云南的满族与关内其他地区的满族一样，通过与汉族和其他民族频繁的文化交流，文化发生了很大变迁。另外，"在清代二百余年中，尽管满族贵族推行诸多限制满汉通婚政策，但终清之世，满汉两族互通婚媾从未中断，除满汉统治上层联姻、宫廷皇室选秀女外，民间两族通婚亦较普遍"⑤。这也是这部分满族与其他民族融合较为迅速的一个重要原因。由于与其他民族融合较快，到辛亥革命后，"满族与汉族的文化已基本融合在一起，习俗上保留的某些微小差别，在社会生活中也不起重大作用"⑥。

明以前，云南少数民族人口数占绝对优势，汉族移民迁入后多融于少数民

---

① 道光《云南通志》卷三十《地理志》，丽江府《风俗》。
②《清史稿·兵志》卷一百三十一。
③ 蔡毓荣：《筹滇善后十疏》，见江燕、文明元、王珏点校：《新纂云南通志八》，云南人民出版社，2007，第 38 页。
④ 王文光：《云南民族的由来与发展》，德宏民族出版社，1994，第 132 页。
⑤ 滕绍箴：《清代的满汉通婚及有关政策》，载《民族研究》，1991（1）。
⑥ 滕绍箴：《清代的满汉通婚及有关政策》，载《民族研究》，1991（1）。

族。汉晋之大姓、南诏大理之汉族融于白蛮，皆为"汉变夷"的典型事例。明代，随着大规模的汉移民进入，汉变夷的局面得到根本性扭转。故明清时期汉族少数民族化的例子并不常见，只在边疆少数民族聚居山区会有少量"汉变夷"的情况发生。如《明太祖洪武实录》卷一百四十七载：洪武十五年八月，朱元璋下诏曰："云南士卒艰食，措置军士贵乎得宜，……其士卒逋逃者既入蛮地，不得能出，盖非蛮人杀之，则必为禁锢深山，使之耕作。"[①]《明英宗正统实录》卷十七载，正统九年（1444），总督云南军务兵部尚书王骥奏："云南东南接交趾，西南控制诸夷，其在内地亦多蛮种，习性不佅，变故不一，曩者麓川之叛，多因近边牟利之徒，私载军器诸物，潜入木邦、缅甸、车城、八百诸处，结交土官人等，以有易无，亦有教之治兵器，贪女色，留家不归者。"[②] 这些汉族人口远离汉族的政治、经济、文化中心，深入少数民族人口占绝对多数的边疆地区，因而很快融合于当地少数民族。再如，"现在佤族中'李'姓特别多，据调查，这是佤族人民对李定国的崇敬以及李军士卒与佤族人联姻而以'李'为姓，沧源县的班老、南腊、班洪、勐角、勐董、岩师等乡镇的很多佤族老人都说，他们的祖父是汉族，姓'李'。傣、拉祜族中也有不少'李'姓"[③]。这也是汉族融于少数民族的实例。

## 二、元明清时期云南少数民族之间的文化交融

边疆少数民族地区以少数民族之间的交流、融合为主。这是因为这一区域开发较晚、汉移民进入较少，加之少数民族在不断迁徙中形成交错杂居、共同生活的格局，因此，文化交流以少数民族之间的交流为主，一些民族随着文化交流的不断深入出现了相互融合的现象。这以傈僳族和怒族最为典型。两个民族的交融由傈僳族的迁徙引起。

①《明太祖洪武实录》卷一百四十七。
②《明英宗正统实录》卷十七。
③ 段世琳、赵明生：《李定国对开发阿佤山的贡献》，载《思想战线》，1991（5）。

　　傈僳族大约是三百年前进入怒江地区的。17世纪初叶（明万历末），丽江土知府木氏与中甸、维西藏族封建统治集团之间发生了长年累月的争夺土地和统治权力的战争，许多傈僳族人民被木土司强迫征调充当兵丁与藏族战斗。在击败藏族之后，由傈僳族首领"木必扒"（氏族）率领的一支傈僳族人民越过碧罗雪山，进入了怒江地区之后，成为傈僳族公认的首领，他们进入怒江后通过借地和占地的形式占有了广大的土地，并且统治了怒族居民。

　　此后，傈僳族大量进入怒江地区，随着傈僳族的不断迁入，大批怒族被迫迁往高黎贡山以西地区的思拉跑、斜哇土、车哇土、斜王通、你哇塘、里奔那、阿补塔、马培里等村落居住；原来居住于福贡县的其朱、埂及、底白、多屋、白布多、达普洛、打幽、利民、巴基、姑打、阿打、孟固底、鹿马登、干坡、安基、计却罗、面谷、拉马底等18个村寨的怒族已大部与傈僳族杂居，或则由于互通婚姻，改操傈僳语，有的已自认变成傈僳了。

　　傈僳族统治者对怒族实施在政治上的统治、经济上的纳贡和文化上的影响等，实现了对怒族的强迫同化，并且人民之间的相互交往又形成自然融合，大部分怒族已改操傈僳语，怒语已退居"家庭语"的地位。不仅怒族如此，与傈僳族先后或同时迁入怒江区的"勒墨人"也大部改操傈僳语，勒墨语（古代白语）只在本族内部通行。到新中国成立前，甚至有些白族也自认为傈僳族了。[①]

# 第二节　元明清云南文化交流交融的特点

## 一、共性与多元并存的特点

　　文化共性的产生与文化的适应性、文化的有效性有密切关系。不同民族的

---

[①] 中国科学院民族研究所，云南少数民族社会历史调查组编：《怒族简史简志合编》（初稿），中国科学院民族研究所，云南少数民族社会历史调查组1963年10月编印。

传统文化在其发展过程中都会表现出共同的适应地理环境的发展趋向。只有这样，在特定的地理环境里其文化才能继续保持、不断提升其文化有效性。适应是文化变迁的动力之一，而自然选择则一定程度上决定了文化变迁的方向。如元明清时期与汉族共同杂居于平坝与城镇中的部分彝族的文化变迁情况。这部分彝族因"去山而居平地"，其文化朝适应自然环境方面变迁，这使他们的文化越来越趋同于对平坝地区有较高适应性的汉族文化。《景泰云南图经志书》卷四说楚雄府的撒摩都"近年以来，稍变其俗，而衣服饮食，亦同汉、僰。更慕诗书，多遣子弟入学，今亦有中科第者，夷中之善变者矣"。明朝末年，其汉化程度日益加深，天启《滇志》卷三十说，撒摩都在"云南、澄江、永昌、临安者，渐习王化，同于编氓"。至清代，其汉化程度在明代基础上进一步发展。雍正《顺宁府志》说："顺宁府撒摩都肯读书，舌音轻便，多冒汉人。"雍正《云南通志》说："海罗罗，亦名坝罗罗，以共居平川种水田而得名也。土人以平原可垦为田者呼为海，或称为坝，故名。与汉人相杂而居，居处、饮食、衣服悉如汉人。"又《皇清职贡图》说："海罗罗，一名坝罗罗，或曰即白罗罗也。与齐民杂处，勤于耕作，急公输税。"

元明清时期，云南经济与内地经济的联系日益密切反映出两者的一体化程度日益加深，说明包括汉族在内的云南各民族相互聚居、交融，既不断发展融合，各民族又保留着自己的特色。这又可以分成两种情况：一是少数民族文化的多元性。这一特性因文化交流和民族交融过程中文化结合现象的存在而不断发展。二是部分少数民族文化的个性。因少数民族文化中存在封闭性，这使这部分少数民族的文化在几乎不受汉文化影响的状态下继续保持着独特的个性。

对于第一种情况，主要原因是在元明清的文化交流和民族体交融过程中，一些客观的文化规律在起作用。

（一）文化互动规律

以回族为例，明清时期，回族在汉文化影响下，在政治、经济生活方面与汉族已渐趋一致，他们同汉族一样，皆"入里甲、有差徭"[①]，"亦知读书"或"资生每伙骡马，利于武库"[②]。尽管回族在汉文化影响下，其文化已发生了明显的变化，但并未与汉族实现全面认同，仍然保持着其鲜明的民族特征。

（二）同位文化因子优先借用规律

汉族移民与云南少数民族的文化交流主要在与自身文化具有相似性的文化因子之间进行，而非全面涵化。造成双方交流仅局限在相似部分的文化因子间这一局面有其必然性。

元明清时期，独龙族、阿昌族、壮族、瑶族、苗族、拉祜族、德昂族、布朗族、佤族、景颇族、傈僳族、哈尼族、怒族、基诺族等云南少数民族的先民大部分还从事采集、斯威顿耕作方式的生计类型；彝族、藏族、普米族、纳西族则主要从事畜牧型生计类型。从生计类型上看，汉族定居农业式的生计类型与上述少数民族主要从事的两种生计类型有较大差异。

在饮食方面，从事狩猎采集类型的民族有的"掘鼠而食之"，有的如阿昌族"觅见禽兽虫豸，皆生啖之"[③]。有的如滇东南壮族"饮食无美味，尝醢鰕捕飞虫而啖之"[④]。从事畜牧业的普米族、藏族、纳西族的饮食与之不同，天启《滇志》卷三十说："古宗、西番之别种。……滇之西北与吐蕃接壤，流入境内。丽江、鹤庆皆间有之。……其食生肉、蔓菁、麦稗。"[⑤] 李京《云南志略》说："末些蛮，……地凉，多羊、马及麝香、名铁……俗甚俭约，饮食疏薄，一岁之粮蔓菁已半实粮也。"[⑥] 从事定居农业的汉族多以稻、麦为主食。可见，不同的生计类型其饮食习惯不同。

在服饰方面，从事定居农业的民族服装多以棉布制成。《景泰云南图经志

---

① 康熙《蒙化府志》卷一。

② 咸丰《邓川州志》卷四。

③ 天启《滇志·羁縻志》卷三十。

④ 《景泰云南图经志书》卷三《广南府》。

⑤ 天启《滇志》卷三十。

⑥ （元）李京《云南志略》。

书》说北胜州百夷妇女勤于耕织，"所成之布洗令洁白而为衣为巾率用之"①。李本《百夷传》说滇西南傣族"男子皆衣长衫，宽襦而无裙，官民皆髡首黥足，……妇人则绾结髻于脑后，以白布裹之，不施脂粉，身穿窄袖白布衫，皂布桶裙，白行缠，跣足，贵者以锦绣为桶裙，其制作甚陋"②。这种服饰风格与从事畜牧和狩猎采集生计类型的民族的服饰有较大差异。

游牧民族服饰风格以披毡为特征，《景泰云南图经志书》卷四载：纳西族"常披毡衫，富者加至二三领，虽盛暑亦然。头戴牦牛尾帽，重且厚，俗呼为喜鹊窠。皆非矢镝所能穿，盖以备战斗也"。又说"（普米族）佩刀披毡"。③《景泰云南图经志书》卷二《武定军民府禄劝州》说："州多罗罗，即黑寸，亦名罗娄，又名撒完，皆披毡。然以莎草编为蓑衣，加干毡衫之上，非通事、把事不敢服也。"④同书卷四《楚雄府》说境内罗舞蛮"披毡衫，……腰系细发。足穿片履，毡为行缠"⑤。

从事狩猎、采集活动的民族的服饰，原始自然的特色更为明显。据《景泰云南图经志书》卷三《临安府》载："（朴刺）短衣跣足，首插雉尾，身佩甲兵，以采猎为生。"⑥《滇略》卷九说："阿昌，好居高山，刀耕火种，形貌紫黑。妇女以红藤为腰饰。性嗜犬，祭必用之。占用竹三十根，略如筮法。嗜酒。……觅禽兽虫豸，皆生啖之。采野葛成衣。无酋长管束。杂处山谷夷罗间，听土司役属。"⑦天启《滇志》卷三十说："野人，居无屋庐，夜宿于树巅，……以树皮为衣，毛布掩其脐下。首戴骨圈，插鸡尾，缠红藤，执钩刀大刃。采捕禽兽，茹毛饮血，食蛇鼠。"⑧

① 《景泰云南图经志书》卷四《北胜州·风俗》。
② （明）李思聪：《百夷传》。
③ 《景泰云南图经志书》卷四《永宁府·风俗》。
④ 《景泰云南图经志书》卷二《武定军民府禄劝州》。
⑤ 《景泰云南图经志书》卷四《楚雄府》。
⑥ 《景泰云南图经志书》卷三《临安府》。
⑦ 《滇略》卷九。
⑧ 天启《滇志》卷三十。

　　在婚姻习俗方面，游牧业生计类型的婚姻形式与定居农业生计类型的婚姻形式有较大差异。

　　道光《云南通志》转引《皇清职贡图》说，古宗"婚礼以银或牛，无拘数目，娶日，亲戚会饮，吹芦笙为乐。无床褥，环火而眠"，其婚俗，"兄弟三四人共妻一妻，由兄及弟，指各有玦，入房则系之门以志，不紊不争，共生子三四人，仍共妻，至六七人始二妻。或欲独妻，则群谓之不友，而女家不许。故土官头目，家非不裕亦共妻，兄弟之子女即互配。华人通其妻亦莫之问，下此更可知也。"①

　　这一时期汉族婚姻礼制已逐渐健全。"婚礼遵行六礼，男子十七八以上，父母择门户年龄之可配者，请尊贵亲友为媒，往女家三反致意，既诺，则具谏择日，备礼乃往女家请书女子庚帖于鸾笺，媒人覆命男家拜受记，并请媒人同往女家亲长处遍贺之。后又择吉日备抬棹，盛布帛盐茶、槟榔果饼，并猪羊酒酢聘金等物，纳采行聘。将娶，先数月请期，用抬盒盛首饰各色，书娶期于红帖交女家。及娶，先一日用抬棹盛衣服并酒肉催妆，女家以妆奁陪随之。娶日，备轿马、彩旗、鼓乐，婿同媒人至女家亲迎，三揖入，拜祖先尊长及岳父母讫，女家设席款婿，俟女子梳妆齐，婿辞出，则婚亲而归。女家遣姑姨姊妹昆弟送之，男家留宴毕，出拜三揖，女家馈酒席，致婿与新妇合卺而食。次日婿往女家谢亲，备酒筵，邀两姓亲长拜见，亲长答以首饰银物，是日女家送糕饼。婿家与新妇出，先拜天地、家神、祖宗，次拜父母。新妇以丝履荷包等物为贽，以见舅姑及小叔、小姑并家庭之卑幼者，见讫，款客作乐，饮宴三日，女家备谏请婿与新妇归安，并请亲长、媒妁拜宴，后随送婿与新妇还家。七日岳家以礼物来看女，名曰添枕添箱，满月则又请婿同女归安。"②

　　如上所述，元明清时期，汉族移民与云南各少数民族在生计类型、民俗文化方面都有不同程度地存在着差异，全面的文化同化不可能出现，只是在相互

---

① 《皇清职贡图》。
② 道光《普洱府志·风俗》卷九。

交融过程中逐渐形成互嵌的格局下，少数民族的文化特征得以保留，多元的文化格局得以继续发展。

### （三）文化适应规律

文化适应规律理论，"指当一种文化传播到另一个文化圈中时，它必须适应这一文化圈的特殊情形，没有这种适应，传播便不能正常进行。"①

如婚俗方面，明清时期云南汉族婚俗行六礼，天启《滇志·风俗》中说："婚六礼，各郡同省会。有谢肯，有求亲，敦请士大夫四人于家，宴而拜之；至妇家，拜致主人意，妇家宴之。次日，各往谢宾。由聘礼至亲迎，仪物丰俭，列郡邑各殊。省城彩轿之盛，有费至四五金者。"②康熙《云南通志》在卷七"全省风俗"条中说："婚嫁六礼，先求庚帖，次通媒妁，继请亲长之尊贵者向女家致主人意，既诺，然后二姓互相酬拜，具启下定，将娶，则请期纳币，而后亲迎焉。仪物丰俭，各称其力。"③

在汉族移民的影响下，云南少数民族不同程度地受到汉族婚俗影响，但总体情况是既有吸收又有保留。以彝族婚俗为例，明清时期部分彝族的婚俗已受汉文化影响而出现一定变迁，据《景泰云南图经志书》载："罗罗以黑白分贵贱，其婚娶论门第，则礼牛马以多者为贵，妇人蟠头或披发，衣黑衣；贵者以锦缘饰，贱者披羊皮。耳穿大环……室女环极大，谓之纳采，许嫁则易之，……夫妇鸡鸣则分不相见。"④雍正《临安府志》卷七说，临安府的"白罗罗婚姻惟其种类，以牛为聘，近渐习王化，同于边氓"⑤。乾隆《东川府志》卷八载："黑倮罗，婚亦央媒，聘礼用牛一条，银或六两、十二两。"⑥ 这说明，"部分彝族已进入到男女结合必须经过一定的仪式才得到社会承认的阶段，其婚姻有了较固定

---

① 沙莲香：《传播学》，中国人民大学出版社，1990，第72~73页。
② 天启《滇志·风俗》。
③ 康熙《云南通志》卷七《全省风俗》。
④《景泰云南图经志书》卷二《沾益州·风俗》。
⑤ 雍正《临安府志》卷七。
⑥ 乾隆《东川府志》卷八。

的范围或门第之分，许多支系有了一定的婚姻仪式礼俗"①。另据道光《云南通志》转引《宣威州志》载："（黑倮罗）婚娶以牛马、金帛为聘。新妇入门，命以名，次日用祝者引谒祖先，披套头，执畚器，候舅姑洗沐，七日乃止。"② 而汉族礼仪中，《礼记》规定了婚后"见舅姑礼"为重要的仪式，《内则》明确说，侍奉舅姑"如事父母，鸡初鸣咸盥漱，栉纚笄总，衣绅，适父母舅姑之所……下气怡声，问衣燠寒，疾痛苛养，而敬抑搔之"③。两者对比可知彝族婚姻及婚后的礼俗也逐渐趋向汉族。

彝族婚俗在受汉文化影响的同时也保留了自身诸多特点，其中最鲜明的特点就是彝族婚礼中的抢亲。康熙《云南通志·种人》卷三十七载："白倮罗，婚姻惟其种类，以牛马为聘，及期，聚众让于女家，夺其女而归。"④ 道光《云南通志·种人》卷一百八十二转引《东川府志》说："聘妇议银币，娶议牛马。重多寡凭媒妁口，贫者不易得妇。爨之父母将嫁女，三日前持斧入山，伐带叶松树于门外结屋坐女，其中旁列米渖数十缸，集亲族执瓢杓，列械环卫。婿及亲族新衣黑面，乘马持械，鼓吹至，两家械而斗。婿直入松屋中，挟妇乘马疾驱走，父母持械杓米渖逐浇婿，大呼亲族同逐女，不及，怒而归。新妇在途中故作坠马三，新婿挟之上马三，则诸爨皆大喜，即父母亦以为是爨女也。新妇入门，婿诸弟抱持，新女扑跌，人拾一巾一扇乃退。"⑤

总之，明清时期彝族的婚俗吸收了汉族婚俗中的若干因子，也保留着本民族婚俗的若干特点。新的文化因子与传统特点的结合形成了彝汉合璧的新婚俗。

综上所述，文化结合现象作为在维模理论、适应理论作用下文化传播的必然结果，既保证了民族文化特征的存在，又保证了汉文化的吸收，因此，作为文化结合现象存在的必然结果是多元与共性并存格局的存在。

形成部分少数民族文化个性得以保持的另一个原因，是少数民族文化中存

① 沈海梅：《明清云南妇女生活研究》，云南大学1999年博士学位论文，第68页。
② 道光《云南通志·种人》卷一百八十二。
③《礼记·内则》。
④ 康熙《云南通志·种人》卷三十七。
⑤ 道光《云南通志·种人》卷一百八十二。

在的封闭性使这部分少数民族的文化在几乎不受汉文化影响的状态下继续保持着独特的个性。

残存的氏族血缘关系是造成精神文化封闭的主要原因。部分民族的社会中，早期氏族的血缘关系仍不同程度地存在。这种关系在社会生活中主要表现为：一、聚族而居。如户腊撒海朗寨是普米族寨子，整个寨子中只有雷、熊、许、曹四姓，但寨子按血缘关系分为上、中、下三片，分别形成雷、熊、许三姓各居一片的情况，曹姓又居于三片之间独立成家。二、婚姻的血缘化。独龙族实行的是妻姐妹婚和家族内婚，其他几个民族虽已进入氏族外婚，但阿昌族保留着转房婚，普米族、怒族、德昂族都保留着姑舅表婚。这说明血缘的亲疏关系仍是他们选择配偶的优先考虑条件。此外，在这种血缘关系的限制下，他们的宗教活动也以氏族关系为单位展开；在婚丧节庆活动中，一般也主要邀请氏族成员；每个氏族拥有共同的墓地、山村、荒地、牧场，供本氏族成员使用。总之，这种残留的氏族血缘关系的存在，实际上固定了大部分氏族成员社会活动的范围，限制了氏族与外部集团或异民族的交往。体现在文化上则是文化交流的减少，封闭性加强。

## 二、各民族文化交流与民族交融的推进及特点

云南文化交流和民族体交融的特点之一表现为文化交流和民族体交融从城镇平坝地区逐渐向山区推进。这是因为平坝城镇地区是文化交流和民族体交融的中心地区，文化交流和民族交融的深度、广度由城镇向山区递减。

平坝城镇文化交流和民族交融中心地位的形成，有赖于平坝城镇地区作为汉族移民经济、政治、军事、文化中心的形成及其相关功能的发挥。

（一）经济中心的形成

汉族的生计类型以定居农业为主。仅占云南省全省面积 6% 的坝区，地势平坦，土地肥沃、气候温和。从自然条件上看，无疑是省内最适于发展农业的地区。同时，发达的农业是在畜牧类型文化与斯威顿耕作文化的频繁交往中诞

生的新类型文化。发展发达农业必须以一定的农业人口、丰富的农业知识技能为前提。而从云南的情况看，明以前，云南从事农业的民族比较少，农业发展水平低，坝区的土地开发、利用程度都极为有限，远没达到发达农业的程度。以陆良坝为例，明以前这是一个彝族聚居的坝子，但是在民国《陆良县志》卷一所记246个村落中，明代军屯后形成的村落达100多，占45%，足见陆良坝在明代近300年间迅速增加了近一半的居民点，而且每个居民点都有自己的耕地范围，大多是通过军屯垦殖发展起来的。因而，明以前云南的坝子开发是非常有限的，然而，也正是因为云南农业的落后和坝区开发的不充分，为明清汉移民发达农业的进入留下了广阔的空间。

基于上述分析，平坝地区成为明清汉移民进入并发展农业的主要地区。随着农业的发展，发达农业的逐步确立，汉族的经济生活得到了充分保证。

平坝地区成为汉族移民的经济中心，除了因为这一地区适于农业的发展外，还与这一地区有较发达的商业有关。平坝地区成为较发达商业地区的相关因素很多，但平坝地区的地形特征是因素之一。平坝地区地形平坦，往来各地的运输方便，较适合建立方便市场交换的市场中心[①]；人口集中并且均匀分布于市场周围。平坝地区的这些特点使平坝地区非常有利于商业的发展。

农业的发展也促进了平坝地区商业的发展，因为汉族移民源源不断地进入平坝地区，消费群体扩大，对生活必需品的需求增加，同时，以发达农业生产为基础，"产品的贮存手段有很大提高，从而长途转移，大规模地积存产品成为可能，交换贸易的规模随之扩大"[②]。

随着平坝地区农业、商业的发展，这一地区成为汉族移民的经济中心。

---

[①] ［美］施坚雅：《中华帝国晚期的城市》，中华书局，2002，第248、269页。根据施坚雅对中国历史上地区城市化的研究，每个地区的低地中心的交通运输网最为集中，大部分交通枢纽都在那里。中心地区有的地带相对平坦，因此相对说来，在那里筑路、开凿运河的费用不那么昂贵。所以毫不奇怪，每个地区的主要城市是在中心区或通向这些中心区的主要交通线上发展起来的。这对地区内部的贸易有重大影响，地区内的贸易直接随着人口的增长和在更有效率的运输方面的投资而发展，因为前者增加了需求密度，而后者扩大了对某些货物的需求。

[②] 罗康隆：《西南诸民族的文化类型试析》，载《吉首大学学报》，1996（4）。

## （二）政治军事中心的形成

鉴于云南的复杂局面，"若班师，则一卫留兵不过五千守城，贼势若合，岂无数万，众寡不敌，何以能守"，而且"若分兵散守，深入重山，蛮夷生变，道路梗塞，则非计也"。[①] 因此，必须以"大军屯聚"[②] 固守方能巩固统治。在云南高山切割的地理环境下，平坝地区是最适合大军屯聚的区域。为此，明初就制定了集中兵力、大军屯聚、镇守重镇、确保重点的方略。洪武十五年八月，朱元璋给傅友德、蓝玉、沐英等征南将军诏说："以朕远料，云南莫若大将军拔下，止守云南、大理、楚雄、临安、曲靖、普安，其身子里守御处所。如东川、芒部、乌蒙、乌撒，见守少存，其余休占。……如此道路易行，军势排在路上，有事会各卫官军剿捕。若分守诸处，深入万山，蛮人生变，顷刻道路不通，好生不便。"[③] 这一策略实际上把云南的统治重心放在平坝地区，控制了平坝及交通要道，从而易于控制全省局势。明初以后，对云南的统治实际上继续了大军屯聚、控制平坝的思想，卫所、政区的设置多在坝区。据考证："明代云南的政区治所，最多的是位于坝子中，其次是在河谷中，此外尚有一些位于山间坡地、丘陵或山头上的，但居少数。府州县中，马龙州、宁州州治处丘陵地带，新华州、菉荩州州治、亦佑县治处山间台地，宝山州州治处金沙江西侧的岩石上。诸司中，除治地今仍未弄清的少数几个外，八寨长官司司治处山头上，临安府属纳楼茶甸、教化三部、王弄山、安南等几个长官司的司治处山间平地或坡地上。不与府州县同治的卫所中，木密守御千户所的驻地处山间坡地上。其余的政区治所皆处坝子或河谷中，其中有一些先处山间，后才转移到坝子或河谷中。"[④]

明朝在云南的统治方略使军事、政治力量都集中于平坝地区，这一地区因而成为汉族的政治、军事中心。

---

① 《明太祖洪武实录》卷一百四十九、一百四十六。
② 《明太祖洪武实录》卷一百四十四。
③ （明）张纮：《云南机务钞黄》。
④ 陈庆江：《明代云南政区治所研究》，云南大学 2000 年博士学位论文，第 26 页。

### （三）文化中心的形成

元明清时期，在各级政区逐渐设立了学校，称儒学。《明史·选举志》说：
"迄明，天下府、州、县、卫所，皆建儒学。"① 由于文化的控制、传播掌握在政
府手中，文化教育、传播通道与封建官僚体系二任而一身，文化中心与政治中
心的空间上是重合的，即学校都建立在政区治所，因此，随着政治中心的形成、
学校的建立，文化中心也在同一区域上形成。

平坝城镇地区作为汉族政治、军事、经济、文化的中心，具有强大的政治、
经济、文化功能，这四大功能对文化交流和民族体的交融有重要的影响。

从政治功能上看，这些政区治所是中央王朝政治统治的中心，其强大的政
治功能消除或抑制了土司制度的政治功能，从而也就消除或抑制了文化传播的
政治障碍，为文化功能的正常发挥创造了条件。

从军事功能看，政区治所也是设有军事布防的军事据点，军事力量的设置
能起到"以兵威夷"的作用。在明显的军事优势下，确保了治所政治功能的发
挥，确保了文化功能的发挥，从而就确保了汉文化的顺利传播，实现以礼化夷
的目的。

从经济功能上看："许多人类学家都强调在复杂社会政治组织的进化过程
中交换制度的重要性，他们认为，为满足急需物质和服务的要求，复杂社会政
治组织应运而生。"② 运用这一理论我们同样可以分析交换制度在文化交流与民
族体交融中的作用。家庭是云南各民族的基本生产和消费单位。在社会生活中，
这些家庭会需求一些本地区不生产的物质（明清时期，商品结构由奢侈品向日
用品的转变、大量以日常生活用品为主的专业化市场的出现正说明这一问题）。
这需要从外界取得，但由于交通落后、路途遥远、居住分散，单一家庭很难独
立进行这种交易，获得缺乏的物资。最合乎逻辑的办法是建立能从外界进口物

---

① 《明史》卷六十九，《志第四五·选举一》。
② ［美］唐纳德·L.哈迪斯蒂著，郭凡，邹和译：《生态人类学》，文物出版社，2002，第129页。拉
　　思杰（1971）运用这一理论建立了一个模式，解释低地古典玛雅文明的起源和发展。这一模式把玛
　　雅"仪式中心"——商业中心网的形成解释为实现从高地进口物资并有效分配的功能的需要。

资并分售给各民族的地方商业中心。作为地方商业中心的地区通常也就是城镇或各政区治所的分布地区。明清时期云南的地方商业中心在地理空间上与政治、文化中心相重合，同时具有政治、文化、经济功能。但是这些大大小小的城镇或各级的政区治所作为区域商业中心，随着其交换功能的实现、发展，必然使同时具有政治、经济、文化功能的城镇的结构性功能发生变化，这种结构性功能的变化体现为：其一，城市结构的变化。主要是商业区的扩大和各种商贸店铺的增多。如明清时期，昆明城分为城内四区、城外三区、城区三坊、二十四铺、大小街道 150 多条、大小巷道 400 余条。[①]塘子巷、状元楼、南校场商业繁华；三市街、珠市桥、金马碧鸡坊、云津铺、盐行街、太和街、东寺街则精华荟萃，房屋栉比云连，货物堆山塞海。[②]陈鼎《滇游记》说金马碧鸡坊是"百货汇聚，人烟辏集之所也，富庶有江浙风"[③]。永昌、腾越则因对外贸易的发展而成为具有国际贸易特色的商业中心城市。康熙《永昌府志》卷五载："（永昌）市肆货物之繁华，城池风景之阔大，滇省除昆明外，他郡皆不及，人以此谓之小南京焉。"[④]光绪《永昌府志》载："永郡之在滇省地处极边，与缅甸接壤，一切货殖较他郡为多，南北街场星罗棋布，至如十二属相定于期，则滇省风气使然，不徒一郡也。"[⑤]随着商业交换的发展，一些为商业服务的行业也如雨后春笋般出现，《永昌府文征》记载："（永昌府城）内外居民万余户，……商务繁盛，民多殷实。大客栈十余家，马栈十四五家，货栈五六家，寺庙林立，可容三镇人以上宿营。"而在居民不过 1500 户的蛮允街，有客栈 5 家，能容纳 5000人宿营，小新街有马栈 7 家，能容 2000 人宿营，弄璋街居民仅 350 户，竟也有人马栈 7 家，可容两营人宿营。[⑥]

其二，城市人口行业构成的多元化。《腾越乡土志》说："腾方百余里，南

①《昆明市志长编》卷六第 338 页。
②《昆明市志长编》卷六第 379 页。
③（清）陈鼎：《滇游记》。
④ 康熙《永昌府志》卷五。
⑤ 光绪《永昌府志》卷十七《市肆》。
⑥《永昌府文征》卷二十五，云南美术出版社，2001，第 3715~3730 页。

城外为市场，……外连英缅，商贾丛集，由南而东至龙陇，由东而北至永平、榆省以及川东各省，有寄迹者，以腾六万余丁口，计之商家当过半矣。"①　而大理也是当时重要的商业中心城市，除三月街外，平常城中的商业也很活跃，故史称大理城"商贾辐辏、甲于他郡"②。如史称东川府"城市人民五方杂繁"③，个旧为"商贾辐辏，烟火繁绸"④，临安府"繁华富庶，甲于滇中；……又有铜锡诸矿辗转四方，商贾辐辏"⑤。云南府昆明州"县城凡在商贾，多江西、湖广客，其领当贴，设质库者，山右人居其大半"⑥。楚雄城"居民三千余户"，而"客店有三十余家，能容两镇人宿营，征发易，饮水便"。⑦　说明楚雄"路当孔道，往来商贾杂沓"⑧。连边疆地区的麻栗坡，也有不少客商，城中建有川黔、江西、湖南等会馆，是滇南重要的边境商业城镇。

　　另外，由于商业市场与政治中心在地域上的重叠，在商业发展的情况下，城镇与乡村所存在的行政管辖关系也会体现为一种经济联系。城镇中存在大量的以官员为代表的城镇人口这一消费群体，使城乡间的贸易成为可能，通过市场体系的运作，农村中的剩余农产品、手工业品以商品形式进入城镇，从而满足城镇消费群体的需求。在通过城镇的经济功能实现城镇与农村的经济互补的同时，客观上加强了农村与城镇的联系，《景泰云南图经志书》说曲靖府"其曰罗罗者，则散居村落，或至城市买卖，往往为此辈所扰"⑨。天启《滇志》卷三十说："（土人）寅、午、戌日，入城交易。"⑩　同书卷二十三《艺文志》第十之六也记载了开设治所市场后城乡联系加强的情况："于城外设为街场，使贸

①（清）寸开泰：《腾越乡土志》。
②（清）王崧：《道光云南志钞》志钞一，《地理志·大理府》。
③　光绪《云南通志·地理志》卷二十九。
④（清）余长庆：《金厂行记》，见《小方壶斋舆地从钞》第八帙。
⑤（明）谢肇淛：《滇略·俗略》卷四。
⑥《昆明县志·物产》卷二。
⑦《永昌府文征》卷二十五，第 3715~3730 页。
⑧　光绪《云南通志·艺文志杂著》卷二百十四。
⑨《景泰云南图经志书》卷二《曲靖军民府·风俗》。
⑩　天启《滇志》卷三十。

图8-1：建水纳楼茶甸长官司衙署。图中遗址为民国所建。（邢毅 摄）

易，通往来，每月六街。遇街，夷负米荞之属，城内兵民易以盐布，两相惬也。久之益习，来者日益多，或至二三千人。"[1] 在商品交换过程中，汉族的文化也以市场商人为中介进入广阔的农村。

从文化功能看，元明清时期，城镇的文化功能形成三个层次：即民族民俗文化的融会；以官僚士大夫为主的文化传播或文化创造活动；儒学、书院的文化传播。[2]

在民族民俗文化的融会这一层次，汉文化传播的特点是潜移默化。明清时期，内地的汉族移民以军政官员、戍卒征夫、流放者、商贾、小手艺人等不同身份、不同方式进入云南。由于他们多以城镇为其聚居及主要活动区域，因而改变了城镇区域民族构成单一化的状况，形成汉族与少数民族共居一地的格局。

---

① 《恭报情形速催接济疏》，见天启《滇志》卷二十三《艺文志》第十之六。
② 陈庆江：《明代云南政区治所研究》，云南大学2000年博士学位论文，第201页。

例如，这一时期姚安就是 139 支汉族移民和 30 支当地少数民族共同杂居的格局。[①] 在这一格局中，汉移民与少数民族在日常生活中的接触交往，实际上已进行着不同文化的交流、渗透和涵化。由于这种文化交流物质化、生活化的特点，因而文化交流通过这种方式最易在下层人民中进行而较少出现障碍。

以官僚士大夫为主的文化传播这一层次中，汉文化传播的特点是具有倡导社会潮流的作用。这一特性得以发挥，主要是由于以各级地方官吏为主体的官僚群体的治化行政措施，及以士大夫为主体的知识分子群体的文化活动。云南的各级地方官员多以"治国以教化为先，教化以兴学为本"[②] 为宗旨，行"以夏化夷"之政策。

明代，沐氏家族在云南"练兵劝农，兴学化俗"[③]，"凡民之俊秀与诸酋之子弟入云南府学，朔望或赐之饮膳，岁时或赐之衣服。又命行乡饮酒礼于学。民知尊长养老而兴其孝弟矣"[④]。

福建人林遒节正统间任鹤庆知府，"奉敕之任，抚治夷民，凡学校、府治、坛庙、驿铺皆修建完美，政教规模，焕然一新"；江西人余谷正统间任金齿司儒学教授，"造就有方，士多成就而文风大开矣"；江西人何纯兵备临安，除整顿地方治安外，还"修学校，增生徒。每暇日亲为讲解经义，改窜文字"。[⑤] 又据天启《滇志》卷十一《官师志·郡县宦贤》载，重庆人蒋云汉成化间任大理知府，"持廉约己，孜孜恤民。制文庙乐舞器，日进诸生海之"。内江人高公韶嘉靖初曾为富民典史，"丰裁惠爱，别奸良而时施之。置馆延师教其子弟，风俗为之一变"。内江人高镛嘉靖间为大理同知，"重修孔庙，改浚泮池，修葺祭器，祭乐焕然一新"。浙江余姚人严时泰嘉靖初为永昌知府，"时方草创，制度阔略，人心未安。乃画法定制，修辑署宇，抚安疮痍，控制夷服，以恩御诸介胄，无

---

① 民国《姚安县志》卷三十六《人物志·氏族》载，姚安县有氏族 226 支，其中，当地少数民族氏族 30 支，明代汉移民 139 支。

②《明史·选举志一》卷六十九。

③《景泰云南图经志·云南府》卷一。

④（明）程本立：《黔宁昭靖王庙记》，景泰《云南图经志书·艺文志》卷十。

⑤（明）周季凤：正德《云南志》卷十九下《列传五·名宦五》。

不畏怀。严督博士弟子，勤视课业，以风厉文学"。江西吉水人罗环，"弘治间任马龙知州，时始改流，勤于其职，敬神明慈，众庶夷习丕变"。广东南海人庞嵩，"由应天治中迁曲靖守，苦节暗修，政先化导，立各乡社学，以社师演训蒙童。夷酋有弗度者，一以诚感。去而见思"。河南汝州人王鼎嘉靖间为姚安知府，"修城池，缮府治。禁妇人不得市易，惟事桑麻。至于防寇化蒙，皆所究极，姚俗为之一变"。江西安福人王尚用嘉靖间任寻甸知府，"创书院，兴学宫，平赋恤孤，民皆见德"。①

以士大夫为主的知识分子群体的文化活动对于社会风气的改变也有重大作用。天启《滇志》载，浙江山阴人王昙，明正统年间，代父从军来到云南府"雅尚俭素，有古风。教诲里闬子弟，皆之向学"。大理府穆孔昭"逢人辄教以孝悌。所居不蔽风雨。瓶中无粟，常饥而无求，周之亦不受，非力不食。作《竹枝词》，寓化导乡俗之意"。谪戍临安府的浙江人韩宜可，"以事同王景常谪戍。心行纯实，能诗文。一时士绅多尊礼之，使子弟受学。后起升都御史。有《南云稿》。临安文学，倡于两公，郡人为立祠祀"。长沙人易恒"正统中自滇徙居腾冲。积学笃行。时腾无学校，举以为师，郡人赖其熏陶者甚多"。楚雄府黄铺"成化间，任南安州学正。后寓广通，聚徒讲业，户屦恒满，一时士赖以淬励"。山西人王汝敬，"寓蒙教授生徒，崇尚四礼，蒙之俗一变焉，其弟子后先举于乡者甚众。汝敬举进士，名重晋阳，谓之山西王道学"。鹤庆府李文林"乡俗多所化导"，同府的车文琼曾"知彭山县"，"郡人士多出其门"。此类文人，方志所载极多，不胜枚举。正是在诗文唱和、著书立说、聚徒讲业的文化活动中，这一文化群体凭借其"名人效应"使"诸士乐从""使士民咸敬慕之"，而形成"文风翕然丕变""风厉文学"之结果。② 因而，这批文化群体对城镇的文化功能往往有增强和放大的作用，在他们倡导下，推动、加快了文化交流的进程。

在学校书院这一层次，其传播汉文化的特点是规范性、系统性。明代在前

---

① 天启《滇志》卷十一《官师志·郡县宦贤》。
② 见天启《滇志》卷十三《官师志·流寓》。

代基础上，共设立儒学 66 所，书院 58 所，到清时全省学宫达 91 所，书院 236 所，义学 763 所。<sup>①</sup> 学校的设立为教育的推广提供了条件，在设教地区"渐被文教，有以科第跻朊任而封及其亲者，于是闾里翕然向学，相率延师训子，而家有诵读之声矣"<sup>②</sup>。

但在这种文化传播活动中，还需借助一定的符号——汉字作为中介，才能为接受者接受，并在掌握认识符号的基础上，使复杂、高级、系统的信息得以传播，使受传者经过专门培养成为高度知识化的人才。因而这一传播符号化的过程决定其传播的对象主要局限于掌握这一中介的社会中上层及少数的下层人民。

三个不同层次的文化传播正体现了汉文化传播过程中传播水平和能力的分级分工，正是这种分级分工的传播才使城镇的文化功能在汉文化的传播过程中在社会的各阶层都发挥作用，城镇中的不同阶层在城镇文化功能的作用下以不同方式不同程度地实现同汉文化的交流。

随着城镇三大中心地位的形成，在政治、军事、经济、文化功能的共同作用下，汉文化在城镇中的各种快速交流渠道畅通，城镇因而形成的多维相干性，加速、加深了平坝城镇地区民族文化交流、民族体交融的进程。

澄江府原来郡多僰人，而汉人杂处其间。初不知学，而后来有了很大变化："今以岁久，渐被文教，有以科第跻朊任而封及其亲者。于是闾里翕然向学，相率延师训子，而家有诵读之声，皆乐于仕，非复昔之此矣。"楚雄府，居于平坝城镇中的少数民族已与汉族有了一定的融合，史载："定远之民，有曰撒摩都者，即白罗罗之类，近年来稍变故俗，而衣服饮食亦同汉僰，更慕诗书，多遣子入学，今亦有中科第者。"而山居牧养不与汉人杂居的那部分，其与汉族的交融则明显不如平坝城镇，"有曰罗舞蛮者，又名罗胡，居山林高阜处，以牧养为业。男子髻束高须，戴深笠，状如小伞，披毡衫衣，穿袖开裤，腰系细片辫长索，或红或黑，足穿片履毡为行缠；妇人方领黑衣长裙，下缘缕文，披发跣足。所

①　古永继：《明清时期云南文人的地理分布及其思考》，载《云南学术探索》，1993（2）。
②　正德《云南志·澄江府》卷六。

居有房屋，无床榻，以松毛铺地而卧"。曲靖府"明初郡中亦夷汉杂处，列屋于府卫州县之近者，大抵多汉、僰。武人相竞，以逐刀锥之利；而亲贤敬业，隆师取友，尽忠勤事之义，懵然不知留意"。而到万历年间，这部分与汉族杂居于城中的少数民族的风俗变化很大，已是"士风渐盛、科第而材，后先相望，殆与中州埒"。姚安府"郡中多夷罗"，但"建学立师，收其秀者而教之以来"，已是"尽力畎亩，家有常给。建学以来，气习渐迁。士人务文，科第日起。节令丧服货贝与六郡同，语俱全省风土下"。但这仅是平坝城镇地区的情况，周围山区则仍是"近郡之夷名猡猡、白夷、散摩，都强悍好斗"。[①]

由此可见，随着平坝、城镇地区形成汉族的政治、军事、经济、文化中心，在政治、军事、经济文化功能的作用下，城居和坝区周围的少数民族不可避免地被卷入汉化潮流中，这一地区因此成为文化交流与民族体交融的中心地区。

此外，平坝城镇地区作为汉族政治、军事、经济、文化的中心，也成为外来迁徙人口主要的聚居区。例如，"云南和澂江这两个经济中心府，在乾隆四十年（1775）有八十六万三千人和二百多万亩土地，即接近全省人口的四分之一和全省土地面积的四分之一；到道光五年（1825），它们的人口已大大超过二百万，几乎占全省登记人口数的三分之一，但他们的耕地面积却缩小到一百六十万亩，不到全省土地面积的六分之一。换句话说，到十九世纪初期，中心区每英亩耕地平均供养的人，多达边缘地区每英亩供养人数的两倍。"[②] 这些地区都是元明时期汉族移民聚居从事农业的地区。这些地区村落数量的剧增、人口密度和压力的增长也是造成平坝地区文化交流与民族体交融进程加快的主要原因。因为，"随着人口压力的不断增长，生存资源——土地将变得越来越匮乏和宝贵，为控制这一资源将导致竞争。这一竞争反过来将导致更大的地区性和各地区间的社会合作组织在占有和获取土地资源方面取得优势地位。这将表现为一个从同宗亲属关系到直系关系的逐渐转变，由此又将转变为更大的以非

---

① 见《景泰云南图经志》、正德《云南志》，万历《云南通志》各府州县风俗记载。
② ［美］李中清：《明清时期中国西南的经济发展和人口增长》，见《清史论丛》第 5 辑，第 83 页。

地区性质的氏族或亲族形态的同盟，以组成多社区的组织来应付竞争。"① 这也是造成平坝地区的民族体交融进程发展较快的原因。

在山区，由于汉族人口少、统治力量薄弱，因而汉族移民与少数民族的文化交流与民族体的交融程度也就不能与城镇相提并论，但是，在平坝城镇民族文化交流与民族体交融中心的辐射作用下，从明到清，从城镇平坝到山区少数民族聚居区，汉族移民的渗透、进入，也逐渐加强、增多，与之相适应，汉族移民与少数民族的文化交流也从无到有。

明初，明朝逐渐巩固平坝城镇的统治后，为了加强对山区的控制，开始有部分汉族进入少数民族地区，也正是从明朝开始，文化交流与民族体交融的涉及面开始扩散开来，开始以城市平坝为中心向四周山区辐射。到清代，人地关系的变化，进一步推动汉族进入少数民族地区，文化交流与民族体交融也相应表现为从城市向山区推进。这种局面的形成得益于政区治所不断向山区发展；农田开垦、定居农业向山区纵深发展。这两项为汉族移民向山区的迁移奠定了经济基础，确立了政治保障。

政区治所向山区的发展的表现之一即为哨的设置、发展。云南哨的设置是在明中叶以后，此时通过推行屯田、健全卫所制度，城镇和坝区的统治已得到巩固，这些地区已基本安定下来。因此，这时哨主要设置于少数民族聚居的山区，以适应明朝向山区推进其统治的需要。

但是，哨所形成的汉族移民定居点在规模上比卫所小得多。正德年间，十八寨守御千户所在弥勒州境内共设 11 哨，有哨兵 550 名。每哨仅 50 人左右，再如雍正《阿迷州志》卷五引旧志说，明代阿迷州置 28 哨，哨兵 508 人，平均每哨 18 人左右。实际上，明代的驻哨军人数一般规定大哨 50 户，小哨 20—30 户，且"明代后期所置的哨往往达不到规定人数，多者为十余户，少数三五户"②。因此在设哨地区形成"城郭居汉界地，汉多夷少，哨地汉少夷多"③ 的局

① ［美］唐纳德·L.哈迪斯蒂著，郭凡、邹和译：《生态人类学》，第 105 页。
② 陆韧：《变迁与交融》，云南大学 1999 年博士学位论文，第 141 页。
③ 宣统《楚雄县志·地理》卷二。

图 8-2：清代白盐井儒学记印和黑盐井儒学记印
（周智生　摄）

面。由于规模较小，因而只能起到渗透的作用。故而明朝在山区的统治、汉族移民进入山区少数民族地区、汉族移民与这部分少数民族文化的交流也呈现出逐步推进的局面。

明代，云南的农业正是借助屯田这一方式而得到推广、发展的。因此，随着明代政区治所向山区的推进，农业也以屯田的形式逐渐向设置了初级政区治所的少数民族山区推进。在平坝以卫所为屯田单位，而在山区则以总旗、小旗为屯田单位，旗是军队最基层的编制，《明史纪事本末》说："定卫所官军及将帅将兵之法，自京师至郡县，皆立卫所。大率以五千六百为卫，千一百二十人为所，一百二二人为百户所，每百户所设总旗二名，小旗十名，官领钤来，通以指挥使领之，大小相连以成队伍。"① 以旗为屯田单位，是为了适应于政区治所不断缩小、化整为零、向山区渗透的趋势和山间土地分散的特点。当然，同政区治所的级别相适应，山区屯田的规模也较小，但是，这种化整为零的屯田方式，为屯田向山区纵深发展创造了条件，为汉移民逐渐的进入奠定了经济基础。

清代，新农业品种的推广、汛塘制度的建立、云南人口与土地关系的变化使文化交流与民族体交融由城市向山区逐步推进的趋势进一步发展。

清初，玉米、马铃薯已在云南广泛种植。由于两种农作物对土地适应性强；适宜于温度较低的气候；适宜于高原或高山地区，海拔两千米之地亦可种植；农作投付的劳动力较少而产量高，可达种子的五十倍至一百倍；营养成分丰

---

① 《明史纪事本末》卷十四《开国规模条》。

富，宜作为主要粮食；用途广，作为主食或副食品，以外可用饲料、造粉、酿酒①，故两种农作物种植的普及，提高了山地的可耕性及山地单位面积的承载人口数，这实际提高了山区单位面积土地承载人口的负载力，从而解决了制约向山区迁徙移民的瓶颈问题。汉族移民凭借这两种农作物，在"穷岩峻阪、断莽荒榛"之间找到了"恃以为命"的"救命之物"，从而能够在这些地区生存定居下来。道光《威远厅志》卷三载："云南地方辽阔，深山密箐未经开发之区，多有湖南、湖北、四川、贵州穷民，往搭寮栅居住，斫树烧山，艺种苞谷之类。"②因此，随着玉米、马铃薯的广泛种植，山区的农业环境实际上已得到了相对改善，汉族移民因而能在山区立足，于是，在这些历来为当地少数民族聚居的地区出现了许多汉族移民定居点，使汉族与少数民族的融合由城市向山区逐步推进的趋势得到巩固、发展。

新的农产品的推广解决了汉移民进入山区的生计问题。汛塘制度的建立为汉移民进入山区提供了政治军事上的保证。

清代，与明代设置哨戍相似，为巩固统治，加强对山区的控制，清代建立汛塘制度，设一讯驻城内，分设塘哨于山区。然后招募兵士，开垦定居。清代在全省范围内设立三千余个汛塘关哨，起到了"诘奸宄而戒不虞"之效，是汉族移民进入该地区的政治、军事保障。同时，"汛塘兵丁，多从外省招募，分防之后，垦田安家，各与原籍通声息，内地人民苦于受压迫剥削，流离失所者，亦相率远走，寻安身之处，源源而来"。而"分防兵丁，招募服役，年衰退役，所到之处，吃粮安家，开发山区与边区，村落分布，渐臻繁盛"③。因此，汛塘制度建立后加速了汉移民进入山区的进程。道光《云南通志》卷三十《开化府》说："设汛后，学校既开，习俗渐迁，汉人近稍定居焉。"④又如，广南府，在清初改土归流，设置十二汛、领七十一塘后，"僰、蜀、黔、粤之民，把攜絜妻

---

① 方国瑜：《中国西南历史地理考释》，第 1227 页。
② 道光《威远厅志》卷三《云南督抚稽查流民奏》。
③ 方国瑜：《中国西南历史地理考释》，第 1233 页。
④ 道光《云南通志》卷三十《开化府》。

孥，风餐露宿而来，视瘴乡如乐土"①。

明代云南人口总数不到 250 万人，每一州、县平均多不过 35000 人。②因此明代总体而言是地广人稀、土地资源相对丰富，由此，农业开发也以坝区为主，尚无需大规模进行山区的农业开发。清代，在乾隆四十年（1775）云南约至少有 400 万人口，到道光三十年（1850）云南人口可能已增至 1000 万。③人口的激增造成人地矛盾迅速激化，平坝地区的土地已远不能适应人口激增的趋势。在传统的实行农耕的平坝地区，随着人口的激增，一方面人均耕地面积相对数量减少，另一方面，激增的人口侵占大量耕地为宅基地等非生产地用地又造成耕地面积绝对数量的减少，两个结果都造成了人地矛盾的激化。因此，开发山区便成为缓解人地矛盾的唯一办法。民国《广南县志稿》说："在二三百年前，汉族人至广南者甚稀，其时分布于四境者，附郭及西乡多侬人，南乡多倮倮，北乡多沙人。其人滨河流而居，沿河垦为农田，山岭间无水之地，尽弃之不顾。清康、雍以后，川、楚、粤、赣之汉人，则散于山岭间，新垦地以自殖，伐木开径，渐成村落。汉人垦山为地，初只选肥沃之区，日久人口繁滋，由沃以及于瘠，入山愈深，开辟愈广，山间略为平广之地，可以引水以灌田者，则垦之为田，随山屈曲，垄峻如梯，田小如瓦。迨至嘉、道以降，黔省农民，大量移入。于是，垦殖之地，数以渐增，所遗者只地瘠水枯之区，尚可容纳多数人口，（后至之）黔农无安身之所，分向干瘠之山，辟草莱以立村落，斩荆棘以垦新地，自成系统，不相错杂，直至今日，贵州人占山头，尚为一般人所常道。"④显然，人地矛盾的激化也正是造成汉移民由平坝城镇向山区逐步推进的经济动因。

清代，在人地关系变化、新农业产品推广、汛塘制度建立等因素作用下，汉族与聚居在山区的少数民族虽然还未实现较深层次的文化交流和民族体交融，但是汉族移民由城市平坝地区向山区的推进取得了显著效果，如宾川、大姚之

---

① 道光《广南府志》卷二。

② 方国瑜：《中国西南历史地理考释》，第 1220 页。

③ ［美］李中清：《明清时期中国西南的经济发展和人口增长》，见《清史论丛》第 5 辑，第 71 页。

④ 民国《广南县志》第 6 册《农政志·垦殖》。

间盘踞六百余里的铁索箐山区，明朝时期被认为是不开化的"奥区"，经清朝康、雍、乾三朝开辟至道光年间，大姚县的村庄数已从乾隆七年的 150 个跃增到 368 个。[①]故道光《大姚县志》卷二《地理志下·村屯》说："深山大壑之中，无不开辟之地，即无不居人之境，而村屯瞭望，若指掌矣。"[②]

与明清时期汉族移民由平坝城镇向山区推进的趋势相一致，随着汉移民向山区渗透的增加，进入人数增多，山区少数民族的文化也出现一定程度变迁。

据《景泰云南图经志书》卷六《腾冲军民指挥司》说："峨昌蛮……居山野间，形状颇类汉人，性懦弱。男子顶髻戴竹兜鉴，以毛熊皮缘之，上以猪牙雉发为顶饰，衣无领袖。善孳畜佃种，又善商贾。妇人以五彩帛裹其髻为饰。"[③]显然，"这部分阿昌族接受了汉族的影响，农业和牧畜饲养业有了较快发展。纺织手工业有了更为显著的提高，因此妇女能'以五彩帛裹其髻为饰'。在农业、牧业、手工业发展的基础上，商业也比较发达，有了专业商人"[④]。

又如散居于滇西南山区的蒲人，也在与汉族交往过程中形成了农业与手工业相结合的生产模式，并发展了商业。《滇略》卷九说："蒲人，散居山谷，无定所，……皆勤力耐劳苦，事耕锄，所种荞麦、棉花、黑豆，知汉语，通贸易。"[⑤]再如广南府"俱系夷户，并未编丁"，而"设汛后，学校既开，习俗渐迁，汉人近稍定居焉"[⑥]。

山区少数民族与汉族的文化交流涵化从深度、广度上都不能与平坝地区的少数民族与汉族文化交流的情况相提并论。这一情况正反映了明清时期随着汉族移民由城镇平坝向山区渗透，民族融合也以城市平坝为中心逐渐向山区发展的特点。

---

① ［美］李中清：《明清时期中国西南的经济发展和人口增长》，见《清史论丛》第 5 辑，第 74 页。

② 道光《大姚县志》卷二《地理志下·村屯》。

③《景泰云南图经志书》卷六《腾冲军民指挥司》。

④ 尤中：《中国西南民族史》，第 60 页。

⑤（明）谢肇淛：《滇略》卷九《夷略·蒲人》。

⑥ 道光《云南通志·地理志》卷三十。

# 参考书目

一、文献资料

（明）宋濂等撰：《元史》，中华书局，1976。

（清）张廷玉等撰：《明史》，中华书局，1974。

（民国）赵尔巽等撰：《清史稿》，中华书局，1977。

《清实录》，中华书局，1987 年影印本。

（清）鄂尔泰等修，靖道谟等纂：雍正《云南通志》，乾隆元年刻本。

（清）阮元等修，王崧、李诚等纂：道光《云南通志》，道光十六年刊本。

（清）王崧著，杜允中注：《道光云南志钞》，云南省社会科学院文献所 1995 年翻印本。

（清）岑毓英等修，陈灿等纂：光绪《云南通志》，光绪二十年刻本。

（清）王文韶等修，唐炯等纂：光绪《续云南通志稿》，光绪二十七年刻本。

龙云、卢汉修，周钟岳等纂：民国《新纂云南通志》，民国三十八年（1949）铅印本。

方国瑜主编，徐文德、木芹、郑志惠等纂录校订：《云南史料丛刊》（全十三卷），云南大学出版社，1997—2001。

《清实录》，中华书局，2008。

《明实录》，台湾"中央研究院"历史语言研究所校勘本。


二、学术著作

龚荫编著：《明清云南土司通纂》，云南民族出版社，1985。

萧一山：《清代通史》，中华书局，1986。

吴永章：《中国土司制度渊源与发展史》，四川民族出版社，1988。

龚荫：《中国土司制度》，云南民族出版社，1992。

余贻泽编著：《中国土司制度》，正中书局，1945。

方铁、方慧：《中国西南边疆开发史》，云南人民出版社，1997。

李世愉：《清代土司制度论考》，中国社会科学出版社，1998。

木芹、木霁弘：《儒学与云南政治经济的发展及文化转型》，云南大学出版社，1999。

方慧：《大理总管段氏世次年历及其与蒙元政权关系研究》，云南教育出版社，2001。

李治安：《元代政治制度研究》，人民出版社，2003。

王燕飞：《清代督抚张允随与云南社会》，云南大学出版社，2005。

成臻铭：《清代土司研究——一种政治文化的历史人类学观察》，中国社会科学出版社，2008。

何耀华、夏光辅主编：《云南通史·第四卷》，中国社会科学出版社，2011。

蒋中礼、王文成主编：《云南通史·第五卷》，中国社会科学出版社，2011。

牛鸿斌、谢本书主编：《云南通史·第六卷》，中国社会科学出版社，2011。

王瑞平：《明清时期云南的人口迁移与儒学在云南的传播》，大象出版社，2011。

姚大力：《蒙元制度与政治文化》，北京大学出版社，2011。

方铁：《边疆民族史探究》，中国书籍出版社，2013。

林超民主编：《中国地域文化通览·云南卷》，中华书局，2014。

方铁：《方略与施治——历朝对西南边疆的经营》，社会科学文献出版社，2015。

尤中：《中国西南民族史》，云南人民出版社，1985。

方国瑜：《中国西南历史地理考释》，中华书局，1987。

［美］唐纳德·L.哈迪斯蒂著；郭凡，邹和译：《生态人类学》，文物出版社，2002。

［美］施坚雅主编：《中华帝国晚期的城市》，中华书局，2002。

沙莲香：《传播学》，中国人民大学出版社，1990。

［美］罗伯特·F.莫菲（Marphy R.F.）著：《文化和社会人类学》，中国文联出版公司1988。

黄淑娉、龚佩华：《文化人类学理论方法研究》，广东高等教育出版社，2004。

［美］塞缪尔·亨廷顿：《文明的冲突与世界秩序的重建》，新华出版社，1999。

陈庆德等：《发展人类学引论》，云南大学出版社，2001。

中国科学院民族研究所，云南少数民族社会历史调查组编：《怒族简史简志合编》（初稿），1963年10月编印。

王文光编著：《云南民族的由来与发展》，德宏民族出版社，1994。

尤中：《云南民族史》，云南大学出版社，1997。

申旭：《中国西南对外关系史研究——以西南丝绸之路为中心》，云南美术出版社，1994。

吴兴南：《云南对外贸易史》，云南大学出版社，2002。

［英］哈威：《缅甸史》，商务印书馆，1973。

宋立道：《神圣与世俗：南传佛教国家的宗教与政治》，宗教文化出版社，2000。

王海涛：《云南佛教史》，云南美术出版社，2001。

穆根来等译：《中国印度见闻录》，中华书局，1983。

张增祺：《滇国与滇文化》，云南美术出版社，1997。

刘泽华主编：《中国政治思想史·隋唐宋元明清卷》，浙江人民出版社，1996。

李友仁主编：《云南地方文献概说》，云南美术出版社，2005。

林超民：《滇云文化》，内蒙古教育出版社，2006。

海淅主编：《云南考试史》，云南人民出版社，2012。

刘玉才：《清代书院与学术变迁研究》，北京大学出版社，2008。

答振益、安永汉主编：《中国南方回族碑刻匾联选编》，宁夏人民出版社，1999。

昆明市宗教事务局，昆明市伊斯兰教协会编：《昆明伊斯兰教史》，云南大学出版社，2005。

郭武：《道教与云南文化：道教在云南的传播、演变及影响》，云南大学出版社、云南人民出版社，2011。

杨学政、袁跃萍：《云南原始宗教》，宗教文化出版社，2004。

牟钟鉴、刘宪明主编：《宗教与民族》（第四辑），宗教文化出版社，2006。

王声跃主编：《云南地理》，云南民族出版社，2002。

金泽、邱永辉主编：《中国宗教报告（2010）》，社会科学文献出版社，2010。

何其敏、张桥贵主编：《流动中的传统——云南多民族多宗教共处的历程及主要经验》，宗教文化出版社，2011。

肖耀辉、刘鼎寅：《云南基督教史》，云南大学出版社，2007。

杨学政主编：《云南宗教史》，云南人民出版社，1999。

秦和平：《基督宗教在西南民族地区的传播史》，四川民族出版社，2003。

刘鼎寅、韩军学：《云南天主教史》，云南大学出版社，2005。

段玉明：《西南寺庙文化》，云南教育出版社，1992。

陈垣：《明季滇黔佛教考》，中华书局，1962。

杨仲录、张福三、张楠主编：《南诏文化论》，云南人民出版社，1991。

王文光、龙晓燕编著：《云南民族的历史与文化概要》，云南大学出版社，2009。

杨学琛：《清代民族史》，四川民族出版社，1996。

《纳西族简史》编写组编写：《纳西族简史》，民族出版社，2008。

杨绍猷、莫俊卿：《明代民族史》，四川民族出版社，1996。

《哈尼族简史》编写组：《哈尼族简史》，民族出版社，2008。

《傣族简史》编写组：《傣族简史》，民族出版社，2009。

尤中：《中华民族发展史》，晨光出版社，2007。

纳文汇、马兴东：《回族文化史》，云南民族出版社，2000。

民族问题研究会编：《回族民族问题》，民族出版社，1980。

滕绍箴、滕瑶：《满族游牧经济》，经济管理出版社，2001。

郭净等主编：《云南少数民族概览》，云南人民出版社，1999。

马世雯：《蒙古族文化史》，云南民族出版社，2000。

文山州民族事务委员会编：《文山州少数民族风情奇趣》，云南民族出版社，1998。

尤中：《中国西南的古代民族》，云南人民出版社，1980。

颜恩泉：《云南苗族传统文化的变迁》，云南人民出版社，1993。

《苗族简史》编写组编写：《苗族简史》（修订本），民族出版社，2008。

李晓斌：《历史上云南文化交流现象研究》，民族出版社，2005。

蔡寿福主编：《云南教育史》，云南教育出版社，2001。

李清升：《赛典赤·赡思丁评传》，云南民族出版社，1998。

方铁主编：《西南通史》，中州古籍出版社，2003。

成崇德：《18世纪的中国与世界·边疆民族卷》，辽海出版社，1999。

周芳：《元代云南政区设置及相关行政管理研究》，中国社会科学出版社，2009。

江应樑：《傣族史》，四川民族出版社，1983。

方国瑜：《方国瑜文集》，云南教育出版社，2003。

杨伟兵：《云贵高原的土地利用与生态变迁（1659—1912）》，上海人民出版社，2008。

段红云：《明代云南民族发展论纲》，人民出版社，2011。

龙登高：《中国传统市场发展史》，人民出版社，1997。

陈征平：《云南工业史》，云南大学出版社，2007。

魏力群：《中国皮影艺术史》，文物出版社，2007。

周玲主编：《云南地方史》，西南交通大学出版社，2011。

万湘澄：《云南对外贸易概观》，新云南丛书社发行部，1946。

范文澜：《中国近代史》，人民出版社，1955。

云南省档案馆编：《清末民初的云南社会》，云南人民出版社，2005。

陆韧：《云南对外交通史》，云南民族出版社，1997，第 294 页。

马力主编：《当代中国城市·昆明》，改革出版社，1990。

杨毓才：《云南各民族经济发展史》，云南民族出版社，1989。

李珪主编：《云南近代经济史》，云南民族出版社，1995。

秦树才编：《云岭金江话货殖——云南民族商贸》，云南教育出版社，2000。

方国瑜主编：《云南地方史讲义》，云南广播电视大学，1984。

龙建民：《市场起源论》，云南人民出版社，1988。

龙东林主编：《昆明历史文化寻踪》，云南科学技术出版社，2008。

刘云明：《清代云南市场研究》，云南大学出版社，1996。

万红：《中华西南民族市场论》，中国经济出版社，2006。

云南经济研究所编：《云南近代经济史文集》（铅印本），1988。

罗养儒：《云南掌故》，云南民族出版社，1996。

马汝珩、马大正主编：《清代边疆开发研究》，中国社会科学出版社，1990。

李晓岑：《云南科学技术简史》，科学出版社，2013。

李昆声：《云南艺术史》，云南教育出版社，1995。

周琼编著：《楚雄》，云南教育出版社，2003。

张增祺：《滇文化》，文物出版社，2001。

张增祺：《云南冶金史》，云南美术出版社，2000。

夏光辅等：《云南科学技术史稿》，云南科技出版社，1992。

杨寿川：《云南矿业开发史》，社会科学文献出版社，2014。

严中平：《清代云南铜政考》，中华书局，1957。

秦和平：《云南鸦片问题与禁烟运动（1840~1940）》，四川民族出版社，1998。

罗群：《近代云南商人与商人资本,》，云南大学出版社，2004。

王宏斌：《禁毒史鉴》，岳麓书社，1997。

程永照主编：《回顾与展望：烟草经济研究文集》，世界图书出版公司，2003。

杨志玲：《近代云南茶业经济研究》，人民出版社，2009。

管彦波：《云南稻作源流史》，民族出版社，2005。

张昭：《弥渡文物志》，云南民族出版社，2005。

申旭：《云南移民与古道研究》，云南人民出版社，2012。

马曜主编：《云南简史》（新增订本），云南人民出版社，2009。

陈高华、史卫民：《中国经济通史·元代经济卷》，经济日报出版社，2000。

龚荫：《中国土司制度史》，四川人民出版社，2011。

马大正主编：《中国边疆经略史》，中州古籍出版社，2000。

江应樑：《明代云南境内的土官与土司》，云南人民出版社，1958。

杨煜达：《乾隆朝中缅冲突与西南边疆》，社会科学文献出版社，2014。

刘凤云：《清代三藩研究》，故宫出版社，2012。

陆韧：《元明时期的西南边疆与边疆军政管控》，社会科学文献出版社，2015。

李治安：《元代行省制度》，中华书局，2011。

马继孔、陆复初：《云南文化史》，云南民族出版社，1992。

刘小兵：《滇文化史》，云南人民出版社，1991。

冯天瑜、何晓明、周积明：《中华文化史》（第 3 版），上海人民出版社，2010。

李约瑟：《中国科学技术史》，科学出版社，1975。

三、学术论文

杨永福：《略论元明清时期中央与西南边疆政治关系的整合》，《文山学院学报》，第 25 卷，2012（1）。

石坚军：《兀良合台征大理路线考》，《西藏研究》，2008（1）。

方铁：《忽必烈与云南》，《文山学院学报》，第 24 卷，2011（1）。

胡兴东：《元明清时期的基层组织与国家法适用研究——以云南民族地区为中心的考察》，《云南师范大学学报（哲学社会科学版）》，第 42 卷第 4 期。

王瑞红：《元明清云南高原水资源利用与生态环境变迁》，《保山学院学报》，2014（1）。

陈碧芬：《论朱元璋治滇的意义》，《中国边疆史地研究》，2008（3）。

马国君：《明代土司出任流官的途径、原由及特点研究》，《广西民族研究》，2015（6）（总第 126 期）。

王娟：《流官进入边疆：清初以降川边康区的行政体制建设》，《中南民族大学学报（人文社会科学版）》，2014（1）。

方铁：《元代云南至中南半岛北部的通道与驿站》，《思想战线》，1987（3）。

方铁：《元朝经营云南的伟大贡献》，《西部蒙古论坛》，2011（2）。

卞利：《明代户籍法的调整与农村社会的稳定》，《江海学刊》，2003（5）。

林超民：《汉族移民与云南统一》，《云南民族大学学报（哲学社会科学版）》，2005（5）。

陆韧、彭洪俊：《论明朝西南边疆的军管羁縻政区》，《中国边疆史地研究》，2013（3）。

秦树才、辛亦武：《明代云南边区土司与西南边疆的变迁》，《中国边疆史地研究》，2013（1）。

邹建达：《清代云贵总督之建置演变考述》，《中国边疆史地研究》，2008（2）。

李双丽、毕芳：《清代云南的边防建设》，《思想战线》，2008（3）。

成崇德：《论清朝的藩属国——以清廷与中亚"藩属"关系为例》，《云南师范大学学报（哲学社会科学版）》，2014（4）。

马亚辉，田景春：《清朝云南文化治边思想与实践》，《文山学院学报》，2015（2）。

史继忠：《略论土司制度的演变》，《贵州文史丛刊》，1986（4）。

周芳：《元代云南政区土官土司的设置及相关问题再考察》，《云南社会科学》，2008（5）。

方铁：《论元明清三朝的边疆治理制度》，《云南民族大学学报（哲学社会科学版）》，第33卷，2016（1）。

周琼：《土司制度与民族生态环境之研究》，《原生态民族文化学刊》，2012（4）。

莫家仁：《简论土司制度的核心与实质问题》，《广西民族研究》，2009（3）。

张晓松：《论元明清时期的西南少数民族土司土官制度与改土归流》，《中国边疆史地研究》，2005（2）。

马亚辉：《雍正朝云南改土归流再探》，《兴义民族师范学院学报》，2012（5）。

龚荫：《关于明清云南土司制度的几个问题》，《西南民族学院学报（社会科学版）》，1986（3）。

左永平：《论土司制度与国家认同的建构》，《普洱学院学报》，2013（5）。

顾诚：《明帝国的疆土管理体制》，《历史研究》，1989（3）。

何超雄：《祥云明代的水利工程——地龙》，《云南文物》，1983（14）。

段世琳、赵明生：《李定国对开发阿佤山的贡献》，《思想战线》，1991（5）。

游修龄：《我国水稻品种资源的历史考证》，《农业考古》，1981（2）。

徐君峰：《清代云南粮食作物的地域分布》，《中国历史地理论丛》，1995（3）。

王懿之：《云南普洱茶及其在世界茶史上的地位》，《思想战线》，1992（2）。

常玲：《清代云南的"放本收铜"政策》，《思想战线》，1988（2）。

杜玉亭：《元代云南的土官制度》，《学术研究》（云南），1963（7）。

汪宁生：《古代云南的养马业》，《思想战线》，1980（3）。

段红云：《论历史上云南政治经济文化中心的三次转移》，见何明主编：《西南边疆民族研究》第12辑，云南大学出版社，2013。

红河州外贸局：《蒙自关始末》，《红河州地方志通讯》1987（1），总第9期。

成文章、陈庆江：《明代云南的政区治所市场》，《思想战线》，2006（4）。

徐建平、文正祥：《清代云南盐业法律制度与工商市镇的形成和发展》，《广西社会科学》，2009（12）。

马兴东：《云南古代的城乡集市》，《经济问题探索》，1987（6）。

吴兴南：《明清两代云南商业发展概述》，《云南学术探索》，1996（5）。

周智生：《清前中期滇西北区域开发与经济成长》，见张波主编：《丽江民族研究》第2辑，云南民族出版社，2008。

秦树才：《明清时期洱海地区商业述略》，《昆明师专学报（哲学社会科学版）》，第11卷，1989（4）。

赵小平：《元政府给云南特殊币政的原因探析》，《云南社会科学》，2001（6）。

林文勋：《云南古代货币文化发展的特点》，《思想战线》，1998（6）。

谢国先：《明代云南各民族的生计类型》，《云南教育学院学报》，第12卷，1996（4）。

赵小平：《历史时期云南盐币流通探析》，《盐业史研究》，2007（2）。

桃木爻子：《滇剧——红土地上的文化瑰宝》，《青年与社会》，2012（2）。

美李中清：《明清中国西南的经济发展和人口增长》，《清史论丛》第5辑，中华书局，1984。

罗康隆：《西南诸民族的文化类型试析》，《吉首大学学报》，1996（4）。

王玉朋：《元朝西南地区军事机构的设置及兵力的布置》，《贵州文史丛刊》，2011（2）。

秦树才：《明代军屯与云南社会经济的发展》，《昆明师范高等专科学校学报》，1989（3）。

秦树才：《绿营兵与清代的西南边疆》，《中国边疆史地研究》，2004（2）。

秦树才：《论清初云南汛塘制度的形成及特点》，《云南社会科学》，2004（1）。

方国瑜、缪鸾和：《清代云南各族劳动人民对山区的开发》，《思想战线》，1976（1）。

李玉军：《试论汛塘制度与清初云南经济的发展》，《文山师范高等专科学校学报》，2008（1）。

毕奥南：《元朝的军事戍防体系与版图维系》，《中国边疆史地研究》，2002（2）。

杨永福：《明、清西南边疆治理思想之比较》，《广西社会科学》，2007（2）。

李世愉：《清政府对云南的管理与控制》，《中国边疆史地研究》，2000（4）。

吕文利：《论中国古代边疆治理中的"云南模式"》，《云南师范大学学报（哲学社会科学版）》，2014（4）。

覃远东：《明代西南边疆军屯的作用和影响》，《中国边疆史地研究》，1992（1）。

古永继：《秦汉时西南地区外来移民的迁徙特点及在边疆开发中的作用》，《云南民族大学学报（哲学社会科学版）》，2006（3）。

方铁：《清朝治理云南边疆民族地区的思想及举措》，《思想战线》，2001（1）。

和丽娟：《明代云南辞赋对清代云南辞赋的影响和价值》，《北方文学》（下旬刊），2014（3）。

鲍明炜：《南京方言的历史演变初探》，见江苏省语言学会主编：《语言研究集刊》（第一辑），江苏教育出版社，1986。

哈斯额尔顿：《云南蒙古族语言初探》，见内蒙古大学中文系、蒙语专业：《云南蒙古族》（专辑），1976年印。

郭孟秀：《试论清代满族文化的变迁》，见《满语研究》，2012（2）。

马维良：《云南傣族藏族白族和小凉山彝族地区的回族》，《宁夏社会科学》1986（1）。

金少萍：《云南回族宗族制度探析》，《回族研究》，1991（2）。

杨学政：《略论西藏佛教在云南的传播及演变特征》，《云南社会科学》，1988（1）。

罗开玉：《古代西南民族的火葬墓》，《四川文物》，1991（3）。

黄海涛、陈洁：《明代边地佛教述评》，《云南民族大学学报》，2007（2）。

郭武：《道教在云南的传播与发展》，《云南社会科学》，1993（4）。

段丽本：《大理基督教会简史略稿》，《大理州文史资料》第2辑，1984年5月。

钱秉毅：《明代云南汉文化发展态势与地理格局研究——以滇人汉文著述为对象的考察》，《云南社会科学》，2015（1）。

贺圣达：《东南亚文化史研究三题》，《云南社会科学》，1996（3）。

刘志扬，李大龙：《"藩属"与"宗藩"辨析——中国古代疆域形成理论研究之四》，《中国边疆史地研究》，第16卷，2006（3）。

王文光：《先秦至唐宋时期中国云南边界变化述论》，《云南学术探索》，1996（3）。

方国瑜：《云南用贝作货币的时代及贝的来源》，《云南社会科学》，1981（1）。

杨寿川：《论明清之际云南"废贝行钱"的原因》，《历史研究》，1980（6）。

颜思久：《小乘佛教传入云南的时间和路线》，《西南民族学院学报（哲学社会科学版）》，1987（3）。

谢国先：《明代云南地区的民族融合》，《思想战线》，1996（5）。

滕绍箴：《清代的满汉通婚及有关政策》，《民族研究》，1991（1）。

古永继：《明清时期云南文人的地理分布及其思考》，《云南学术探索》，1993（2）。

林荃：《云南土司制度的历史特点及分期》，《云南民族学院学报（哲学社会科学版）》，1993（1）。

奇秀：《元代的站赤》，《路上春秋》，1996（5）。

方铁：《蒙元经营西南边疆的的统治思想及治策》，《中国边疆史地研究》，2002（1）。

方铁、张维：《论中国古代治边思想的特点、演变和影响》，《中国边疆史地研究》，2003（3）。

杨永福，邱学云：《明清云南地区治理思想与治策及其比较》，《文山师范高等专科学校学报》，2006（3）。

周琼：《清代云南内地化后果初探——以水利工程为中心的考察》，《江汉论坛》，2008（3）。

江从延：《明代的卫所与大理的古城》，《大理文化》，2012（4）。

陆韧、彭洪俊：《论明朝西南边疆的军管羁縻政区》，《中国边疆史地研究》，2013（3）。

秦树才：《清代云南绿营兵研究——以汛塘为中心》，云南大学2002年博士学位论文。

石坚军：《忽必烈与云南》，云南师范大学2005年硕士学位论文。

程秀才：《洪武时期明政府对云南的收复与统治研究》，福建师范大学2014年硕士学位论文。

于秀情：《明朝经营百夷研究》，中央民族大学2003年博士学位论文。

姚佳琳：《清嘉道时期云南灾荒研究》，云南大学 2015 年硕士学位论文。

马亚辉：《康雍乾三朝对云南社会的治理》，云南大学 2013 年博士学位论文。

段红云：《明代云南民族发展论纲》，云南大学 2009 年博士学位论文。

沈乾芳：《元代站赤研究》，云南师范大学 2005 年硕士学位论文。

辛亦武：《明代云南巡抚与边疆民族社会》，云南大学 2013 年博士学位论文。

李霞：《清前期督抚制度研究》，中央民族大学 2006 年博士学位论文。

彭洪俊：《掌土治民：清代云南行政区划及行政管理体制演进研究》，云南大学 2013 年硕士学位论文。

贾霄锋：《元明清时期西北与西南土司制度比较研究》，2004 年西北师范大学硕士学位论文。

张婷：《明代四川土司述要》，四川大学 2005 年硕士学位论文。

王相虎：《明代云南府军事防御体系研究》，云南大学 2010 年硕士学位论文。

梁新伟：《明清时期云南府土司研究》，云南大学 2015 年硕士学位论文。

毛丽娟：《作者群体与志书编纂》，复旦大学 2014 年博士学位论文。

沈海梅：《明清云南妇女生活研究》，云南大学 1999 年博士学位论文。

陈庆江：《明代云南政区治所研究》，云南大学 2000 年博士学位论文。

陆韧：《变迁与交融》，云南大学 1999 年博士学位论文。

# 后　记

　　2012 年春，时任省社科联主席范建华研究员，以自身敏锐的学术视角和长期躬耕云南文化史研究的学术前瞻力，倡议省内外相关学有所长的中青年专家合作，一起来完成《云南文化史丛书》编撰这一极具挑战和创新价值的学术工作。在他的指导和安排下，我牵头撰写了请示报告，将这项工作作为专项工程寻求云南省委宣传部的支持。在建华老师的多方奔走呼吁下，编撰出版工作得到支持，我有幸作为其中子项目"元明清云南文化史"的撰写召集人，牵头开展相关专项工作。

　　2012 年秋，《元明清云南文化史》研究撰写工作正式启动，在我的力邀下，与我志同道合的优秀青年专家周琼教授和李晓斌教授，一起作为这本书稿的牵头撰稿人，合作开展工作。我们一起多次讨论书稿的撰写体例和提纲，讨论如何在继承性、整体性和创新性三者兼顾的基础上，高质量完成这项写作任务。同时，在反复讨论协商的基础上，我们根据个人所长，进行了大致的分工。我们认为，元明清三代的云南文化史，在政治文化、经济文化、军事文化、文化教育等方面均有显著变化，当然各朝代也相应有自身的时代特征及其成长特性，但是在长时段的历史视野中，对某一项文化专题的整体考察，更能突显出其变迁风貌形态，更符合云南文化在特殊地理条件和社会发展环境中变迁本身的历时性和渐进性。因此，我们决定整个书稿在总体统合的基础上分别独立，以突显各主要专题内容在元明清时期整体时段线索中的内容表征及其变迁风貌，并做了相应的分工：全书由我统筹并负责其中经济文化部分，云南大学周琼教授负责政治文化部分、云南大学李晓斌教授负责文化教育部分，各自组成分组，牵头完成相应的专题内容撰写。

2013年，书稿具体撰写工作正式启动。鉴于元明清文化史的撰写涉及文化事项复杂、专题性内容专业研究度高，因此我们三个分组都邀请了一些在相关领域学有专长的青年学者加入我们各自的团队。在我的小组中，有来自云南师范大学的张黎波、丁琼、毛丽娟三位博士加入；在周琼教授的小组中，有来自广西社会科学院当代广西研究所的薛辉博士、云南省特色产业促进会的廖丽博士加入；李晓斌教授的团队中加入了来自曲靖师范学院马克思主义学院的李和博士。这些青年博士在各自参与的专题中，都有自己博士学位论文的前期研究作为支撑，而且都具有扎实的史学研究素养和功底，在相关研究领域颇有自己多年的研究心得和创见，他们的加入为本书稿的撰写增色不少，也是书稿得以最终完成的生力军。在具体的撰写中，各部分的具体分工情况如下：绪论部分，由张黎波、周智生完成；第一章由薛辉、周琼完成；第二章和第四章由廖丽、周琼完成；第三章由丁琼、周智生完成；第五章和第六章由李和、李晓斌完成；第七章由毛丽娟、周智生完成；第八章由李晓斌完成。全书稿由周智生负责策划、体例编排和最后的统稿修订工作。在统稿过程中，张黎波博士也付出了很多心血，我的硕士研究生孙彦阁同学协助我在查找图片、规范注释、史料补漏查缺、参考文献梳理等方面助益良多。在此，我谨对以上各位团队成员的全力参与和艰辛付出，表示由衷的敬意和感谢！

在书稿立项及写作推进过程中，得益于云南省社科联原主席范建华研究员、现任云南省社科联党委书记兼主席张瑞才研究员、省社科联江克巡视员、省社科联哲工办主任李春老师等诸位先生的帮助和指导，书稿最终才能得以完成并面世。在此，我谨代表元明清云南文化史编写组各位成员，对你们着眼云南史学创新发展，扶掖后学、鼓励青年学人成长的义举表示敬佩和感谢！

书稿虽然已经大致完成，但是作为一部努力寻求整体呈现元明清三代云南文化史发展盛况的初探之作，其中的错误、缺漏和不足肯定不少，敬请各位方家和读者朋友批评指教！作为这部书稿撰写的总负责人和统筹统稿人，我能力和水平有限，不能更好展现出各位参与撰写者的实力、水平和付出，书稿中的不足和错漏，自然应由我承担，在此谨致歉意和说明。值得欣喜的是，通过此次通力合作，我们跨越省域、部门和高校，形成了一支有志于深入探索研究元明清云南文化史的团队，衷心期望今后能一如既往的相互合作、彼此支持，为云南文化史研究合力开创出更多优秀成果！

云南师范大学　周智生

2017 年 10 月 26 日于昆明

# 编辑说明

　　《云南文化史丛书》为中共云南省委宣传部的重点文化工程，由云南省社会科学界联合会组织国内相关领域著名学者撰写，自史前时期至于近代，从各个历史阶段、不同层面构筑起较为完整和全面的云南文化史。《元明清云南文化史》为丛书之一种，对元明清时期云南的政治、经济、民族、宗教和文教等方面进行了整体考察，呈现这一时期云南文化史的发展盛况和变迁风貌。

　　元明清时期是云南文化发展的重要阶段。云南与内地的文化联系得到空前发展，中原文化以前所未有的广度和深度传播。同时，云南文化的形貌进一步丰富，地域特点进一步沉淀，对近现代乃至当代云南文化的格局影响深远。

　　本书的出版，也是探寻云南多元文化和谐共生局面形成的历史渊源的一次尝试，故对以下问题进行说明：

　　一、不同著者、不同时代的文献中，地名、族群名等存在用字歧异的情况，如"鸭赤""鸭池"、"越巂""越析"、"么些""末些""麽些"等，本书尊重所引文献原貌，不作强行统一。

　　二、古代文献中对云南地区少数民族偶有歧视性用字、记录与描述，如称少数民族为"××蛮""××夷""獠""猺"等，原则上适当处理，但对于在学术讨论问题过程中确需保持文献原文者，酌情予以保留，批判对待。

　　三、书稿中有"夷汉""夷人""夷民""夷化"等词，都作专有名词对待，其定义和解读亦基于历史背景，并无歧视之意。且学界和主流媒体亦不乏此类表述。本书遵从原著，不作修改。

广西师范大学出版社